tea storica
43

Dello stesso autore in edizione TEA:

L'Italia scappata di mano
Cinquant'anni di storia mondiale
Le Italie parallele
Disegno della storia d'Europa dal 1789 al 1989
I falsi Protocolli
Storia d'Italia dal Risorgimento ai nostri giorni
La pace perduta
L'Italia negli anni della Guerra fredda
Lettera a un amico ebreo
Il rischio americano
Memorie di un conservatore
Libera Chiesa. Libero Stato?
La quarta sponda
Con gli occhi dell'Islam

Sergio Romano

Storia d'Italia dal Risorgimento ai nostri giorni

TEA

TEA - Tascabili degli Editori Associati S.p.A., Milano
Gruppo editoriale Mauri Spagnol
www.tealibri.it

Prima edizione TEA Storica novembre 2001
Quarta edizione TEA Storica maggio 2009

STORIA D'ITALIA
DAL RISORGIMENTO
AI NOSTRI GIORNI

A M.A.

NOTA DELL'AUTORE

Questo libro è nato da una conversazione a Parigi con François Fejtö, giornalista e studioso di origine ungherese, storico delle democrazie popolari, autore di grandi studi sulla Mitteleuropa. Fejtö mi suggerì di scriverlo e lo propose a Michael Winock, già allora direttore di una bella collana storica delle Éditions du Seuil. Winock accettò la proposta e commissionò il libro. Questa « storia » quindi ha due « padrini »: Fejtö e Winock.

Pubblicata in Francia nel 1977, apparve in Italia un anno dopo. Ma l'edizione francese ebbe maggior fortuna ed è stata più volte aggiornata. Questa contiene, rispetto all'ultima (1995), ulteriori aggiornamenti: una lunga descrizione all'inizio sulla politica dello Stato unitario nel primo decennio della sua esistenza e tre nuovi capitoli alla fine del libro. Ho aggiornato anche la cronologia, le notizie biografiche e la bibliografia.

Vent'anni dopo, ringrazio ancora Luigi Barzini, Giorgio Fanti, Aldo Garosci e Dino Grandi che mi permisero di correggere, in occasione della prima edizione italiana di questo libro (1978), alcuni errori materiali dell'edizione francese (1977).

1

LE INTENZIONI E IL CASO
1848-1876

I
Due storie

La storia dell'Italia unitaria può essere raccontata secondo due prospettive contraddittorie. Come storia d'un grande fiume sotterraneo che emerge alla superficie dopo avere attraversato, nascosto e intatto, mille anni di storia europea. E come storia di coincidenze, avvenimenti casuali, calcoli sbagliati, errori generosi. La prima generazione dell'Italia unitaria lavorò, consciamente o inconsciamente, a ricostruire un passato lineare in cui tutto preannunciava la grande redenzione del 1859. Gli scrittori riscoprirono vicende « italiane », storie di vita comunale, eroi d'una patria smembrata e oppressa. I romanzi pubblicati negli anni che precedono gli avvenimenti del 1848 sono tutti fortemente marcati da un sentimento di attesa e hanno un significato che trascende il loro valore letterario. *Beatrice Cenci*, *Ettore Fieramosca*, *L'assedio di Firenze* e gli stessi *Promessi sposi* traducono anzitutto un desiderio: recuperare alle patrie lettere il passato nazionale, sottrarlo agli scrittori stranieri che ne avevano fatto materia di racconti « gotici » e di *cronache italiane*. Riscritto secondo una prospettiva nazionale, questo passato restituiva ai lettori il sentimento di una profondità storica, il bene prezioso di una continuità temporale. I musicisti interpretarono questa esigenza ancor più degli scrittori e i libretti delle opere di Verdi dicono meglio di qualsiasi trattato quali fossero, negli anni fra il 1830 e il 1860, i gusti e le inclinazioni della società Cisalpina.

Due correnti

Gli storici si muovevano nella stessa direzione. E poiché nulla poteva accreditare la tesi di un destino manifesto quanto l'esistenza d'una originalità perduta, essi lavorarono a disegnare il profilo d'un grande passato italiano, d'una età in cui il genio della penisola si era manifestato con forme e caratteri propri. Alcuni sostennero la tesi d'una Italia preromana, altri rievocarono la grandezza di Roma affermando che l'Italia ne era legittima erede, altri ancora concentrarono la loro attenzione sull'età dei comuni durante la quale la penisola aveva elaborato una grande civiltà urbana, altri infine si compiacquero di descrivere la grande vitalità artistica dell'Italia del Rinascimento.

Da questa appassionata ricerca storiografica emersero ben presto un filone laico e un filone religioso. Il primo attento soprattutto alle glorie statali della Roma repubblicana e imperiale; il secondo a quelle spirituali del papato. In molti casi le due correnti si fusero in un'ottica costantinea. I risultati di queste molteplici ricerche interessano la storia politica dell'800 italiano più di quanto non interessino la storia dell'antichità e colmano un vuoto psicologico più che scientifico. Ma contribuiscono a rafforzare in una parte della borghesia il convincimento profondo che l'Italia era una categoria della storia e del pensiero, una necessità ideale, una « bella addormentata » di cui occorreva interrompere il sonno secolare.

Beninteso, queste ricerche storiche e queste correnti letterarie non erano in quegli anni esclusivamente italiane. I *Discorsi alla nazione tedesca* di Fichte sono del 1810, il *Tableau de la France* di Michelet è del 1833. Ma il sentimento che covava sotto quel fiorire di opere letterarie e scientifiche aveva preceduto, in alcune delle sue manifestazioni più significative, l'età del romanticismo e la rivoluzione francese. Nel 1768 un erudito italiano stabilitosi in Inghilterra, Giuseppe Baretti, aveva scritto un libro per polemizzare contro il medico inglese Samuel Sharp che al ritorno da un lungo viaggio in Italia aveva dedicato un feroce resoconto ai costumi della penisola. Negli stessi anni Goldoni e Casanova girovagavano per l'Europa portandosi dietro, con un misto di nostalgia e di rancore, il sentimento d'una patria perduta. E Alfieri, lasciando la Parigi rivoluzionaria con la contessa d'Albany il 18 agosto 1792, gridò alla folla che voleva impedirgli di uscire: «Vedete, sentite; Alfieri è il mio nome Italiano e non Francese; grande; magro; sbiancato; capelli rossi (...)».[1]

L'arrivo dei francesi

V'era quindi, v'era sempre stato, un sentimento d'identità e d'appartenenza, tanto più forte e tenace quanto più s'esprimeva all'estero, e talvolta in una lingua diversa da quella natale. Baretti aveva scritto in inglese il suo trattato contro Sharp; Goldoni, Casanova e Gorani avevano scritto in francese le loro memorie.[2]

Questo sentimento precede quindi l'arrivo dei francesi in Italia. Ma non va sopravvalutato. Gli italiani che attraversavano l'Europa del XVIII secolo dimostrando l'originalità intellettuale della loro terra erano assai più cosmopoliti dei loro interlocutori francesi, inglesi, tedeschi. Appartenevano a un paese nel quale due patrie coesistevano dalla fine dell'impero romano: la patria municipale o regionale e quella universale della Chiesa. Dalla loro città traevano una fonte inesauribile di memorie che sarebbero bastate a colmare la memoria collettiva di un popolo. Dal-

[1] V. Alfieri, *Vita*, 1804.

[2] G. Baretti, *Art Account of the Manners and Customs of Italy*, Londra, 1768-69; *Mémoires de M. Goldoni pour servir à l'histoire de sa vie et à celle de son théâtre*, Paris, 1787; G. Casanova, *Histoire de ma vie* (pubblicata postuma a partire dal 1822); G. Gorani, *Mémoires pour servir à l'histoire de ma vie* (pubblicate postume parzialmente a partire dal 1874 e integralmente dal 1937).

la Chiesa, il sentimento d'una missione universale che ciascuno di essi interpretava, a seconda del suo temperamento, in una prospettiva laica o religiosa. Machiavelli aveva denunciato questa situazione scrivendo nel *Principe* che la Chiesa era troppo debole per fare l'unità d'Italia e troppo forte per lasciarla fare, ed è possibile che alcuni intellettuali italiani del XVIII secolo abbiano sentito come dramma personale l'assenza d'uno Stato nazionale. Molti tuttavia accettarono di buon grado una situazione che garantiva un posto privilegiato in tutte le corti europee e permetteva loro d'essere, sotto molti aspetti, gli intellettuali dell'Europa.

Divisi fra due patrie che erano divenute le componenti complementari del loro paesaggio morale e intellettuale, gli italiani non avrebbero forse compiuto la loro unità nazionale se un fatto esterno non avesse sconvolto la situazione del paese e quella dell'Europa. Analizzando le origini del Risorgimento, Gramsci ha scritto: «È vero (...) che negli italiani la tradizione dell'universalità romana e medioevale impedì lo sviluppo delle forze nazionali (borghesi) oltre il campo puramente economico-municipale, cioè le "forze" nazionali non divennero "forza" nazionale che dopo la Rivoluzione francese e la nuova posizione che il Papato ebbe ad occupare in Europa, posizione irrimediabilmente subordinata, perché limitata e contesa nel campo spirituale dal laicismo trionfante».[1] Il che significa – e Gramsci ritornerà su questo aspetto del Risorgimento in un passaggio consacrato all'azione di Cavour[2] – che l'origine dell'Italia unitaria fu diplomatica e internazionale prima d'essere nazionale. Vedremo poi come questo «peccato originale» abbia marcato la sua storia.

[1] Cfr. A. Gramsci, *Il Risorgimento*, Einaudi, Torino, 1974, p. 127 (1ª ed. 1949).
[2] *Ibidem*, p. 150.

L'economia

L'economia ebbe la sua parte. L'unità delle province centro-settentrionali sotto Napoleone aveva lasciato intravedere possibilità di sviluppo. Ma la Restaurazione del 1815 aveva ricostituito le piccole unità politico-economiche dell'Italia pre-napoleonica soffocando sul nascere qualsiasi aspirazione innovatrice. E il ricordo dell'unità perduta pungeva soprattutto coloro che per ragioni ideali o materiali – o per l'una e l'altra insieme – desideravano importare nelle loro terre i metodi d'una gestione economica, nazionale, moderna. Non è un caso che alcuni fra i rappresentanti più eminenti del movimento liberale e nazionale – Cavour in Piemonte, Ricasoli in Toscana, Visconti Venosta in Lombardia – fossero grandi agricoltori.

Ma accanto a queste poche volontà coerenti, vasti strati della popolazione consideravano con indifferenza se non con sospetto la prospettiva d'un grande rivolgimento politico. Gli storici dell'Italia unitaria hanno volutamente ignorato i rapporti di collaborazione più o meno servile che legavano le classi subalterne al regime dominante nel Lombardo-Veneto (impiegati d'amministrazione, gendarmi)[1] e il sentimento profondamente anti-unitario dell'aristocrazia e della borghesia in buona parte delle regioni italiane. Del popolo minuto gli storici tacciono, o attribuiscono la sua opposizione allo stato di profonda ignoranza in cui esso era tenuto dai regimi dispotici della penisola. Vedremo poi come questa tesi abbia condizionato l'atteggiamento dell'amministrazione italiana nelle province meridionali dopo l'unità.

[1] Cfr. A. Gramsci, *Il Risorgimento*, *cit.*, p. 141 e *passim*. Gramsci cita alcuni studi relativi al barone Carlo Torresani, direttore generale della polizia a Milano dal 1822 al 1848, che avrebbe organizzato un servizio di agenti provocatori.

Quale unità?

La parola «unità», del resto, aveva scarso seguito anche fra coloro che lavoravano consciamente per un profondo mutamento della geografia politica nazionale. Nel 1848 l'obiettivo era una confederazione degli Stati italiani sotto la presidenza del papa; nel 1859, la creazione d'un forte Stato italiano nell'Italia settentrionale, dal Piemonte al Trentino. Gli unitari, nel senso che la parola ebbe dopo il 1860, erano, quanto meno all'origine, un piccolo gruppo d'intellettuali d'estrazione piccoloborghese, tutti o quasi fortemente influenzati dagli scritti di Giuseppe Mazzini e dalle sue mistiche esortazioni all'insurrezione. Credevano che l'Italia attendesse un segno e che l'esempio avrebbe improvvisamente scosso le coscienze e trascinato le masse. Nonostante il grande fascino della personalità di Mazzini e la generosità della sua visione politica, essi erano ideologicamente fragili e quindi facilmente infiltrabili. La storia dei loro movimenti nell'ultimo decennio che precedette l'unità è fatta di episodi tragici o tragicomici come i moti di Milano del 1853 o la sfortunata spedizione di Pisacane in Calabria nel 1857. Nei primi un pugno d'insorti, tra cui non pochi teppisti comprati col denaro che Mazzini aveva spedito dalla Svizzera, cominciarono e terminarono nel giro di poche ore un'insurrezione mal preparata; e non furono pochi quelli che pagarono con la vita. Nella seconda trecento uomini sbarcati sulle coste calabre sotto la guida d'un socialista furono trucidati dai contadini.[1]

Questo era, nelle grandi linee, il paesaggio politico italiano alla vigilia dei primi moti unitari. La Milano «rivoluzionaria» del 1848 è un confuso microcosmo in cui convivono mazziniani, federalisti, seguaci della monarchia piemontese e, per quanto strano ciò possa sembrare, ardenti cattolici.

[1] Due film (*Allonsanfan* e *San Michele aveva un gallo* dei fratelli Taviani) si sono ispirati a questi episodi e hanno cercato di spiegare in termini marxisti le ragioni del loro fallimento.

La più bella delle barricate milanesi durante le cinque giornate della rivoluzione di marzo è quella dei seminaristi, il più applaudito dei reggimenti formati in gran fretta durante i mesi successivi, il loro; il nome di Pio IX è di gran lunga il più invocato durante i giorni dell'insurrezione. A Palermo, un mese prima, la rivoluzione era stata ordita da un'alleanza fra aristocratici siciliani e piccoloborghesi mazziniani.

Organizzata in modo sommario, nell'assoluta indifferenza della maggioranza e con tanta confusione d'intenti, la rivoluzione era destinata a fallire. E fallì infatti nel 1848. Ma non fallì nel 1859; e questa straordinaria anomalia storica merita qualche considerazione.

Cavour

Anziché ritirarsi nelle proprie frontiere e rinunciare a qualsiasi ambizione, Vittorio Emanuele II, succeduto a Carlo Alberto sconfitto, cominciò a preparare il ritorno delle truppe piemontesi nella pianura lombarda. Si dirà di lui molti anni dopo che egli aveva compreso le aspirazioni della borghesia settentrionale e stretto con essa un patto da cui la monarchia sabauda sarebbe uscita rafforzata. Ai borghesi, il regime liberale che essi ritenevano indispensabile per lo sviluppo della loro classe; alla monarchia, il consenso di cui aveva bisogno per quell'espansione verso le fertili pianure orientali che i duchi di Savoia avevano più volte tentato. Ma la spiegazione è di quelle che sorgono post-factum e sanno di laboratorio. Vittorio Emanuele, benché non privo di un certo carisma, era uomo semplice se non rozzo. Cercare nelle sue lettere e nelle sue conversazioni l'abbozzo d'un grande disegno e di una riflessione storica è inutile. Meglio quindi accontentarsi, per quanto lo concerne, della spiegazione dinastica.

Ma accanto a Vittorio Emanuele vi era, sin dal 1853, Camillo Cavour, un piemontese che aveva familiarità con Londra, Parigi, Ginevra dove aveva osservato e ammirato i meccanismi della società borghese. Si era nutrito di letture illuministe, aveva meditato e annotato i testi di Constant, Chateaubriand e Guizot, si era convinto che le forze dell'umano progresso avrebbero prevalso su quelle dell'oscurantismo. Una frase di Chateaubriand l'aveva colpito, forse perché racchiudeva una lezione non soltanto ideale, ma pratica: «Dans les grandes révolutions le talent qui heurte de front les révolutions est écrasé; le talent qui les suit peut seul s'en emparer».[1] E Londra, dopo un primo soggiorno a Parigi nel 1835, gli aveva instillato una grande ammirazione per l'abilità di cui gli inglesi avevano dato prova nell'affrontare i grandi problemi di una società industriale, per il loro buon senso, per il loro pragmatismo. In ambedue le città i grandi monumenti della storia l'avevano interessato meno delle grandi opere economiche e sociali. Nel descrivere le loro giornate parigine l'amico con cui egli viaggiava, Pietro di Santarosa, aveva scritto: «(...) À midi nous sortons et nous commençons nos excursions intéressantes. Hôpitaux, hospices, prisons, écoles, monuments, établissements publics de toute espèce sont passés en revue, visités, analysés, anatomisés».[2] A Londra, in particolare, con le prigioni e gli ospedali, il giovane Cavour aveva visitato i monumenti della rivoluzione industriale e, primo fra essi, il grande viadotto ferroviario di Greenwich che gli aveva ispirato accenti lirici non diversi da quelli che le rovine romane avevano ispirato ai viaggiatori dei secoli precedenti. «Plus de mille arches soutiendront en l'air cette route unique au monde, et quand on le traversera en *steam carriage*, avec la rapidité de l'éclair, il est impossible qu'on ne se croie

[1] «Nelle grandi rivoluzioni il talento che con esse si scontra viene schiacciato; solo quello che le asseconda può impadronirsene.» Cit. in R. Romeo, *Cavour e il suo tempo*, Bari, 1969, p. 283.

[2] «A mezzogiorno usciamo e cominciamo le nostre interessanti escursioni. Ospedali, ospizi, prigioni, scuole, monumenti, istituzioni pubbliche di ogni tipo vengono passati in rassegna, visitati, analizzati, anatomizzati.» *Ibidem*, p. 473.

pas transporté dans les airs en planant sur le fleuve et les champs qui sont en dessous.»[1] I giovani italiani della generazione di Cavour rientravano nella storia percorrendo a ritroso il *grand tour* che i giovani inglesi e francesi avevano fatto in Italia durante i secoli precedenti.

Cavour era portato agli studi sociali e politici, ma non ebbe né tempo né occasione di elaborare una propria riflessione sulla società italiana e sulle forme del suo divenire. Per lui i modelli politici ed economici a cui ispirarsi erano altrove, a Parigi e a Londra. Occorreva creare le premesse politiche affinché l'Italia potesse finalmente adottarli; il resto sarebbe venuto da sé. Quale Italia? Pragmatico e sottile, Cavour lasciava spazio agli avvenimenti ed era pronto a coglierne il senso, la direzione. Ma l'obiettivo iniziale era certamente la costituzione d'uno Stato omogeneo, limitato alle regioni settentrionali. L'Italia centro-meridionale, dal Lazio alla Sicilia, gli appariva lontana e indecifrabile. Roma, che egli aveva visitato una sola volta, brevemente, l'aveva turbato e indispettito. Le cose che egli ammirava erano a nord delle Alpi, non a sud dell'Arno. Ma la politica pura, in cui egli era maestro, aveva le sue leggi a cui egli si piegava con la destrezza d'un falegname che sa dare una funzione decorativa al nodo intrattabile del legno con cui lavora. Per realizzare il suo particolare disegno politico aveva usato tutto il materiale di cui l'Italia pre-unitaria era provvista: mazziniani, garibaldini, federalisti, clericali e anticlericali. Li aveva blanditi e traditi, incoraggiati e frenati, a seconda delle circostanze, con un gioco diplomatico in cui l'assenza di scrupoli era riscattata dalla tenacia e dall'intelligenza. E quando le forze che egli aveva suscitato o incoraggiato s'erano improvvisamente congiunte nella primavera del 1860 e avevano sferrato insieme un grande colpo contro le fragili

[1] «Più di mille archi manterranno in aria questa strada unica al mondo e chi la attraverserà in carrozza a vapore con la velocità del lampo non potrà fare a meno di sentirsi trasportato in aria e di planare sul fiume e sui campi sottostanti.» *Ibidem*, p. 502.

strutture degli Stati pre-unitari, egli aveva cavalcato la tigre della rivoluzione italiana riuscendo a restare in sella per più d'un anno, sino alla morte. La quale giunse a tempo per liberarlo dall'obbligo di misurare le proprie forze con una realtà così mostruosamente diversa da quella che egli aveva preparato negli anni precedenti.

Mazzini

Se Cavour era privo di grandi disegni ideali, Mazzini ne era ricchissimo. Dal Romanticismo e dalla rivoluzione francese aveva ereditato il concetto di nazione, e tale concetto aveva applicato non soltanto all'Italia, ma all'Europa. Credeva alla necessità che ad ogni diritto corrispondesse un dovere e che nessuno potesse pretendere alcunché senza prima aver dato, generosamente. In questo equilibrio fra diritti e doveri Mazzini risolveva, o credeva risolvere, le tensioni sociali, i contrasti delle classi, le divergenze fra le nazioni. Le sue battaglie contro il socialismo scientifico a Londra, le sue polemiche con Marx, Engels e Bakunin, sono in larga misura dimenticate e la sua grande visione spirituale e volontaristica trova oggi scarsa eco. Ma la sua influenza, negli anni che precedettero il 1860, fu grande e due aspetti del suo insegnamento hanno lasciato tracce durature sul temperamento politico italiano: l'idea di Roma come motivo ispiratore della storia italiana e l'insurrezione popolare come mezzo necessario per realizzare l'unità italiana.

L'idea di Roma – di una Roma repubblicana e virtuosa – apparteneva al folklore culturale della «grande rivoluzione». Applicata alla realtà italiana, tuttavia, essa diveniva, da astratto modello, ritorno alle origini, ricupero di grandi virtù nazionali e quindi un ingombrante bagaglio. Mazzini non fu il solo italiano di quegli anni per cui Roma fosse un costante punto di riferimento. Fu tuttavia quello che maggiormente instillò negli italiani la convinzione che Roma conferisse all'Italia una particolare legittimità, una specifica missione. Nella sua equilibrata architettura di diritti e doveri, tutte le nazioni avevano uno specifico dovere. Ma l'Italia, erede di Roma, doveva assumere di fronte all'umanità l'obbligo di un impegno più oneroso, di una più grande missione.[1] Questi concetti deposero nella mente di molti italiani un sentimento destinato a crescere smisuratamente sino a divenire molla e ispirazione di avvenimenti che Mazzini avrebbe probabilmente sconfessato.

Quanto all'uso dei mezzi, Mazzini, che pur aveva lungamente meditato sul fallimento dei primi moti liberali nel 1821, trascorse la vita suscitando spedizioni e insurrezioni mal preparate e mal realizzate. Convinto che l'esempio di pochi avrebbe trascinato i più e che tutti i mezzi fossero permessi purché atti a conseguire il fine, egli era al tempo stesso volontarista e determinista, tenace e velleitario, cinico e generoso. L'assassinio politico, l'atto terroristico, il sacrificio d'un complotto mal congegnato erano episodi d'un moto necessario, tappe obbligate d'un percorso che la meta avrebbe riscattato e purificato. Di questo cinismo messianico troveremo altre tracce nella storia d'Italia fino ai nostri giorni.

Garibaldi

Cavour, Mazzini e il federalista Cattaneo avevano una visione, più o meno elaborata, della società che desideravano realizzare. Garibaldi aveva soprattutto sentimenti, intenzioni. Il suo apporto «ideologico» all'unità italiana è pressoché nullo. Ma la sua influenza, nel bene e nel male, fu enorme e le sue tracce sul percorso della storia unitaria, dal 1859 in poi, profonde e durature.

Per molti anni egli era parso destinato a divenire il braccio armato dell'idea mazziniana. Ma nel 1859 aveva messo

[1] Cfr. F. Chabod, *Storia della politica estera italiana dal 1870 al 1896*, vol. I, *Le premesse*, Laterza, Bari, 1951; soprattutto il capitolo «L'idea di Roma», p. 179 e segg.

il suo nome e il suo talento al servizio dei Savoia; e nel nome di Vittorio Emanuele re d'Italia era sbarcato in Sicilia nel maggio 1860. Dittatore a Palermo, dopo qualche scontro fortunato con il mediocre esercito dei Borbone s'era messo a legiferare nello stile della grande rivoluzione giacobina; ma non appena i contadini, risvegliati dal loro secolare letargo, s'erano gettati famelicamente sulle terre dei padroni, egli aveva ordinato la repressione e fatto giustizia sommaria. Nel giro di pochi mesi s'era contraddetto e smentito senza battere ciglio, forse senza averne coscienza. Era uomo d'azione, ed era al tempo stesso convinto che la sua persona – rispettata, amata e venerata da strati larghissimi dell'opinione europea – fosse di per sé garanzia sufficiente di libertà e giustizia. Era quindi vulnerabile all'adulazione e facilmente manipolabile, come Cavour e Vittorio Emanuele avevano facilmente compreso. Il suo pragmatismo, il suo coraggio e le sue intuizioni sul campo di battaglia, pur avendo parte determinante in un momento decisivo del processo unitario, ebbero conseguenze funeste. Anziché essere portatore d'una grande visione ideale come Washington, Garibaldi fu esclusivamente prassi, azione; e questa azione, che aveva nel giro di pochi mesi unificato la penisola, divenne le lettere patenti della nuova nazione. Non un'azione programmata, studiata in ogni dettaglio, accompagnata da un calcolo attento delle forze in gioco; ma un'azione improvvisa, concepita da pochi uomini, realizzata senza piani e mezzi, come per gioco. A causa di Garibaldi, l'Italia ha alle sue origini non un progetto, ma un atto, non un'idea, ma un'intuizione. Marcata da questo certificato di battesimo essa soggiace naturalmente nei suoi momenti più difficili al fascino di un gesto risolutivo e di un avvenimento liberatorio, alla convinzione che la storia, la sua storia almeno, possa mutare corso per l'improvvisa apparizione di un fatto nuovo. Crispi che cerca di risolvere la guerra d'Africa nel 1896 con un'azione fortunata senza fornire ai suoi generali i mezzi per ottenerla; Giolitti che chiede all'esercito in Tripolitania uno scontro decisivo quando nessuna battaglia, nel deserto, può essere decisiva; D'Annunzio che occupa Fiume nel 1919 e vi rimane un anno reinventando cento volte, giorno dopo giorno, le ragioni della sua azione; Mussolini che mette in scena con qualche migliaio di comparse una derisoria marcia su Roma; Vittorio Emanuele III che rinchiude Mussolini in una autoambulanza; Mussolini che ritorna in Italia dal breve esilio tedesco, nell'ottobre del 1943, e monta uno Stato nuovo, nel giro di pochi giorni, come altri innalzerebbe fondali e quinte sul palcoscenico d'un teatro d'opera: tutti sono affascinati dal mito dell'uomo che aveva distrutto un regno con un pugno di amici in poche settimane, tutti cercano a modo loro di evocare la realtà con le parole, di cambiare la storia con un solo gesto creativo, con una sola manifestazione di volontà. L'Italia come opera d'arte o, se preferite, come miracolo.

II
La nascita dello Stato

NEL giro di due anni, dal marzo del 1859 al giugno 1861, è sorto in Europa uno Stato nuovo. Si estende su 259.320 chilometri quadrati ed è popolato da 21 milioni e 777.000 cittadini, con una media di 85 abitanti per chilometro quadrato. Vive prevalentemente di ciò che produce la terra: gli agricoltori sono 8 milioni, i lavoratori dell'industria e dell'artigianato 3. Non è ricco ma crede di esserlo[1] perché è convinto che la povertà delle sue regioni più destituite sia dovuta esclusivamente alla neghittosa insipienza dei tiranni che le avevano governate. La libertà e l'unità renderanno al paese le ricchezze perdute, i beni per tanti secoli nascosti.

Questa convinzione non è la sola falsa certezza con cui il paese inizia la sua storia unitaria. Anziché interrogarsi sulla rapidità della strada fatta nel giro di due anni, la classe dirigente italiana vede in essa il segno d'un destino manifesto. Anziché analizzare freddamente i fattori che hanno favorito l'unificazione della penisola – la debolezza degli Stati italiani, l'aiuto attivo della Francia in una prima fase, la neutralità benevola dell'Inghilterra in una seconda – essa preferisce credere alle proprie virtù e al proprio talento. L'Europa la incoraggia. La vicenda italiana, ancor più di quella

[1] Cfr. F.S. Nitti, *La ricchezza dell'Italia*, Roux e Viarengo, Torino-Roma, 1905.

greca quarant'anni prima, appassiona l'opinione europea, suscita entusiasmi, sollecita divagazioni storiche sulla nascita d'una nazione che è al tempo stesso la più antica e la più moderna del mondo occidentale. L'esempio di Alexandre Dumas che arma il proprio yacht per farsi cronista della spedizione di Garibaldi in Sicilia e assume a Napoli appena liberata dall'«eroe dei due mondi» la direzione di un giornale, non è che un esempio fra molti. Certo v'è chi manifesta riserbo ed esprime dubbi osservando che il governo delle province meridionali rischia d'essere un boccone troppo grosso per l'amministrazione piemontese. Napoleone III scrive a Vittorio Emanuele II che «le trasformazioni politiche sono l'opera del tempo e che una completa aggregazione può essere durevole soltanto se preparata lungamente dall'assimilazione degli interessi, delle idee e dei costumi; in una parola penso che l'unità avrebbe dovuto seguire e non precedere l'unione (...)».[1] Ma non era lecito dubitare dell'imparzialità dei giudizi francesi? Napoleone III aveva visto la sua creatura sfuggirgli di mano e divenire, in breve volgere di mesi, uno Stato di 22 milioni di abitanti; e già v'era intorno a lui chi lo rimproverava di aver commesso un grave errore.

Le grandi questioni che preoccupavano gli italiani alla fine del 1860 erano i plebisciti, l'ingresso dell'esercito nelle province meridionali, l'assedio di Gaeta, l'atteggiamento delle grandi potenze, la reazione dei sovrani spodestati e del papa, il dissidio tra Cavour e Garibaldi, il ruolo di Mazzini, la sorte delle formazioni volontarie che si erano costituite nei mesi precedenti. Le piccole questioni erano quelle che investivano la loro vita quotidiana: la prospettiva di nuove leggi e regolamenti, il rapporto con i nuovi amministratori, la voglia di un posto nuovo o il timore di perdere il vecchio. Giovanni Visconti Venosta, giovane mazziniano

[1] Cfr. S. Romano, «Il brigantaggio e l'unità d'Italia», in *La Nuova Antologia*, n. 2078, febbraio 1974, p. 234.

poi liberale, racconta nei suoi *Ricordi di gioventù* che «una sera in casa di Alessandro Manzoni si parlava appunto di cose piccole di cui in quei giorni menavano scalpore giornalisti, uomini politici e politicanti malcontenti. Alla critica, specialmente nelle cose pubbliche, la materia non manca mai: leggi inopportune, regolamenti mal fatti, pedanterie burocratiche, e quelle mille molestie della vita pubblica che rendono noioso e talora difficile anche l'essere un semplice cittadino (...)»

Manzoni ascoltava senza parlare. Aveva settantacinque anni ed era ormai il patriarca delle lettere italiane. Qualche mese prima, in febbraio, quando Vittorio Emanuele II fece un trionfale ingresso a Milano «tra l'entusiasmo della popolazione, che gli si affollava intorno e non ristava dall'acclamarlo, quasi con delirio», Manzoni gli aveva chiesto udienza. «Fu la prima volta nella sua vita», scrive Visconti Venosta, che rese «omaggio a un principe.» Spiegò che voleva ringraziare il re «di quegli atti di favore e di quegli onori, che aveva sempre rifiutati da tutti i sovrani per poter rifiutare gli onori del governo austriaco». Alla fine dell'incontro Vittorio Emanuele gli dette il braccio e lo accompagnò attraverso le stanze del palazzo fino al cortile. Il potere rendeva omaggio all'intelligenza. Quella sera, nella sua casa, dopo avere ascoltato le notizie e i commenti dei suoi ospiti, Manzoni parlò così: «Tra qualche anno, e forse tra pochi mesi, di tutti questi piccoli guai, che ora ci preoccupano tanto, chi si ricorderà? D'una cosa sola ci ricorderemo tutti, e per sempre: ricorderemo che in questi due anni s'è fatta l'Italia!»

Dopo l'unità, l'unione

L'osservazione di Manzoni era in parte vera, in parte troppo fiduciosa e ottimistica. Era certamente vero che gli avvenimenti dei mesi precedenti avevano radicalmente modificato la carta d'Europa e creato uno Stato nuovo. Non era vero, tuttavia, che quegli stessi avvenimenti avessero «fatta l'Italia». Quale che fosse il senso delle parole di Manzoni, «fare l'Italia» fu per l'appunto il compito a cui dovette dedicarsi negli anni successivi la classe dirigente del paese. La fortuna, l'entusiasmo di una minoranza coraggiosa, l'esercito francese, la debolezza dell'Austria e l'inimmaginabile inettitudine politica dei suoi satelliti italiani avevano creato, sulla carta, uno Stato abitato da 22 milioni di cittadini. Ma quello Stato, alla fine del 1860, era in realtà un incoerente mosaico di leggi, regolamenti, ordinamenti giudiziari, consuetudini amministrative, tradizioni locali. Per quanto piccolo, ogni Stato preunitario aveva il suo bilancio, le sue imposte, la sua polizia, il suo esercito (in alcuni casi la sua flotta), i suoi giudici, i suoi consiglieri di corte, le sue categorie professionali e un corpo di norme che ne assicurava, bene o male, il funzionamento. Aveva strade che collegavano la sua capitale al resto del paese, porti che tenevano conto delle sue esigenze mercantili, servizi postali, sanitari, educativi che rispondevano, nella migliore delle ipotesi, alle necessità della sua popolazione.

Nei due anni cui Manzoni fa riferimento la scena fu occupata dalla guerra, dalla diplomazia e dalle grandi dichiarazioni di principio. La vera unificazione cominciò nei mesi seguenti e si protrasse, con ritmi che non cessano di sorprendere, sino all'inizio degli anni '70. In quel decennio, fra il 1860 e il 1870, non nacque forse una nazione, ma nacque certamente uno Stato. Sarebbe un errore tuttavia ritenere che la formazione dello Stato non abbia lasciato tracce sul carattere degli italiani e non abbia durevolmente segnato la loro cultura politica. L'unificazione materiale e amministrativa non sarebbe stata possibile, o avrebbe prodotto risultati effimeri, se non fosse stata continuamente giustificata da considerazioni ideali e morali. Tra la creazione dello Stato e la nascita della nazione corre uno stretto rapporto. La nazione cresce nella coscienza degli italiani a mano a mano che essi vedono crescere di fronte ai loro occhi le opere pubbliche, i servizi e i monumenti dello Stato unitario. Separare le opere dalla retorica è impossibile. Le opere non servono soltanto ad assicurare il funzionamento del nuovo regno. Servono anche, e soprattutto, a dimostrare che l'Italia può fare in breve tempo ciò che gli Stati pre-unitari erano stati incapaci di realizzare. E la retorica serve naturalmente sia a valorizzare i risultati sia a suscitare le energie necessarie.

La morte di Cavour

Questa fase, forse la più decisiva ed entusiasmante dell'intera storia unitaria, comincia con un avvenimento luttuoso. Il 6 giugno 1861, alle sei e tre quarti del mattino, morì a Torino Camillo Cavour. La malattia era durata poco più di una settimana. La sera del 29 maggio, dopo un duro dibattito alla Camera sulla sorte dei volontari garibaldini, era parso esausto e triste. Ma aveva mangiato di buon appetito, aveva fumato un sigaro sul balcone del suo palazzo e si era addormentato. Un'ora dopo, tuttavia, era stato svegliato da conati di vomito. Più tardi, nel mezzo della notte, disse al domestico che temeva un attacco d'«apoplessia» e gli chiese di chiamare un medico. Da allora, nonostante i rimedi – salassi, ventose, chinino – e qualche occasionale, apparente miglioramento, le sue condizioni andarono progressivamente peggiorando. Aveva febbre, brividi di freddo, vomito, dolori intestinali, una sete morbosa e un respiro affannoso. Ma non cessò mai di parlare e di riflettere ad alta voce sulle condizioni del paese, sul lavoro che lo aspettava, sulle cose urgenti a cui si sarebbe dedicato nei giorni successivi. «Signori», disse ai medici durante un consulto, «guaritemi rapidamente, ho l'Italia sulle braccia e il tempo è prezioso. Domenica devo essere a Bardonecchia per visitare i lavori del Moncenisio con il signor Bixio e altri amici di Parigi.» È probabile che quelle riflessioni gli servissero a esorcizzare la morte, a «dimostrare» che egli aveva il diritto di vivere, nell'interesse del paese. Ed è certo che molti pensieri risentivano del declino delle sue condizioni intellettuali. « La testa mi si confonde », disse al dottore nel terzo giorno della sua malattia, « e ho bisogno di tutte le mie facoltà per occuparmi di gravi problemi; fatemi ancora un salasso, soltanto un salasso può salvarmi. »

Accadde a Cavour, nei giorni della sua agonia, ciò che si dice accada a un annegato negli ultimi istanti della sua vita. Dal letto in cui stava per morire vide confusamente, come in un angoscioso dormiveglia, tutti i problemi che il paese avrebbe affrontato nei prossimi mesi: il riconoscimento internazionale del nuovo regno, la sorte dei volontari garibaldini, la costruzione della flotta, l'ordine pubblico nelle province meridionali, Roma e Venezia. I due problemi che maggiormente lo preoccupavano erano il riconoscimento della Francia e le condizioni del sud. Al re, che gli fece visita un giorno prima della morte, chiese notizia di una lettera attesa da Parigi e scivolò da quel momento in un febbrile monologo sui « poveri napoletani ». « L'Italia del nord è fatta », continuò quando il re se ne fu andato, « non ci sono più né lombardi, né piemontesi, né toscani, né romagnoli; siamo tutti italiani; ma ci sono ancora i napoletani. Oh, c'è molta corruzione nel loro paese. Non è colpa loro, poveretti, sono stati così mal governati. È colpa di quel furfante di Ferdinando. No, no, un governo così corruttore non può essere restaurato, la Provvidenza non lo permetterà. Bisogna moralizzare il paese, educare l'infanzia e la gioventù, creare asili, collegi militari; ma non è certo ingiuriando i napoletani che riusciremo a cambiarli. Mi chiedono impieghi, decorazioni, carriera; bisogna che lavorino, che siano onesti, e allora gli darò decorazioni e carriera; ma soprattutto niente elargizioni, l'impiegato non dev'essere neppure sospettato. E niente stati d'assedio (...) tutti sanno governare con gli stati d'assedio. Li governerò con la libertà e mostrerò ciò che dieci anni di libertà possono fare di queste belle regioni. Fra vent'anni saranno le province più ricche d'Italia. No, basta con gli stati d'assedio, vi raccomando. »

L'approssimarsi della morte e la fede liberale nel progresso addolcivano la visione di Cavour, rendevano apparentemente semplice ciò che sarebbe stato, negli anni seguenti, terribilmente difficile. Persino di Garibaldi, con cui si era duramente scontrato nei giorni precedenti, parlò con dolcezza e distacco: «(...) è un galantuomo, non gli voglio male. Vuole andare a Roma e a Venezia, e ci voglio andare anch'io. Nessuno ha più fretta di me. Quanto all'Istria e al Tirolo, è un'altra cosa. Toccherà a un'altra generazione. Noi abbiamo fatto abbastanza, abbiamo fatto l'Italia». Ma la situazione internazionale gli appariva confusa, indecifrabile. Riteneva che la confederazione germanica si sarebbe dissolta e che dalle sue rovine sarebbe nata l'unità tedesca. Ma era convinto che gli Asburgo fossero incapaci di modificarsi e che i prussiani fossero troppo lenti: «Ci metteranno cinquant'anni a fare ciò che noi abbiamo fatto in tre anni». Non fu il solo errore di previsione che commise sul letto di morte. Nelle settimane precedenti l'Europa aveva appreso che alcuni Stati della Federazione americana – Carolina del Sud, Georgia, Alabama, Mississippi, Florida e Louisiana – avevano creato una nuova Confederazione ed eletto Jefferson Davies alla presidenza. Un mese dopo, il 4 marzo, un altro presidente, Abraham Lincoln, s'insediò a Washington. La scena era pronta per la guerra che scoppiò il 12 aprile quando i confederati espugnarono Fort Sumter a Charleston, nella Carolina del Sud, e Lincoln chiese alla milizia di reprimere la ribellione. Gli avvenimenti americani sembravano contraddire gli avvenimenti europei. «Mentre la febbre dell'unità s'impadronisce dell'Europa», disse Cavour ai medici e ai parenti, «ecco che l'America decide di dividersi! Ci capite qualcosa, voi, di queste lotte intestine degli Stati Uniti? Per quel che mi concerne, dopo essere stato in gioventù un ammiratore appassionato degli americani, ho perso molte illusioni e confesso che ciò che accade dall'altra parte dell'Atlantico mi sembra un vero enigma.» Non comprese che anche la «guerra fra gli Stati», come gli americani chiamano la guerra civile, era una guerra per l'«unità nazionale» e che il vincitore, alla fine del conflitto, sarebbe stato più «unitario» della Federazione originale.

Dopo una lunga riunione con Isacco Artom e Costantino Nigra nei primi giorni della malattia, la sua partecipazione alla vita politica nazionale fu questo lungo «delirio», ora angosciato, ora fiducioso, in cui apparvero tutti i problemi del paese. Forse il suo ultimo contributo all'Italia moderna fu il tentativo di dimostrare che tra la fede religiosa e la creazione di uno Stato laico non vi era contraddizione. Quando si accorse che le sue condizioni andavano inesorabilmente peggiorando, disse al suo vecchio domestico: «Dobbiamo lasciarci; quando verrà il momento, manderai a chiamare padre Giacomo, parroco della Madonna degli Angeli, che ha promesso di assistermi negli ultimi momenti». Padre Giacomo venne la sera di martedì 4 giugno e si trattenne mezz'ora. Quando uscì, Cavour chiamò uno dei suoi medici e gli disse: «Mia nipote m'ha fatto venire il padre Giacomo; debbo prepararmi al gran passo dell'eternità. Mi sono confessato e ho ricevuto l'assoluzione; più tardi mi comunicherà. Voglio che si sappia, voglio il buono popolo di Torino sappia ch'io muoio da buon cristiano. Sono tranquillo, non ho mai fatto male a nessuno». Padre Giacomo tornò alle cinque e mezzo del 6 giugno, un'ora e un quarto prima della morte. Cavour lo riconobbe, gli strinse la mano e disse enfaticamente, come in una sorta di delirio: «Frate, frate, libera Chiesa in libero Stato!» Il messaggio non fu raccolto. Poco più di tre anni dopo Pio IX ricevette in Vaticano un diplomatico francese, Henry d'Ideville, che aveva assistito alla morte di Cavour, e volle da lui una cronaca esatta di quei momenti. «Così voi credete che egli era pienamente in sé, quando gli parlava il prete?» domandò il papa. «Voi ne siete ben certo, non è vero, ben certo.» D'Ideville disse che era a pochi passi dal letto del morente. L'aveva «inteso rispondere molto distintamente alle preghiere di padre Giacomo» ed era convinto che il malato avesse «perfetta conoscenza di quanto avveniva». «Ah! questo Cavour», commentò il papa scuotendo la testa, «ci ha fatto molto male e Dio gli perdonerà meno facilmente che a questo povero Vittorio Emanuele, che non sa affatto quello che si vuole da lui. Ma infine quest'uomo ha creduto di amare il suo paese. Era generoso, buono e faceva della carità.»

Il primo lutto nazionale

Don Giacomo fu punito dalla Chiesa, ma assolto dalla pubblica opinione. La cronista delle ultime ore di Cavour – la contessa Alfieri, sua nipote – ricorda che il Viatico fu scortato da una folla di torinesi, accorsi intorno alla chiesa della Madonna degli Angeli. Un'altra folla, nel frattempo, presidiava in silenzio la casa del malato in attesa di notizie. Fu chiaro in quei giorni che la figura di Cavour aveva catturato l'immaginazione della pubblica opinione. Se ne accorsero i suoi compagni di lavoro, gli uomini politici, i sindaci, i retori, i maestri, i professori, i facitori di versi. Furono pronunciate orazioni «in morte di Camillo Benso conte di Cavour», furono organizzati pellegrinaggi di scolaresche al castello di Santena, furono celebrate funzioni funebri, laiche o religiose, furono scolpite e inaugurate lapidi commemorative. A Firenze apparve un *Pianto d'Italia*, a Torino un *Panegirico latino*, a Reggio Emilia una canzone intitolata *L'ombra del Conte di Cavour al cospetto dei grandi italiani*, a Milano una cantata intitolata *Il 2 e il 6 giugno, l'Italia esultante colpita dall'infausta novella della morte del Conte Camillo Benso di Cavour*, a Vigevano apparvero versi intitolati *Per la morte del figlio benedetto d'Italia Conte Camillo Benso di Cavour: pensieri e speranze.*

La malattia e la morte coincisero con la prima celebrazione nazionale della Festa dello Statuto dopo la proclamazione del regno. Domenica 2 giugno, a Torino, mentre i medici annunciavano un effimero miglioramento del malato, il re passò in rivista la guardia nazionale e le truppe, distribuì le nuove bandiere ai reggimenti, ricevette una deputazione di Modena che gli portò in dono una spada d'onore, opera di un cesellatore milanese. La coincidenza fece sì che l'Italia venisse inondata da articoli e opuscoli sui due episodi. Molti di questi scritti furono dettati dall'emozione, altri più semplicemente dalla grafomania e dal conformismo di una parte consistente della cultura nazionale. Il retore di provincia piangeva Cavour e celebrava lo Statuto con lo stesso zelo con cui qualche anno prima aveva scritto sonetti per le fauste nozze del suo vecchio sovrano o per il battesimo del principe ereditario. Ma anche i retori furono utili. Lo Stato appena nato aveva bisogno delle proprie glorie e dei propri eroi. La morte di Cavour fu la prima canonizzazione laica della nazione italiana e non ebbe meno importanza per le sorti del paese della politica che egli aveva perseguito negli anni precedenti. Il suo primo risultato fu quello di strappare a Napoleone III il riconoscimento del regno. L'imperatore aveva esitato per tener conto dell'opinione cattolica e di quegli ambienti di corte che avevano accolto di malagrazia la nascita di una nuova potenza mediterranea. Ma la morte dell'amico di Plombières (la stazione termale dove nel luglio del 1858 aveva discusso con lui per otto ore il futuro dell'Italia) gli permise di giustificare il riconoscimento come un omaggio a uno dei maggiori statisti europei. Fu quello quindi l'ultimo contributo di Cavour all'unità nazionale.

Nasce l'esercito italiano

Sappiamo che Cavour passò una parte del 29 maggio alla Camera dove si discusse la sorte dei volontari garibaldini. Il dibattito risaliva a due decreti del novembre dell'anno precedente con cui il governo aveva sciolto l'esercito di Garibaldi e annunciato che i suoi 7.300 ufficiali sarebbero stati ammessi nell'esercito nazionale soltanto a titolo individuale, dopo l'esame di una speciale commissione. Lo scopo evidente era quello di evitare che l'esercito piemontese venisse sommerso e snaturato da un'« orda » di ragazzi coraggiosi, ma esuberanti, generosamente promossi sul campo, indisciplinati, spesso repubblicani. I vecchi quadri piemontesi, del resto, non lo avrebbero tollerato. Un episodio, accaduto a Parma il 2 giugno di quell'anno, dimostra quali fossero allora i rapporti tra i volontari e l'esercito regio. Alcuni ufficiali dei Lancieri di Montebello avevano l'abitudine di pranzare in una saletta del caffè Cavour. Quando si accorsero che i piatti della frutta avevano l'effigie di Garibaldi li gettarono dalla finestra, con grande scandalo dei passanti. Due giorni dopo il reggimento dovette abbandonare la città nel mezzo della notte.

Per evitare simili episodi il governo decise che occorreva dapprima scoraggiare le domande, poi selezionarle attentamente. Gli ammessi furono in tutto meno di duemila. Si poteva procedere diversamente? Forse, ma con rischi che la classe dirigente del nuovo Stato non desiderava correre. Le considerazioni che prevalsero in quella circostanza furono le stesse che avrebbero ispirato il governo in ogni altra sua decisione. Con tutti i suoi vizi e difetti il Piemonte aveva virtù che negli altri Stati italiani erano generalmente assenti: una certa efficienza burocratica, moralità pubblica, devozione allo Stato e al sovrano. Quei caratteri «sabaudi», che agli storici di sinistra parvero «classisti», erano in realtà, dopo gli imprevisti sviluppi del 1860, altrettanti punti di forza a cui il governo non poteva rinunciare. La sola unificazione possibile, in tali circostanze, era quella che utilizzava per quanto possibile il patrimonio di norme, consuetudini e convenzioni con cui era stato costruito nei secoli lo Stato piemontese. Lo conferma, tra l'altro, il fatto che i primi ad accorgersene furono i ministri non piemontesi: Manfredo Fanti, Luigi Carlo Farini, Bettino Ricasoli. Fu Fanti, in particolare, come ministro della Guerra, il principale esecutore della politica con cui il governo smantellò l'esercito garibaldino. Era nato a Carpi, in Emilia, nel 1808 e si era impratichito nel mestiere militare combattendo in Spagna contro i carlisti nel 1835. Rientrato in Italia, partecipò alla campagna del 1848, venne eletto nel Parlamento piemontese, combatté in Crimea con La Marmora, fu comandante di divisione durante le operazioni contro gli austriaci nel 1859 e divenne ministro della Guerra nel gennaio del 1860, quando Cavour formò il suo ultimo governo. Ma nei mesi seguenti, non appena fu chiaro che la situazione meridionale rischiava di sfuggire al controllo politico del governo centrale, scese al sud come generale d'armata, mise l'assedio a Gaeta e fece del suo meglio per sostituire la «legalità» piemontese all'«anarchia» garibaldina. Fra lui e Garibaldi, quindi, correvano rapporti poco cordiali.

Il problema approdò in Parlamento dopo un discorso di Garibaldi. A Caprera, il 26 marzo 1861, il generale pronunciò parole nobili e generose, fondate sulla vecchia distinzione populista fra il governo «cattivo» e il popolo «buono». Disse che molti deputati erano indegni della nazione, che il re era circondato da un'atmosfera corrotta e che «purtroppo non ha fatto tutto quel bene che poteva fare». All'origine del suo malumore v'era il trattamento riservato ai volontari: «Noi siamo stati trattati male. Hanno voluto creare un dualismo tra l'esercito regolare e i volontari, che pur si sono battuti da prodi: hanno voluto creare delle discordie: hanno disfatto l'opera di unificazione da noi cominciata; hanno voluto dividere due elementi tanto preziosi e necessarii nelle attuali circostanze. Ma lasciamo... queste sono immondezze da non curare, al di sopra di tutto sta l'Italia».

L'appello di Garibaldi fu raccolto da Ricasoli. Interpellato dall'uomo politico toscano, Fanti fece una lunga difesa delle proprie decisioni di fronte a una Camera in cui sedevano, tra gli altri, Cavour, Garibaldi, Crispi, Bixio e in alto, nelle tribune, una piccola folla di simpatizzanti garibaldini. In poncho e camicia rossa il generale era venuto a difendere i suoi uomini e il suo ruolo nella storia d'Italia, ma era più adatto alle decisioni del campo di battaglia che alle sottigliezze dei dibattiti parlamentari. Anziché concentrare la sua attenzione e i suoi argomenti sugli aspetti più criticabili della politica del governo, perdette il filo del discorso e si lasciò trascinare dal ricordo degli episodi che avevano guastato i suoi rapporti con Cavour. Disse che la «fredda e nemica mano» del Ministero aveva offuscato i prodigi operati dai volontari e si spinse sino ad affermare che il governo aveva provocato, al sud, «una guerra fratricida». Scoppiò un tumulto durante il quale Cavour scattò in piedi gridando: «Non è permesso insultarci a questo modo! Noi protestiamo! Noi non abbiamo mai avuto queste intenzioni! Signor presidente, faccia rispettare il Governo ed i rappresentanti della nazione! Si chiami all'ordine!»

Il presidente cercò di spegnere il fuoco pregando Garibaldi «di esprimere la sua opinione in termini da non offendere alcun membro di questa Camera e le persone dei ministri». Ma a Cavour questo blando rimprovero non bastava: «Ha detto che abbiamo provocato una guerra fratricida! Questo è ben altro che l'espressione di un'opinione!» E Garibaldi, ormai prigioniero delle proprie parole: «Sì, una guerra fratricida!» Mentre la Destra denunciava la «provocazione» e la Sinistra invocava «libertà di parola», il presidente dovette sospendere la seduta. Un quarto d'ora dopo, quando i deputati ripresero posto nell'aula «in profondo silenzio», dette soddisfazione a Cavour, definì «censura ingiusta» le critiche di Garibaldi e lo minacciò di togliergli la parola, ma gli permise di continuare il discorso. «Dunque», disse il generale imbronciato, «non parlerò dell'azione ministeriale nell'Italia meridionale.» Più tardi, nel corso del dibattito, Cavour prese nuovamente la parola e rivendicò a se stesso il merito di avere creato il corpo dei volontari: «(...) quando nessuno nel paese ci pensava, quando forse era da molti biasimata la formazione di quel corpo di volontari che ha acquistati tanti titoli di gloria, fu il presidente del Consiglio che si rivolse al generale Garibaldi, che stava in dignitoso esilio a Caprera, per pregarlo a venirgli prestare il suo concorso nel grande disegno che il presidente del Consiglio in allora meditava». Cavour aveva ragione. Senza l'appoggio di Cavour e la benevola complicità dell'amministrazione piemontese Garibaldi non sarebbe riuscito né a raccogliere i suoi uomini, né a trasportarli in Sicilia. Ma era altrettanto vero che il governo, dopo la fine delle operazioni, aveva fatto del suo meglio per sciogliere un corpo sulla cui lealtà e disciplina non era possibile fare affidamento.

Le due politiche di Cavour facevano parte di uno stesso disegno: utilizzare ogni possibile energia nazionale, evitare che quelle energie mettessero in discussione l'autorità del governo centrale. Non era, ripeto, una preoccupazione gretta, meschina e «classista». Era il naturale riflesso di una classe dirigente che aveva nella propria formazione il ricordo degli avvenimenti rivoluzionari – 1789, 1830, 1848 – in cui i governi dinastici di mezza Europa erano stati travolti da moti di piazza e «milizie di popolo». Cavour aveva camminato su una corda tesa sfruttando ora l'energia rinnovatrice della minoranza risorgimentale, ora i timori delle potenze europee. Per meglio vincere aveva messo in campo i «rivoluzionari» contro i «conservatori» presentandosi agli uni e agli altri come il loro migliore alleato contro i loro avversari; e così facendo era riuscito a costruire, un pezzo dopo l'altro, lo Stato italiano. Ma il tempo delle acrobazie era finito. Dopo la proclamazione del regno occorreva tranquillizzare l'Europa e consolidare i successi degli scorsi mesi. I due obiettivi erano collegati giacché l'unico modo di tranquillizzare l'Europa era quello di dimostrare che il governo era capace di mandare a casa le teste calde dell'epopea risorgimentale. Per quanto nobile e generoso, l'intervento di Garibaldi in Parlamento non teneva alcun conto dei problemi interni e internazionali a cui il governo doveva far fronte. Parafrasando una famosa battuta di Machiavelli al cardinale di Rouen, Cavour avrebbe potuto dire al generale che i garibaldini sapevano fare la guerra, ma non capivano niente di politica.

Morto Cavour, i suoi successori non mutarono strategia e rifiutarono d'incorporare l'esercito meridionale nelle forze armate nazionali. Ma i quadri dell'esercito piemontese (47.600 soldati e 3.135 ufficiali nel gennaio del 1859) erano del tutto insufficienti ad addestrare e comandare le reclute di un paese che contava nel 1861, come sappiamo, 21.777.000 abitanti. Per mettere l'Italia in condizioni di difendersi e di garantire l'ordine pubblico nei territori conquistati fu necessario ricorrere agli eserciti degli Stati sconfitti. Il regno di Napoli aveva, in tempo di pace, 45.000 uomini (fra cui 6.000 svizzeri), con una buona artiglieria e una mediocre fanteria; il ducato di Modena ne aveva 3.000; gli Stati della Chiesa 16.000 e il granducato di Toscana 12.000. Il governo nazionale li scremò prendendosi tutti quelli che potevano servire all'organizzazione dell'esercito nazionale. Divenne generale italiano in tal modo Giuseppe Pianell, maresciallo di campo dell'esercito borbonico, difensore della frontiera abruzzese contro il rischio di un'invasione garibaldina nell'autunno del 1859 e ministro della Guerra nell'ultimo governo napoletano prima della fine del regno. Non era un opportunista. Come ministro della Guerra aveva cercato di proteggere Francesco II dagli intrighi della corte, ma si era dimesso e non aveva seguito il re a Gaeta quando aveva compreso che le sorti del regno erano irrimediabilmente segnate. Altri avevano lasciato la barca prima di lui. Alessandro Nunziante, figlio di un generale napoleonico e maresciallo di campo dell'esercito borbonico nel 1860, divenne luogotenente generale dell'esercito italiano nello stesso anno. Pianell e Nunziante fecero una dignitosa carriera pubblica: combatterono a Custoza, divennero deputati e successivamente senatori. Pianell, in particolare, ebbe addirittura il collare dell'Annunziata.

Nasce la marina

Mentre l'esercito nazionale nacque dall'annessione piemontese di alcune migliaia di ufficiali provenienti dagli eserciti degli Stati sconfitti, la marina fu il risultato di una sorta di fusione tra la flotta del Piemonte e quella del regno di Napoli. L'operazione fu concepita da Cavour, che tenne il ministero della Marina sino alla morte, e realizzata da Carlo

Pellion di Persano che diverrà poi tristemente famoso per la battaglia di Lissa. In breve, le cose andarono così. Cavour permise a Garibaldi di partire da Genova, ma gli mandò dietro una squadra navale e dette al suo comandante, Persano, un ordine ambiguo e oracolare: avrebbe dovuto arrestare i volontari se le navi dei Mille avessero toccato un porto sardo, ma lasciarli passare se li avesse incrociati in mare. L'ammiraglio capì che il vero obiettivo era quello di permettere che Garibaldi sbarcasse in Sicilia. Più tardi, mentre navigava verso l'isola, Cavour gli comunicò che alcuni ufficiali della marina napoletana avevano «manifestato sentimenti italiani» e che egli aveva assicurato «gradi e condizioni vantaggiose a coloro che promovessero un pronunciamento della Squadra borbonica in favore della causa italiana».

Quando arrivò nella rada di Palermo il 6 giugno con due «pirofregate ad elice», la *Maria Adelaide* e il *Carlo Alberto*, Persano scoprì che il mare di fronte alla città era occupato dalle navi, da guerra e mercantili, di una mezza dozzina di paesi. Vi erano una squadra inglese, comandata dal contrammiraglio Mundy, una squadra napoletana, e navi francesi, americane, spagnole, austriache. A parte le navi napoletane che stettero a guardare come se gli avvenimenti dell'isola non le concernessero, le altre erano venute per assistere a una sorta di spettacolo politico. Cominciò così, dietro il consueto cerimoniale navale, una fitta serie di sondaggi per convincere gli ufficiali borbonici a passare dall'altra parte. L'operazione non rispondeva soltanto a esigenze militari. Occorreva evitare, per quanto possibile, uno scontro tra due marine italiane divise dalla loro lealtà a due diversi sovrani. Proprio in quei giorni Massimo d'Azeglio, in una lettera a Persano, gli augurò di non dovere usare i suoi cannoni contro i napoletani. Se avesse potuto combattere Francesco II e i suoi cortigiani, d'Azeglio lo avrebbe fatto con piacere; «ma siccome Lui e i suoi starebbero a terra a grattarsi il capo, e manderebbero avanti tanta brava gente, che per onore militare e disciplina sono costretti ad agire, ma che son pur uomini della nostra famiglia, sarebbe guerra civile fra Italiani; e da questo Dio ce ne scampi per sempre». Per la verità una guerra si stava già combattendo in quei giorni tra borbonici e garibaldini. Ma d'Azeglio, evidentemente, pensava che una guerra tra forze regolari sarebbe stata simbolicamente più grave. Ne sarebbe emerso con chiarezza che gli italiani avevano fatto diversi giuramenti di fedeltà e che l'unificazione dello Stato chiedeva ad alcuni fra essi di rinnegare il proprio.

La strategia di Cavour e Persano ebbe successo. Mentre Garibaldi stava per entrare a Napoli gli ufficiali napoletani, abbandonati dagli equipaggi, passarono con le loro navi al campo piemontese. Nacque così, per una sorta di fusione fra Stati maggiori, la marina nazionale, mezzo piemontese e mezzo napoletana, con l'aggiunta di qualche nave toscana. Per valutare le virtù dell'operazione basta immaginare che cosa sarebbe accaduto se le due flotte, anziché fondersi, si fossero battute di fronte a Palermo o a Napoli. Gli inconvenienti furono altri. Mancò alla flotta italiana, nella prima generazione dello Stato nazionale, la cultura unitaria, frutto delle stesse tradizioni e consuetudini che i piemontesi avevano imposto all'esercito.

Cavour stesso, negli ultimi giorni della sua vita, sapeva che quello della flotta era un problema insoluto. Nel marzo del 1860 aveva creato il ministero della Marina e ne aveva assunto la guida. Nella tarda primavera e nell'estate aveva personalmente diretto l'operazione siciliana di Persano e i negoziati per la fusione. Ora, sul letto di morte, evocava le cose fatte e da fare. «Avremo bisogno di vent'anni», disse, «per creare una flotta capace di proteggere e difendere le nostre coste, ma ci riusciremo; ho concentrato ogni mio sforzo su questo scopo, l'unione tra la nostra vecchia marina e quella napoletana è cosa fatta. (...) Però occorre che rinunci al portafoglio della marina, sono troppo stanco, troppo oberato di lavoro. Il generale Menabrea accetterà di sostituirmi? Credo che sia capace di creare e di organizzare la marina italiana. Ho avuto una buona idea; no, no, non mi rifiuterà il suo aiuto.»

La volontà di Cavour fu rispettata e Menabrea divenne ministro della Marina nel governo Ricasoli. Da quel momento sino alla guerra del 1866, tuttavia, il ministero cambiò titolare, mediamente, ogni otto mesi: Menabrea dal giugno del 1861 al marzo del 1862, Persano dal marzo al dicembre del 1862, Giovanni Ricci dal dicembre del 1862 al marzo del 1863, Marco Minghetti dal marzo del 1863 al settembre del 1864, Alfonso La Marmora dal settembre del 1864 al dicembre del 1865, il generale Angioletti dal dicembre del 1865 al giugno del 1866, Agostino Depretis nel giugno. Quando si scontrò con gli austriaci nelle acque di Lissa la flotta italiana aveva cambiato, dal momento della sua costituzione, otto ministri. Non è così che si formano le grandi marine. Samuel Pepys fu segretario dell'ammiragliato dal 1673 al 1688. Jean-Baptiste Colbert fu segretario di Stato per la marina dal 1668 alla morte, nel 1683; e in quegli anni rifece gli arsenali di Tolone, creò il porto e l'arsenale di Rochefort, istituì le scuole navali di Rochefort, Dieppe, St. Malo. Pietro il Grande, creatore della flotta russa, le dedicò buona parte della sua vita. Le responsabilità di Lissa non ricadono esclusivamente sulle spalle di Persano, che fu del resto uno dei migliori ministri della Marina dopo la morte di Cavour. Ricadono sulle spalle di un sistema politico in cui le esigenze della continuità amministrativa divennero, immediatamente dopo l'unità, meno importanti degli equilibri politici e parlamentari.

La conquista del sud

Prima di morire (a Caserta, nel 1859), Ferdinando II lasciò al figlio Francesco alcuni *Ricordi savi, santi e salutari*. Il pensiero corre per analogia al *Breviario* in cui Mazzarino condensò una sorta di massimario sull'arte di governo. Ma le maggiori preoccupazioni di Ferdinando sul letto di morte erano i vescovadi e i monasteri da istituire nel regno, le cause dei venerabili e dei beati napoletani e siciliani da

« spingersi in Roma ». Quanto ai criteri da seguire per il governo dello Stato il « re Bomba », come lo chiamavano sprezzantemente i liberali italiani, scrisse che occorreva: « Tener di mira la gloria di Dio sopra tutto. Scegliere buoni confessori e direttori saggi e santi. Giudicare con giustizia imparzialmente, senza preponderare per nessuno né a dritta né a sinistra e senza rispetto umano. Pensare alla Religione sopra tutto, al paese con diligenza, al dare buon esempio. Nello scegliere nuovi ministri od altri impiegati, prima di saperne tutte le notizie atte alla scelta, veder se hanno timor di Dio ».

All'« amor di Dio » faceva riscontro una neghittosa indifferenza per la cosa pubblica. Sospettoso, diffidente, bigotto e sprezzante di qualsiasi decoro cerimoniale, Ferdinando aveva deluso la migliore nobiltà, scoraggiato i funzionari più solerti e circondato il trono di uomini mediocri. Nella sua *Fine del Regno di Napoli* Ruggero Moscati ricorda che il vecchio maggiordomo di settimana, don Vincenzo Del Balzo, mandò al principe ereditario, dopo la morte del padre, una memoria, scritta qualche mese prima, in cui deplorava le tristi condizioni della monarchia napoletana e lo sfacciato cinismo con cui i cortigiani facevano mercato della loro autorità. Uno di questi era il principe Aci, direttore delle suppliche. Quando il re si ritirava nella reggia di Caserta, i supplicanti venivano assiepati « sotto l'androne del gran portone della reggia, e delle volte anche fuori esposti al sole ed all'acqua, come mucchi di pecore, sino a che giungeva il cameriere del principe di Aci o altro suo turcimanno per cominciare le trattative, poiché chi offriva maggior somma veniva ammesso alla reale udienza e gli altri con modi impropri erano licenziati. Il re non ignorava tali fatti e li tollerava... » È l'immagine del regno che emerge dalla *Protesta al popolo delle due Sicilie* di Luigi Settembrini (1847), dalle lettere di William Gladstone al conte di Aberdeen sulla giustizia penale e sulle carceri napoletane (1851), da *I misteri del chiostro napoletano* (1864) in cui Enrichetta Caracciolo Forino raccontò la storia della sua forzata clausura. Settembrini disse che l'idea dell'opuscolo gli era stata ispirata dallo spettacolo di una povera vedova, accompagnata da quattro orfani, bruscamente cacciata dai valletti di un ministro a cui voleva consegnare una supplica. Gladstone aveva visitato la città, raccolto confidenze, visitato segretamente le celle dei detenuti politici. Enrichetta Caracciolo scrisse «per fare maggiormente conoscere in quali modi veniva dal governo borbonico avvilita l'indigena aristocrazia, senza che le classi inferiori ne riportassero alcun vantaggio (...)».

Ferdinando morì durante la guerra del 1859 mentre alla corte di Napoli arrivavano malinconici dispacci per annunciare che i «cugini» di Firenze, Modena e Parma erano fuggiti dai loro Stati. Colpito da febbri durante un estenuante viaggio nelle province pugliesi del regno, il re trascorse gli ultimi quattro mesi della sua vita fra medici e reliquie. Quando fu convocato per un salasso, il miglior chirurgo di Lecce dovette ungersi la fronte con l'olio delle lampade che bruciavano di fronte alle immagini sacre. La malattia si concluse con una straziante agonia nella reggia di Caserta e parve a molti una rappresentazione simbolica delle disperate condizioni in cui versava ormai il regno del sud. Il giudizio con cui Ferdinando, sul letto di morte, assolse se stesso e il suo regno – «Lascio lo Stato come l'ho ereditato dai miei antenati» – era sfortunatamente falso. Stretto fra l'autonomismo siciliano e le ambizioni piemontesi, il regno si era dimostrato del tutto incapace di adattarsi ai tempi e la sua classe dirigente aveva progressivamente perduto fiducia in se stessa.

A Ferdinando succedette un giovane di ventitré anni, Francesco, sposato da poche settimane con Maria Sofia di Baviera, sorella di Elisabetta d'Austria. Quanto il padre era estroverso, sguaiato e volgarmente maestoso, tanto il figlio era introverso, titubante, soggetto all'autorità materna e intimidito dalla memoria del suo augusto genitore. Aveva i tratti del padre – un grande naso, le labbra tonde e femminili, il mento soffice – in un corpo esile su cui le uniformi militari sembravano spaesate. Ebbe subito diritto a un nomignolo. Se il nonno era stato «Nasone» e il padre «Bomba», egli divenne per alcuni «Bombino», per altri «Franceschiello».

Regnò per poco più di un anno durante il quale dette prova di grande serietà e diligenza, ma non seppe né avviare le riforme di cui il regno aveva bisogno, né imporre la propria volontà ai cortigiani e ai funzionari che tramavano per impadronirsi del potere o sopravvivere alla sua dissoluzione. Forse i momenti più nobili della sua vita furono la partenza per Gaeta in settembre e la fermezza con cui resistette per due mesi all'assedio piemontese. Ridotta ai suoi migliori seguaci e ripulita delle sue molte scorie – la corruzione, la sciatteria, la devozione bigotta e superstiziosa –, la monarchia divenne, nelle avversità e nel declino, molto più ammirevole e dignitosa di quanto non fosse stata negli anni precedenti. Quando Francesco mise una nave a disposizione della matrigna, Maria Teresa d'Asburgo-Lorena, per consentirle di lasciare Gaeta, la regina madre rispose: «Se poi si è mandato questo vapore per darmi una nuova spinta a partire, ci si perde il tempo giacché io sono risoluta a partire nel solo caso che tutta la Dinastia se ne vada, avendo 9 figli che sono principi e principesse napolitani e italiani, e mi vedo così forte nel mio diritto che nessuno mi potrà imporre una simile solenne ingiustizia contro la quale griderebbero Cielo e terra».

Ma il regale decoro della famiglia negli ultimi mesi del regno non impedì che lo Stato crollasse su se stesso, colpito non tanto da una sconfitta militare quanto dal sentimento della propria inutilità e impotenza. Napoli stessa cadde fra episodi ora malinconici, ora comici e grotteschi. I piemontesi si dettero da fare perché la capitale si consegnasse ai Savoia, il re ordinò alle truppe di cedere la città a Garibaldi, il comandante delle truppe cercò inutilmente un corpo garibaldino a cui arrendersi, e Garibaldi, finalmente, entrò a Napoli con pochi uomini, come un turista. Alla fine di una lettera a Francesco II con cui gli dette notizie degli avvenimenti, un funzionario di corte, Francesco Ceva-Grimaldi, ne descrisse la sequenza e concluse melanconicamente: «Ecco come avvenne quell'entrata».

L'incontro di Teano

Caduto nelle mani di Garibaldi (ma la mano di Cavour fu onnipresente a Napoli durante l'agonia dello Stato napoletano), il regno fu consegnato al re di Sardegna in una cittadina della provincia di Caserta, a una trentina di chilometri dal luogo in cui sorgeva la splendida reggia che Vanvitelli aveva costruito per i re di Napoli. L'«incontro di Teano» avvenne nella mattina del 26 ottobre 1860 al bivio fra due strade, accanto a una stazione di posta, la Taverna della catena, e a una dozzina di pioppi. Alberto Mario, presente alla scena, racconta che Garibaldi arrivò per primo e scese di cavallo mentre i reggimenti sabaudi sfilavano verso il sud al suono delle bande militari. Di lì a poco apparve il re, in divisa di generale, su un cavallo arabo, «con un codazzo di generali, di ciambellani, di servitori: Fanti, ministro della Guerra, e Farini, viceré di Napoli *in pectore*, esso pure insaccato in una capace tunica militare; tutta gente avversa a Garibaldi, a codesto plebeo donatore di regni». Garibaldi si tolse il cappellino e rimase a testa scoperta, ma con il capo avvolto in un fazzoletto di seta che si era annodato attorno al mento per «proteggere le orecchie e le tempie dalla mattutina umidità». Si strinsero la mano e il generale, «girando gli occhi come chi parla alle turbe», gridò: «Ecco il re d'Italia!» o, secondo Giuseppe Missori: «Ecco il *primo* re d'Italia!» Quando cominciarono a parlare, Mario cercò di avvicinarsi per ascoltare quella storica conversazione, ma udì soltanto qualche commento sul tempo e sulla cattiva condizione delle strade meridionali. Poi si misero a cavalcare, l'uno a fianco dell'altro, seguiti dai rispettivi Stati maggiori che si scambiavano parole di circostanza, fredde e cortesi. Lungo i bordi della strada c'erano alcuni contadini che erano venuti a vedere Garibaldi e ogni tanto gridavano: «Viva Calibardo».

Imbarazzato, il generale cercava di «deviare» gli applausi verso Vittorio Emanuele rallentando il passo del suo cavallo e dicendo: «Ecco Vittorio Emanuele, il re, il nostro re, il re d'Italia; viva lui!» Ma i contadini ascoltavano senza capire e continuavano a salutare entusiasticamente *Calibardo*. L'imbarazzo si dissolse quando Vittorio Emanuele spinse il cavallo al galoppo e si tirò dietro gli Stati maggiori fino al ponte di un torrente che attraversa Teano. Lì si congedò da Garibaldi e ciascuno dei due protagonisti andò per la sua strada: il primo a far colazione con il suo Stato maggiore, il secondo in uno stallaggio di barrocciai dove Mario lo trovò poco tempo dopo seduto «su una pancuccia, a due passi dalla coda del suo cavallo». Mangiava di fronte a un barile sul quale gli avevano apparecchiato «una bottiglia d'acqua, una fetta di cacio e un pane».

Terminata la consegna del regno, Garibaldi e i suoi uomini se ne andarono verso Calvi e incontrarono il giorno dopo Jessie White, moglie di Mario, che stava organizzando i servizi ospedalieri a nord del Volturno. Jessie era nata a Gosport, in Inghilterra nel 1832, aveva frequentato i migliori ambienti intellettuali di Parigi all'inizio degli anni '50, aveva conosciuto Garibaldi a Nizza e Mazzini a Londra, aveva scritto per il *Daily News* una serie di articoli intitolati *L'Italia agli italiani*. Era, nella descrizione di un contemporaneo, «una bella donna, con una splendida carnagione, una grande massa di capelli rossi e un volto vivo, intelligente (...)». Grazie alle sue frequentazioni italiane incontrò Alberto Mario che aveva partecipato ai moti mazziniani del 1848. Di lui George Macauley Trevelyan scrisse che «era uno degli uomini più belli d'Italia» e che era «circondato da un romantico alone di mistero, persecuzione, eroismo». S'innamorarono, si fidanzarono, montarono insieme un complotto mazziniano per la conquista di Genova e finirono, per qualche settimana, nelle carceri sarde. Furono da allora la coppia più attraente del Risorgimento, la prova che la causa nazionale era una sintesi di coraggio, libertà e bellezza. Quando la vide di fronte a sé, a nord del Volturno,

Garibaldi si adombrò. Jessie aveva attraversato il fiume nella presunzione che l'esercito meridionale avrebbe proseguito le sue operazioni verso il nord e avesse quindi bisogno di servizi ospedalieri. La sua presenza ricordava dolorosamente a Garibaldi che la campagna era finita. «I miei feriti», le disse bruscamente, «sono tutti a sud del Volturno.» Poi si addolcì, cambiò tono di voce e le disse melanconicamente: «Jessie, ci hanno messi alla coda». Non è vero quindi che Vittorio Emanuele e il generale, nella loro passeggiata a cavallo, avessero parlato solo del cattivo stato delle strade meridionali. Il re – sostiene Trevelyan – aveva detto a Garibaldi che l'esercito reale avrebbe preso il controllo delle operazioni e che «i garibaldini non erano più necessari».

Il brigantaggio

Non credo, ripeto, che i piemontesi potessero agire diversamente. Ma nella fretta di subentrare ai garibaldini per assumere il controllo della situazione essi dovettero pensare che la conquista del sud fosse compiuta. Tutto ciò che era accaduto nei mesi precedenti – la trionfale avanzata di Garibaldi nelle province meridionali, il collasso amministrativo, gli indecorosi maneggi dei funzionari napoletani, la fuga di Francesco II, la gioia apparente con cui i liberatori erano stati accolti – convinse la nuova classe dirigente che le tesi correnti sul regno borbonico erano giuste: uno Stato corrotto e insensibile ai bisogni dei cittadini, una dinastia dispotica e bigotta, un popolo ignorante ma buono e desideroso di libertà. Distrutto lo Stato e cacciata la dinastia, il popolo avrebbe accolto entusiasticamente l'avvento di un'era nuova e avrebbe dato prova delle proprie energie. Era la speranza di Cavour sul letto di morte: «Non è colpa loro, poveretti, sono stati così mal governati (...) mostrerò ciò che dieci anni di libertà possono fare di queste regioni».

Quelle speranze furono rapidamente deluse. I primi moti scoppiarono intorno a Civitella del Tronto, assediata dalle truppe piemontesi del generale Ferdinando Pinelli, due giorni prima del plebiscito con cui i cittadini del reame borbonico avrebbero votato la loro unione al regno d'Italia. Con una sortita i gendarmi borbonici si unirono a gruppi di montanari degli Appennini, fra Teramo e L'Aquila, e insieme si buttarono nelle valli dove rovesciarono le nuove autorità e «scannarono» i liberali. Le forze piemontesi e la legione dei volontari abruzzesi riuscirono a ricacciare i gendarmi nella fortezza e i montanari nelle loro montagne. Divenne impossibile da quel momento distinguere le forze della resistenza anti-piemontese dal vecchio brigantaggio meridionale. Le bande s'ingrossarono lungo la strada reclutando malviventi, carcerati, avventurieri, disertori e sbandati dell'esercito borbonico. Per vivere rubavano, rapivano i possidenti, estorcevano denaro ai villaggi. Pinelli abbandonò l'assedio di Civitella e li inseguì sulle montagne ricordando ai suoi soldati che la pietà, in quelle circostanze, era un delitto. «Fu allora», ricorda un cronista francese, Marc Monnier, «che egli scrisse quel formidabile proclama che ha scandalizzato tanto l'Europa, e col quale minacciava di fucilare tutti i banditi, che avesse presi con le armi alla mano. Il generale fu richiamato dopo le grida di orrore gettate dai filantropi di Londra o di Parigi, i quali non si sentivano in guisa alcuna minacciati o negli averi o nelle famiglie dai briganti dell'Abruzzo. Pinelli lasciò dunque il suo comando; ma avanti di partire egli aveva distrutto il brigantaggio. Poche fucilate avevano fruttato centinaia di sottomissioni e salvato migliaia di vite (...)»

Sconfitto e represso nella provincia di Teramo, il fenomeno si riprodusse con le medesime caratteristiche in altri luoghi della regione: un po' di patriottismo borbonico, un po' di fanatismo religioso, molta ignoranza e criminalità. I capi, come accade in queste circostanze, furono selezionati dalla violenza. Quanto più gli scontri divennero aspri e le operazioni dei banditi feroci, tanto più salirono al potere uomini duri, spietati, rotti a tutte le crudeltà della guerriglia e del brigantaggio. Apparvero così briganti come Carmine

Crocco, Cosimo Giordano, Schiavone, Ninco Nanco. Crocco pare uscito da uno studio di Cesare Lombroso sull'antropologia criminale. Era alto e forte con un grande torace (92 cm), seni frontali e arcate orbitali molto sporgenti, un piccolo cranio. Quando cadde il regno era in prigione. Evase, raggiunse i volontari di Garibaldi nella provincia di Potenza e partecipò a qualche scontro con le truppe borboniche. Ma non appena apprese che le nuove autorità non avevano alcuna intenzione di perdonargli i suoi vecchi reati, tornò alla macchia. Fu allora, secondo il suo stesso racconto, che alcune persone presero contatto con lui e gli proposero di prendere parte a una «controrivoluzione borbonica». Ebbe ottocento fucili e ottocento berretti rossi «alla repubblicana», si nominò generale e si mise alla testa di una banda di circa duemila uomini che operò per quattro anni in Basilicata taglieggiando e uccidendo. Fuggì nel 1864 quando si accorse che la cerchia delle forze nazionali si stava stringendo intorno ai briganti e cadde nelle mani della polizia francese a Marsiglia nel 1867 mentre era in procinto d'imbarcarsi per l'Algeria con un passaporto degli Stati della Chiesa. Anziché consegnarlo agli italiani, le autorità francesi decisero di estradarlo a Roma dove finì in un carcere pontificio. Di lì, quando la città divenne italiana, fu trasferito a Potenza dove venne processato per settantacinque omicidi. Era rozzo, crudele e venale, ma la sua difesa al processo di Potenza non è priva di un certo acume politico. In un mediocre italiano, scucito e sgrammaticato, spiegò che i «signori», dopo il collasso dello Stato borbonico, si erano divisi in due grandi gruppi, uno monarchico, l'altro liberale. Per un ultimo tentativo di riscossa i primi avevano sfruttato il vecchio odio della «misera plebe» per gli oppressori e l'avevano aizzata contro i piemontesi. Come poté accadere, si chiese Crocco, che lo stesso popolo da cui Garibaldi era stato applaudito e festeggiato si dovesse, pochi
«trucidare a vicenda»? La spiegazione, rispos
era nell'«invidia e (nella) turpitudine di pochi
facevano chiamare Signori, erano Signori, so

saranno sempre Signori, imperocché la cecità del governo il quale faceva passare per le armi le Locertole, e metteva nel suo seno i serpenti velenosi i quali avuto il pieno loro indente finivano di sterminare le Serpungole, uno dci quali sono io...» Intendeva dire che le autorità nazionali avevano represso gli esecutori, ma perdonato e tollerato i mandanti, e non aveva torto. Condannato all'ergastolo, morì nel 1905 nel bagno di Portoferraio.

All'illusione progressista dei piemontesi fece riscontro l'illusione legittimista dei Borbone. Mentre i piemontesi credevano che la libertà avrebbe trasformato i plebei in cittadini, i Borbone e i legittimisti credettero che quelle esplosioni di violenza negli Appennini abruzzesi e nei boschi della Basilicata fossero una consapevole manifestazione di resistenza popolare contro le angherie e le sopraffazioni di una potenza straniera. Da Gaeta, prima di abbandonare la fortezza, Francesco II aveva indirizzato al suo popolo un proclama «mistico e polemico» in cui aveva denunciato la «fellonia» del «re del Piemonte» e incitato i sudditi a unirsi intorno al suo trono. Quel proclama ebbe un duplice effetto: dette una parvenza di legittimità politica alle scorribande dei briganti e attrasse un piccolo gruppo di avventurieri idealisti, soprattutto francesi e spagnoli, ai quali parve che l'Italia meridionale fosse l'ultima trincea della guerra «per il trono e per l'altare» a cui avevano dedicato la loro vita. Roma divenne così la base operativa e le retrovie di un piccolo Stato maggiore reazionario che si organizzò con il denaro dei Borbone e la complicità delle autorità pontificie. Apparvero, fra gli altri, un marchese de Trazegnies, fucilato nel novembre del 1861, un visconte de Noël e un colonnello Lagrange, arrestati a Messina, trasportati a Genova ed espulsi verso la Francia, un Augustin Marie Olivier de Langleis che si atteggiava a capo di Stato maggiore della resistenza meridionale, un signor Capdeville, un maggiore La Candet.

Il migliore fu un ufficiale spagnolo, José Borjés, che aveva combattuto con i carlisti in Spagna e accettò di sbarcare in ¹abria per suscitare una grande rivolta popolare contro gli occupanti. La sua vicenda italiana ricorda quella di Guevara in Bolivia. Credeva di trovare un popolo in armi e trovò soltanto briganti a cui premeva soprattutto rubare, estorcere denaro e correre pochi rischi. Crocco lo trattò con freddezza e diffidenza. «Quell'uomo forestiero», disse di lui molti anni dopo, «che veniva da noi per arruolare proseliti e reclamava in conseguenza l'ausilio della mia banda, destò sin dal primo momento nell'animo mio una forte antipatia perché compresi subito che a petto suo dovevo spogliarmi del grado di generale comandante la mia banda, per indossare quello di sottoposto.» E aggiunse cinicamente: «Egli, un povero illuso venuto dal suo lontano paese per assumere il comando d'una armata, aveva creduto trovare ovunque popoli insorti (...)». Anziché aiutarlo, quindi, lo privò delle armi e lo costrinse a fuggire con pochi uomini verso gli Stati del papa. Un distaccamento di bersaglieri lo sorprese in una cascina nei pressi di Tagliacozzo l'8 dicembre del 1861. «S'impegna un vivo combattimento», scrisse nel suo rapporto il maggiore Franchini, «ed i briganti si difendono accanitamente. Infine, dopo mezz'ora di fuoco, intimo loro la resa, minacciando d'incendiare la casa; ostinatamente rifiutano, ed io volendo risparmiare quanto più poteva la vita ai miei bravi bersaglieri, già faceva appiccare il fuoco alla cascina quando i briganti si arrendevano a discrezione.» Borjés venne fucilato poche ore dopo con i suoi compagni spagnoli e napoletani. A un tenente italiano che lo scortava disse: «Andavo a dire al re Francesco II che non vi hanno che miserabili e scellerati per difenderlo, che Crocco è un sacripante e Langlois (*intendeva Langleis*) è un bruto».

Crocco ebbe la fortuna di cadere nelle mani degli italiani quando la guerra contro i briganti era ormai terminata. Quelli che furono catturati nel corso delle operazioni vennero generalmente passati per le armi. Una commissione d'inchiesta parlamentare, nel maggio del 1863, calcolò le perdite nei due campi: tra le forze italiane 307 morti e 86 feriti, tra i briganti 1.038 fucilati, 2.413 morti in conflitto, 2.768 arrestati. La commissione constatò che il numero delle defezioni era « cresciuto in proporzione della cresciuta energia della repressione ». Quanto più frequenti e sommarie erano le fucilazioni, insomma, tanto più alto era il numero di coloro che deponevano le armi e si consegnavano spontaneamente all'esercito nazionale. Lo dimostrava un confronto tra il 1861 e il 1862. Nell'ultimo quadrimestre del 1861, osservò la commissione, i fucilati furono sette, le defezioni zero; nell'ultimo quadrimestre del 1862 i fucilati furono 136, le defezioni 281. Era chiaro, alla luce dell'esperienza, che la strategia più efficace, e in definitiva più « umana », era quella adottata dal generale Pinelli contro i briganti abruzzesi nella prima fase del conflitto. Fu la strategia del generale Emilio Pallavicini quando diresse le operazioni nel 1865.

L'amara analisi di Borjés prima della morte non impedì che i legittimisti cercassero di costruire, con i modesti materiali del brigantaggio, un'epica leggenda meridionale. E non impedì agli storici di sinistra, in epoca più recente, di rappresentare quegli avvenimenti come l'embrione di una guerra di popolo contro il dominio classista della borghesia settentrionale. Nella prosa degli scrittori borbonici e del loro organo ufficiale – *La campana di San Martino* – le scorrerie dei briganti in Terra di Lavoro riecheggiano l'insurrezione della Vandea contro la Francia rivoluzionaria e la gloriosa resistenza spagnola contro la Francia napoleonica. In un libro di Oscar de Poli (*De Naples à Palerme*), apparso nel 1864, si legge che negli anni trascorsi dopo il plebiscito « diecimila napoletani sono stati fucilati o son caduti nelle file del *brigantaggio*; più di ottantamila persone gemono nelle segrete dei liberatori; diciassettemila napoletani sono emigrati a Roma, trentamila nel resto d'Europa; secondo lo stesso Ministro della guerra di Torino la quasi totalità dei soldati dell'antica armata del regno delle due Sicilie hanno rifiutato d'arruolarsi sotto le bandiere dell'annessione ». Le cifre erano del tutto fantasiose e trovarono credito soltanto in piccoli gruppi di legittimismo borbonico. Più serio fu il malumore di molti napoletani per il declino politico della loro città. Napoli smise d'essere la sede della corte, del governo, degli ambasciatori, delle feste reali e delle «joyeuses entrées». Era stata sino a quel momento una splendida capitale del '700, un luogo in cui sfarzo e miseria si compensavano a vicenda; le rimasero la miseria, i doni della natura e il peso di una sovrastruttura del tutto sproporzionata alle sue reali esigenze.

Gli «unitari» rifiutarono naturalmente le interessate interpretazioni borboniche, ma continuarono a dare del brigantaggio una spiegazione sociale e a ricercarne le cause nel regime della proprietà agricola. «Quella piaga della moderna società, che è il proletariato», scrisse la commissione d'inchiesta, «ivi appare più ampia che altrove. Il contadino non ha nessun vincolo che lo stringa alla terra. La sua condizione è quella del vero nullatenente (...). Tanta miseria e tanto squallore sono naturale apparecchio al brigantaggio. La vita del brigante abbonda di attrattive per il povero contadino (...). I cattivi consigli della miseria non temperati dalla istruzione e dalla educazione, non infrenati da quella religione grossolana che si predica alle moltitudini (...) prevalgono presso quegl'infelici, e l'abito a delinquere diventa seconda natura.» Agli occhi dell'opinione liberale e democratica i responsabili del brigantaggio, quindi, erano lo stato della proprietà, la grettezza dei possidenti, la corruzione dei funzionari, l'incuria del governo; e i rimedi a cui ricorrere erano l'istruzione, la riforma agraria, lo sviluppo economico. Fu quella la filosofia di tutti i maggiori uomini politici italiani da allora sino alla politica meridionale dei governi repubblicani nel secondo dopoguerra. Ma in larghi settori dell'opinione pubblica nelle regioni settentrionali e centrali cominciò a diffondersi la convinzione che le ragioni non fossero soltanto politiche, economiche e sociali. Le lettere a casa degli ufficiali che parteciparono alle operazioni, i dispacci dei comandanti e i diari di reggimento rivelano orrore e sbigottimento per la ferocia dei briganti e per l'apatia morale delle popolazioni. Ecco il racconto, nella lettera di un giovane ufficiale al fratello, del modo in cui gli «squadriglieri», una sorta di milizia mercenaria reclutata sul posto dall'esercito italiano, uccisero e decapitarono il brigante Scoglio nei pressi di Rossano, in provincia di Cosenza. Tornavano al villaggio con la testa dell'ucciso quando incontrarono lungo la strada sua madre.

«La madre vuol vedere la testa del figlio, la riconosce e dice: ''Signore, vi ringrazio che mi avete liberata da questo tormento'' e torna lieta al suo paese. Che cosa ne dici? (...) Se Scoglio ha avuto una tal madre capisco che a ventitré anni avesse già commesso diciannove delitti di sangue; capisco che dopo l'uccisione di un suo mortale nemico abbia mangiato innanzi al fratello dell'ucciso il pane bagnato del suo sangue dicendo: ''Mo solo me sento vindicato''. Se mai tu scriverai un romanzo fantastico sopra popoli selvaggi, non mettere di questi fatti ché tutti li crederebbero impossibili nella natura umana. Avrei infiniti altri fatti d'amorevolezza fraterna da raccontare, che fanno rabbrividire.»

Il brigantaggio non fu né la Resistenza descritta dai legittimisti né la guerra di popolo inventata dalla storiografia marxista. Fu un vecchio fenomeno, registrato da tutti i viaggiatori europei delle generazioni precedenti, ma fortemente acuito dallo sbandamento dell'esercito borbonico e dal crollo dell'apparato amministrativo del regno. La repressione fu dura perché il governo nazionale non poté permettersi di essere «garantista» in circostanze che i Borbone cercavano di usare a loro vantaggio. Qualcuno, per la verità, anche in campo piemontese, sostenne che il brigantaggio era il segno esterno di una generale estraneità della società meridionale all'impresa unitaria. «A Napoli», scrisse Massimo d'Azeglio a un amico, «noi abbiamo (...) cacciato il Sovrano per istabilire un governo fondato sul consenso universale. Ma ci vogliono, e sembra che ciò non basti per contenere il regno, sessanta battaglioni; ed è notorio che, briganti e non briganti, niuno vuol saperne... Capisco che gl'Italiani hanno il diritto di far la guerra a coloro che volessero mantenere i Tedeschi in Italia; ma agli Italiani, che restando Italiani non volessero unirsi a noi, credo che non abbiamo il diritto di dare delle archibugiate...»

L'analisi di d'Azeglio era, come il suo umore in quel periodo, lucida e disincantata. Il fustigatore del regime papale nella seconda metà degli anni '40, e il coraggioso presidente del Consiglio negli anni difficili dopo la disfatta di Novara, si era scetticamente convinto che l'annessione del regno di Napoli fosse stata un errore e che ancora più grave sarebbe stata l'annessione di Roma. Ma non capì che il collasso dei Borbone e la conquista garibaldina del sud avevano creato un « fatto compiuto » a cui il governo aveva dovuto adattare la sua politica. La scelta a cui alludeva implicitamente d'Azeglio – prendere il sud o abbandonarlo – era stata superata dagli avvenimenti. Per il governo nazionale il problema, ora, era un altro: inserire il sud nello Stato nazionale o lasciare che esso diventasse terreno di anarchici esperimenti democratici. Poteva la nuova classe dirigente accettare che una parte della penisola divenisse ingovernabile e che la responsabilità, di fronte alle grandi potenze europee, ricadesse comunque sulle sue spalle? Non restava che accettare il sogno di Garibaldi e farne, secondo le speranze di Cavour, una regione prospera e civile. Ma tutto ciò che è accaduto da allora nelle province meridionali dimostra quanto fosse ingenuo e illusorio sperare che l'educazione e le riforme economiche dessero risultati in tempi brevi. I bersaglieri di La Marmora e di Pallavicini impararono a essere spietati perché non avevano altra scelta. Alla ferocia dei briganti e alla complicità delle popolazioni l'esercito rispose con gli unici argomenti di cui disponeva: le fucilazioni sommarie e, in alcuni casi, l'incendio dei villaggi. A un grave problema d'ordine pubblico fece fronte con eccezionali mezzi di polizia, e non poteva essere diversamente. Più grave è il segno che il brigantaggio lasciò nella coscienza nazionale. Come la spedizione dei Mille in Sicilia anche la « guerra » che si combatté fra il 1860 e il 1865 (con una lunga coda nella seconda metà del decennio) rivelò all'Italia settentrionale un sud alquanto diverso da quello che essa aveva idealizzato negli anni precedenti. Fu l'unità nazionale, paradossalmente, che dimostrò quanto gli italiani fossero diversi.

III
La forma dello Stato

Le vicende meridionali ebbero un'influenza decisiva sulla forma dello Stato. La disparità delle condizioni economiche e della cultura politica suggeriva l'adozione di un sistema fondato sull'autonomia delle regioni e delle città. Era questo, all'inizio del 1861, il programma del governo Cavour. Nel marzo di quell'anno Marco Minghetti, ministro dell'Interno, presentò alle Camere un progetto che prevedeva un largo decentramento burocratico, l'elezione dei sindaci e il trasferimento a organi locali di alcune delle responsabilità che il sistema piemontese riservava al potere centrale. Era una riforma liberale, dettata dalle predilezioni della classe dirigente, dalla sua «anglomania» e dalla constatazione che le Italie erano troppo numerose perché una sola amministrazione, nella capitale, potesse minuziosamente regolare la vita della periferia. Ma il progetto Minghetti non fu neppure votato. Pochi mesi dopo un nuovo presidente del Consiglio, Bettino Ricasoli, accantonò la grande riforma «autonomista» ed estese a tutto il regno l'ordinamento sardo-piemontese. Il provvedimento soppresse i regimi transitori che Torino aveva instaurato nelle province annesse e mise fine alla precarietà della transizione, ma rovesciò la filosofia politica a cui si era ispirata sino a pochi mesi prima la classe dirigente italiana. L'Italia, da allora, fu «prefettizia», e il ministro dell'Interno fu da quel momento, con il presidente del Consiglio, il più autorevole esponente del governo. Il protagonista della svolta non fu, come sarebbe lecito supporre, piemontese. Un emiliano, Minghetti, aveva progettato la nascita di uno Stato decentratato e «localista», ma un toscano, Ricasoli, decise bruscamente di sacrificare le aspirazioni delle nuove province e della propria regione.

Tutto il potere al centro

La qualità degli interlocutori è una prova della serietà del dibattito. Minghetti fu l'uomo politico più colto e raffinato della prima classe dirigente nazionale. Era nato a Bologna nel 1818 da una famiglia che si era arricchita in epoca napoleonica. Il benessere gli aveva permesso di coltivare gli studi, di fare viaggi all'estero e di visitare lungamente l'Inghilterra, dove cercò di capire, scrive Giovanni Ansaldo, «cosa facevano i giovani signori inglesi che intendevano dedicarsi alla politica, e come si faceva ad esser liberali senza dover ricorrere agli attentati ed alle coltellate, come pareva fosse di prammatica per certo liberalismo della sua terra e del suo tempo». Come Cavour si era innamorato dell'Inghilterra politica e della sua Costituzione fino ad assumere nello stile, nell'oratoria e nei modi di società l'atteggiamento di un conservatore inglese. Durante i primi anni della sua vita pubblica aveva riposto molte speranze nell'avvento di Pio IX al papato. Nel 1847, quando il nuovo papa sembrò deciso a riformare lo Stato pontificio, accettò di far parte della Consulta di Stato e divenne più tardi ministro dei Lavori pubblici. Ma non appena si accorse che la riforma degli Stati della Chiesa era una inutile fatica di Sisifo, passò nel campo piemontese, conobbe Cavour e divenne segretario generale del ministero degli Esteri nel 1859. Si dimise con lui dopo l'armistizio di Villafranca e fece il suo ingresso nel governo come ministro degli Interni non appena Cavour costituì il suo nuovo ministero. Diverrà due volte presidente del Consiglio e si dovrà al suo governo, prima dell'avvento della Sinistra, il pareggio del bilancio.

Quanto Minghetti era uomo di mondo e di viaggi, tanto

Ricasoli era austero, rigido, spigoloso. Il primo amava le grandi città, le frequentazioni sociali, le conversazioni e i salotti; il secondo amava rinchiudersi nel castello di Brolio per dedicarsi, come Tolstoj, all'agricoltura e all'educazione religiosa dei suoi contadini. Ma sia Minghetti sia Ricasoli avevano creduto, prima di convertirsi alla concezione dello Stato unitario, nell'utilità degli Stati pre-unitari e nella necessità di un assetto costituzionale che tenesse conto della loro esistenza. Mentre il primo collaborava con Pio IX, il secondo invitava il granduca alle riforme. Non basta. Terminata la prima guerra d'indipendenza, Ricasoli fu tra quelli che invitarono il granduca a risalire sul trono. Né l'uno né l'altro, quindi, era dogmaticamente unitario, e il secondo, ancor più del primo, aveva buone ragioni per desiderare un sistema costituzionale in cui la sua regione potesse conservare le proprie tradizioni e i propri ordinamenti. La Toscana, infatti, era l'unico Stato italiano della penisola che avesse, insieme a un forte senso della propria identità, una decorosa amministrazione, una classe dirigente, un corpo di buone leggi. Piuttosto che recriminare sulla brusca svolta «prefettizia» dell'ordinamento nazionale conviene chiedersi perché uomini come Minghetti e Ricasoli abbiano rinunciato a una parte del loro programma e tradito le attese dei loro concittadini.

La risposta è nell'improvvisa coscienza delle difficoltà di un processo che pochi avevano previsto e a cui nessuno era preparato. Nell'anno intercorso tra la spedizione dei Mille e la morte di Cavour il governo aveva vissuto alla giornata rispondendo alle sfide del momento ed era riuscito a controllare gli avvenimenti; ma non aveva avuto il tempo di far programmi e di riflettere sulle conseguenze di ciò che stava accadendo. L'unità fu il risultato delle circostanze, dell'inatteso collasso di un vecchio regno, della straordinaria abilità diplomatica di Cavour e della benevolenza con cui la maggiore potenza mediterranea, l'Inghilterra, contemplava dalle sue navi gli sviluppi della politica piemontese. Fra le ragioni per cui l'unità si estese al sud, due mi paiono determinanti. La prima di esse fu la liquefazione della classe dirigente, dell'apparato amministrativo e delle forze armate dello Stato borbonico. I reggimenti svizzeri (6.000 uomini comandati dal colonnello Schumacher) si ammutinarono nella notte fra il 7 e l'8 luglio 1859, molti combatterono di malavoglia, altri si sbandarono, e i coraggiosi difensori di Gaeta e di Civitella del Tronto non bastarono a rovesciare le sorti della guerra. La seconda ragione è nell'atteggiamento del governo inglese. Quando constatarono che le navi della flotta di sir George Mundy assistevano senza battere ciglio allo sbarco dei Mille, alla presa di Palermo e alla traversata dello stretto, i napoletani capirono che l'Inghilterra aveva condannato a morte lo Stato borbonico. Queste considerazioni non tolgono nulla all'audacia di Garibaldi, all'entusiasmo dei suoi uomini e all'abilità di cui i garibaldini dettero prova durante le operazioni. Ma il generale non avrebbe vinto se lo Stato borbonico non si fosse dissolto a mano a mano che i Mille, ingrossati dal successo, attraversavano l'isola e sbarcavano in Calabria.

Ed ecco che improvvisamente, dopo i mesi esaltanti della conquista e dell'annessione, il nuovo regno doveva misurarsi con la realtà: la morte di Cavour, il brigantaggio, l'ostilità della Chiesa, la diffidenza delle potenze conservatrici, il vuoto lasciato dagli Stati scomparsi, l'apatia delle classi popolari e l'azione destabilizzatrice del piccolo clero, soprattutto nelle province meridionali. Il federalismo e l'autonomismo, in queste circostanze, rappresentavano un lusso che i successori di Cavour non potevano permettersi. Ricorsero agli unici strumenti su cui potevano fare affidamento – l'esercito, l'amministrazione piemontese – e con essi tennero insieme lo Stato unitario.

Strade e treni

La decisione ebbe il vantaggio di concentrare nelle mani del governo un compito fondamentale per il consolidamento dello Stato: l'unificazione del territorio. Per amministrare l'Italia e per creare un'economia nazionale occorrevano ferrovie, porti, tribunali, commissariati di polizia, servizi amministrativi, uffici postali e telegrafici. Non bastava ereditare le strutture e le istituzioni degli Stati scomparsi. Occorreva unificare le amministrazioni e, nel caso delle maggiori infrastrutture, dare a esse un senso e un orientamento nazionale. Fondamentale apparve subito il problema delle ferrovie e delle strade. Al sud la situazione era quella che Francesco De Sanctis descrisse più tardi nel suo *Viaggio elettorale*. Ma anche al nord e al centro, nonostante l'esistenza di una migliore rete stradale, alcune regioni erano costrette dalla natura a voltarsi le spalle. «Il viaggiatore che dal Piemonte o dalla Lombardia avesse voluto recarsi a Firenze», ricorda Gino Luzzatto nella sua *Economia italiana dal 1861 al 1894*, «o doveva far per mare il percorso da Genova a Livorno, oppure servirsi della vecchia diligenza da Bologna fino a Pistoia. Se poi voleva spingersi più a sud di Arezzo o di Cecina, verso località per cui non fossero utilizzabili i trasporti marittimi, egli non si trovava in una situazione diversa da quella di cinquant'anni o di un secolo prima.» Fu deciso che l'unità degli italiani, il buon funzionamento dell'amministrazione centrale e lo sviluppo dell'economia nazionale dipendevano dalla costruzione di una grande rete ferroviaria nazionale. Comincia così, immediatamente dopo l'unità, la storia delle ferrovie italiane.

Alla fine del decennio la classe dirigente del paese poté guardarsi indietro con legittima soddisfazione. Nella sua storia dell'economia italiana Luzzatto ricorda le parole con cui Stefano Jacini, allora ministro dei Lavori pubblici, riferì al Parlamento sui progressi fatti dal paese tra il 1860 e il 1867: «Negli anni ora decorsi si dovette con urgenza, e diremmo quasi a precipizio, riparare all'inerzia dei passati governi rispetto ai lavori pubblici: aprire nuove vie, scavare e proteggere con nuove opere i porti malsicuri e interrati, estendere e fortificare le difese contro i fiumi, condurre le acque a raddoppiare la fertilità di vasti terreni, far giungere fino alle più remote parti della periferia quel mirabile strumento di civiltà, di progresso e di potenza che è la vaporiera, far sparire le distanze congiungendo coi fili telegrafici le mille città d'Italia, perfezionare, ampliare e rendere più rapido e ad un tempo più semplice il servizio delle poste, creare una marina a vapore nazionale... E tutte queste opere, che avrebbero in altri tempi alimentata per lunghi anni l'attività di una grande nazione, l'Italia le ha dovute compiere, si può dire, in pochi mesi».

La grande privatizzazione

Jacini era nato in provincia di Cremona nel 1827 e si era segnalato all'attenzione di Cavour con uno studio sulle condizioni economiche del Lombardo-Veneto sotto l'amministrazione austriaca. Come altri esponenti della classe dirigente – Pietro Bastogi, Cavour, Minghetti e Quintino Sella – era convinto che l'opera dello Stato dovesse limitarsi alle grandi infrastrutture, ai servizi essenziali, alla tutela dell'ordine pubblico, all'amministrazione della giustizia, alla difesa dell'interesse nazionale con la diplomazia e con le armi. Il progresso economico e sociale della nazione invece era indissolubilmente legato alla creazione di un grande mercato nazionale in cui le regole fondamentali sarebbero state quelle della libera iniziativa e del libero scambio. Nella sua espressione cavouriana e moderata il Risorgimento settentrionale fu liberista e la sua classe dirigente si dedicò, non appena ebbe conquistato il potere, alla realizzazione del programma economico che era parte indissolubile della sua filosofia unitaria.

La prima mossa fu la soppressione delle dogane interne e la creazione di un grande spazio doganale italiano circondato da una bassa barriera doganale. In pochi mesi, fra il luglio del 1859 e il 1° gennaio del 1861, tutta l'Italia adottò la tariffa doganale del regno di Sardegna e le tariffe convenzionali fissate dagli accordi internazionali conclusi negli anni precedenti dal governo di Torino. Il provvedimento ebbe effetti diversi a seconda delle regioni e delle categorie economiche interessate. Giovò all'industria lombarda e piemontese che poté importare macchine e materie prime a condizioni migliori, nocque alle piccole industrie dell'Italia centrale e meridionale, abituate alla protezione di un'alta tariffa. Fu adottata qualche eccezione per tener conto di circostanze particolari, ma la decisione fu scrupolosamente rispettata. Nulla assicura la fermezza di un governo quanto la convinzione dei suoi membri che la loro linea politica corrisponde agli interessi del paese e al senso della storia.

Creato lo spazio economico italiano, occorreva incoraggiare la nascita di coloro che dovevano utilizzarne le possibilità. Per suscitare una nuova classe d'imprenditori e proprietari e per mettere in movimento il grande volano dell'economia nazionale, lo Stato decise di collocare sul mercato i beni pubblici che aveva ereditato dagli Stati scomparsi. Gli caddero infatti nelle mani tra il 1859 e il 1861 tutte le imprese e le proprietà demaniali che i vecchi principi avevano creato o acquistato durante le generazioni precedenti: ferrovie, miniere, boschi, stabilimenti siderurgici, fonderie, arsenali, cantieri, acque termali, valli di pesca, canali navigabili, saline, fabbriche per la lavorazione del tabacco. Buona parte del patrimonio industriale dell'Italia pre-unitaria apparteneva al pubblico demanio ed era frutto della politica «colbertista» che i principi illuminati avevano fatto, soprattutto negli ultimi decenni del '700. Il governo nazionale decise che suo compito era quello di sbarazzarsi di una responsabilità impropria e di dare ai privati la gestione di quei beni. Tenne per sé, ricorda Sabino Cassese, soltanto i servizi postali e telegrafici, gli ospedali militari, l'Officina carte valori, l'Istituto Vaccinogeno dello Stato e l'Azienda Chinino di Stato. Ma rinunciò al monopolio statale del tabacco e ne affidò lo sfruttamento a una «Regia Cointeressata», costituita in società anonima con la partecipazione di finanzieri italiani, francesi, inglesi e tedeschi. Anziché vendere, infatti, il nuovo Stato preferì ricorrere a strumenti – la concessione o l'appalto – che consentivano d'imporre ai privati alcune condizioni d'interesse generale. Agli appaltatori delle miniere dell'Elba e degli stabilimenti siderurgici ereditati dal granducato di Toscana fu chiesto di « compiere tutte le opere che gli esperti avessero ritenute necessarie a dare a quelle miniere un'attrezzatura tecnica moderna, (di) costruire una ferrovia dalle miniere al porto (di) sistemare questo con moderne attrezzature di carico e (di) costruire entro tre anni uno stabilimento siderurgico, provvisto di altiforni capaci di produrre non meno di 35.000 tonnellate di ghisa all'anno ». L'appalto dello stabilimento borbonico di Pietrarsa, dove si costruivano macchine e materiale navale, fu stipulato nella speranza che la convenzione animasse « sempre di più nell'Italia meridionale lo spirito d'associazione e di intrapresa ». Agli appaltatori del cantiere di San Bartolomeo nel golfo di La Spezia fu chiesto di terminare e modernizzare le strutture esistenti.

Un capitolo a sé è quello dei beni ecclesiastici. Il Piemonte aveva incamerato i propri nel 1854 e lo Stato unitario fece altrettanto nel 1861 con alcuni decreti frettolosamente promulgati per le province annesse. Ma gli argomenti, quando venne il momento di vendere, erano meno sicuri e convincenti di quelli usati per la confisca e la concessione dei beni appartenenti agli Stati. Privare la Chiesa della propria ricchezza non era necessariamente una manifestazione di spirito liberale. Forse che in Inghilterra, madre di ogni Costituzione liberale, la Chiesa anglicana non era proprietaria, tra l'altro, di un vasto patrimonio immobiliare nella città di Londra? Perché sottrarre a una « libera Chiesa in libero Stato » una libertà economica a cui il nuovo regno avrebbe dovuto essere particolarmente sensibile? La nuova classe dirigente replicò che i beni italiani della Chiesa di Roma erano in realtà antichi privilegi, frutto di una lunga storia feudale, e che la loro funzione sociale era ormai irrimediabilmente invecchiata. « Nell'età dei feudi (...), il privilegio era indispensabile al clero, perché potesse liberamente attendere alla sua missione sublime: senza il privilegio, il clero sarebbe stato anch'esso servo della gleba e, come oggi il pontefice non vuole esser suddito, nell'evo medio il clero non voleva essere vassallo. Ma oggi che i vassalli son mutati in liberi cittadini, oggi che l'arbitrio de' pochi è caduto infranto dinanzi alla grande consacrazione del principio dell'eguaglianza di tutti i cittadini al cospetto della legge, quei privilegi non hanno più alcuna ragione di sopravvivere, e la società li vede con gioia cadere man mano logori e sdrusciti al soffio salutare della libertà e dell'eguaglianza.»

Queste parole sono tratte dalla relazione con cui Quintino Sella, allora ministro delle Finanze nel governo La Marmora, presentò al Parlamento nel 1866 un progetto di legge per la soppressione delle corporazioni religiose e la conversione dell'asse ecclesiastico. Sella aveva trentanove anni, si era laureato in ingegneria a Torino, aveva insegnato geometria applicata e matematica. Fu studioso, industriale, banchiere e soprattutto inflessibile amministratore del bilancio dello Stato sino al pareggio nel 1876. Nella sua relazione alla Camera avrebbe potuto ricorrere ad argomenti economici. Avrebbe potuto ricordare, ad esempio, che le terre appartenenti alla Chiesa e ai vecchi Stati pre-unitari formavano un enorme lotto di circa 900.000 ettari, vale a dire il 4% delle terre su cui il fisco italiano percepiva le sue imposte; che lo Stato aveva bisogno di denaro; che il principale obiettivo di un governo liberale era quello di suscitare energie, stimolare la nascita di nuovi proprietari e imprenditori, creare le condizioni perché di ogni risorsa nazionale si facesse il miglior uso economico. Preferì appellarsi ad argomenti storici ed etico-politici perché erano quelli che avevano maggiore presa sulla piccola opinione pubblica risorgimentale da cui il governo derivava la propria legittimità. I cattolici reagirono rabbiosamente. Con un articolo su *La Civiltà cattolica*, un gesuita, Matteo Liberatore, disse che la filosofia dello Stato unitario era quella di «quei coloni, narrati dall'Evangelio; i quali, scorto il figliuolo del padrone, dissero tra loro: "Ecco l'erede. Uccidiamolo, e così ci carpiremo l'eredità sua''». E aggiunse: «Il così detto regno d'Italia, nato col latrocinio e col sacrilegio, non per altre vie, che per queste cerca di conservarsi».

Tutti i successivi governi italiani ignorarono i lai della Chiesa e si attennero alla legge. Per vendere, dopo un'infelice esperienza del periodo immediatamente successivo all'unità, fu creata un'azienda ministeriale dell'Asse ecclesiastico, anticipazione, per molti aspetti, di quella Treuhandstalt che la Repubblica Federale di Germania creò nel 1991 per alienare i beni statali della defunta Repubblica Democratica Tedesca. Ma il risultato, per chi voglia compiacersi di confronti storici, fu piuttosto simile a quello delle privatizzazioni russe di beni sovietici nella prima metà degli anni '90. Se gli economisti liberali del Risorgimento speravano di favorire la crescita di un forte ceto sociale costituito da contadini proprietari e di allargare in tal modo la base di consenso del nuovo Stato, gli effetti dell'operazione furono deludenti. Comprarono generalmente quelli che avevano larga disponibilità di denaro e potevano tesaurizzare terra in attesa di collocarla nuovamente sul mercato a prezzi più alti. In larghe parti d'Italia, soprattutto al sud, l'assetto della proprietà terriera rimase quello di sempre: il latifondo e un proprietario lontano che dava una precaria occupazione a una folla di contadini-operai assiepati in qualche vecchio borgo. Qualche contadino si fece avanti, racimolò con un prestito il denaro necessario all'acquisto, ma scoprì rapidamente di non avere le spalle abbastanza larghe per l'impegno che aveva assunto e fu costretto a vendere nel giro di pochi anni. Nelle condizioni materiali e culturali dell'Italia meridionale – poca acqua, pessime strade, mediocri infrastrutture, brigantaggio e scarsa disponibilità agli sforzi cooperativi – il latifondo era malauguratamente l'unica forma di proprietà che avesse capacità di sopravvivenza. Fu inutile quindi sottrarre alla Chiesa la sua ricchezza? No. L'operazione ebbe due effetti positivi: mise sul mercato un milione di ettari e liberò la Chiesa da un fardello che gettava un'ombra sulla sua immagine spirituale.

Il bilancio dello Stato e l'unificazione monetaria

Fra le ragioni che spinsero il governo a vendere l'asse ecclesiastico, una delle principali fu il bisogno di denaro. L'ambiziosa politica di Cavour e la guerra del 1859 avevano costretto il Piemonte a indebitarsi con banche straniere, inglesi e francesi. L'unificazione lo costrinse ad accollarsi il debito pubblico di tutti gli Stati pre-unitari. Poteva fare diversamente? Leopoldo Galeotti, deputato al Parlamento nella prima legislatura del regno, osservò che «la unificazione del debito pubblico dei cessati Stati era necessaria, come misura politica, onde immedesimare nelle sorti d'Italia l'interesse di tutti i creditori, e come misura finanziaria, onde sul mercato interno ed estero non ci fosse nessuna concorrenza tra i titoli vecchi e i titoli nuovi». La prima misura finanziaria del nuovo Stato, quindi, fu quella di dichiarare ai suoi nuovi cittadini e ai mercati internazionali che avrebbe onorato la firma del papa, del re di Napoli, del granduca di Toscana, dei duchi emiliani e dell'amministrazione imperiale austriaca. La Russia sovietica, quasi sessant'anni dopo, fece esattamente il contrario. Ma l'Italia non era uno Stato rivoluzionario e sapeva che la sua stessa esistenza dipendeva dal benevolo riconoscimento delle grandi potenze. Nacque così, per iniziativa di Pietro Bastogi, ministro delle Finanze, il grande libro del Debito pubblico in cui vennero iscritti tutti i debiti, vecchi e nuovi, dello Stato unitario. I debiti irredimibili formarono due grandi categorie, «l'una di rendita consolidata 5%, l'altra di rendita consolidata 3%», mentre i debiti redimibili andarono in una terza categoria. Per i primi Bastogi emanò un titolo nuovo che venne immediatamente scambiato contro i vecchi. «Il cambio dei titoli dentro il termine di un anno che la legge assegnava», scrive Galeotti, «venne compiuto quasi totalmente senza che niuno se ne accorgesse. E quindi da quel giorno, non fu altrimenti visto sul mercato se non che il titolo del Regno d'Italia, senza concorrenti e senza rivali. Era questo il segno più esplicito e meno equivoco sul mercato estero della unità dello Stato, che veniva in tal modo riconosciuta dai banchieri, prima che lo fosse dai governi.»

«Più delicata e più difficile», continua Galeotti, fu l'unificazione monetaria del regno. Non fu necessario inventare un termine nuovo. «Lira», infatti, era il nome di quasi tutte le monete che circolavano in Italia prima dell'unità. Ma il loro valore, espresso in oro, era diverso. Quella piemontese e quella del ducato di Parma, ad esempio, valevano una lira oro, quella austriaca e quella toscana intorno allo 0,83%. Anche in questo caso l'operazione fu in parte economico-finanziaria, in parte politica e psicologica. Occorreva una moneta comune con cui fissare i prezzi, calcolare le transazioni commerciali e redigere i bilanci. Occorreva modernizzare la contabilità estendendo il sistema decimale a tutte le province del regno. Ma occorreva anche, e soprattutto, un segno tangibile dell'esistenza d'uno Stato nuovo, un solido pezzo di metallo su cui fosse impressa l'immagine del sovrano, lo stemma della dinastia, il nome del nuovo soggetto politico, da poco entrato nella comunità delle nazioni. E occorreva cancellare, quanto più rapidamente possibile, infine, il ricordo di tutti quei carlini, scudi, ducati, tarì, svanziche, paolini che avevano rappresentato agli occhi dei visitatori stranieri, negli anni precedenti, la disunione della penisola e la sua incapacità di valorizzare le possibilità dello spazio economico italiano. Decisa sin dai primi giorni dell'unità, l'operazione fu condotta a passo di carica. Il 17 luglio del 1861 fu scelta l'impronta delle nuove monete. Il 9 novembre fu deciso che le zecche sarebbero state tre, a Torino, Milano, Napoli; il 23 marzo 1862 fu stabilito il valore aureo della lira; il 2 maggio fu calcolato il ragguaglio della moneta nazionale e di quelle usate dagli Stati scomparsi; e il 24 agosto 1862, finalmente, fu approvata una legge generale (gli altri erano decreti) per l'unificazione del sistema monetario italiano. Non basta. Mentre fissava le regole dell'unione monetaria il governo concludeva contratti con tre ditte francesi per la coniazione del «fabbisogno» (150 milioni di monete d'oro e d'argento, 36 milioni di monete di bronzo) nelle tre zecche italiane. La ditta Estivant lavorò a Napoli, la ditta Erlanger a Milano, la ditta Oeschger, Mesdach e C. a Torino. Il cambio della moneta si fece più lentamente e alla fine del decennio circolavano ancora in Italia, soprattutto al sud, i soldi, le lire e i ducati degli Stati pre-unitari.

Restava da decidere quale banca avrebbe avuto la responsabilità di emettere moneta e garantire la sua convertibilità. Il buon senso suggeriva un sistema monocratico, all'inglese, ma le considerazioni politiche finirono per avere il sopravvento. In un'epoca in cui le banche di emissione elargivano prestiti e scontavano effetti commerciali, le classi dirigenti degli Stati annessi non vollero privarsi del diritto di avere nella loro regione un istituto finanziario a cui prospettare le loro esigenze e su cui fare, all'occorrenza, qualche pressione. Il risultato fu un compromesso. La Banca Nazionale degli Stati Sardi assorbì la Banca degli Stati Parmensi, la Banca Pontificia per le Quattro Legazioni di Bologna e lo Stabilimento Mercantile di Venezia divenendo la Banca Nazionale *nel* Regno. Ma il diritto di emettere moneta fu concesso anche a due banche toscane (la Banca Nazionale Toscana e la Banca Toscana di Credito) e a due banche borboniche (il Banco di Napoli e il Banco di Sicilia). È probabile che in quelle circostanze non si potesse fare diversamente. Ma nella soluzione adottata dopo l'unità vi è il seme dei grandi scandali che sconvolsero il sistema monetario italiano all'inizio degli anni '90.

«Italia una»: la lingua

Dei tre caratteri che distinguono una nazione nell'ideologia liberale e romantica dell'800 – la lingua, la storia e la fede – l'Italia unitaria aveva soltanto la terza. Gli italiani erano quasi tutti cattolici, ma avevano storie diverse e parlavano lingue diverse. Nella sua *Storia linguistica dell'Italia unita*, Tullio De Mauro calcola che la lingua italiana, al momento dell'unità, fosse conosciuta e parlata da 630.000 persone, pari al 2,5% della popolazione; e giunge a questo risultato includendo nel calcolo 400.000 toscani e 70.000 romani, vale a dire gli abitanti di una regione e di una città in cui «i dialetti locali erano particolarmente vicini nella struttura morfologica e lessicale alla lingua comune». Vi è in questa constatazione un singolare paradosso. Era l'esistenza di una lingua e di una letteratura comuni il «valore» su cui molti intellettuali italiani, nelle generazioni precedenti, avevano fondato la tesi della necessità dello Stato nazionale. Gli italiani erano tali, al di là delle divisioni politiche e dei patriottismi municipali, perché parlavano la stessa lingua, leggevano gli stessi poeti, scrivevano in italiano buona parte delle loro leggi e dei loro atti notarili. Ma nel momento stesso in cui il sogno si era finalmente realizzato, la classe dirigente del nuovo Stato constatava che la «lingua nazionale» era in realtà parlata da una percentuale non superiore a quella di coloro che in una qualsiasi società parlano una lingua straniera. Anziché essere fattore di unità, la lingua diventava così segno manifesto della straordinaria varietà linguistica della penisola.

Lo stesso può dirsi per molti aspetti della sua grande letteratura nazionale. Confrontata con le altre letterature europee essa appariva erudita, artificiosa, ossessionata dalla propria purezza, impacciata dalla propria tradizione e dai propri modelli. Molti si erano resi conto che i «generi» della cultura moderna erano ormai, accanto alla poesia, il teatro, il romanzo e la letteratura scientifica (filosofia, politica, economia, scienze naturali). Alfieri aveva fatto del suo meglio per colmare un vuoto e dotare la patria di un grande teatro tragico. Ma il risultato fu indice di grande carattere e forza di volontà piuttosto che di eccezionali qualità letterarie. «(...) il primo e maggior suo merito», scrisse di lui Massimo d'Azeglio, «fu, a parer mio, d'avere egli si può dire scoperta l'Italia come Colombo l'America, ed iniziata l'idea dell'Italia-nazione. Io metto innanzi d'assai questo merito a quello dei suoi versi e delle sue tragedie.» E aggiunse che «per lo stile, la proprietà, l'esattezza, la felicità d'espressione, rimase cento miglia indietro dal (...) poeta cesareo» (Metastasio) per cui Alfieri nutriva grande disprezzo. Manzoni ebbe maggiore fortuna e dette agli italiani uno straordinario romanzo che è al tempo stesso modello di lingua, riflessione sulle vicende della storia italiana, splendida opera letteraria. Ma per un Manzoni quanti romanzi e tragedie di argomento storico (le opere di Cantù, Guerrazzi, Grossi, Niccolini), ispirati da Walter Scott e da altri modelli francesi o tedeschi, ma scritti con frasi rotonde, preziosità stilistiche e sussiego letterario. Al momento della creazione dello Stato unitario la «lingua nazionale» era in realtà il latino della società italiana: una lingua remota, parlata da piccoli ceti sociali, non alimentata, come accadeva altrove in Europa, dagli umori e dalle esigenze quotidiane della borghesia e delle classi popolari. Nel 1821 Manzoni scrisse a un amico francese, Claude Fauriel, che una delle condizioni necessarie per scrivere bene era quella «di avere parlato con i propri concittadini di materie importanti». Lo scrittore, in altre parole, doveva sentire intorno a sé un'opinione pubblica attenta, intelligente, curiosa, informata, continuamente impegnata a discutere i problemi del paese e a confrontarli con quelli d'altri paesi. Ma è di questo per l'appunto che l'Italia maggiormente mancava in quegli anni.

Il confronto con il resto dell'Europa è stridente. Vi è una maggiore naturalezza linguistica negli scrittori russi della prima metà dell'800 di quanta non ve ne sia nei migliori scrittori italiani dello stesso periodo. Le «operette morali» di Puškin (articoli, pagine di diario sulla storia nazionale, «piccole tragedie») sono assai più facilmente leggibili di quanto non siano quelle di Leopardi. E dove erano nello stesso periodo gli scrittori italiani capaci di usare i periodi brevi e le espressioni correnti dei romanzi di Stendhal e di Flaubert? Nonostante i lodevoli sforzi delle generazioni precedenti, la lingua nazionale era l'abito che gli italiani indossavano per le circostanze solenni: una veste nobile ed elegante, ma stretta e antiquata. Ancora Manzoni raccontò un giorno a un amico che durante un soggiorno a Parigi qualche tempo prima gli era accaduto di scrivere e pubblicare un saggio in francese sull'unità di tempo e di luogo nelle tragedie, e che per scrivere non aveva avuto bisogno di servirsi di alcun dizionario. Reduce appena da un massacrante lavoro linguistico (la correzione della seconda stesura dei *Promessi sposi*), aggiunse: «Non le parrà strano che il confronto della facilità incontrata in questo caso con gli stenti durati nell'altro, e per far male, abbia cooperato a render più vivo in me il sentimento della differenza che corre, per chi abbia a scrivere, tra l'avere e il non avere una lingua *vera* da adoperare».

Tali dovettero essere i sentimenti di Cavour quando si assoggettava alla disciplina dell'italiano in Parlamento, anziché servirsi del familiare francese in cui scrisse buona parte delle sue istruzioni diplomatiche. Il giudizio di Leopardi fu ancora più duro e amaro. «La lingua italiana», scrisse nello *Zibaldone*, era «bruttissima e pessima per ragioni e qualità indipendenti dalla purità e dal barbarismo, cioè perché povera, monotona, impotente, fredda, inefficace, smorta, inespressiva, impoetica, inarmonica». Avrebbe potuto aggiungere che sotto la penna di molti studiosi italiani essa era inguaribilmente magniloquente, involuta e retorica. Lo conferma, tra l'altro, la lettura degli epistolari dell'epoca. Quando Isidoro Del Lungo e Giosuè Carducci cominciarono a scriversi nel 1858 il primo aveva sedici anni ed era precocemente erudito, il secondo ventitré e insegnava nel ginnasio di San Miniato. Passarono al tu dopo le prime lettere, ma continuarono a corrispondere in uno stile ampolloso e togato. «A me afflitto dall'estrema battitura della fortuna nella morte di mio padre...» scrisse Del Lungo a Carducci nell'agosto del 1858. «Il Dante è sul mio tavolino, ed aspetta con gran disio il suo signore», scrisse Carducci a Del Lungo nell'aprile dell'anno seguente. Quando scoppiò la guerra nel 1859 ciascuno dei due fu attratto dall'idea di dare espressione letteraria ai propri sentimenti nazionali. Del Lungo scrisse una cantata *alla Pa-*

tria, Carducci un'ode *alla Croce di Savoia*. Ma erano esercizi letterari in cui il sentimento nazionale era meno importante del modello a cui ciascuno riteneva necessario ispirarsi. «In questo genere di componimenti», scrisse Del Lungo, «io penso che si debba accostarsi quanto più possibile alla maniera Metastasiana, anche sacrificando un poco della forma ed originalità propria, ed anche qualche finezza dell'arte; purché quel che si scrive sia sempre poetico di concetto e di frase.» «Parmi che il Monti», replicò Carducci, «in alcune poesie politiche, e non delle più conosciute, fra molti difetti, qua e là, non di rado abbia fatto bene e bene di molto.» Così scrivevano gli intellettuali italiani all'inizio dell'unità in una Europa dove i francesi, negli stessi anni, leggevano i versi di Victor Hugo e nella *Revue des Deux Mondes* la prosa di Ernest Renan.

Per fare dell'italiano una lingua «vera» occorreva anzitutto insegnarla agli italiani. Il primo censimento constatò che gli analfabeti, nel 1861, rappresentavano il 75% della popolazione con un forte divario tra le regioni settentrionali (il 54% in Piemonte, Lombardia e Liguria) e le regioni meridionali e le isole (l'86% in Basilicata, Campania, Calabria, Puglia, l'89% in Sicilia, il 90% in Sardegna). Percentuali analoghe si registravano allora in Spagna, Portogallo, Russia e alcune zone dell'impero austriaco. Ma in Italia occorreva insegnare, insieme alla lingua, il sentimento di una nuova nazionalità; e occorreva farlo, per di più, in un paese dove gran parte dell'istruzione era tuttora nelle mani del clero. L'uomo che maggiormente si dedicò a questa impresa fu un nobile milanese, Gabrio Casati, che era stato podestà della sua città dal 1837 e aveva presieduto il governo provvisorio dopo le Cinque giornate e la cacciata degli austriaci nel 1848. Rifugiatosi in Piemonte, era diventato senatore nel 1853 e ministro della Pubblica istruzione nel governo La Marmora dopo le dimissioni di Cavour, durante il breve interludio fra l'annessione delle province centro-settentrionali e la conquista del sud. Fu allora che lavorò a una grande legge sull'istruzione in Italia. Fu deciso che l'intero sistema scolastico e universitario italiano sarebbe stato alle dipendenze d'un ministro, che l'istruzione superiore e liceale sarebbe stata a carico dello Stato, quella dei ginnasi e delle scuole elementari a carico dei comuni, quella tecnica a carico delle province.

Qualche anno dopo (1868) Emilio Broglio, ministro dell'Istruzione in uno dei primi governi unitari, nominò una commissione a cui dette mandato «di ricercare e proporre tutti i provvedimenti e i modi, coi quali si possa aiutare e rendere più universale in tutti gli ordini del popolo la notizia della buona lingua e della buona pronunzia». Sembravano intenzioni oneste, indiscutibili, anche se viziate da un certo candore; e suscitarono invece una vivace polemica perché le espressioni «buona lingua» e «buona pronunzia», in apparenza così chiare, davano per risolto un problema che tale non era: quale fosse la «buona lingua» e quale la «buona pronunzia». Alessandro Manzoni, che dirigeva i lavori della commissione, scrisse una famosa relazione per dimostrare che la «buona lingua» era quella parlata nella città di Firenze. Immaginarne un'altra, composta di contributi provenienti da tutte le parti della penisola, significava creare un mostro senza unità e coerenza perché la lingua «non è, se non è un tutto; e a volerla prendere un po' di qua e un po' di là, è il modo d'immaginarsi perpetuamente di farla, senza averla fatta mai». Più che per la conclusione, lo scritto di Manzoni è interessante per gli argomenti storici con cui egli appoggia la sua tesi. Il latino, il francese e il castigliano – egli scrive – sono stati anzitutto la lingua di Roma, di Parigi, di Madrid; e questa loro origine municipale non ha menomamente intralciato la loro diffusione. Gli esempi sono rivelatori. Fortemente influenzato dal secolo dei lumi, Manzoni vorrebbe abbreviare artificialmente il lungo percorso compiuto dalle lingue nazionali europee. Affascinato dalla ragionevolezza della sua tesi, egli dimentica che il contesto è interamente diverso; che l'unità d'Italia non è il risultato d'una lunga e dolorosa conquista ma un concorso di circostanze favorevoli; che Firenze, pur essendo in quegli anni capitale del regno, non è il centro del potere; che l'egemonia di alcune città sulle province circostanti era assai più facilmente realizzabile nei primi secoli del secondo millennio che non alla fine dell'800; che l'identità culturale di Venezia e di Napoli alla metà del secolo XIX apparteneva alla storia d'Europa più ancora che alla storia della penisola.

Guerra di stili

Le idee del Manzoni furono discusse, respinte, accolte in parte e dettero luogo a una guerra di stili. Si dette così il caso di un romanzo di Zola – *L'assommoir* – che fu tradotto due volte a un anno di distanza, nel 1879 e nel 1880, in due italiani diversi, *tradizionale* (cioè composto di molti apporti regionali) e fiorentino.[1]

La polemica era in gran parte astratta. L'italiano della nuova società unificata non sarebbe stato né l'uno né l'altro. Esso si sarebbe formato gradualmente attraverso il grande discorso corale che gli italiani si preparavano a iniziare con se stessi, all'interno dei nuovi confini; e le parole, vecchie o nuove, sarebbero divenute di tutti, cioè «italiane», nel senso nuovo che occorreva dare alla lingua dopo la formazione dello Stato, soltanto se usate da tutti, nei giornali, nei libri, nella necessità quotidiana di conoscere e commentare fatti e avvenimenti non più regionali, ma nazionali. Il percorso che va dalle discussioni accademiche sorte intorno alle teorie di Manzoni sino al *Lessico di frequenza della lingua italiana contemporanea,*[2] pubblicato nel 1971, non corrisponde a nessuna delle previsioni possibili nel 1868 ed è lo specchio stesso della società italiana nel suo divenire. La

[1] Cfr. B. Migliorini, *Storia della lingua italiana*, *cit.*, cap. XII e *passim.*

[2] U. Bartolini, C. Tagliavini, A. Zampolli, *Lessico di frequenza della lingua italiana contemporanea*, IBM Italia, Milano, 1971.

ricostruzione del tracciato ci direbbe quali culture regionali abbiano esteso la loro influenza sul resto della penisola e quali abbiano perduto importanza e vigore, quali tecniche abbiano fatto irruzione nella società nazionale e quali temi abbiano dominato la coscienza collettiva, quali mode e correnti abbiano influenzato la vita e quali movimenti filosofici il mondo accademico. Essa ci direbbe altresì entro quali limiti la società nazionale sia stata creativa o ricettiva e quali modelli stranieri, nei momenti di maggiore ricettività, abbiano influito sul suo modo di essere. Oggi, in mancanza d'una grande ricerca, possiamo elencare alla rinfusa alcuni fattori: l'influenza del francese sul linguaggio politico e «urbano» durante i primi decenni, il declino del fiorentino nella narrativa con la formazione di nuovi centri letterari, l'incidenza dell'inglese sulle consuetudini borghesi nel periodo fra le due guerre, l'importanza dell'anglo-americano in politica, sociologia e direzione aziendale dopo la seconda guerra mondiale, la rapidissima ascesa del «romano» sulla scia della televisione durante gli anni '50 e '60.

Una lingua più grande dello Stato

L'Italia che all'alba della sua unità si chiedeva con tanto calore quale fosse la sua lingua era paradossalmente molto più grande del regno. Per l'influenza dei suoi Stati dall'alto Medioevo in poi e per le migrazioni dei suoi abitanti attraverso il bacino mediterraneo, l'italiano era parlato in Corsica, in Nord Africa, a Malta, nel Levante, in Dalmazia, nelle isole dell'Egeo, in Asia Minore. In taluni di questi paesi esso era lingua ufficiale, in tutti lingua franca e come tale compresa e usata anche dagli indigeni. Anziché consolidare questa pacifica dominazione linguistica del Mediterraneo centro-orientale, la formazione dello Stato unitario ne segnò la decadenza. Nel giro di poche generazioni l'italiano smise di essere lingua veicolare e si restrinse come pelle di zigrino all'interno dei confini nazionali. Accadde non tanto per ragioni culturali, sociali o economiche, quanto politiche. Finché l'italiano era lingua d'una espressione geografica sminuzzata in sette Stati, la sua diffusione lungo le coste del Mediterraneo non destava alcuna preoccupazione. Non appena esso divenne la lingua di 30 milioni di abitanti costituiti in Stato, l'indifferenza si mutò in preoccupazione e in sospetto. Nel secolo della nazionalità la lingua era potenzialmente una bandiera e il territorio su cui essa sventolava un membro staccato dalla patria ideale, una provincia da redimere. Per evitare che l'Italia confondesse in un unico pericoloso concetto i suoi confini naturali e i suoi confini linguistici, le maggiori potenze mediterranee si misero al lavoro per eliminare le isole di cultura italiana. In Corsica e nella contea di Nizza il governo francese adoperò abilmente lo strumento dell'istruzione scolastica; a Trieste il governo austro-ungarico usò l'arma più rozza e in definitiva meno efficace del sostegno alle popolazioni slave; a Malta gli inglesi imposero la loro lingua negli atti di governo e nella pubblica amministrazione; a Tunisi, la Francia, pur accettando i 30.000 italiani che vi abitavano al momento del trattato del Bardo, seppe contenerne l'influenza e controllarne l'espansione; e l'occupazione della Tripolitania nel 1911 si fece anche a spese dei 70.000 italiani che abitavano Costantinopoli, Smirne, Beirut, molti dei quali, espulsi, non ritornarono.

Il declino della vita letteraria

Accadde così che l'unità d'Italia – un avvenimento in cui era contenuta in germe, per tanti italiani, una promessa imperiale – avesse per effetto una forte diminuzione dell'influenza linguistica, culturale, e quindi politica, che il paese aveva esercitato intorno a sé prima dell'unità. A questa delusione se ne accompagnava un'altra: il torpore delle lettere e degli studi filosofici nei decenni immediatamente successivi la costituzione dello Stato. L'idea unitaria, come s'è detto, portava con sé una forte carica trionfalista. Tutti coloro che volevano l'unità – pochi o molti che fossero – erano profondamente convinti che essa avrebbe liberato gli italiani, le loro energie creative, le loro virtù, le loro forze morali. Le accorate riflessioni sulle condizioni del paese, sull'indifferenza delle masse, sul neghittoso egoismo dei ricchi e sul servilismo degli intellettuali erano compensate dalla certezza che l'unità e la libertà avrebbero spazzato via i tristi frutti del despotismo e ridato vigore al grande albero della nazione. Ma poiché la natura non fa salti, la società preunitaria trasferì a quella unitaria, intatti, tutti i suoi problemi economici, sociali e civili. E le condizioni dell'Italia letteraria, anziché brillare di nuova luce, parvero peggiorare. I due grandi romanzi italiani dell'800 – *I promessi sposi* di Manzoni e *Le confessioni di un ottuagenario* di Nievo – erano stati scritti prima dell'unità; il secondo, in particolare, in quella brevissima stagione che va dalla guerra del 1859 alla morte dell'autore (1861). Dopo aver partecipato alla spedizione di Garibaldi in Sicilia e aver tenuto, in qualità di intendente, la contabilità dell'impresa, Nievo aveva ricevuto ordine di portare a Torino tutti i documenti amministrativi in suo possesso. Era partito da Palermo, per mare, ai primi di marzo del 1861 e non era mai giunto. L'*Ercole*, si disse, aveva fatto naufragio fra la Sicilia e la Campania nella notte fra il 4 e il 5 marzo 1861; ma della nave, nonostante molte ricerche, non fu trovata traccia.[1] Rimanevano il ricordo d'una vita brevissima – Nievo era nato nel 1831 – impiegata in modo esemplare fra le opere letterarie e le cospirazioni patriottiche, e un grande romanzo in cui era narrata la lunga vita d'un «italiano» che aveva vissuto con passione e con ironia tutte le vicende della penisola dalla fine del '700 agli albori dell'unità. «Io nacqui veneziano il 18 ottobre del 1775, giorno dell'Evangelista San Luca,

[1] Un pronipote, Stanislao Nievo, ha pubblicato un romanzo inchiesta (*Il prato in fondo al mare*, Mondadori, Milano, 1974) sulla scomparsa dell'*Ercole*.

e morrò, per la grazia di Dio, italiano quando lo vorrà quella Provvidenza che governa misteriosamente il mondo.»

Anche Nievo, come il suo personaggio, era morto italiano; ma dell'unità aveva visto soltanto il momento eroico, in cui ogni speranza era lecita, non il difficile decollo, tra mille difficoltà umane e amministrative, non l'ora in cui «l'alba s'alza come il tuono»[1] e illumina di luce cruda gli uomini e le cose. In questa fase la letteratura e l'arte, anziché accompagnare i primi passi della nazione con opere vigorose, come ne avevano preparato la nascita, produssero opere grigie o encomiastiche in cui l'acclamazione e l'entusiasmo divenivano accademia. Il maggior storico della letteratura italiana, Francesco De Sanctis, scrisse alla fine della sua opera maggiore: «L'Italia è stata finora avviluppata come una sfera brillante, la sfera della libertà e della nazionalità, e ne è nata una filosofia e una letteratura, la quale ha la sua leva fuori di lei, ancorché intorno a lei. Ora si deve guardare in seno, cercare in se stessa: la sfera deve svilupparsi e completarsi come sua vita interiore».[2] Dopo aver lungamente lavorato intorno a un bellissimo sogno la letteratura italiana doveva ormai muoversi all'interno della realtà. Doveva, in altre parole, diventare concretamente «italiana» nel senso nuovo che la parola non poteva non assumere dopo la formazione dello Stato unitario. Ma perché ciò accadesse occorreva che le generiche utopie della vigilia diventassero società e Stato, occorreva che il territorio e le città smettessero di guardare dentro di sé, verso il campanile che li dominava, e cominciassero a guardare verso la nazione di cui erano parte.

[1] R. Kipling, *Mandalay*.
[2] F. De Sanctis, *Storia della letteratura italiana*, Napoli, 1870-71, cap. XX.

IV
Ferrovie e capitalismo

Una dozzina di microcosmi

Il territorio era l'immagine stessa della storia italiana. La distribuzione delle culture nelle campagne, lo sviluppo dei borghi agricoli e dei centri urbani, lo stile dell'architettura rurale e cittadina, ciascuno di questi fenomeni rivelava l'esistenza d'una dozzina di microcosmi politici, economici e culturali perfettamente autosufficienti. Non è facile accertare quanto essi comunicassero e commerciassero fra di loro, di quanto fossero vicendevolmente debitori. Ma nessuna statistica smentirà, credo, la scarsa complementarità delle regioni che componevano la penisola. Questa complementarità fu appunto uno dei principali obiettivi della classe dirigente unitaria. Occorreva spezzare i confini che dividevano le regioni, occorreva far sì che esse dipendessero politicamente ed economicamente dalla nazione, occorreva impedir loro di guardarsi allo specchio come se la vita di Firenze finisse fra San Giovanni e Santa Maria Novella e quella di Venezia in piazza San Marco. Occorreva, insomma, non solo costruire, ma distruggere. Teniamo presenti queste premesse: ci aiuteranno a capire molto di ciò che è accaduto al territorio italiano dall'unità ad oggi.

Il mezzo più potente per unificare il territorio erano le ferrovie. Nel 1861 ve n'erano in tutta Italia 2.273 km. La prima linea, fra Napoli e Portici, era stata inaugurata nel

1839; la seconda, fra Milano e Monza, nel 1840. Ma lo sforzo maggiore fu compiuto dopo l'unità. Nei quarant'anni che vanno dall'unità alla fine del secolo la rete si allargò a tutto il territorio nazionale: 6.710 km nel 1871, 9.506 nel 1881, 13.964 nel 1891 e 16.451 nel 1901.[1] Accadeva quello che accadrà cento anni dopo con le autostrade. Si costruiva perché il governo era soggetto a molteplici pressioni: quella degli uomini politici e degli economisti, i quali consideravano le ferrovie come il mezzo più atto a unificare il paese; quella dei finanzieri, che erano pronti a costruire e a gestire purché lo Stato facilitasse l'operazione e sovvenzionasse l'esercizio; quella dei parlamentari, che si battevano perché il loro collegio uscisse dalla notte dei tempi e si affacciasse al progresso. Un uomo politico che era stato sindaco d'una cittadina calabrese sotto i Borbone e aveva visto gli anni della transizione rievocò molti anni dopo le condizioni del suo municipio – Cortale – prima dell'unità.[2]

«Cortale, alle falde del monte Contessa, circondato dai fiumi-torrenti Pilla e Peripe, spesso in inverno si trovava segregato del tutto dal mondo. Il monte si copriva di neve, i fiumi s'empivano d'acqua, le strade per valicare il primo e i ponti per traversare gli altri non esistevano. Il procaccia (era lui la posta) doveva, a condizioni normali, arrivare una volta la settimana; grazie ai briganti che albergavano in montagna e lo svaligiavano una volta sì e una volta no, la settimana si allungava in quindicina. Ma quando aveva trionfalmente superato tutte le difficoltà ed arrivava a casa mia recando i due giornali del regno delle Due Sicilie, l'*Omnibus* e *Il Paese*, era un avvenimento. Si mandava in giro un messo per avvertire i maggiorenti, e riuniti in circolo si leggevano e si discutevano avidamente le fresche per noi notizie di quei due effemeridi (...).

[1] Nello stesso anno (1901) la Francia aveva una rete di 39.613 km, la Gran Bretagna di 36.920 km, la Germania di 54.796 km.
[2] Cit. in E. Nathan, *Vent'anni di vita italiana attraverso all'annuario*, Roux e Viarengo, Roma-Torino, 1906, p. 56 e segg.

«Se di notte babbo e mamma confabulavano, quasi cospirassero, era segno, ricordo, di vicino viaggio. E a mezzanotte si mandavano a chiamare gli armigeri (la necessaria scorta di fedeli ora scomparsa); scaricavano e caricavano i fucili, si somministrava loro una dose misurata di acquavite, tutto s'allestiva nel silenzio e nel mistero e si partiva, a cavallo s'intende, appena apparivano i primi chiarori del giorno. Se la meta era Catanzaro, si pigliava la via di Nicastro, poi ad un certo punto si cambiava rotta per depistare possibili assalitori; ed in ordine sparso, mandando innanzi gli esploratori, fra tattica e strategia, si mettevano giornate intere per arrivare là ove con un legnetto si giunge in poche ore (...). Chi doveva recarsi a Napoli non partiva senza prima fare testamento; chi aveva oltrepassato il Faro di Messina s'acquistava tale fama in paese da convertire la sua saliva in specifico per la guarigione delle ezeme!»

Le condizioni di Cortale erano quelle di vaste zone dell'Italia meridionale. Le ferrovie e le strade le strapparono al loro secolare isolamento, le inserirono in una comunità nazionale. Si dirà poi che questo processo, anziché risolvere i loro secolari problemi, ebbe l'effetto di esporre strutture fragili e antiche a un confronto per cui non erano pronte. Ma chi scrive la storia di quegli anni non può prescindere dagli ideali degli uomini che componevano la classe dirigente unitaria, dalla loro profonda convinzione che il libero commercio delle idee, degli uomini e delle cose fosse fattore di progresso e che i vantaggi dell'unità avrebbero largamente compensato il disagio che sempre accompagna i periodi di transizione. Chi avesse chiesto loro di agire diversamente avrebbe chiesto loro, in realtà, di rinunciare alla parte migliore di se stessi, alla giustificazione intellettuale e morale della loro azione. Il sindaco di Cortale, che a quella classe dirigente certamente apparteneva, non aveva rimpianti: «(...) Le cose oggi sono cambiate. Si va e si torna da Napoli nello stesso giorno (...). Due volte al giorno si riceve la posta (...). Se urge l'occasione, a due passi da casa vi è l'ufficio telegrafico. Armigeri, che farne? Non v'è contrada italiana più della calabrese tranquilla per ciò che riguarda la pubblica sicurezza. Spezzato il manutengolismo, assicurate delle vie sicure e rapide di comunicazione, il brigantaggio non ha più possibilità di riprodursi. Dei 4.000 abitanti del Comune che non arrivavano mai ai confini della provincia, emigrarono, secondo l'ultimo censimento, 864; oggi (*intorno al 1900*) la cifra sarà forse raddoppiata; vanno e vengono dall'America del Nord e del Sud colla massima facilità e disinvoltura».[1]

In queste parole, a giudicare dalla sopravvivenza nella regione di fenomeni criminali e clientelari, vi è probabilmente una parte d'illuministico ottimismo. Ma qui mette conto di registrare il sentimento di fiducia che accompagnava i grandi mutamenti territoriali dell'Italia dopo l'unità. Col passare degli anni la rete ferroviaria, soprattutto nel sud, tenne largo conto delle pressioni elettorali e seguì un tracciato che disegna, qua e là, la mappa delle clientele politiche. Ma all'inizio si procedette secondo criteri di economia e di sicurezza. Occorreva costruire per facilitare il movimento delle truppe nelle province meridionali e consolidare una sovranità ancora precaria; e occorreva pagare il meno possibile. Lungo la costa adriatica, ad esempio, da Ancona verso la Puglia, la linea rinunciò a servire i comuni delle colline e si sviluppò lungo il mare attraversando zone deserte. Toccò allo Stato e agli enti locali costruire strade per collegare i centri abitati alla stazione ferroviaria; e intorno alla stazione nacque col passare del tempo un villaggio nuovo il cui nome riprende, con la variante «a mare», quello dell'antico, appollaiato sulla collina.[2] Servito dalla ferrovia e affacciato sul mare, il villaggio nuovo finirà per sopravanzare l'antico sviluppandosi selvaggiamente. E quanto il vecchio, cinto dalle sue mura, era socialmente ed architettonicamente equilibrato, tanto il nuovo sarà brutto e informe. Ma sarà altresì un

[1] Cfr. E. Nathan, *op. cit.*

[2] Cfr. I. Insolera, «L'urbanistica», in *Storia d'Italia*, vol. 5, *I documenti*, t. I, Einaudi, Torino, 1973, p. 458 e segg.

pezzo di territorio italiano perché sorto non più in funzione d'una esistenza municipale e regionale, ma nazionale.

Abbiamo detto che i primi tratti ferroviari furono costruiti rapidamente. Le linee Ancona-Lecce-Brindisi e Napoli-Foggia furono terminate prima del 31 dicembre 1865, tre anni dopo l'approvazione del tracciato, dalla Società per le strade ferrate meridionali. La fretta non si spiega soltanto con ragioni politiche e sociologiche. Accanto ad esse ve n'erano altre che vanno rievocate perché gettano un fascio di luce su un altro aspetto della società unitaria: l'apparizione di una classe finanziaria pronta a rischiare il proprio capitale nella vicenda nazionale.

I nuovi finanzieri

Nel 1861 – il regno era stato proclamato da un anno – i Rothschild di Vienna che gestivano le strade ferrate dell'Austria meridionale, e quindi quelle lombarde e venete, si accordarono con il governo italiano per il rinnovo delle vecchie concessioni e al tempo stesso per la costruzione d'una linea adriatica e del raccordo con Napoli. Il governo acconsentì e stava per sottoporre alle Camere la ratifica dell'accordo quando un deputato toscano, il conte Pietro Bastogi, scrisse al ministro dei Lavori pubblici per comunicargli che un gruppo di capitalisti italiani s'era costituito in società ed era pronto ad assicurare l'esecuzione delle opere e la gestione delle linee. Nonostante l'impegno assunto dal governo con un gruppo straniero, la Camera dei deputati, nell'agosto 1862, accettò l'offerta del Bastogi. Il successo del finanziere toscano fu dovuto alla simpatia con cui stampa e Parlamento guardavano ad un'impresa finalmente nazionale. E in verità che senso avrebbe avuto fare l'Italia se la borghesia non avesse investito i propri capitali per trarre vantaggio dalle grandi occasioni che l'unità offriva? Che senso avrebbe avuto creare uno Stato sovrano se gli attributi della sovranità economica fossero stati delegati a gruppi stranieri? La vittoria di Bastogi sui Rothschild rientrava quindi nella logica degli avvenimenti politici che s'erano appena conclusi. Ma la vicenda ebbe risvolti oscuri su cui indagò, nella primavera del 1864, una commissione d'inchiesta composta da sette parlamentari. Il progetto di convenzione prevedeva che lo Stato pagasse 210.000 lire al chilometro, una somma – come si vide poi – che permetteva a Bastogi di subappaltare con un guadagno di circa 10.000 lire a chilometro. Ora questi calcoli, largamente rimunerativi, erano stati possibili perché il finanziere-deputato godeva in Parlamento di numerosi appoggi e poteva valersi in particolare dell'amicizia di un collega che era segretario della Commissione ministeriale per le ferrovie e che divenne segretario generale della nuova società ferroviaria. In altre parole, nella prima grande impresa finanziaria dell'Italia unita v'erano state alcune collusioni fra potere politico e potere economico. Non diversamente, si osserverà, da quanto accadeva in qualsiasi altra società dell'epoca. Ma in Italia, come sarà dimostrato da altre vicende della sua storia unitaria, la collusione traeva origine dalla fragilità delle strutture del paese, dall'inferiorità del suo capitale di rischio di fronte a quello europeo, ben più esperimentato e organizzato. Non era giusto che lo Stato annullasse questo *handicap* correggendo di quanto era necessario le regole del gioco? Il protezionismo degli anni '80, l'autarchia fascista e il capitalismo di Stato nel secondo dopoguerra hanno in questi argomenti la loro origine e la loro giustificazione teorica. Il capitalismo italiano nasce con le imprese ferroviarie all'inizio dell'unità, ma nasce all'ombra dello Stato stabilendo con esso un rapporto ambiguo di cui misureremo le conseguenze negli anni successivi.

V
Completare l'unità

La Destra al potere

DAL 1861 al 1876 l'Italia fu governata dalla Destra. All'espressione non corrisponde un partito, ma un gruppo d'uomini uniti intorno ad alcune convinzioni fondamentali che si consideravano eredi dei criteri politici a cui Cavour s'era attenuto per fare l'unità. Erano quindi, anzitutto, monarchici, nella convinzione che i Savoia, e non le cospirazioni, avessero permesso di fare il paese; ed erano moderati, nella certezza che spettasse alle classi dirigenti, soprattutto in Italia, accompagnare gradualmente le masse verso quella « coscienza civile » di cui essi constatavano la drammatica carenza nelle regioni appena unificate. Erano anche in larga parte piemontesi, ma sarebbe ingiusto affermare che il Piemonte cercò di conservare il monopolio della direzione politica del paese. Già Cavour, nell'ultimo anno della sua vita, aveva fatto ricorso, per amministrare le regioni occupate, ai liberali toscani, emiliani, lombardi. Ricasoli e Farini erano stati « dittatori » della Toscana e dell'Emilia in attesa dell'annessione, e Visconti Venosta era stato nominato commissario nella sua Valtellina. Certo la loro partecipazione alla vicenda risorgimentale aveva una precisa matrice conservatrice e rispondeva ad una lucida analisi delle trasformazioni che avevano sconvolto la società europea dopo la « grande rivoluzione ». Certo la loro era un'accorta scelta di campo per evitare che l'ondata giacobina travolgesse le strutture sociali e con esse il loro personale status sociale. Ma questa analisi, già sostenuta da alcuni studiosi,[1] ci porterebbe su un terreno angusto dove ogni atteggiamento è spiegato da motivazioni economiche e dove non v'è affermazione ideale che non riveli, se guardata contro luce, la sua verità materialista. La realtà è meno semplice. Gli uomini che si accinsero a governare l'Italia nel 1861 erano marcati da interessi comuni, ma avevano percorso itinerari diversi. Alcuni di essi avevano fatto il loro apprendistato politico all'ombra di Mazzini e se n'erano allontanati perché non potevano seguirlo sulla strada delle congiure velleitarie e delle rivolte improvvisate con cui egli pretendeva fare l'unità. Mazzini li aveva delusi, non come filosofo, ma perché s'era lasciato alle spalle una teoria di moti falliti con il loro corollario di processi, d'impiccagioni e di esilii. «Credo poterle assicurare», aveva detto Massimo d'Azeglio a Carlo Alberto nel 1845, «senza timore d'ingannarmi, che i più riconoscono la poca assennatezza dei fatti accaduti sin qui, e desiderano mettersi per una via nuova. Tutti si son persuasi che senza forza non si fa nulla; che forza in Italia non è che in Piemonte (...)»[2]

Fermezza e brutalità

Questa constatazione – che senza forza non si fa nulla e che la forza è in Piemonte – è la prima verità della prima classe dirigente italiana. Essa comporta due corollari: che il banditismo va combattuto senza pietà e che il paese va governato dalla capitale – Torino fino al 1865, Firenze fino al 1870, e finalmente Roma – senza alcuna concessione ai particolarismi regionali e municipali dell'Italia pre-unitaria. Il progetto regionalista preparato da Marco Minghetti

[1] Cfr. G. Bollati, «L'italiano», in *Storia d'Italia*, *cit.*, vol. I, *I caratteri originali...*, 1972, p. 967 e segg.
[2] Cfr. M. d'Azeglio, *I miei ricordi*, 1867.

viene rapidamente accantonato e i governi della Destra lavorano tutti a uno stesso obiettivo: estendere all'Italia un unico sistema legislativo e amministrativo e, soprattutto, la coscrizione obbligatoria.

Molti denunceranno l'arroganza di questa politica e interpreteranno il Risorgimento come null'altro che un'impresa coloniale a danno delle plebi, soprattutto meridionali. Ma trascureranno altri fattori fra cui il sentimento d'insicurezza che dominava la classe dirigente in quegli anni e che l'accompagnerà sino ai nostri giorni: il timore che l'unità fosse fragile, precaria e votata a spezzarsi contro il primo scoglio. I Borbone di Napoli erano a Roma, ospiti del papa, e sovvenzionavano la rivolta del sud coniando denaro e arruolando mercenari. Il papa lanciava anatemi contro il nuovo Stato e ne scomunicava gli artefici sospendendo *a divinis* il povero prete che aveva osato dare l'estrema unzione a Cavour sul letto di morte. I granduchi e i duchi dell'Italia centrale aspettavano in esilio, pronti ad approfittare del primo errore per rientrare in possesso dei loro Stati. L'Austria aveva ceduto la Lombardia alla Francia, non al Piemonte, un gesto che negava all'Italia il titolo e i diritti della vittoria. Napoleone III aveva fatto la guerra con i piemontesi per dar mano alla creazione d'uno Stato dell'Italia settentrionale e non per unificare la penisola. Per tutto il 1860, mentre il regno delle Due Sicilie stava sfaldandosi, egli s'era trastullato con l'idea di sostituire ai Borbone una dinastia napoleonica. L'Inghilterra soltanto aveva favorito l'unità, e la sua forza era bastata a impedire che le potenze europee s'ingerissero nelle vicende della penisola durante la fase più cruciale. Era lecito contare indefinitamente sulla sua protezione? E che cosa sarebbe accaduto se tale protezione fosse improvvisamente mancata? Gli uomini che governavano l'Italia d'allora sapevano ciò che gli storici d'oggi hanno dimenticato: che alla prima occasione propizia i partigiani della restaurazione avrebbero chiesto la convocazione d'un congresso europeo da cui tutto sarebbe uscito fuorché la conferma dell'unità nazionale.

Un paese « incompiuto »

La fermezza e la brutalità furono quindi direttamente proporzionali alla paura. Ma la paura si accompagnava ad un altro sentimento, in apparenza contraddittorio, in realtà complementare: quello dell'incompletezza. Pur dissentendo su diversi aspetti della politica nazionale, gli esponenti della prima classe dirigente unitaria erano sensibili all'argomento mazziniano secondo cui il nuovo Stato unitario non poteva dirsi realizzato sino a quando l'Italia non avesse completato la sua unità liberando Venezia e Roma. E poiché questa incompletezza sembrava diminuire la legittimità della nazione, essi governarono durante il primo decennio oscillando fra la prudenza e l'audacia, fra il timore di perdere ciò che avevano conquistato e il desiderio di completarlo alla prima occasione, con un fortunato colpo di mano, nello stile garibaldino. Tutti gli episodi di quel primo decennio sono marcati da questa ambiguità.

Nel 1862 Garibaldi cercò di forzare la mano al governo chiamando a raccolta i suoi uomini in alcuni centri lombardi. Voleva sconfinare nel Trentino, provocare l'Austria, coinvolgere il governo nazionale in una nuova guerra per l'occupazione delle province italiane rimaste sotto il dominio austro-ungarico. Il governo esitò per qualche giorno, poi dette ordine all'esercito di arrestare i volontari e stroncare la spedizione. Qualche mese dopo Garibaldi lasciò segretamente Caprera e apparve improvvisamente in Sicilia. L'obiettivo, questa volta, era Roma. Ma anziché agire in segreto, il generale s'era proposto di attraversare la Sicilia come crociato per suscitare le grandi passioni del 1860. Telegrafava agli amici esortandoli a raggiungerlo, teneva comizi, dialogava con la folla inaugurando formule che D'Annunzio e Mussolini imiteranno. Mentre l'onda della spedizione andava ingrossandosi, il governo taceva, e il silenzio, in quelle circostanze, pareva consenso. Affascinato anch'esso dal mito del '60, esso sperava segretamente in un nuovo prodigio, e di coglierne i frutti. Quando capì che le cose si sarebbero svolte diversamente e che le fantasie di Garibaldi rischiavano di mettere in forse lo Stato unitario, intervenne ordinando all'esercito di fermare i 2.000 volontari. La battaglia che ne seguì, sull'Aspromonte, fu una pagina nera della storia italiana. Garibaldi fu ferito, gli ufficiali dell'esercito regio che s'erano uniti a lui credendosi tacitamente autorizzati dal governo furono processati e in alcuni casi condannati a morte. Dopo Aspromonte, l'Europa seppe che l'Italia aveva un governo, ma quanto ipocrita e all'occorrenza brutale.

Custoza

Terminate nell'errore e nel sangue due nuove esperienze garibaldine, il governo ricorse alla diplomazia. Nel 1866 l'Italia, alleata alla Prussia, dichiarava guerra all'Austria per la liberazione di Venezia e di Trento. Il nuovo regno mise in campo un esercito di circa 220.000 uomini contro i 115.000 dell'armata imperiale del sud. V'erano nelle file italiane i soldati piemontesi e sardi che avevano fatto la campagna del 1859, ma anche i coscritti delle nuove regioni. E accanto ai generali del regno di Sardegna – La Marmora, Della Rocca, Cialdini – v'erano generali borbonici come Pianell e garibaldini come Bixio, Cosenz e Medici. La guerra durò lo spazio di due battaglie – una a terra, l'altra sul mare – e quella a terra lo spazio di due giornate. Il 25 giugno, a Custoza, gli italiani lasciarono il campo agli imperiali dopo aver perduto meno uomini di quanti ne avesse perduti il nemico (717 morti e 2.564 feriti contro 1.170 e 3.983)[1] e allorché avevano ancora una riserva di circa 60.000 uomini «in perfetto stato di combattere, con cavalleria e uomini in abbondanza».[2] E il 20 luglio, a Lissa, nel-

[1] Cfr. A. Pollio, *Custoza*, Libreria dello Stato, Roma, 1935, p. 265.
[2] *Ibidem*, p. 279.

l'Adriatico, la flotta dell'ammiraglio Persano fu sconfitta dalla flotta austro-ungarica.

Custoza fu assai più d'una battaglia sfortunata. Essa parve smentire i sentimenti che avevano accompagnato l'attesa dell'unità e che avevano conferito al moto unitario la sua legittimità morale. Il Risorgimento nazionale non aveva ridato agli italiani le loro grandi virtù naturali, non aveva risvegliato il loro valore e il loro coraggio. L'Italia unita del 1866 aveva combattuto peggio di quella divisa del 1859. Gli storici furono meno severi. Le ragioni della disfatta erano concrete, precise e quindi eliminabili. Troppi capi, anzitutto. Prima della guerra due generali, La Marmora (62 anni) e Cialdini (55), s'erano contesi il comando fingendo di non desiderarlo, come due gentiluomini di corte si cedono cerimoniosamente il passo per meglio guardarsi le spalle. L'intesa su cui s'erano finalmente accordati era, fra tutte, la peggiore. Il re avrebbe assunto il comando dell'esercito; La Marmora, che era anche presidente del Consiglio, sarebbe divenuto capo di Stato maggiore; Cialdini avrebbe goduto di larga autonomia. Troppi capi, s'è detto, e troppo anziani. Mentre l'esercito austro-ungarico era comandato da un arciduca di 46 anni, quello della più giovane nazione d'Europa era diretto da uomini sui sessant'anni. I più giovani dei suoi generali erano quelli che venivano dalla cospirazione come Cosenz, Medici e Bixio, che avevano rispettivamente 46, 49 e 45 anni, o dagli Stati maggiori degli Stati sconfitti, come Pianell che ne aveva 47. Ma poiché questi ultimi avevano meno autorità dei loro colleghi piemontesi, la giovane Italia mise in campo un esercito giovanissimo comandato da generali anziani e poco adatto alla strategia dello Stato maggiore.

Il successo, nonostante gli scacchi

Se lo si fosse voluto, una strategia diversa esisteva: sollevare le nazionalità oppresse dell'impero austro-ungarico, dal

Trentino al Danubio, sbarcare un corpo di truppe sulla costa adriatica, puntare su Vienna da sud e da sud-ovest,[1] abbreviare di cinquant'anni la storia europea. Ma era una strategia garibaldina e mazziniana, concepita per rifare l'Europa da capo a fondo, e se il disegno fosse fallito l'Italia avrebbe pagato, ancor più della Prussia, le sue smisurate ambizioni. Anziché combattere con le sole armi di cui disponeva, l'Italia preferì piegarsi ad un tipo di guerra per cui era del tutto inadatta. La scelta le costò una sconfitta, ma tranquillizzò l'Europa, la quale comprese che il nuovo Stato non aveva alcuna intenzione di prestare la sua bandiera alle nazionalità oppresse. E fu così che con una battaglia giudiziosamente perduta l'Italia conquistò una nuova provincia ed estese i suoi confini sino a Venezia. Sei anni dopo l'uomo che aveva perduto a Custoza disse al ministro di Francia Fournier che i modi usati per fare l'Italia erano «embarassants pour ceux qui gouvernent et qui veulent et doivent être conservateurs, après s'être servis de la révolution pour en arriver où nous sommes; mais ce qui est fait est fait: le temps, la sagesse, la prudence, les ménagements, la force au besoin contre ceux qui voudraient continuer à être révolutionnaires (...) consolideront petit à petit notre état politique et social».[2]

[1] Cfr. P. Pieri, «Il problema militare del 1866», in *Atti del* XLIII *congresso di storia del Risorgimento italiano: la questione veneta e la crisi italiana del 1866*, Istituto per la Storia del Risorgimento Italiano, Roma, 1968, p. 218. A proposito della rivoluzione del 1848, Gramsci (*Il Risorgimento*, *cit.*, p. 91) scrisse: «Nella lotta tra il Piemonte e l'Austria, il fine strategico non poteva essere quello di distruggere l'esercito austriaco e occupare il territorio del nemico, che sarebbe stato fine irraggiungibile e utopistico, ma poteva essere quello di disgregare la compagine interna austriaca e aiutare i liberali ad andare al potere stabilmente per mutare la struttura politica dell'impero in federalistica o almeno per crearvi uno stato prolungato di lotte interne che desse respiro alle forze nazionali italiane e permettesse loro di concentrarsi politicamente e militarmente».

[2] «... imbarazzanti per coloro che governano e che, dopo essersi serviti della rivoluzione per arrivare al punto in cui siamo, vogliono e debbono

Ma il successo diplomatico, per quanto considerevole, non valse a cancellare l'umiliazione della sconfitta. In un secolo che misurava la legittimità in termini di gloria, di onore e di battaglie vinte, Custoza e Lissa erano ferite che lo Stato appena costituito avrebbe portato con sé per molti anni, ricordi segreti che il paese avrebbe cercato di esorcizzare attraverso nuove battaglie.

Durante la breve guerra del 1866 Garibaldi s'era spinto nel Trentino con i suoi volontari, ma s'era fermato non appena Vittorio Emanuele gli aveva ordinato d'interrompere le operazioni. Un anno dopo era nuovamente in campo, di fronte a Roma, con molti di quelli che erano stati in Sicilia e altri più giovani. Si spinse sino alle porte della città e si fermò sul Monte Sacro da dove si vedevano l'acquedotto di Claudio, San Giovanni in Laterano, San Pietro, Monte Mario. A chi gli chiedeva che cosa sarebbe accaduto, rispose: «Una breve fermata, io spero». E indicando San Giovanni in Laterano: «Aspettiamo un segnale di là (...). Appena il segnale sia dato, intenderemo che l'insurrezione è scoppiata in città; passeremo l'Aniene, e ce la faremo a correre».[1] Vennero, invece del segnale, gli zuavi pontifici della Legione d'Antibes e qualche giorno dopo, assai più temibili, le truppe francesi appena sbarcate a Civitavecchia. I volontari, questa volta, si batterono male. Mentre Garibaldi tentava un ultimo attacco, 2.000 di essi riprendevano la strada di casa. Uno di quelli che restò sino all'ultimo prese il treno sul confine pontificio e ne scese a una «grande città» dove due amici, accorsi ad accoglierlo, lo portarono all'opera. «In Francia (...) *tout finit par des chansons*. Io, in Italia, finivo

essere conservatori; ma ciò che è fatto è fatto: il tempo, la saggezza, la prudenza, il riguardo, la forza se necessario contro coloro che vorrebbero continuare a essere rivoluzionari (...) consolideranno a poco a poco le nostre condizioni politiche e sociali.» Cit. in F. Chabod, *Storia della politica estera italiana dal 1870 al 1896*, *op. cit.*, p. 329.

[1] Cfr. Anton Giulio Barrili, *Con Garibaldi alle porte di Roma*, Treves, Milano, 1895.

la mia odissea con un'orecchiata di musica eccellente. La vita è piena di tali contrasti. Ed io vedevo tanta gente allegra, a teatro, tante belle donne sorridenti nella mezza luce dei palchetti ai cavalieri galanti, dai guanti grigi perlati e dai candidi petti di porcellana! Niente di nuovo, niente di grave era accaduto in Italia.»[1]

Custoza dimostrò che l'esercito italiano non esisteva ancora, Mentana che il mito dell'insurrezione armata era ormai tramontato. La nazione faceva i primi passi nella luce ambigua di due sconfitte. Ma esisteva, come dimostravano a modo loro gli spettatori distratti di quella serata operistica, i quali erano ignari forse di ciò che era accaduto a Mentana, ma consapevoli della loro appartenenza ad una classe nuova: la borghesia italiana.

Roma, che Garibaldi aveva cercato di conquistare con le armi, cadde tre anni dopo sotto i colpi d'una guerra che si combatteva a mille chilometri di distanza. La fotografia che ritrae le truppe italiane intorno alla breccia di Porta Pia, il 20 settembre 1870, è un falso storico, perché non vi fu una battaglia, o meglio vi fu il minimo indispensabile perché gli italiani potessero vantar la conquista della loro capitale e Pio IX affermare che aveva ceduto soltanto di fronte alla violenza.

[1] *Ibidem.*

VI
Città nuove per uno Stato nuovo

Intorno al 1860 l'opinione europea era stata affascinata dagli avvenimenti italiani e l'élite umanistica, vale a dire gran parte della classe dirigente d'allora, s'era fortemente identificata con i fatti della penisola. Dietro questa sensibilità, assai diffusa nel mondo anglosassone, v'erano le nuove abitudini d'una borghesia colta che si affacciava, per il tramite dei giornali, sugli avvenimenti del mondo e li consumava con quel misto di partecipazione e distacco con cui si consuma uno spettacolo. Ma v'era anche una certa filosofia della storia. Dopo aver creduto che l'uomo, fondamentalmente buono, avrebbe ritrovato le sue virtù non appena si fosse liberato dalle costrizioni d'un regime innaturale e dispotico, l'Europa aveva finalmente di fronte a sé il più straordinario dei laboratori: una terra che apparteneva alla tradizione comune e che era anzi, sotto certi aspetti, una patria comune. Vivere i suoi avvenimenti significava verificare una grande ipotesi storico-filosofica e farlo, sotto il profilo culturale, *de visu*, quasi che ogni umanista europeo fosse, per una parte di se stesso, coinvolto nei fatti d'Italia. Piaceva soprattutto quella straordinaria combinazione di nuovo e di antico, di classico e di giovane che era racchiusa nell'esperienza italiana e che la parola Risorgimento esprimeva perfettamente; e ci si compiaceva nell'immaginare i meriti, le virtù e la grande missione storica di questa antica «nazione» finalmente liberata dalle sue catene.

Che queste convinzioni fossero il risultato d'un malinteso

e d'una astratta visione storica non ha alcuna importanza. Erano, nell'Europa d'allora, un fatto, e ne producevano altri, non meno concreti. Incidevano, ad esempio, sull'accoglienza che gli italiani ricevevano ovunque. «Non avete che recarvi all'estero per accogliere attestati di simpatia e di rispetto per ogni dove. Basta che vi diciate italiano. È stima maggiore di quella che abbiamo di noi stessi (...)», diceva ancora nel 1872 un seguace di Cavour.[1] Lo stesso Orsini, che con il suo ordigno infernale aveva ucciso otto persone e ne aveva ferite centocinquanta, suscitò a Parigi sentimenti d'ammirazione e di pietà. L'imperatrice Eugenia, che pure aveva scarsa simpatia per la causa italiana, implorò Napoleone III di concedergli la grazia e meditò di fargli visita in carcere per strappargli una parola di pentimento tale da consentire il perdono.[2]

Le prime delusioni

Questi sentimenti cominciarono a declinare dopo l'indipendenza. La realtà non poteva avere i colori del sogno e l'Italia unita – la sua diplomazia, la sua amministrazione, il suo esercito – non poteva corrispondere alle attese generose e imprudenti della vigilia. La guerra del 1866 aveva diminuito «la popolarità del nuovo Stato presso l'opinione pubblica inglese, sia per l'alleanza con la Prussia, considerata il nuovo oppressore europeo, che aveva umiliato la Gran Bretagna nell'affare danese», sia perché l'Italia aveva «accettato i frutti di una vittoria altrui, dopo aver perso per terra e per mare».[3] Ma più ancora che dalle peripezie di una battaglia

[1] Giuseppe Massari, cit. in G. Volpe, *L'Italia moderna*, Sansoni, Firenze, 1958, vol. I, p. 53.
[2] Cfr. M. Paléologue, *Les Entretiens de l'Impératrice Eugénie*, Plon, Parigi, 1928.
[3] Cfr. Noël Blakiston, «L'opinione pubblica inglese e la questione italiana», in *Atti del XLIII congresso di storia del Risorgimento Italiano*, *cit.*, p. 310.

l'umanesimo europeo fu scandalizzato da ciò che accadeva nelle due capitali in cui il regno s'era successivamente insediato: Firenze, dove rimase dal 1865 al 1870, e Roma.

Firenze nel 1864 aveva 116.367 abitanti.[1] Un anno dopo essi erano divenuti 146.441 e la progressione continuò nei cinque anni successivi sino ai 194.001 del 1870. L'arrivo degli «italiani» – 80.000 in un quinquennio – scatenò un piccolo terremoto urbanistico. In attesa d'un vasto piano di sventramenti che verrà realizzato nei vent'anni successivi, i nuovi arrivati s'installarono nel centro della città, cacciando gli abitanti verso le baracche di ferro e di legno della periferia. La prima decisione fu quella di abbattere le mura che ancora circondavano Firenze e che datavano d'un periodo compreso fra il 1284 e il 1333. Vedremo poi quale fosse il significato sociale e ideale di questa decisione.

A Roma il fenomeno si ripeté, ma su scala più grande. La città era urbanisticamente un «mostro» che rifletteva la stratificazione sociale dei suoi abitanti: aristocrazia, clero, proletariato urbano e una piccola colonia di intellettuali italiani e stranieri. Era fatta di palazzi, chiese, conventi raccordati da grappoli di case cadenti in cui alloggiava il popolo minuto; e tutto intorno una corolla di ville suburbane che spingevano vigne e giardini sino ai margini dell'abitato, quando non s'incuneavano in mezzo alle case. Le ville, per i grandi spazi disponibili e per la loro vicinanza, si prestavano ad una vasta operazione edilizia e scomparvero, una dopo l'altra, nel giro d'una generazione. La prima a riempirsi di cantieri fu Villa Ludovisi, il cui giardino era, secondo Hermann Grimm,[2] il più bello di Roma. Seguiranno, a breve distanza, Villa Mattei, Villa Massimo, Villa Albani, Villa Torlonia e naturalmente quella vasta estensione di terra coperta di vigne, fra Castel Sant'Angelo e San Pie-

[1] I dati su Firenze e alcune delle considerazioni che seguono sono desunti da Italo Insolera, «L'urbanistica», in *Storia d'Italia, cit.*
[2] Cit. in Silvio Negro, *Seconda Roma*, Vicenza, 1966, p. 34.

tro, che andava sotto il nome di «prati di Castello». Agli stranieri, e principalmente agli inglesi e ai tedeschi, queste costruzioni, a cui si accompagnavano in molti casi demolizioni importanti, parvero una incredibile e inattesa manifestazione di barbarie. Anziché inchinarsi di fronte alle vestigia dell'antichità e divenirne custodi, nell'interesse del mondo civile, gli italiani, appena arrivati a Roma, non pensavano che a progettare quartieri, tagliare strade, lottizzare ville e, soprattutto, demolire. «Hanno demolito Porta Salaria», scriveva Gregorovius nei suoi diari, «la vecchia porta Veneranda da cui una volta sono passati i Goti (...). S'imbiancano le case, anche gli antichi venerandi palazzi (...). Rosa ha fatto radere il Colosseo pulendolo di tutte le piante che l'ornavano così bene (...). I conventi vengono cangiati in uffici (...) si aprono le finestre claustrali e se ne fanno di nuove nelle pareti (...).» [1]

E tutto questo era poca cosa rispetto a ciò che avrebbero fatto, se ne avessero avuto i mezzi. Fu discusso in quegli anni, ad esempio, il progetto d'una ferrovia aerea destinata a collegare piazza di Spagna con il Colosseo passando sopra la fontana di Trevi, le «Quattro Fontane» e la stazione ferroviaria: il tutto su colonnati di ghisa «disegnati in modo (...) da essere un sicuro ornamento per la città», [2] a cinque metri da terra.

Per gli osservatori di allora le vicende urbanistiche di Firenze e della terza Roma erano materia d'indignazione e di amarezza. Per molti storici d'oggi esse confermano che la storia dell'unità d'Italia non è che un capitolo della storia della borghesia europea, la quale volle lo Stato unitario per dare spazio alla propria energia e alle proprie aspirazioni. Le vaste operazioni edilizie fiorentine, ad esempio, permisero floridi investimenti ai risparmi dei grandi proprietari e mandarono alle stelle la rendita fondiaria. «Nel 1865, su

[1] *Ibidem*, p. 36.
[2] *Ibidem*, p. 31.

un capitale azionario in tutta Italia di 458.621 milioni di lire,[1] ben 153.661 milioni (cioè un terzo) erano collocati in Toscana; solo il Piemonte aveva un maggiore investimento azionario (255.259 milioni), ma la Toscana era in testa nel settore del credito (65.137 milioni, contro 45.557 del Piemonte), cioè proprio nel settore più pronto per le attività speculative.»[2] Non v'è dubbio che le speculazioni edilizie di quegli anni contribuirono fortemente all'accumulazione capitalistica in Italia e quindi alla creazione d'una borghesia non più regionale, ma nazionale. Ed è vero che certe operazioni, come la distruzione delle mura di Firenze, furono dettate non solo dal desiderio di rimuovere ostacoli all'espansione urbanistica, ma anche da quello di impiegare i fiorentini che la speculazione edilizia aveva cacciato dalle case del vecchio centro e spinto verso i tuguri della periferia. «Firenze si stava riempendo di baracche; occorreva che almeno ci fosse lavoro per assicurare la pace sociale alla nuova capitale.»[3] Il fenomeno sarà ancor più esemplare a Roma dove sui cantieri della speculazione edilizia, negli anni '70 e negli anni '80, ritroveremo i contadini che avevano qualche anno prima lavorato quelle stesse terre.

Roma e il potere

Ma il giudizio dei contemporanei e quello della storiografia più recente non tengono conto del problema che la classe dirigente italiana dovette affrontare e dello spirito che la animava. Il problema era anzitutto quello di alloggiare le decine di migliaia di amministratori e militari che dovevano installarsi nella capitale. Difficilissimo a Firenze, esso era pressoché insolubile a Roma dove, mancando del tutto una classe borghese, v'erano, ad attendere i nuovi arrivati,

[1] I valori sono espressi in lire (valore 1959).
[2] Cfr. A. Insolera, *L'urbanistica, cit.*, p. 439.
[3] *Ibidem*, p. 444.

soltanto chiese, palazzi, conventi o casupole fatiscenti. «Per avere un'idea della sproporzione fra la richiesta ed il numero degli alloggi disponibili alla metà del 1871», scrisse un cronista di quegli anni,[1] «basterà dire che, secondo i calcoli del governo, per gli impiegati da trasferirsi a Roma capitale occorrevano 40.180 stanze, ed una notificazione del Municipio di Roma dette per risultato di trovarne 500 (...) Un anno e mezzo dopo la data ufficiale del trasferimento, vale a dire alla fine del 1872 – più di due anni dopo il plebiscito –, il Municipio di Roma si trovava ancora nella necessità d'intimare, per ragioni di pubblica utilità, la riduzione di molti fienili a case abitabili.»

Sarebbe stato possibile costruire una città nuova accanto alla vecchia, una città del potere, come Washington, Canberra, Brasilia? Ma il potere, a Roma, s'identificava con il mito dell'urbe, con la sua storia, con il luogo stesso su cui essa sorgeva. Applicare alle vicende urbanistiche di quegli anni gli schemi del materialismo storico, o presumere che gli italiani dovessero divenire i silenziosi e rispettosi custodi del luogo solo perché così piaceva allo storicismo tedesco e alla sensibilità anglosassone, significava ignorare con quale somma di disprezzo e di ammirazione l'Italia entrasse nella sua capitale. Ai suoi occhi, il grande passato di Roma non era tutto egualmente nobile e rispettabile. Tra le rovine repubblicane di Largo Argentina e la chiesa madre dei Gesuiti, tra il Foro e il convento dell'Ara Coeli (che fu tra i primi a cadere sotto i colpi del piccone), tra il Colosseo e il ghetto correva una grande differenza. I primi erano monumenti della grandezza romana, i secondi erano monumenti della perfidia clericale, dell'oscurantismo, dell'ignoranza. Andando a Roma l'Italia non aveva nessuna intenzione di farsene custode per il piacere degli stranieri. Voleva affermare una nuova verità, inaugurare un nuovo

[1] Ugo Pesci, *I primi anni di Roma capitale*, in *La Letteratura italiana. Storia e testi*, *cit.*, vol. 59, t. II, p. 513.

periodo nella storia della città eterna. Vedremo poi come la necessità di misurarsi con la Roma papale abbia fortemente condizionato la storia d'Italia sino al fascismo. Qui basti dire che ove si accetti per un attimo questo punto di vista, demolire e allargare, pulire e dipingere divenivano i gesti necessari d'una politica meditata. Necessari, ma non sufficienti. Una delle prime ambizioni dei nuovi abitanti fu quella di marcare durevolmente e spesso polemicamente la città eterna contrapponendo maestosi monumenti laici, o comunque non cattolici, a quelli della Roma clericale. Si volle che il nuovo palazzo di giustizia, la cui costruzione durò quasi trent'anni, fosse più alto di San Pietro (ma si dovette rinunciare per timore che la fabbrica crollasse). Si volle che, al posto delle quattro sinagoghe che sorgevano nel ghetto, Roma ne avesse una grande e moderna – e brutta – per espiare il trattamento riservato agli ebrei dal governo dei preti. Si volle che il monumento a Vittorio Emanuele II fosse più grande di quelli che i papi avevano innalzato alla loro memoria. E si vollero templi protestanti delle più diverse denominazioni.

Non tutto, quindi, risponde a calcoli speculativi, anche se il denaro è sempre presente nelle vicende romane di quegli anni. A Roma, come anche in altre città italiane, occorre operare sulle strutture urbane affinché la loro storia, impregnata di antico municipalismo, appaia diretta verso il grande trionfo unitario. Cadono le mura, sorgono stazioni ferroviarie e pubblici edifici, vengono tracciati viali che li collegano e vengono innalzati monumenti affinché lo Stato unitario s'imponga all'attenzione di tutti coprendo con un nuovo discorso nazionale l'antico messaggio comunale. Che questo discorso s'esprimesse in «linguaggi architettonici farneticanti o scialbi, comunque gratuiti»[1] è forse vero. Ma i brutti palazzi di quegli anni erano pur sempre un tentativo di «parlare italiano» e quindi una coraggiosa mani-

[1] Bruno Zevi in T. De Mauro, *Parlare italiano*, *cit.*

festazione di fiducia nello Stato appena sorto. L'Europa, dove con minori giustificazioni ideali stava producendosi uno stesso fenomeno, avrebbe dovuto comprenderlo. Non lo comprese perché l'Italia di cui discuteva, anziché essere un paese reale impegnato a costruire la sua identità in condizioni difficilissime, era la proiezione delle sue utopie, delle sue analisi storiche e delle sue chiacchiere da salotto. Abbiamo messo così il dito, incidentalmente, su un fenomeno che accompagnerà tutta la storia unitaria sino ai nostri giorni e che finirà per complicarne le vicende: il giudizio ora trionfalista ora severissimo, mai obiettivo, che l'opinione occidentale dava degli avvenimenti italiani. Davvero l'Italia non era un paese come gli altri.

VII
Le prime scelte economiche

Il completamento dell'unità nazionale, Venezia, Roma, la confrontazione quotidiana e polemica con la Roma papale, il desiderio di vivere all'altezza degli ideali che hanno preparato la grande stagione unitaria del 1860: questi temi ritornano periodicamente nella vita pubblica del primo decennio come momenti febbrili e s'impongono all'attenzione degli storici costringendoli a disegnare di crisi in crisi, di battaglia in battaglia, il diagramma delle loro cronache. Ma la società nazionale nasce all'ombra dei grandi avvenimenti, là dove il paese compie, giorno dopo giorno, alcune scelte fondamentali.

La prima di esse, come abbiamo visto più sopra, è politico-amministrativa. Profondamente colpita dal suo primo contatto con la realtà delle province meridionali, la nuova classe dirigente scarta l'ipotesi regionalista e adotta senza esitare i metodi e gli strumenti dello Stato centralizzato. L'esistenza di una forte dissidenza armata – il brigantaggio – mette a tacere gli oppositori: la guerra favorisce obiettivamente la creazione d'una nuova struttura amministrativa nelle terre che erano appartenute al papa e ai Borbone.

I beni ecclesiastici

La seconda decisione è al tempo stesso politica, economica, sociale. Realizzando uno dei primi imperativi della « grande rivoluzione» il governo centrale procede all'incamerazione e alla vendita dei beni ecclesiastici[1] nelle nuove regioni: 575.000 ettari dal 1867 al 1880 con un provento per lo Stato di circa 460 milioni. Si conclude così quello smantellamento della proprietà feudale che era iniziato più di cinquant'anni prima durante i regni di Giuseppe Bonaparte e di Gioacchino Murat e da cui avrebbero dovuto trarre vantaggio i contadini, come nella Francia rivoluzionaria. Ma quelli che erano divenuti proprietari finirono per vendere entro breve giro di tempo il loro piccolo pezzo di terreno. E quelli che non erano divenuti tali videro scomparire le antiche terre demaniali e gli antichi diritti collettivi. Secondo Emilio Sereni «oltre due milioni e mezzo di ettari di terra, situati per la maggior parte nell'Italia meridionale, nel Lazio e nelle isole (...) nel corso dei primi decenni del nuovo Regno vanno ad ingrossare il patrimonio terriero della borghesia: ed è appunto questo processo che, nell'età in esame, dà la sua caratteristica saliente all'imborghesimento della proprietà terriera nel Mezzogiorno. Anche in queste province, certo – se pure in misura minore che in altri settori della penisola – continua e si allarga il processo di erosione della proprietà nobiliare da parte della nuova borghesia terriera. Ma il grosso del patrimonio fondiario della borghesia meridionale si viene costituendo, in questo periodo, non tanto a spese della proprietà nobiliare, quanto a spese dei beni di manomorta: cioè, in ultima analisi, a spese delle grandi masse contadine. Tipico, in questo senso, il caso dell'Agro romano: dove, ancora all'epoca della costituzione del nuovo regno, su di un totale di 188.000 ettari, ben 104.000 (cioè il 55%) erano occupati dalla proprietà nobiliare, 56.000 (cioè il 30%) dalla manomorta, e solo 28.000 (cioè il 15%) da proprietari borghesi. Otto grandi proprietari – famiglie patrizie ed enti – possedevano allora più di metà del-

[1] Per un esame della politica del governo, piemontese prima e italiano poi, in materia di beni ecclesiastici, cfr. A.C. Jemolo, *La questione della proprietà ecclesiastica (1848-1888)*, Torino, 1911.

l'Agro. Pochi decenni più tardi, per contro, agli inizi del secolo XX, la proprietà borghese è salita a 75.000 ettari, cioè al 40% del totale; ma la sua estensione si è realizzata, per la maggior parte, non tanto a spese della proprietà nobiliare – la cui superficie è diminuita di soli 4.000 ettari – quanto a spese, appunto, della proprietà di manomorta, che si è ridotta a soli 13.000 ettari, cioè dal 30% al 7% del totale ».[1] Nasce in tal modo – e ne vedremo tra poco le conseguenze politiche – una nuova borghesia terriera fatta di massari, fattori, contadini arricchiti; e accanto ad essa un nuovo proletariato rurale, più povero in termini relativi di quello preunitario. Il fenomeno non sfugge agli osservatori più attenti. Giovanni Verga racconterà in *Mastro don Gesualdo* la storia d'un muratore arricchito che diviene proprietario di case, di terre, di beni ecclesiastici. E prima di lui due giovani conservatori alle prime armi, Leopoldo Franchetti e Sidney Sonnino, avevano riportato dalla Sicilia un'inchiesta cruda, ricca di fatti e di lucide analisi, sulle condizioni d'una società in cui coesisteva il peggio dell'antica feudalità e del nuovo capitalismo agrario.[2]

La questione meridionale

Attraverso l'indagine di Franchetti e Sonnino l'Italia non scopre soltanto la povertà delle province siciliane; scopre soprattutto che le nuove condizioni sociali ed economiche dell'Italia ridanno vigore al male antico della mafia e che accanto alle strutture amministrative dello Stato centrale fioriscono come funghi velenosi le strutture parallele d'un « potere » ambiguo che difende i ricchi distribuendo ai poveri una rozza giustizia, salvo tiranneggiare gli uni e gli al-

[1] Cfr. E. Sereni, *Storia del paesaggio agrario italiano*, Laterza, Bari, 1976, p. 406 (1ª ed. 1961).
[2] L. Franchetti-S. Sonnino, *La Sicilia del 1876*, ripubblicato col titolo *Inchiesta in Sicilia*, Vallecchi, Firenze, 1975.

tri. «Qui», scrivono Franchetti e Sonnino, «l'amministrazione governativa è come accampata in mezzo ad una società che ha tutti i suoi ordinamenti fondati sulla presunzione che non esista autorità pubblica.» Mali antichi, ma sottolineati dall'unità, che non avendo saputo eliminarli li aveva implicitamente rafforzati, e dalla rapacità di una nuova borghesia assai più impetuosa e spregiudicata della nobiltà feudale.

Nasce in questi anni la «questione meridionale» e si comincia a discutere della necessità di dare la terra ai contadini per integrarli nello Stato unitario. Se ne discuterà sino al giorno in cui Gramsci, facendo il bilancio delle cose non fatte, definirà il Risorgimento una «rivoluzione agraria mancata». Ma altri replicheranno che la politica fondiaria della classe dirigente italiana nei primi anni dell'unità era condizionata da altri obiettivi, da altre priorità:[1] pareggiare il bilancio, creare le infrastrutture dello Stato unitario, tenere alle armi un esercito capace di assicurare l'indipendenza del paese, promuovere le prime iniziative industriali. «Una rivoluzione contadina mirante alla conquista della terra avrebbe inevitabilmente colpito anche le forme di più avanzata economia agraria, liquidando gli elementi capitalistici dell'agricoltura italiana per sostituirvi un regime di piccola proprietà indipendente, e imprimendo all'Italia agricola una fisionomia, appunto, di democrazia rurale.»[2] Il che avrebbe fortemente contribuito alla creazione d'una società nazionale. Ma con quali risultati, a breve termine? «Una volta liquidato dalla rivoluzione contadina il più progredito capitalismo agrario, nella generale debolezza di quello industriale e mobiliare, il paese avrebbe subito un colpo d'arresto nella sua evoluzione a paese moderno, e non solo sul piano della vita economica, ma in genere dei rapporti civili e sociali.»[3]

[1] Cfr. tra l'altro R. Romeo, *Risorgimento e Capitalismo*, Laterza, Bari, 1970, *passim* (1ª ed. 1959).
[2] *Ibidem*, p. 29.
[3] *Ibidem*, p. 32.

Accumulazione capitalista o integrazione sociale

Occorreva scegliere, in altre parole, tra due diverse strategie: l'accumulazione capitalista o l'integrazione sociale; e la classe dirigente scelse senza esitare la prima. Come attendersi scelta diversa da uomini che erano essi stessi borghesi, che credevano nell'economia capitalista e che in alcuni casi s'erano arricchiti con una gestione moderna e «borghese» della loro proprietà agricola negli anni precedenti? Ma la loro scelta non fu dettata soltanto dai loro interessi e dalla loro filosofia di classe. Li muoveva la convinzione che il lavoro compiuto sarebbe stato inutile se l'Italia non avesse pagato i debiti, fatto le strade, costruito le ferrovie ed esteso all'intera nazione i primi elementari servizi d'una amministrazione nazionale. Il problema da risolvere, posto nei suoi termini essenziali, era quello dell'indipendenza nazionale; ed è pressoché impossibile comprendere la politica della Destra ove non si cerchi di ricostruire il sentimento fatto di precarietà, d'incertezza e d'orgoglio da cui essa era dominata nel primo decennio. Sospinta al potere da uno straordinario concatenarsi di circostanze, priva d'un chiaro progetto nazionale e ricca soltanto di alcune convinzioni che i fatti stavano crudelmente smentendo, essa aveva l'imperioso bisogno di creare subito le strutture dello Stato. Si mise al lavoro con gli strumenti della propria cultura, della propria esperienza, della propria volontà e con i modelli che le erano congeniali. Rimproverarle di non avere agito diversamente e di non essersi ispirata a formule politiche ed economiche che le erano ignote o estranee significa fare la storia a ritroso, col sènno di poi.

Uno Stato pagato dalla terra

Il prezzo che l'agricoltura italiana dovette pagare fu alto. In termini umani, anzitutto: se ai contadini italiani non toccò la sorte dei kulaki russi alla fine degli anni '20 di questo secolo, toccò pur sempre la scelta fra la povertà e l'emigrazione (furono 1.175.000 quelli che scelsero l'emigrazione nel decennio che va dal 1870 al 1880). Ma le entrate dello Stato passarono da 522 milioni di lire oro nel 1862-65 a 1.056 milioni nel periodo 1876-80; e benché non sia facile dire in quale proporzione queste entrate provenissero dalle varie fonti di ricchezza, non v'è dubbio che l'agricoltura sopportò il peso maggiore.[1] La produzione agraria ebbe in quegli anni uno sviluppo straordinario e i dati relativi alle esportazioni (da 478 milioni di lire oro nel 1861 a 1.008 nel 1880) indicano che gran parte di questa produzione, indirizzata verso mercati stranieri, permise le importazioni necessarie al primo sviluppo della penisola (da 821 a 1.084 milioni nello stesso periodo). A questo si giunse contenendo i salari e sottraendo il prodotto della terra ai consumi dei contadini, con gravi inconvenienti economici e sociali fra cui il ritardato sviluppo d'una agricoltura moderna nel meridione. Ma i risultati di questa prima accumulazione capitalistica furono, in altri settori, considerevoli. Nel ventennio fra il 1860 e il 1880 la rete ferroviaria, come s'è visto, passò da 2.404 km a 9.290 km; le strade nazionali e provinciali da 22.500 km a 35.000 km; gli uffici postali da 1.632 a 3.328; le località rurali servite da posta da 960 a 3.900; la corrispondenza da 108 milioni di plichi a 321 milioni; il movimento dei vaglia postali da 22 milioni a 484 milioni; le linee telegrafiche da 9.900 chilometri a 26.100 km; i telegrammi da 800.000 a 6.800.000.[2] E queste infrastrutture stimolavano a loro volta una prima, timida rivoluzione industriale, concentrata soprattutto nel nord, e numerose attività terziarie, come risulta dal seguente specchietto.[3]

[1] Cfr. R. Romeo, *op. cit.*, p. 123 e *passim*.
[2] *Ibidem*, p. 133.
[3] *Ibidem*, p. 142 (in milioni di lire, valore 1959).

Anni	Trasp. maritt.	Indice	Commerc.	Indice	Credito	Indice	Assicuraz.	Indice	Indust. manif.	Indice
1861	27	100	352	100	7	100	4	100	1.063	100
1865	34	126	366	104	23	328	5	125	1.066	100
1870	46	170	517	175	38	543	6	150	1.349	126
1875	52	192	666	189	57	814	8	200	1.519	143
1880	49	181	763	217	77	1.100	10	250	1.359	127

La terra quindi pagava le prime infrastrutture della nazione, ne finanziava le industrie nascenti, permetteva allo Stato di manifestarsi tangibilmente con le sue istituzioni e i suoi servizi. Nessuno di questi risultati sarebbe stato possibile – non in così breve tempo almeno – se anziché puntare su una gestione economica della terra la classe dirigente avesse frazionato la proprietà agricola e creato un ceto di agricoltori diretti. Quella fatta dalla Destra nei primi quindici anni dello Stato unitario fu quindi una scelta meditata e forse necessaria. Ma come tutte le scelte essa risolveva un problema creandone altri. L'Italia che stava sorgendo in quegli anni aveva il suo esercito, le sue ferrovie, la sua amministrazione giudiziaria e postale, il suo bilancio e un embrione d'industria. Aveva insomma tutti gli attributi dell'indipendenza fuorché uno: la legittimità o, come si direbbe oggi, il consenso. Le classi che dirigevano il paese erano una sparuta minoranza (mezzo milione di elettori sino alla riforma del 1882) in una società estranea alla grande esperienza nazionale. E quando fu chiaro che lo Stato unitario, tutto impegnato a perseguire altri scopi, sarebbe stato meno attento alla loro sorte di quanto non fossero stati i regimi paternalisti e feudali degli Stati pre-unitari, l'estraneità si mutò in ostilità. Le sue prime manifestazioni furono le forti proteste con cui i ceti contadini accolsero nel gennaio del 1869 l'imposta sul macinato, uno dei principali strumenti finanziari di cui la Destra si valse per pareggiare il bilancio e finanziare le grandi strutture del paese.

Il fatto che la politica fiscale ed economica del governo

colpisse in misura assai più rilevante le componenti più deboli della nazione ebbe per risultato una crescente diseguaglianza fra il nord, dove accorrevano i primi capitali, e il sud, condannato a stagnare per un concorrere di ragioni economiche e sociali su cui avremo occasione di tornare. Benché favorita dalla politica fondiaria dei primi governi unitari, la borghesia terriera del meridione si vide sospinta ai margini dello sviluppo e reagì schierandosi genericamente a sinistra con gli eredi di quel partito democratico che intorno al 1860 era parso portatore di una diversa concezione politica dell'unità nazionale. Nulla era più pericoloso per l'unità che ricacciare questa nuova borghesia alla periferia dello Stato. Occorreva accoglierla, inserirla e coinvolgerla nella nazione, ammetterla alla gestione della cosa pubblica. Ciò accadde finalmente dopo le elezioni del marzo 1876.

2

ALLARGARE LA SOCIETÀ 1876-1910

I
Il « trasformismo »

La Destra aveva governato quasi ininterrottamente dal 1860. Col passare degli anni il suo governo era divenuto non autoritario, ma altezzoso, non formativo, ma pedagogico. I suoi uomini erano fra i migliori che una nazione potesse avere in sorte nei primi anni della sua esistenza, ma invecchiando al potere s'erano persuasi d'essere indispensabili e avevano finito per confondere l'Italia con le loro persone. Molti appartenevano alle grandi dinastie nobiliari o borghesi dell'Italia pre-unitaria ed erano abituati ad « amministrare » con scrupolosa integrità. Ma l'idea che l'uomo di Stato dovesse render ragione del suo operato al « popolo » e non soltanto ai suoi pari sembrava loro assurda. Di qui l'incomprensione con cui consideravano il paese nuovo che si stava lentamente formando, e che era in fondo il risultato del loro lavoro, e la sospettosa intransigenza con cui trattavano l'opposizione che ne esprimeva le esigenze.

La pedagogia della Destra

Armati dei loro principi e delle loro certezze (fra cui, anzitutto, la convinzione che occorresse eliminare il deficit e pareggiare il bilancio), essi amministravano l'Italia come una scuola o una tenuta modello. Ho scritto « amministrare » anziché governare perché nel mondo delle loro illuminate certezze l'atto politico e l'atto amministrativo si confondevano in un'unica cosa, ed essi stessi si consideravano perfettamente adatti ad assolvere contemporaneamente funzioni politiche e amministrative. I generali, gli ambasciatori e i prefetti erano al tempo stesso parlamentari e i grandi « commessi dello Stato » passavano con naturalezza dal grado più alto della loro carriera alla poltrona ministeriale. Era questo, forse, l'unico modo di governare un paese che occorreva inventare giorno per giorno. Ma col passare del tempo e col manifestarsi di nuovi interessi, la formula divenne sempre più difficile; sino al giorno del marzo 1876 in cui la Destra perdette le elezioni e il governo di Marco Minghetti dovette lasciare il posto a quello di Agostino Depretis.

Minghetti si dimise il 18 marzo. Due giorni prima egli aveva esposto la situazione finanziaria e annunciato al Parlamento che la Destra, di cui era capo, aveva vinto la sua più bella battaglia: il disavanzo, che dieci anni prima era di 600 milioni, era stato interamente riassorbito e il bilancio aveva per la prima volta un modesto attivo. Ma il pareggio del bilancio non era, per coloro che avevano vinto le elezioni, la più nobile delle preoccupazioni. Nei loro programmi elettorali essi avevano dichiarato di volere una società più libera, più giusta, più attenta ai problemi delle classi popolari e delle regioni meridionali e soprattutto un elettorato più largo e più rappresentativo, parole che riecheggiavano i grandi ideali della sinistra mazziniana, temperati da sedici anni di esperienza unitaria e monarchica. Ma dietro il lessico democratico si nascondevano interessi di classi nuove, ansiose di consolidare la loro ricchezza e di sottrarsi alla pesante tutela fiscale della Destra: classi desiderose di maggiore protezione, là dove si sentivano insicure, e di maggiore libertà, là dove vedevano occasioni di lavoro e di ricchezza. Queste classi emergenti, in parte meridionali, avevano il sentimento dei loro interessi più che quello dello Stato; ma i loro interessi erano nati con la nazione ed erano quindi, in un certo modo, « nazionali ». Il loro ingresso nell'area del potere significava quindi una nazione più larga ed era giusto che si accompagnasse ad una riforma della legge elettorale. Essa venne approvata il 20 dicembre 1882 e portò a 2 milioni il numero degli elettori.

Depretis

L'uomo che aveva assunto la direzione del governo dopo la vittoria della Sinistra e riformato la legge elettorale era Agostino Depretis. S'era formato a Torino, nel decennio che aveva preceduto l'unità, tenendo un piede nel governo e un piede nell'opposizione. E l'aveva fatto così abilmente che Vittorio Emanuele e Cavour gli avevano chiesto di andare a Palermo nel 1860 per tener d'occhio Garibaldi e impedirgli di scivolare su posizioni mazziniane e radicali. Quando arrivò alla presidenza del Consiglio, gli ardori democratici della sua gioventù s'erano spenti; ma aveva, assai più di coloro che l'avevano preceduto, il sentimento delle nuove forze che si stavano affacciando alla vita economica e sociale del paese; e questo suo sentimento impiegò a trattare, negoziare, conciliare senza mai perdere d'occhio il Parlamento, o meglio i suoi corridoi, in cui preparava e vinceva le sue battaglie. Un uomo che gli fu vicino, e che lasciò di quel periodo una testimonianza ancora viva, scrisse di lui che, dopo avere voluto e ottenuto la nuova legge elettorale, s'era spaventato delle sue conseguenze: «(...) temé che la partecipazione dei nuovi strati sociali alla vita pubblica avesse per logica conseguenza profondi sovvertimenti negli ordini dello Stato; ed egli pose d'allora in poi ogni cura maggiore nel provvedere ai ripari, nell'opporre argini robusti alle paventate fiumane. Così, stimando sé necessario alla salute del paese, anche stimò dover suo raccogliere maggioranze comunque composte; lasciò gli amici tiepidi o reputati mal fidi, e chiese aiuti parlamentari de' quali fu per lo innanzi accanito avversario, per poi tornare sui proprii passi e ricercare sostegno là donde prima era uscito con abbandoni che parvero apostasie».[1] Questa prassi che consisteva nel costituire coalizioni di comodo, quanto più vaste possibili, senza distinzioni fra i partiti, fu definita, con termine spregiativo, «trasformismo»[2] e fu subito considerata come fattore di grave decadimento della vita pubblica. Anziché seguire il modello inglese, a cui tutta la classe politica italiana diceva di volersi ispirare, Depretis fondeva sinistra e destra in una sintesi ambigua e rendeva con ciò stesso impossibile quel rapporto dialettico fra governo e opposizione che era, o sembrava essere, il fondamento stesso della democrazia. Questo giudizio negativo, ripetuto in termini pressoché identici, attraversa tutta la storia d'Italia e giunge sino ai nostri giorni trovando concordi, sia pure per ragioni diverse, la storiografia anglosassone e quella d'ispirazione marxista.

A noi interessa cercare di comprendere perché il «trasformismo» rispondesse ad una necessità fisiologica del paese politico nel terzo decennio della sua vita unitaria.

Una strategia necessaria

Non era fenomeno nuovo. Nel 1851 Cavour aveva cercato di allargare a sinistra la base parlamentare del governo d'Azeglio e v'era riuscito, assumendo egli stesso, un anno dopo, la direzione del ministero. L'operazione era stata chiamata «connubio» e gli aveva permesso di impostare una politica coraggiosa e spregiudicata accumulando «un enorme deficit

[1] F. Martini, *Confessioni e ricordi (1859-1892)*, Milano, 1928; ora in *Letteratura italiana. Storia e testi*, Ricciardi, Napoli, vol. 59, t. II, p. 1.148.

[2] Il termine risale a un discorso elettorale dell'ottobre 1876 in cui Depretis aveva auspicato la «trasformazione dei partiti» e la creazione di un blocco parlamentare senza distinzioni fra destra e sinistra. Di qui il termine peggiorativo di «trasformismo» che colpì ben presto gli uomini politici che rinunciavano alle loro convinzioni ideali per aderire alle coalizioni pragmatiche di Depretis.

finanziario, facendo debiti con l'estero e spendendo regolarmente circa un terzo di più delle entrate dello Stato, nel tentativo di preparare il Piemonte ad assumere la guida del prossimo e decisivo atto del movimento nazionale».[1] Per Depretis il problema non era quello di preparare una grande impresa, ma di consolidare un'impresa compiuta nelle condizioni che sappiamo allargando la base sociale della nazione e rafforzando la legittimità del potere. Ma il paese politico era troppo piccolo, troppo fragile, troppo giovane e vecchio insieme per giocare all'alternanza dei poteri, secondo le regole astratte di una democrazia lontana e straniera. Tanto più che la borghesia di destra e la borghesia di sinistra potevano, in fondo, trovare un terreno comune su cui incontrarsi. Questo incontro era reso necessario dall'esistenza di due «nemici» contro i quali occorreva opporre la massima unità possibile. Il primo era l'alleanza delle forze sconfitte, fra cui principalmente la Chiesa. Il secondo erano le forze popolari che dall'unità avevano tratto scarso vantaggio e che andavano gradualmente acquistando coscienza della loro forza e dei loro interessi. Dei due il primo era il più insidioso perché la Chiesa non aveva rinunciato a suscitare contro lo Stato unitario la crociata delle coscienze cattoliche europee. Ma il secondo annunciava situazioni e problemi a cui l'Italia borghese non era preparata, neppure sul piano culturale. «Destra e sinistra», è stato scritto, «potevano combattersi sul terreno politico; ma in quanto rappresentavano interessi materiali identici, e cioè, gli interessi della classe borghese, della proprietà fondiaria e mobiliare, erano per forza di cose portate a conciliarsi in una comune azione di difesa e di tutela contro le pretese delle classi popolari, che l'incipiente socialismo, sotto veste di internazionalismo, incominciava a svegliare se non ad agitare. Il fenomeno che fu chiamato del "trasformismo" non ebbe nulla di eccezionale e di straordinario (...)

[1] Cfr. D. Mack Smith, *Il Risorgimento italiano. Storia e testi*, Laterza, Bari, 1968, p. 339.

fu un fenomeno tipico della classe borghese, che si dissolse come partito per conservare il potere come classe (...) »[1]

Considerando il problema in una diversa prospettiva, Gramsci collocò il trasformismo al centro delle sue riflessioni sul concetto di egemonia. Senza nascondere la sua ammirazione per il modo in cui i moderati avevano esercitato la loro egemonia intellettuale, morale e politica, egli scrisse: « Si può anzi dire che tutta la vita statale italiana dal 1848 in poi è caratterizzata dal trasformismo, cioè dall'elaborazione di una sempre più larga classe dirigente nei quadri fissati dai moderati dopo il 1848 (...) con l'assorbimento graduale ma continuo (...) degli elementi attivi sorti dai gruppi alleati e anche da quelli avversari che parevano irreconciliabilmente nemici ».[2]

Queste due interpretazioni non sono contradditorie. Esse illuminano due aspetti d'un fenomeno che la monarchia, dal canto suo, favorì. Né poteva fare altrimenti. Lasciando il terreno battuto della legittimità dinastica per concludere un patto d'azione con le forze « rivoluzionarie » del tempo, i Savoia s'erano bruciati i ponti alle spalle. Se la pressione dei nemici interni ed esterni avesse distrutto l'opera del 1860 essi avrebbero perduto tutto: il regno nuovo e l'antico, le province « usurpate » e quelle ereditate. La cessione di Nizza e Savoia alla Francia nel 1860 era assai più d'un « mercato » diplomatico, come se n'erano conclusi tanti nel tempo; era una scelta ideologica, una scelta di legittimità; e come tale, soprattutto nei primi anni, estremamente rischiosa.

Occorre resistere alla tentazione di credere che alcuni avvenimenti racchiudano in sé il senso nascosto di una storia nazionale e siano destinati a ritornare periodicamente, quasi che un segreto vizio d'origine condanni un paese a ripetersi indefinitamente. Ma è impossibile, una volta di più, ignora-

[1] Cfr. M. Missiroli, *L'Italia d'oggi*, Zanichelli, Bologna, 1943, p. 32 (3ª ed.).
[2] Cfr. A. Gramsci, *Il Risorgimento*, *cit.*, p. 70.

re che la situazione del 1876 ritornerà cinquanta e cent'anni dopo sollecitando risposte politiche che sono altrettante costanti della vita italiana. Abbiamo osservato che il problema dell'assorbimento dei garibaldini nello Stato dopo le campagne del 1860 preannuncia quello dei militanti fascisti e della resistenza democratica nel 1922 e nel 1945. Abbiamo accennato, parlando di convenzioni ferroviarie, all'atteggiamento del capitale di rischio che pretende al tempo stesso libertà e protezione e instaura con lo Stato un rapporto ambiguo che diverrà ricorrente nella storia italiana. Eccoci ora a stabilire un raffronto tra il «connubio» di Cavour, il «trasformismo» di Depretis, il «blocco nazionale» che preparò l'avvento di Mussolini al potere e il «compromesso storico» proposto dal partito comunista nell'autunno 1973. I *leit-motiv* della storia italiana sono troppi e troppo evidenti per non corrispondere a realtà profondamente radicate nella cultura nazionale e nella vita sociale.[1]

La borghesia meridionale

Ritorniamo a Depretis. Il paese più largo che egli aveva disegnato con la riforma elettorale e con le sue coalizioni trasformiste non aveva – non poteva avere – la coerenza e l'omogeneità dei 500.000 elettori da cui la Destra aveva tratto i propri voti tra il 1860 e il 1876. Le due borghesie – quella del nord e quella del sud, quella di vecchie tradizioni capitaliste e quella di recente ricchezza – avevano esigenze diverse, una diversa cultura politica e una diversa concezione dello Stato. Quella meridionale, in particolare, tendeva a trasferire nella società capitalista e liberale una certa psicologia feudale. Abituata a misurare la propria lealtà in termini di favori resi e di favori ricevuti, essa adattò il suo stile ai tempi

[1] Cfr. D. Mack Smith, «Une longue tradition de compromis historiques», *Le Monde*, 22 giugno 1976.

e le antiche abitudini al nuovo regime rappresentativo. Le elezioni divennero mercato di favori e di privilegi e il deputato, che durante il governo della Destra era stato l'eletto della nazione, divenne con Depretis l'eletto di un collegio, il mediatore di interessi locali, un sensale non sempre onesto e non sempre disinteressato. Insieme agli ideologi e ai vecchi « cospiratori » della sinistra mazziniana arrivarono così a Montecitorio molti uomini nuovi fra cui spiccava una piccola folla di avvocati meridionali per i quali il Parlamento era una grande, chiassosa pretura; uomini assai più piccoli di quelli che li avevano preceduti, ma anche più rappresentativi e quindi capaci di far da ponte fra l'Italia unita e quella municipale di cui erano espressione. Nei casi migliori, e anche questa è una costante della classe politica italiana sino ai nostri giorni, essi avevano una doppia personalità: erano uomini della nazione a Roma e cittadini della loro piccola patria municipale nel collegio; e vivevano senza accorgersene tutte le contraddizioni che ne derivavano. Uno degli esempi più significativi fu quello di Francesco De Sanctis.

Aveva cospirato contro i Borbone, era stato imprigionato ed esiliato, aveva insegnato letteratura italiana al Politecnico di Zurigo, aveva governato Avellino per incarico di Garibaldi e retto il ministero dell'Istruzione in uno dei primi governi unitari. Come uomo di cultura aveva lavorato a gettare un ponte fra la filosofia tedesca e il pensiero italiano, facendo più di chiunque altro per restituire all'Italia il sentimento d'una grande tradizione letteraria nazionale. Come uomo politico aveva riformato la scuola e rinnovato le sue strutture. Era quindi, a giusto titolo, uno dei *founding fathers* della nazione. Ma il suo rapporto con gli elettori era affettivo, municipale e quindi virtualmente clientelare. Ne è prova un viaggio elettorale[1] che egli fece nel novembre 1874 nella sua provincia natale. Alle elezioni s'era presentato contemporaneamente in due seggi e al secondo turno

[1] Cfr. F. De Sanctis, *Un viaggio elettorale*, Napoli, 1876.

era riuscito eletto in ambedue. Ma la giunta delle elezioni aveva riscontrato irregolarità nel collegio di Lacedonia, dove De Sanctis era nato, e aveva annullato il risultato. Insoddisfatto della vittoria ottenuta, egli si mise in viaggio per partecipare di persona al nuovo ballottaggio: per lavare il suo onore, come si sarebbe detto allora, ma anche perché il collegio gli apparteneva, come la terra al proprietario, come il feudo al barone. Fece una campagna in cui i temi politici cedevano il passo a quelli sentimentali e il cui senso era, in ultima analisi: eleggetemi perché ci apparteniamo l'un l'altro, al di là di qualsiasi considerazione ideologica.

Abbiamo citato il caso di un uomo probo e intelligente, che una volta rientrato a Roma ritrovava il senso degli interessi nazionali. Altri non conoscevano che gli interessi della loro deputazione e abbassarono quindi notevolmente il livello della lotta politica. Ma a ben guardare non si vede quale altro atteggiamento essi potessero avere nei confronti d'uno Stato che non avevano contribuito a edificare e d'una patria di cui non potevano condividere glorie e memorie.

Governare alla giornata

I dieci anni del governo Depretis (morì nel luglio 1887) contarono qualche grande riforma: la legge sull'istruzione elementare obbligatoria, la riforma elettorale e l'abolizione della tassa sul macinato. Ma per il resto Depretis governò alla giornata, facendo la somma ponderata delle richieste a cui doveva far fronte e misurandole attentamente in termini di voti. Un esempio fra molti. Nel 1886 promise a due deputati un decreto legge per la «passeggiata archeologica», un grande viale alberato dal Colosseo all'inizio della via Appia, un'impresa che sarebbe costata la somma allora cospicua di 25 milioni. A un amico,[1] che gli faceva osser-

[1] Cfr. F. Martini, *Confessioni e ricordi*, *cit.*, p. 1153.

vare l'importanza della spesa e gli chiedeva come avrebbe fatto a mantenere la promessa, rispose: «(...) Se avessi promesso di fare una cosa che costasse centomila lire, mi troverei impacciato; ma per una spesa di venticinque milioni, eh!, lasciate stare, ci sarà chi provvederà, nonostante le mie promesse. Io ho promesso, sicuro: ma se non ci sono denari, capirete bene, *ad impossibilia nemo tenetur*». Nonostante questo cinico candore la piccola navigazione di tutti i giorni – un occhio alla rotta e un occhio ai venti – non era priva di un suo disegno politico: allargare il paese e nello stesso tempo comporre in una sintesi le tensioni che ne sarebbero risultate. Disegno al tempo stesso progressista e conservatore o, meglio, progressista in un primo momento e conservatore in una fase immediatamente successiva, come aveva giustamente osservato Ferdinando Martini.

II
La politica estera: desiderio di esistere e timore di scomparire

TUTTO preso dalla necessità di allargare la base sociale dello Stato e dal timore d'aver messo in moto una macchina incontrollabile, Depretis ignorava la politica estera e ne affrontava i problemi – quando non poteva fare altrimenti – con un misto di timidezza e diffidenza. Ferdinando Martini disse che odiava la diplomazia «probabilmente per la stessa ragione per la quale io da giovane odiai il ballo: perché ballavo male».[1] Ma è possibile che egli se ne tenesse lontano come da un lusso che l'Italia non poteva permettersi. Perché politica estera poteva significare guerra e lui che era stato ministro della Marina nel 1866, all'epoca della sconfitta di Lissa, aveva chiarissimo il sentimento della debolezza italiana.

Paradossalmente, tuttavia, finì per fare più politica estera di quanta ne avesse fatta la Destra e lasciò in eredità ai suoi successori un'alleanza politico-militare destinata a durare trentatré anni.

Dal congresso di Berlino del 1878 il rappresentante italiano ritornò a casa con le mani vuote e «nette». Aveva ottenuto in realtà assai più di un territorio: aveva ottenuto, otto anni dopo la presa di Roma, quel tanto di legittimità internazionale che poteva venire da un congresso europeo. Ma l'opinione italiana reagì come se il paese fosse stato tradito nelle sue aspettative più naturali, e la reazione più forte venne non dagli ambienti di destra, ma da quelli di sinistra,

[1] Cfr. F. Martini, *op. cit.*, p. 1.148.

che s'erano affacciati al potere due anni prima. L'episodio rivela così, improvvisamente, un dato importante della società politica italiana: la borghesia di sinistra cede, assai più che quella di destra, alla tentazione nazionalista. Le ragioni sono molte e meritano di essere registrate.

L'eredità romana

La prima è l'aggressività delle classi emergenti le quali tendono a trasferire in politica estera la carica che ha permesso loro di salire all'interno della società e concepiscono il rapporto fra potenze in termini di concorrenza e sopraffazione. La seconda è la loro mancanza di cultura politica, la loro scarsa conoscenza dei rapporti internazionali e delle leggi complesse che li governano. La terza, infine, la loro origine meridionale, la loro appartenenza cioè a una regione che ha conservato il senso antico dell'impero e ritiene che i problemi politici possano essere risolti in termini di territorio e di spazio.

Ma questi sentimenti non sarebbero bastati a creare la prima ondata di nazionalismo italiano se essi non fossero stati interpretati dai quadri politici della sinistra mazziniana con una serie di argomenti virtualmente nazionalisti. Nei suoi scritti sull'unità d'Italia e sull'Europa delle nazionalità, Mazzini aveva fortemente sottolineato l'idea di una *missione* propria a ciascuna di esse; e aveva così disegnato un continente armonico in cui ogni patria avrebbe posto se stessa e le sue virtù al servizio dell'umanità. Ma il concetto di missione, come abbiamo visto, era indissolubilmente collegato per l'Italia a quello della sua storia millenaria e tendeva a confondersi con il concetto di civiltà romana. Bastava compiere un passo perché la *missione* da Mazzini attribuita all'Italia divenisse un diritto.[1] Il passo lo fece lui stes-

[1] Cfr. F. Chabod, *Storia della politica estera italiana dal 1870 al 1896*, *cit.*, principalmente il cap. «L'idea di Roma», p. 179 e segg.

so auspicando «non solo l'Italia che aprisse la via alla civiltà moderna e iniziasse la nuova Epoca della storia umana, sì anche l'Italia che, conseguiti i veri confini nazionali, s'arrotondasse con domini coloniali e, insediata a Tunisi, tornasse a dominare il Mediterraneo, secondo quanto avevano fatto, una volta, le aquile di Roma».[1]

La questione tunisina

L'accenno a Tunisi non era casuale. Gli italiani vi si erano installati sin dall'inizio del secolo ed erano all'epoca del congresso di Berlino 20.000 secondo alcuni, 30.000 secondo altri; e molti si erano assuefatti a considerare la Tunisia come una provincia virtualmente italiana, destinata a divenire tale non appena le circostanze lo avessero permesso. Divenne invece francese, e la reazione dell'opinione italiana fu ancora più amara e delusa di quella che aveva accolto gli sterili risultati del congresso di Berlino. Ma accanto alla delusione s'era insinuato un sentimento ancor più pericoloso: la paura. L'opinione della penisola finì per confondere in un unico amalgama due reazioni completamente diverse. Si sentì frodata d'un proprio legittimo possesso e al tempo stesso minacciata nella propria esistenza, quasi che il mancato soddisfacimento delle sue premature vocazioni imperiali mettesse in discussione l'identità nazionale del paese e il suo diritto a sopravvivere come Stato.

L'episodio tunisino ebbe quindi funzione di rivelatore. Dimostrò che il Risorgimento aveva raccolto e trascinato con sé, senza curarsi di confrontarle criticamente, due immagini completamente diverse dell'Italia: la prima territoriale e circoscritta, anche se i suoi confini potevano essere discussi e negoziati; la seconda ideale, «romana», universale e quindi necessariamente aperta e indefinita. Cavour,

[1] *Ibidem*, p. 194.

cedendo Nizza, aveva scelto il primo campo. Mazzini aveva fornito al secondo le necessarie premesse ideologiche.

Sentita come minaccia all'idea nazionale, la perdita della Tunisia risvegliò il sentimento d'insicurezza che la classe dirigente portava in sé, nascosto in un angolo della propria coscienza. I nemici dell'unità italiana non erano scomparsi. Il papa a Roma continuava a denunciare lo Stato nazionale come opera diabolica, i principi spodestati attendevano l'occasione per ritornare nelle terre perdute, l'Austria non aveva rinunciato alle belle province del Lombardo-Veneto, i regni cattolici non potevano ignorare le esortazioni del clero romano e del loro clero nazionale, la Francia stessa sembrava rammaricarsi della protezione che Napoleone III aveva accordato al suo vicino meridionale. Se questi nemici si fossero coalizzati, l'Italia unita avrebbe cessato d'esistere nello spazio d'una generazione. Queste riflessioni fecero sì che la nazione più «rivoluzionaria» d'Europa divenisse in pochi mesi una potenza conservatrice. Il 20 maggio del 1882, un anno dopo la firma del trattato del Bardo (12 maggio 1881), l'Italia stipulava con la Germania e con l'Austria-Ungheria il trattato della Triplice Alleanza.

La Triplice Alleanza

Il gesto parve a molti un inatteso e innaturale cambiamento di campo. Esso rispondeva invece a una scelta necessaria. Dopo aver rifatto a proprio vantaggio la carta d'Europa, l'Italia raggiungeva coloro che avevano un interesse vitale a consolidare le loro conquiste (Germania) e a contenere l'onda dei movimenti nazionali (Austria-Ungheria). E, così facendo, spezzava nel modo più efficace il cerchio minaccioso dei nemici virtuali. Il paese aveva il cuore in tumulto, ma la testa sulle spalle.

L'adesione alla Triplice fu quindi un baluardo dietro il quale l'Italia poté ripararsi per affrontare i problemi dello Stato unitario. L'anno della sua stipulazione è ricco di avvenimenti significativi. In giugno muore Garibaldi; e la sua scomparsa, come quella di Vittorio Emanuele quattro anni prima, priva il paese d'un simbolo vivente che era al tempo stesso la sua legittimità morale. Il 1° gennaio è aperto al traffico il traforo del Gottardo: indice di progresso, ma anche sfida e rischio per un'economia ancora fragile. In novembre si vota per la prima volta con la nuova legge elettorale che moltiplica per quattro il paese legale e permette l'elezione di Andrea Costa, primo deputato socialista: la nazione si allarga, ma si espone a influenze nuove, imprevedibili, e risveglia altre classi che si affacciano alla soglia dello Stato. Poco tempo prima s'era costituito a Milano il partito operaio indipendente: partito operaio, non socialista, e anzi per molti aspetti ostile ai movimenti socialisti e comunisti che erano apparsi in Italia negli anni precedenti, ma pur sempre un primo tentativo di dare espressione politica a un movimento che andava conquistando le avanguardie più consapevoli della classe operaia.

Il senso di molti di quegli avvenimenti era chiaro. Lo Stato unitario non poteva estendere la propria base sociale senza suscitare forze nuove, non poteva rafforzarsi senza «creare» nuovi nemici, non meno pericolosi degli altri nemici interni – i cattolici – con cui era alle prese sin dalla sua formazione. La Triplice Alleanza, concepita per difendere le frontiere e l'integrità territoriale dello Stato, divenne anche un'utile trincea conservatrice contro il pericolo di un rivolgimento sociale. Lo divenne perché era alleanza dinastica, e quindi fondamentalmente conservatrice, e perché la Germania, concorrendo fortemente allo sviluppo del capitalismo italiano nel modo che vedremo, ne rafforzò le strutture e gli permise di meglio resistere a vicende interne e internazionali che gli sarebbero state altrimenti fatali. Ma il governo dovette naturalmente pagare un prezzo: la rinuncia alle terre «irredente» – la provincia di Trento e quella di Trieste – che i gruppi democratici e radicali di estrazione mazziniana consideravano necessarie al completamento dell'unità. Nello stesso anno in cui fu stipulata la Triplice, un giovane triestino che aveva deciso di attentare alla vita dell'imperatore Francesco Giuseppe fu arrestato e condannato a morte. E sul nome di Guglielmo Oberdan,[1] nuovo «martire» d'un Risorgimento incompiuto, il paese si divise. Da un lato il governo, composto da una coalizione fra i due partiti che avevano fatto l'unità; dall'altro l'opposizione democratica e radicale. Il primo, attento ai problemi dell'equilibrio europeo e imbarazzato dai moti di sdegno che avevano accolto l'esecuzione di Oberdan; la seconda, bellicosa e potenzialmente nazionalista con tutte quelle caratteristiche di aggressività, inesperienza e incultura politica di cui s'è detto più sopra. Il primo, legato agli imperi centrali e quindi in rapporto di maggiore o minore tensione con la repubblica francese; la seconda, francofila, un po' per convinzione, un po' per la logica degli opposti.

Depretis, per concludere, lasciò il paese più largo di quanto non l'avesse trovato. Ma lasciò altri problemi che in parte preesistevano, in parte erano il risultato del suo modo di governare: il rapporto con i cattolici, trattenuti sull'Aventino dal perentorio *non expedit* papale; una nuova opposizione parlamentare, attraversata da fermenti nazionalisti e repubblicani; un'opposizione socialista e operaia che stava faticosamente cristallizzandosi intorno a nuovi centri di azione; un forte contrasto sui grandi orientamenti internazionali dello Stato unitario e quindi sul concetto stesso di Italia; uno Stato indebolito da quel governare corporativo e clientelare che era il risvolto negativo del trasformismo. Due uomini affronteranno con mezzi diversi ma con una stessa preoccupazione l'eredità di Depretis: Crispi e Giolitti.

[1] Su Oberdan cfr. Alfred Alexander, *The Hanging of Wilhelm Oberdan*, London Magazine Editions, Londra, 1977.

III
Crispi: un nuovo modo di fare l'Italia

La cronaca della vita di Francesco Crispi e delle posizioni che egli assunse durante la sua lunga carriera politica è un catalogo di tutto ciò che fu fatto e detto dalla prima generazione unitaria, una straordinaria sintesi delle mille contraddizioni personali e ideologiche che caratterizzarono la storia nazionale dal 1848 al 1900. Sino al 1860 fu mazziniano e repubblicano; nel 1865 ruppe clamorosamente con Mazzini e divenne monarchico. Fu decentralizzatore e giacobino; difese gli irredentisti in occasione di un famoso processo[1] e ne soppresse le associazioni quando andò al potere; prese fortemente posizione contro il trasformismo di Depretis e fu egli stesso trasformista, quanto e più di Depretis; esortò gli elettori a controllare severamente l'integrità morale dei loro candidati e fu coinvolto in due gravi scandali di cui uno familiare e l'altro finanziario; accusò tutti i governi di non aver compreso il dramma morale ed economico del Mezzogiorno e represse brutalmente le agitazioni siciliane del 1893; propose alla vita politica italiana il modello della vita parlamentare britannica e meditò negli ultimi anni la soppressione del Parlamento; fu acerbamente anticlericale e tentò per due volte la conciliazione con il papato; fu progressista e dichiarò guerra alle associazioni «sovversive».

[1] F. Crispi, *Ultima crisi*, Stabilimento Tipografico Italiano, Roma, 1883, p. 55 e segg.

A molti studiosi stranieri e ad alcuni studiosi italiani questa sconcertante successione di affermazioni e di negazioni è parsa indice di incostanza intellettuale o, peggio ancora, di machiavellismo; e Crispi è divenuto così agli occhi di molti una delle espressioni più compiute – l'altra è Mussolini – d'un certo carattere politico italiano in cui cinismo e impulsività si fondono in una sintesi ambigua. Occorre chiedersi invece se dietro a questo alternarsi di posizioni contrastanti non vi fossero alcune situazioni obiettive della società politica italiana e se di queste situazioni Crispi non fosse cosciente, a suo modo, più di altri uomini politici del suo tempo.

Mentre governava Depretis, egli rimase, salvo una breve parentesi, all'opposizione e attaccò il governo da sinistra per quasi otto anni. Era favorevole all'allargamento dell'elettorato, ma sosteneva che la concessione del voto doveva accompagnarsi a gesti concreti di democrazia sociale. Amava affermare che la borghesia non aveva «più nulla da chiedere e nulla da ottenere»[1] e che «gli operai non potranno liberamente esercitare il diritto elettorale, finché non saranno istruiti e non diverranno indipendenti dalla borghesia».[2] Chiedeva quindi, anche se in termini paternalistici, l'ingresso delle classi lavoratrici nello Stato e criticava il formalismo liberale della classe dirigente. Il suo modello politico in quegli anni era la democrazia britannica ed egli non perdeva occasione per denunciare i governi trasformisti, le coalizioni di comodo, l'assenza di una qualsiasi frontiera tra l'ideologia del potere e quella dell'opposizione. Aveva compreso, prima di altri, che il trasformismo vassallizzava in forme nuove le plebi meridionali, faceva del Parlamento una grande, indecorosa borsa di voti e di favori, frantumava la società politica in mille gruppi d'interesse. «Nel Parlamento», disse in un discorso

[1] F. Crispi, *Discorsi elettorali: 1865-1886*, Stabilimento Tipografico Italiano, Roma, 1887, p. 190.
[2] *Ibidem*.

a Palermo nel 1886,[1] «(...) avviene spesso una specie di contratto bilaterale. Il Ministero dà le popolazioni in balia del deputato, purché il deputato lo assicuri del suo voto. Le nomine del prefetto, del pretore, del delegato di polizia, sono fatte nell'interesse del deputato, affinché si mantenga a lui l'influenza locale. Bisognerebbe vedere il pandemonio di Montecitorio quando si avvicina il momento di una solenne votazione. Gli agenti del Ministero corrono per le sale e pei corridoi, onde accaparrare voti. Sussidi, decorazioni, canali, ponti, strade – tutto si promette; e talora un atto di giustizia lungamente negato è il prezzo del voto parlamentare.»

La riforma dello Stato e la crisi economica

Appena arrivato al potere nel 1887 si dette a «riformare» lo Stato in senso liberale con una serie di leggi e provvedimenti che restano uno dei momenti migliori della sua vita politica. Aveva una formazione giuridica, come molti uomini politici meridionali, s'era educato sui grandi principi dell'89, ed era quindi perfettamente a suo agio sul terreno delle istituzioni. Ma i problemi più urgenti dell'Italia d'allora erano principalmente economici. Dopo lo sviluppo agricolo della prima generazione unitaria il paese era stato colpito dalla crisi internazionale degli anni '70, e «data (...) l'importanza primaria che l'agricoltura conservava nella formazione del reddito nazionale, la crisi delle produzioni agrarie ebbe riflessi immediati e vistosi nella riduzione dei consumi pro-capite, che nel decennio 1880-1890 toccarono i livelli più bassi di tutta la storia unitaria (...)[2] Ma gli anni della grande crisi agricola erano anche quelli in cui l'Italia teneva a battesimo le sue prime industrie. Nel 1884 na-

[1] *Ibidem*, p. 230.
[2] Cfr. R. Romeo, *op. cit.*, p. 155.

scevano le grandi acciaierie di Terni e l'industria elettrica Edison, nel 1885 lo Stato stanziava 53 milioni per dieci anni a favore dei cantieri e della marina mercantile; e nel 1886 veniva costituita a Milano la società ing. Breda e C. per la costruzione di locomotive ferroviarie. Acciaio, navi, locomotive, elettricità: le prime industrie italiane erano al tempo stesso gli utensili necessari dell'indipendenza nazionale. Erano nate con l'aiuto dello Stato e allo Stato ricorsero per proteggere la loro fragilità chiedendo nel 1887 una tariffa protezionista.

Crispi, arrivato al potere in quei mesi, non aveva la formazione e il temperamento necessari per affrontare i problemi del paese in chiave economica. Ma ne vide l'importanza nazionale e finì per allineare le sue posizioni su quelle della borghesia industriale. Il fattore che lo convinse fu l'atteggiamento della Francia con cui il governo Depretis aveva negoziato senza alcun risultato il rinnovo dell'accordo commerciale del 1881. Ed è a questo punto che la politica estera irrompe nel governo di Crispi e ne condiziona profondamente le decisioni. Mazziniano e meridionale, egli fondeva in sé le due grandi componenti del nazionalismo italiano: il sentimento della missione e quello dell'impero, la sete di primato e la sete di spazio. Questo spazio, in cui l'Italia era chiamata ad esercitare la sua missione storica, era naturalmente il Mediterraneo. Ma gli avvenimenti del 1860, del 1867 e del 1881 dimostravano che la Francia, nel perseguire i propri interessi mediterranei, avrebbe sempre osteggiato quelli dell'Italia. Di lì a concluderne che i due paesi avevano obiettivi contrastanti e difficilmente conciliabili il passo era breve. Non appena divenuto presidente del Consiglio, Crispi andò in Germania per un colloquio con Bismarck. In apparenza, fu una visita come tante nell'ambito di un'alleanza; in realtà, una precisa scelta politica. Mentre Depretis aveva accettato la Triplice Alleanza per coprire le spalle d'un paese impegnato a inventare giorno per giorno la sua esistenza collettiva, Crispi cercava di utilizzarla come strumento dinamico e potenzialmente aggressivo. Bismarck stette al gioco, pensando di trarre vantaggio da un lungo, aspro contenzioso fra Italia e Francia. E poiché la stampa satirica francese dal canto suo fece di Crispi il suo bersaglio preferito, il litigio fra i due paesi divampò a lungo nutrendosi di incidenti piccoli e grandi, gravi e risibili.

La guerra doganale

Il primo di essi fu la rottura delle relazioni commerciali, il 27 febbraio 1888, e l'emanazione di un decreto con cui l'Italia applicava ai prodotti francesi tariffe differenziate. Ne seguì una guerra doganale che colpì soprattutto l'agricoltura delle province meridionali. Le esportazioni italiane verso la Francia passarono da 405 milioni di lire nel 1887 a 170 nel 1888[1] e andarono gradualmente scendendo sino a 116 milioni nel 1897. Le esportazioni francesi, per quanto sfavorite dalle tariffe italiane, resistettero meglio: 326 milioni nel 1887, 156 nel 1888, 167 nel 1889. A questi dati sul movimento delle merci corrispondono altri dati, assai più drammatici, sul movimento degli uomini. Nel 1886, 167.629 italiani avevano lasciato la patria. Un anno dopo, mentre Crispi prendeva il potere, il numero degli emigrati saliva a 215.665 e nel 1888, all'inizio della guerra doganale, a 296.631. Appartenevano in gran parte alle classi più umili di quelle regioni meridionali che Crispi aveva difeso, sotto il profilo sociale e regionale, allorché era all'opposizione. Benché incapace di tradurre la propria socialità in una coerente politica economica Crispi non era indifferente alla loro sorte. Credeva tuttavia che la salvezza delle plebi meridionali passasse attraverso l'affermazione dello Stato nel concerto delle nazioni. Credeva che l'occupazione di quello spazio vitale a cui l'Italia aveva diritto avrebbe dato alla so-

[1] Questi dati e quelli sull'emigrazione sono tratti da *Sommario di statistiche storiche italiane*, *cit.*

cietà italiana le due componenti di cui era priva: la prosperità e il sentimento unificatore di una grande avventura collettiva.

Il rovesciamento delle priorità

Sin dall'inizio della sua «dittatura», quindi, egli rovescia il sistema di Depretis e promuove la politica estera a momento determinante del processo unitario. Avrebbe preferito una politica di espansione nel Mediterraneo, ma il gioco serrato delle potenze – tutte, allora, interessate alla preservazione della pace – non lasciava spazio alle sue avventure. Dovette accontentarsi dell'Africa orientale dove i suoi predecessori avevano gettato le basi modeste d'una presenza coloniale italiana. E finì per vedere in quelle terre, di cui aveva scarse notizie, una «nuova Italia» capace di accogliere le masse meridionali che in patria, nel frattempo, cominciavano ad esprimere concretamente il malumore e il disagio di cui egli stesso s'era fatto portavoce in passato. Nell'aprile del 1894, dopo avere duramente represso con lo stato d'assedio i moti siciliani, scrisse al governatore dell'Eritrea: «(...) fra gli scopi della nostra espansione coloniale primeggia quello di preparare un campo adatto e vasto all'emigrazione patria, che ora è sfruttata dalle altre nazioni, e così ai nostri commerci. (...) Onde lo scopo non sia fin dagli inizi compromesso, dobbiamo vegliare che la colonizzazione indigena non precluda la via alla nostra e che non domini in noi uno scrupolo esagerato nel procedere alla indemaniazione di terreni che debbonsi in gran parte considerare abbandonati, *res nullius*, alla mercé del primo occupante».[1] Da allora la guerra in Africa divenne il tema ossessivo della sua azione di governo; e tale rimase sino al giorno in

[1] F. Crispi, *La prima guerra d'Africa*, Treves, Milano, 1914, pp. 272-273.

cui una battaglia perduta distrusse al tempo stesso il suo grande disegno e la sua carriera politica.

Appena arrivato al potere aveva accettato il «trasformismo» di Depretis e presieduto governi di coalizione non meno eterogenei e compositi di quelli del suo predecessore. Ma quel modo di governare, fatto di transazioni e compromessi, gli era estraneo. Aveva carattere autoritario e la visione dei patteggiamenti fra *lobby* e corporazioni offendeva il suo sentimento dello Stato e dell'unità nazionale. Mentre era all'opposizione aveva chiesto al Parlamento di «mettere un uomo forte» alla testa del governo. Quando ebbe il potere si ritenne investito d'un grande mandato e cominciò a dialogare con il paese al di sopra del Parlamento e dei partiti. Col passare del tempo questo sentimento d'insofferenza per le istituzioni rappresentative divenne sempre più acuto. Egli cominciò a vedere in esse un ostacolo al suo grande disegno unitario, un diaframma fra la nazione e l'uomo che ne incarnava la volontà e gli interessi. Paradossalmente i suoi maggiori scontri con il Parlamento non avvennero sul terreno dei grandi ideali politici, ma su quello di alcune gravi infrazioni di cui egli s'era reso responsabile nei rapporti con una delle maggiori banche dell'epoca. Fu la pagina più brutta della sua vita politica, anche perché offuscò i termini del problema introducendo fattori personali nel suo rapporto dialettico e polemico con il Parlamento. Ma il dissidio era profondo e reale perché investiva la natura dello Stato e il concetto di unità nazionale.

Crispi cadde in Africa, per la sconfitta di Adua, e cadde in Parlamento, di fronte al quale dovette rassegnare le dimissioni. Nel giorno della sua sconfitta la classe operaia e la borghesia industriale del nord manifestarono una stessa soddisfazione, e questa unità, per quanto occasionale, parve la più severa condanna della sua politica. In realtà egli aveva perseguito una visione «nazionale» e aveva cercato di disegnare uno Stato più largo, meno infeudato agli interessi di parte e per questo, appunto, più forte. Aveva cercato soprattutto di nazionalizzare le grandi masse estranee, per ragioni sociali o religiose,[1] all'esperienza unitaria. Nel farlo aveva avuto il merito di porre concretamente, anche se con mezzi discutibili, i problemi della società italiana e di immaginare una soluzione nazionale.

[1] Crispi fece sondaggi per la soluzione del contenzioso fra lo Stato e la Chiesa.

IV
L'emigrazione: l'Italia fuori d'Italia

Abbiamo accennato allo sviluppo dell'emigrazione verso la fine degli anni '80 e alla parte che essa ebbe nel progetto politico di Crispi. Il fenomeno, beninteso, precede l'unità nazionale. A Marsiglia, nel 1857, su 235.000 abitanti, «più di 18.000 sono sudditi sardi».[1] In Egitto, nel 1820, gli italiani sono 6.000; nel 1870, 9.000. Nell'ambito dell'impero ottomano, soprattutto, gli italiani sembrano avviati ad occupare una posizione sociale simile a quella degli indiani nelle colonie inglesi dell'Africa orientale: negozianti, mercanti, piccoli funzionari. Alcuni di essi s'impongono come professionisti e salgono rapidamente la scala delle gerarchie sociali. La loro presenza culturale non è preminente, ma basta a imporre l'uso d'una lingua che svolge da secoli una funzione veicolare nel mondo mediterraneo. In Egitto, sino al 1871, l'italiano è una delle lingue usate ufficialmente dalle poste egiziane.

L'emigrazione dopo l'unità

Con l'unità tuttavia il fenomeno dell'emigrazione assume rapidamente proporzioni maggiori. Gli italiani che lasciano

[1] E. About, *Rome contemporaine*, cit. in R. Paris, «L'Italia fuori d'Italia», in *Storia d'Italia*, *cit.*, vol. 4, *Dall'unità a oggi*, t. I, 1975, p. 529.

il territorio nazionale nel 1869 sono 134.865.[1] Da allora, salvo lievi flessioni del decennio successivo, essi aumentano costantemente sino a toccare, nel 1913, la punta di 872.598. Sino al 1880 partono verso nazioni europee e soprattutto verso la Francia. Dal 1880 in poi cominciano ad attraversare l'Atlantico: Argentina, Brasile e Stati Uniti dove nel 1913 sbarcano 376.776 italiani. Partono sotto la spinta di due cause concomitanti: lo sviluppo industriale e urbano di tanti paesi occidentali in quegli anni e l'impoverimento del Mezzogiorno italiano dopo l'unità. È lecito quindi affermare che l'unità economica della penisola, compiuta nei modi in cui s'è detto, ha un primo risultato: quello di costringere un numero considerevole di italiani ad abbandonare la patria appena conquistata. Certo il fenomeno accompagna e favorisce lo sviluppo economico e sociale del paese perché assicura al bilancio nazionale un flusso costante di rimesse proveniente dall'estero e aumenta il potere contrattuale di coloro che rimangono in patria. Resta pur sempre il fatto che la creazione d'una nuova dimensione unitaria comporta il prezzo d'una grande amputazione, di una specie di decimazione su scala nazionale. Secondo una costante della sua storia che assume in alcuni momenti proporzioni macroscopiche, l'Italia sceglie i propri cittadini trattenendone alcuni e respingendone altri. Questa « ingratitudine » produce un'« Italia fuori d'Italia » che rappresenta la più straordinaria conferma dell'esistenza d'una nazione italiana e che finirà per riesportare verso la patria d'origine idee e valori destinati ad avere grande influenza sul seguito della sua storia. Ma prima di accennare a questo aspetto occorre parlare brevemente di ciò che gli italiani furono nei paesi d'immigrazione e del modo in cui vi furono accolti.

La nuova emigrazione è qualitativamente diversa da quella che aveva preceduto l'unità. Gli uomini che partono

[1] *Sommario di statistiche storiche italiane*, *cit.*, p. 65.

conoscono esclusivamente la fatica dei campi e possono essere impiegati soltanto nelle occupazioni più umili: lavori stradali, ferrovie, edilizia. È per questo del resto che essi sono ingaggiati prima della partenza o attesi nelle stazioni e nei porti. Potrebbero ricercare un'occupazione nell'agricoltura; ed è ciò che fanno i piemontesi, talora i veneti. Ma i meridionali preferiscono la città perché essa permette loro di ricostituire una rete di amicizie e di rapporti personali, perché si confà alle abitudini di un proletariato che ha sempre vissuto, prima di emigrare, nei borghi popolosi del Mezzogiorno e perché la terra, infine, è divenuta ai loro occhi sinonimo di miseria e disperazione.

Crumiri e sovversivi

Concentrati nelle città, privi di qualsiasi qualificazione professionale, esposti all'alea di un ingaggio da cui dipendono la loro vita e quella dei familiari in patria, gli italiani acquistano subito due caratteristiche, apparentemente contrastanti. Essi sono una massa di lavoro che il capitalismo locale può utilizzare a suo piacimento per tenere a bada la propria classe operaia. E sono al tempo stesso un focolaio dì proteste e di rivolte, un terreno in cui i militanti socialisti e anarchici possono seminare e raccogliere. Di qui l'immagine contraddittoria di «crumiri» e «sovversivi» che li accompagna in molti paesi e che contribuisce a respingerli in una specie di ghetto, fisico e morale. In alcuni paesi – e principalmente negli Stati Uniti – l'ostilità che talora li circonda è la somma di pregiudizi nuovi e antichi, alcuni dei quali affondano le loro radici in vecchie «fobie» del mondo anglosassone. Accade così che gli italiani siano al tempo stesso «papisti» per i protestanti, crumiri per i sindacati, anarchici e mafiosi per l'insieme della società benpensante. La miscela può divenire esplosiva e creare l'atmosfera di un pogrom.

New Orleans

A New Orleans nell'ottobre 1890 il sovrintendente della polizia fu ferito a morte da cinque uomini e con le sue ultime parole accusò – così almeno si disse – gli italiani.[1] Seguì un processo alla fine del quale nove italiani furono dichiarati innocenti o assolti per insufficienza di prove, e i pescatori siciliani celebrarono l'avvenimento innalzando la « bandiera siciliana al di sopra di quella stellata »[2] sugli alberi dei loro pescherecci. Ma nelle prime ore del 14 marzo 1891 la folla, sollecitata da un proclama apparso la sera precedente, cominciò ad addensarsi in una delle piazze della città. Ne prese la guida un avvocato, William Parkerson. Furono distribuite 150 carabine e i dimostranti – « avvocati, dottori, banchieri e in genere eminenti cittadini » – marciarono sulla prigione. Cinquanta di essi ne forzarono l'ingresso, impiccarono due sospetti e ne uccisero altri nove a colpi di fucile. « Non vi parve poco coraggioso sparare a un gruppo d'uomini disarmati, ammassati in una stanza chiusa? » chiese un giornalista a Parkerson. « Certo non è coraggioso », rispose Parkerson, « attaccare un uomo disarmato, ma quelli, per noi, erano altrettanti rettili. » L'Italia mandò una nave da guerra per rimpatriare gli italiani che volevano abbandonare la città e sospese le relazioni diplomatiche con gli Stati Uniti.

[1] Cfr. «The New Orleans Lynching, March 14, 1891», in Charles Van Doren, Frances A.I. Ianni, Wayne Moquin, *A Documentary History of the Italian Americans*, Praeger Publishers, New York-Washington, 1974. Per la versione che attribuisce a certi ambienti italiani di New Orleans la responsabilità dell'assassinio del capo della polizia, cfr. J.D. Horan, *The Pinkertons: the Detective Dynasty That Made History*, Crown's Publishers, New York.

[2] Questa citazione e quelle che seguono sono tratte dal racconto dell'uomo che diresse l'assalto alla prigione e il linciaggio degli italiani in, *A Documentary History of the Italian Americans*, *cit.*, pp. 255-258.

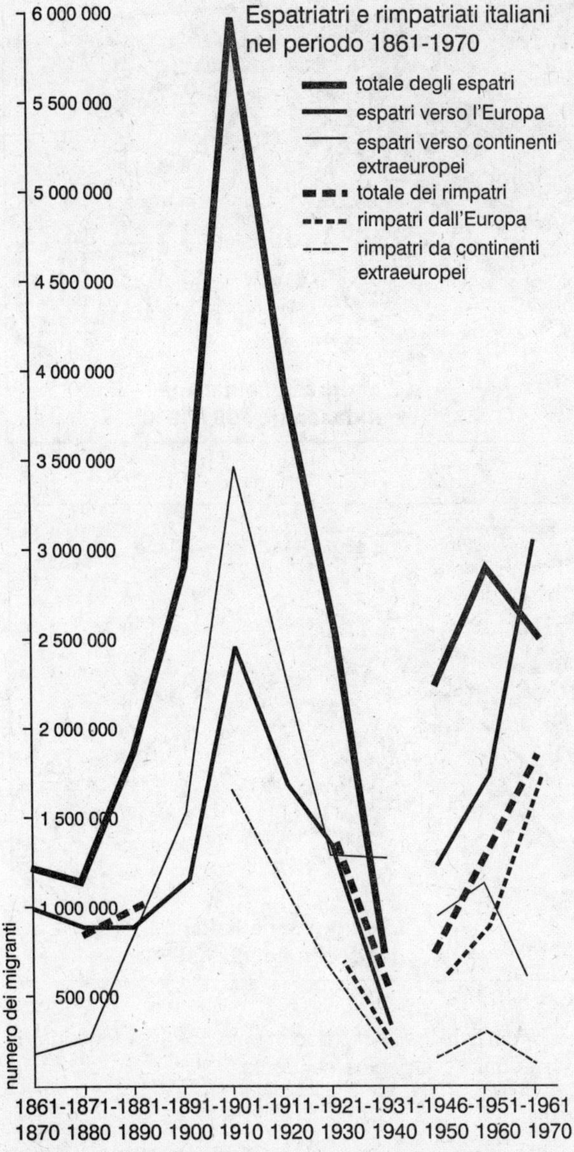

(Dall'*Enciclopedia storica Zanichelli*, Zanichelli, Bologna, 1975, documento 152.)

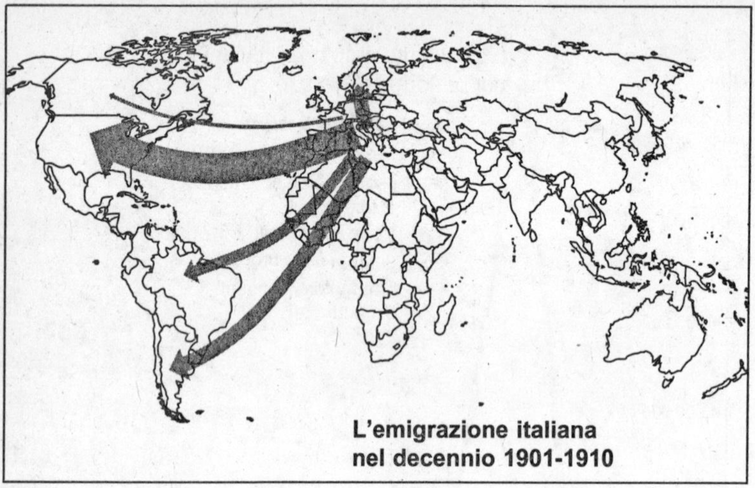

L'emigrazione italiana nel decennio 1901-1910

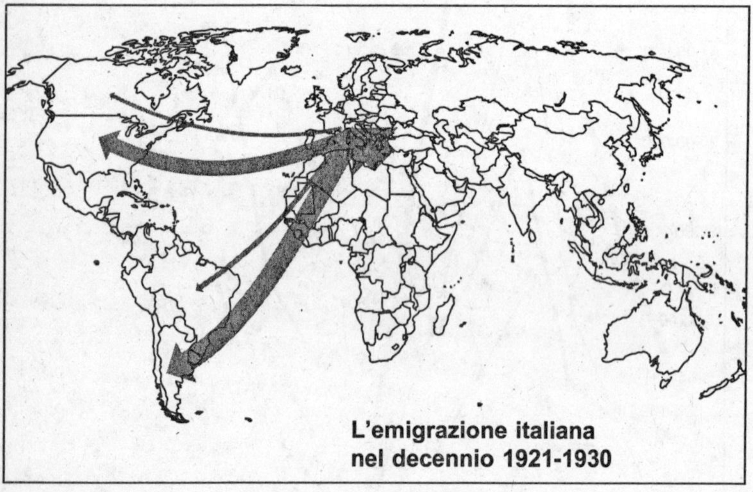

L'emigrazione italiana nel decennio 1921-1930

(Dall'*Enciclopedia storica Zanichelli*, *cit.*, documento 152.) La legenda di queste due carte viene data alla pagina seguente.

Numero di emigranti verso i seguenti paesi: Stati Uniti: 2.329.450; Argentina; 734.600; Svizzera: 655.670; Germania: 591.040; Francia: 572.620; Brasile: 303.360; Canada: 65.100.

Numero di emigranti verso i seguenti paesi: Svizzera: 1.017.000; Repubblica Federale tedesca: 642.000; Canada: 164.000; Stati Uniti: 162.000; Australia: 92.000; Francia: 19.200.

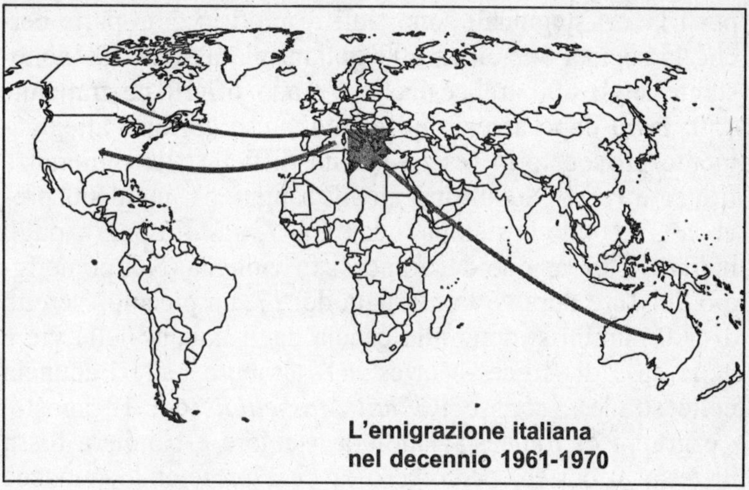

L'emigrazione italiana nel decennio 1961-1970

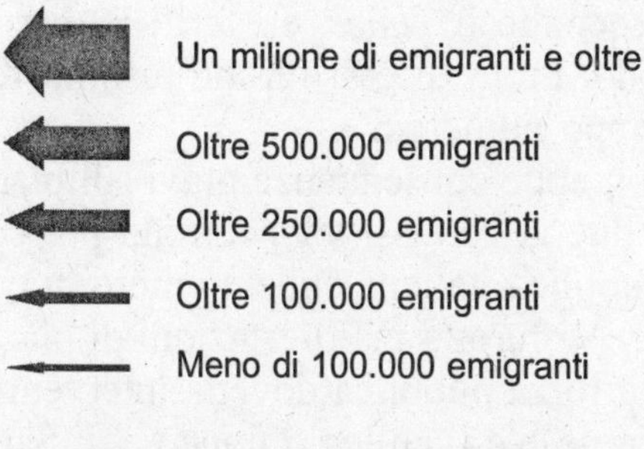

Numero di emigranti verso i seguenti paesi: Francia: 1.016.090; Argentina: 535.740; Stati Uniti: 419.160; Svizzera: 157.060; Brasile: 76.560; Canada: 31.800; Germania: 11.490.

(Dall'*Enciclopedia storica Zanichelli*, *cit.*, documento 152.)

Aigues-Mortes

In Francia, a Aigues-Mortes, nell'agosto del 1893, gli avvenimenti sono ancor più drammatici. Su 3.000 operai le saline di Fangousse impiegano abitualmente circa 1.000 italiani «sotto pagati e, naturalmente, non protetti da alcun sindacato».[1] Secondo *L'Illustration* del 26 agosto «allorché gli operai francesi si sono presentati come al solito per i lavori stagionali sono stati respinti in gran parte perché la società attendeva 600 italiani già assunti. Ciononostante sugli 800 francesi che s'erano offerti ne trattenne 150. Poco dopo arrivarono gli italiani e col loro atteggiamento provocatorio resero la vita difficile alla minoranza francese (...)». Seguirono alcuni sanguinosi incidenti provocati, secondo la stampa locale e il *Times* di Londra, dagli italiani. La reazione dei francesi fu violenta. Nel pomeriggio del 16 e durante la giornata del 17, un piccolo esercito di 500 uomini si dette alla caccia degli italiani nelle vie e nelle case di Aigues-Mortes. «Il tamburo batté l'adunata nelle strade», scrisse il *Petit Marseillais* del 19 agosto, «e gruppi di francesi, bandiera tricolore e bandiera rossa in testa al corteo, percorsero la città proferendo minacce di morte.» Gli italiani uccisi furono 20 secondo il *Petit Marseillais*, 50 secondo il *Times*, e i feriti 50 per il primo, 150 per il secondo; molti di essi furono respinti dall'ospedale perché «troppo numerosi».

L'incidente non ebbe conseguenze gravi sul piano diplomatico perché i due governi si adoperarono per comporlo. Ma l'opinione pubblica italiana ebbe un moto di collera alquanto rivelatore. Vi furono manifestazioni di piazza a Roma, a Napoli e la forza pubblica dovette intervenire per liberare palazzo Farnese e il collegio francese di Santa Chiara, assediati dai dimostranti. «Meglio la sconfitta, meglio la

[1] Cfr. R. Paris, *op. cit.*, p. 536. Dal saggio di Paris sono desunti i fatti e le citazioni della stampa dell'epoca.

catastrofe», scrisse Edoardo Scarfoglio sul *Mattino* di Napoli, «che questa lenta agonia d'inazione. Si corra magari incontro al coltello del sacrificatore, ma non restiamo qui, come Pulcinella, a dissertar sugli schiaffi che ci colpiscono.» Sono parole in cui risuonano al tempo stesso i due sentimenti che punteggiano tutta la politica estera italiana sino al fascismo: l'insicurezza e l'ambizione.

Due episodi fra molti. «Quanto a violenza», scrivono gli autori d'una antologia sull'emigrazione negli Stati Uniti, «gli italiani, fra gli immigrati europei del periodo successivo al 1890, ne ebbero una dose sproporzionata. Già alcuni erano stati uccisi da folle in tumulto negli anni '70 e '80; ma a cominciare dal sensazionale linciaggio di (...) New Orleans (...), i moti popolari contro di essi divennero alquanto frequenti. Vi furono morti nel 1893, nel 1895, nel 1896, nel 1899, nel 1901, nel 1906, nel 1910, nel 1914, nel 1915, in luoghi lontani e diversi come Denver, Marion nella Carolina del nord, Tampa in Florida e Johnson City nell'Illinois.»[1] In Francia, dopo l'assassinio di Sadi Carnot il 24 giugno 1894, Lione fu teatro d'una caccia all'italiano. Nei giorni successivi 3.000 abbandonarono la città, «(...) cifra più che verosimile se si pensa che, secondo un rapporto del console francese a Torino, nella sola giornata del 27 giugno sono giunti in questa città 2.500 italiani fuggiti dalla Francia».[2] L'anarchico Sante Caserio, che ha ucciso Sadi Carnot con un colpo di pugnale, conferma agli occhi dell'opinione borghese l'immagine corrente dell'italiano rissoso, sovversivo, infido. La Francia – quella Francia, beninteso – non ha dimenticato la strage di Orsini, il complotto Tibaldi, gli italiani di Garibaldi accorsi nel 1870 in difesa della repubblica e quelli di Amilcare Cipriani e Menotti Garibaldi, giunti a Parigi sin dal settembre per difendere la Comune.

[1] *A Documentary History of the Italian Americans*, *cit.*, p. 254.
[2] Cfr. R. Paris, *op. cit.*, p. 545.

L'Italia scopre gli emigranti

Male amati dalla classe operaia, usati e disprezzati dalla borghesia, gli italiani potrebbero cambiar nome e nascondersi nelle pieghe della società che li ospita, come fecero tanti tedesco-americani allo scoppio della prima guerra mondiale. Alcuni lo fanno. Ma i più rimangono tenacemente ancorati alla piccola città italiana che hanno costituito in mezzo alla grande città straniera di cui sono prigionieri – Brooklyn a New York, La Boca a Buenos Aires, Clerkenwell a Londra, Galata a Costantinopoli – e difendono con un certo tenace candore la loro identità culturale fondando circoli e giornali. La cultura di cui sono depositari rispecchia l'umiltà delle loro origini: un po' di religione, un po' di superstizione, un po' di patriottismo, un po' di gastronomia. Ben presto la chiesa, il circolo Garibaldi, l'associazione Dante Alighieri e la trattoria del quartiere divengono i luoghi deputati d'un paesaggio morale e culturale, le trincee dietro alle quali essi possono gustare finalmente il sentimento della loro dignità.

L'Italia finisce per accorgersi della loro esistenza. Nel 1889 appare un romanzo di Edmondo De Amicis, *Sull'oceano*. L'autore vi narra il lungo viaggio da Genova a Buenos Aires d'un gruppo di emigranti italiani: «(...) miseria errante del mio paese, povero sangue spillato dalle arterie della mia patria (...)» L'autore non è ancora socialista: lo diverrà nel 1891; e nell'aderire al partito porterà con sé un sentimento d'indignazione e di collera per le condizioni degli italiani all'estero che sfiora il nazionalismo. Questo incontro fra nazionalismo e socialismo ne preannuncia altri, più significativi e inquietanti. La sinistra della prima generazione unitaria aveva incontrato il nazionalismo sul terreno della romanità; la sinistra della seconda generazione lo incontra sul terreno dell'emigrazione. Prende corpo gradualmente l'idea d'una Italia proletaria, ingiustamente relegata ad un posto che essa non merita. La lotta di classe scavalca il quadro nazionale e invade quello internazionale. Diviene lotta fra nazioni povere e nazioni ricche, lotta per la sopravvivenza, lotta per un «posto al sole». Col passare del tempo questa corrente di pensiero si articola in due grandi filoni. Da un lato il nazionalpopulismo di Corradini e Federzoni; dall'altro il sindacalismo rivoluzionario di De Ambris, Arturo Labriola, Angelo Olivetti. I primi pensano principalmente alla patria e allo Stato nazionale; i secondi alla rivoluzione. I primi hanno fra i loro ascendenti una strana mistura di Hegel, Nietzsche, Maurras; i secondi una mistura altrettanto strana di Marx e Sorel. Un uomo, Mussolini, riuscirà a fonderli, dopo la prima guerra mondiale, in uno stesso movimento. Ma di questo a suo tempo. Ora occorre ritornare agli anni tumultuosi in cui, caduto Crispi, l'Italia cercava faticosamente un nuovo consenso politico, una più larga legittimità sociale.

V
Un paese che cambia

Crispi aveva cercato di risolvere le contraddizioni della società risorgimentale con una formula che era al tempo stesso autoritaria e populista. Credeva nelle virtù dello Stato e s'era adoperato per rafforzarlo a scapito del Parlamento di cui tollerava a fatica i cavillosi dibattiti. D'uno Stato forte, del resto, egli aveva bisogno per fare una politica estera aggressiva, dinamica; la quale gli pareva essenziale per inserire le masse nella vita nazionale rendendole partecipi d'una grande avventura e dei benefici che ne sarebbero derivati. Le tre componenti del suo disegno – lo Stato, la politica estera, le masse – formavano un insieme coerente.

Commise tuttavia due errori.

Gli errori di Crispi

Calcolò male, anzitutto, la volontà e la coesione del paese e non capì che era illogico chiedere un grande sacrificio nazionale a coloro che sotto tanti aspetti vivevano ancora ai margini della nazione. Fu un errore culturale prima ancora che politico perché egli trasferiva in Italia i modelli storici su cui si era educato: la rivoluzione francese, i soldati dell'anno II, le guerre napoleoniche, la grande mobilitazione morale in Francia fra il 1792 e il 1814. L'illusione era favorita dall'aver egli vissuto in prima persona una grande vicenda storica – la spedizione dei Mille in Sicilia – in cui la volontà aveva prevalso sul numero. I mezzi – denaro, uomini, strutture – erano, in questa visione volontarista della storia italiana, fattori marginali. Al generale Baratieri, che gli telegrafava dall'Africa chiedendogli rinforzi, egli rispondeva: «(...) Trova tu modo di sciogliere il problema con i mezzi che ti offre il paese. Napoleone I faceva la guerra con i denari dei vinti».

Fu il suo primo errore. Il secondo fu quello di collegare la promozione sociale delle masse extra-risorgimentali ad un avvenimento lontano, incerto, carico di alee e di sacrifici mentre il suo governo non poteva fare molto per risolvere concretamente i grandi problemi sociali del paese. Ma egli aveva scelto una strada e non tollerava che lo si volesse deviare frapponendogli ostacoli. Di qui la durezza di cui dette prova nello schiacciare tutti coloro che erano portatori d'un diverso progetto sociale.

Questi due errori spiegano perché la sua caduta fosse accolta con entusiasmo dalla maggioranza del paese. Ma i problemi che egli aveva cercato di risolvere resistevano tenacemente sotto la superficie cangiante della vita politica italiana e le formule a cui egli s'era ispirato non mancavano d'una certa coerenza. L'Italia le riprenderà in altre circostanze. Per ora, fallito il disegno di Crispi, occorreva ricorrere ad altre vie. S'inizia così un periodo fra i più confusi e tumultuosi della storia italiana, un periodo che ricorda sotto molti aspetti il primo dopoguerra sino all'avvento del fascismo.

Il paese in cifre

Negli ultimi anni il paese è cambiato psicologicamente e quantitativamente. Psicologicamente, perché ha ormai compreso che i propri problemi non sono più d'una regione, d'una città, ma della nazione nel suo insieme. Quantitativamente, perché la vita sociale ed economica avanza per grandi balzi, rendendo ancor più evidenti le zone ottuse del tessuto sociale in cui la vita scorre con la lentezza di sempre. Alcuni esempi possono dare un'idea di ciò che sta accadendo. La corrispondenza postale è quasi raddoppiata in poco più di dieci anni: da una media di 5,65 plichi per abitante nel periodo 1887-1888 a 9,14 nel periodo 1901-1902.[1] In 22 anni – dal 1880 al 1902 – la rete stradale è passata da 82.636 a 137.342 km. In dieci anni – dal 1882 al 1892 – le esportazioni sono aumentate di 4 milioni di lire: da 9 e mezzo a 13 e mezzo circa; l'Italia esporta meno del Belgio (circa 18 milioni di lire nel 1892), ma più dell'Austria-Ungheria (circa 8). Anche la produzione – agricola e industriale – ha registrato negli ultimi vent'anni del secolo un considerevole salto in su: la prima è aumentata di circa 6 milioni di lire, la seconda di circa 4. Controllando le singole voci dell'intercambio gli osservatori trovano un ulteriore motivo di compiacimento: sono diminuite l'esportazione e l'importazione dei prodotti alimentari ed è diminuita l'importazione dei prodotti industriali ma è aumentata notevolmente la loro esportazione. « Vuol dire che si mangia qui una parte della roba che si mandava fuori per far quattrini; vuol dire che la materia greggia, i prodotti dei nostri campi o delle nostre cave, invece di andare via come natura li ha materiati, attraverso l'industria nazionale escono dai confini prodotto fabbricato! »[2] Lo sviluppo dell'industria procede di pari passo con quello dell'attività sindacale. Gli scioperanti nel 1882 erano stati in tutto 8.054: 5.854 nell'industria e 2.200 nell'agricoltura. Saranno 413.959 nel 1901 di cui 190.974 nell'industria e 222.985 nell'agricoltura. Il numero degli scioperi è ancor più significativo: 46 nel 1882, 1.042 nel 1901. E di questi ultimi 177 durano da 11 a 30 giorni, 54 più di 30.

Accanto a queste cifre, che sono indice di sviluppo e di progresso, altre esprimono una diversa realtà. Alla fine del

[1] Questi dati e quelli che seguono sono desunti da E. Nathan, *Vent'anni di vita italiana attraverso all'annuario, cit.*
[2] *Ibidem*, p. 23 e segg.

secolo, l'italiano guadagna in media 2.500 lire all'anno, mentre l'inglese ne guadagna 7.300, il francese 6.500, il tedesco 3.900. Le scuole elementari statali, nel 1900, sono frequentate da 3.995.000 alunni. Troppo pochi per un paese di 33 milioni di abitanti. Quanto agli alunni delle scuole medie, la progressione in vent'anni è incoraggiante: da 35.390 nel 1881 a 91.620 nel 1900. Ma la percentuale – 2,8 per 1.000 abitanti – la dice lunga sulla preparazione intellettuale dei ceti medi. Più ancora che dei suoi analfabeti l'Italia dovrà presto dolersi dell'incultura della sua piccola borghesia.

Il quadro, insomma, è ricco di ombre e di luci. Ma la classe dirigente ne vede soprattutto le ombre e ha tendenza a crederle ancor più gravi di quanto non siano. La impauriscono soprattutto gli scioperi, il progresso del partito socialista, il pullulare di gruppi e movimenti anarchici. L'aumento dei deputati socialisti alle elezioni legislative del 21 marzo 1897 – da 12 a 20 – pare alla borghesia italiana il segno d'una imminente catastrofe. «Non abbiamo assistito ad una elezione, ma ad una rivoluzione. Dal 1876 non si è più visto in Italia nulla di simile», scrisse un giornale piemontese.[1]

La reazione può parere esagerata. Non lo è per chi adotti la prospettiva della classe dirigente d'allora e cerchi di comprenderne le inquietudini. Per molti anni essa ha governato un piccolo paese legale composto da circa 2 milioni di elettori. Dietro ad essi, nella grande ombra in cui si nasconde il paese reale, una vasta palude, ora docile, ora riottosa, ora scossa da febbri improvvise, ma sempre incapace d'esprimere coerentemente e tenacemente una sua precisa volontà. Improvvisamente, nel giro di qualche anno, la palude comincia a popolarsi di cartelli, steccati, viottoli, muri di cinta. Essa si avvia a divenire paesaggio, una parte nuova e importante del paesaggio politico italiano. L'anno in cui

[1] Cit. in Luigi Albertini, *Venti anni di vita politica*, parte I, *L'esperienza democratica italiana dal 1898 al 1914*, vol. I, *1898-1906*, Zanichelli, Bologna, 1950, p. 13.

la palude diviene paesaggio è il 1891. Le associazioni socialiste, operaie, anarchiche, comuniste danno origine a un partito dei lavoratori italiani che diverrà un anno dopo, a Genova, il partito socialista, con più di 100.000 iscritti. Leone XIII pubblica l'enciclica *Rerum novarum* da cui prenderanno le mosse, negli anni successivi, i movimenti cattolici di democrazia sociale. Improvvisamente le masse operaie e contadine escono dall'anonimato, acquistano un volto, si affacciano alle soglie dello Stato, costringono la classe dirigente a escogitare un disegno politico in cui esse abbiano un posto, quale che sia. I disegni possibili sono due. Chiameremo il primo, per brevità, «istituzionale» o «nazionale», il secondo «economico» o «conflittuale».

Il primo – tentato da Crispi e ripreso da altri – consiste nel fare dello Stato il supremo regolatore delle tensioni e delle contraddizioni della società italiana. Mettere l'accento sullo Stato come espressione della comunità nazionale significa naturalmente diminuire la funzione dei partiti e del luogo politico – il Parlamento – da cui i partiti traggono la loro ragione d'essere e il loro potere. Crispi, Sonnino, Pelloux – e dopo di loro Mussolini, De Gasperi, Gronchi e Tambroni – credettero alla possibilità di risolvere il problema italiano modificando le istituzioni, organizzando diversamente la società nazionale.

Il secondo consiste nel lasciare che le forze opposte cerchino liberamente di sopraffarsi e nel fare del governo un arbitro per il rispetto delle regole del gioco. Il gioco, beninteso, è quasi sempre truccato perché alcune forze sono ammesse, altre escluse; e le regole variano a seconda delle circostanze. Ma la conflittualità è tollerata, anzi auspicata, come fattore di evoluzione e di progresso. In tale sistema, beninteso, i partiti sono essenziali. Si cercherà di corromperli, d'infiltrarli, di asservirli, ma non di eliminarli. Perché essi sono parte necessaria e insostituibile del gioco politico.

Il «terrore bianco»

Caduto Crispi, il suo successore – un altro siciliano, il marchese di Rudinì – ne accantonò naturalmente il disegno autoritario e ritornò, con qualche variante, alla formula «conflittuale» di Depretis cercando di coinvolgere, nel suo gioco, per quanto possibile, le forze democratiche e radicali della Sinistra parlamentare. Ma l'area della sua mediazione politica non includeva le grandi masse operaie e contadine di cui si cominciavano ad avvertire la presenza e la pressione. Verso di esse di Rudinì non conosceva altra politica fuor che quella degli stati d'assedio e della repressione poliziesca: una politica ancor più intollerabile di quella di Crispi nel cui disegno nazionale, come s'è detto, le masse erano incluse. Fu così che il governo di Rudinì, dopo un esordio liberaleggiante, adottò una strategia più autoritaria.[1]

Tra la fine del 1897 e l'inizio del 1898 il prezzo del pane salì notevolmente, a causa d'un cattivo raccolto mondiale. Secondo un calcolo dell'Annuario statistico italiano (1904) basato sui salari medi degli operai industriali, le 73 ore di lavoro necessarie per l'acquisto di un quintale di frumento nel 1894 erano divenute 82 nel 1895, 89 nel 1896, 102 nel 1897 e 105 nel 1898. In tutta Italia, nella primavera di quell'anno, vi furono moti di piazza contro il rincaro del costo della vita. Fortemente colpito dai progressi del partito socialista alle elezioni del marzo 1897 e da un ennesimo attentato al re nell'aprile dello stesso anno, il governo volle vedervi l'annunzio di un grande disegno rivoluzionario. Non fu il solo. Secondo il corrispondente del *Times* Wickham Steed, «le organizzazioni rivoluzionarie credettero che fosse arrivato il momento per un'azione a fondo. Approfittando dell'acquiescenza della polizia e delle autorità milita-

[1] Vedi fra l'altro il libro di Umberto Levra, *Il colpo di stato della borghesia; la crisi politica di fine secolo in Italia 1896-1900*, Feltrinelli, Milano, 1975.

ri, i rivoluzionari provocarono disordini in Puglia, nelle Marche, in Toscana, in Romagna e in Lombardia. Il moto si diffuse rapidamente lungo le principali linee ferroviarie, e raggiunse infine Milano, dove gli insorti misero a sacco varie case private, alzarono barricate e impegnarono una vera e propria battaglia con la guarnigione. Dopo una serie di duri scontri le truppe impiegarono l'artiglieria: le barricate furono demolite e i ribelli disfatti. Secondo la relazione militare ufficiale, otto barricate furono conquistate con altrettanti assalti alla baionetta; mentre gruppi di fucilieri erano costretti a occupare i tetti delle case per eliminare i franchi tiratori. Il numero esatto dei morti e dei feriti non fu mai comunicato: ma non c'è dubbio che si trattò di parecchie centinaia ».[1]

La tesi del complotto rivoluzionario si rivelò infondata e, col passare del tempo, lasciò il posto ad un'altra, di segno opposto: che il governo s'era valso dei moti come di pretesto per soffocare il regime parlamentare e imprimere una svolta reazionaria alla società italiana.[2] In realtà non vi furono complotti né di sinistra, né di destra, ma soltanto fame da un lato e paura dall'altro. Luigi Albertini, che si apprestava a divenire direttore del *Corriere della Sera*, ci ha lasciato nelle sue *Memorie* una visione equilibrata. « Testimone di questi dolorosi avvenimenti, assistei al panico da cui le classi abbienti milanesi furono colte (...) Rudinì (...) volle rassicurarle, e rassicurare il governo, decretando a Milano lo stato d'assedio, ed affidando al generale Bava Beccaris la difesa dell'ordine pubblico, difesa che questi eseguì con rigore di gran lunga sproporzionato alla realtà dei fatti. Si ebbero a deplorare nella popolazione, secondo le cifre ufficiali, che furono giudicate inferiori alla verità, 80 morti e

[1] H. Wickham Steed, *Through Thirty Years*, Londra, 1924 (trad. it. *Trent'anni di storia europea 1892-1922*, Comunità, Milano, 1962, p. 122).
[2] Contro questa tesi cfr. G. Spadolini, « Le cannonate di Bava Beccaris », in *La Stampa* del 29 agosto 1975.

450 feriti, mentre nella forza pubblica si contarono due morti (uno dei quali colpito da una scarica della truppa) e una ventina di feriti (...). Si credeva davvero che la rivoluzione fosse alle porte, organizzata col concorso di banche svizzere, e fosse necessario soffocarla senza riguardi. Ciò non giustifica, ma spiega, non solo il numero delle vittime e il ridicolo assalto al convento dei Cappuccini, ma anche altri enormi eccessi, ossia: la sospensione di 110 giornali; lo scioglimento dell'Umanitaria e di migliaia di associazioni cattoliche e di comitati parrocchiali; l'arresto di noti uomini politici socialisti come Costa, Turati, Bissolati, Lazzari, la Kuliscioff, di repubblicani (...), di clericali (...), tutti deferiti a tribunali militari e condannati a pene spesso enormi, varianti da uno a dodici anni – Turati a ben dodici anni – nonostante le deposizioni loro favorevoli di insigni personalità di ogni partito.»[1]

Non vi fu rivoluzione quindi. Ma anche i sentimenti creano fatti politici e la grande paura del 1898 ebbe per conseguenza di rendere ancora più profondo il fossato che divideva il paese risorgimentale dall'« altro ». Colpendo i socialisti e i cattolici – ovvero le forze nuove che premevano alle porte dello Stato –, il governo aveva reso acuti e urgenti i problemi di cui Crispi aveva tentato una soluzione autoritaria e populista durante il suo secondo governo. E poiché la soluzione « conflittuale » era fallita, si ritornò ad una variante del disegno crispino.

Il ricorso all'autorità

L'uomo che tentò questo nuovo esperimento, Pelloux, è ambiguo, come tutti coloro che hanno incarnato in Italia i momenti nazional-popolari della sua storia. È un generale, ma è l'unico che durante i moti del 1898 abbia rifiutato di

[1] L. Albertini, *op. cit.*, pp. 14-15.

decretare lo stato d'assedio nella provincia di cui è responsabile. È stato scelto dal re fra gli uomini che gli sono personalmente fedeli, ma è gradito alle sinistre. Vorrebbe governare senza il controllo del Parlamento, ma alla testa d'un governo in cui gli uomini della Sinistra costituzionale sono largamente rappresentati.

Cominciò col proporre alla Camera, nel febbraio 1899, una serie di decreti « coi quali si chiedeva la facoltà al Parlamento di militarizzare ferrovieri e postelegrafonici, di inibire e punire lo sciopero degli addetti ai servizi pubblici, di istituire il domicilio coatto per i delinquenti recidivi, di vietare per ragioni d'ordine pubblico riunioni ed assembramenti all'aperto, di sciogliere associazioni miranti a sovvertire lo Stato per vie di fatto, di frenare la libertà di stampa stabilendo accanto alla responsabilità del gerente quella dell'autore dello scritto incriminato, punendo la pubblicazione di notizie false atte a turbare la quiete, dando infine all'autorità giudiziaria contro i giornali recidivi la facoltà di chiedere loro cauzione e di sottoporli a censura o di sospenderli ».[1]

Seguì un curioso balletto parlamentare. Benché criticati da molti deputati dell'estrema sinistra, i decreti ebbero in prima lettura 310 voti contro 93. Ma, quando Pelloux, a seguito d'una crisi provocata da tutt'altre ragioni, dovette ricomporre il suo gabinetto e si presentò alla Camera con una formazione interamente spostata a destra, i decreti divennero liberticidi e la loro approvazione bloccata da un tenace e metodico ostruzionismo. La reazione di Pelloux rivelò, ancor più dei decreti, la natura del suo disegno politico. Di fronte all'ostruzionismo della Camera egli propose un nuovo regolamento parlamentare con l'introduzione della « ghigliottina ». I due provvedimenti – limitazione della libertà nel paese e limitazione della libertà in Parlamento – costituivano di fatto una riforma della Costituzione perché raf-

[1] L. Albertini, *op. cit.*, p. 18.

forzavano i poteri dell'esecutivo mettendolo al riparo dalle censure dell'opinione e dai controlli della Camera. Contemporaneamente Pelloux presentava o preparava una serie di progetti contro i privilegi delle oligarchie economiche e finanziarie. Con uno di essi modificò il regime fiscale degli zuccheri limitando i privilegi degli zuccherieri. Con altri si proponeva di ridurre i premi accordati ai cantieri navali, alle ferriere e alle compagnie di navigazione che trasportavano emigranti. Per la prima volta nella sua storia il governo italiano l'avrebbe smessa di favorire l'accumulazione capitalista a spese della società nazionale. Gradualmente, insomma, Pelloux cominciava a disegnare l'abbozzo d'uno Stato in cui la maggiore autorità dell'esecutivo era compensata da una visione più nazionale e da una minore tolleranza per quello che si chiamava allora il «feudalesimo finanziario».[1] Erano queste, del resto, le idee di un uomo che ebbe in quegli anni una forte influenza intellettuale e che cercò di conferire dignità e coerenza alle riforme costituzionali di cui s'era fatto promotore: Sidney Sonnino.

L'opposizione borghese

L'esperimento fallì. Incapace di tener testa all'ostruzionismo, Pelloux sciolse la Camera nella speranza di ottenere dal paese il consenso di cui aveva bisogno. Accadde il contrario. Alle elezioni politiche del 2 giugno 1900 l'opposizione ebbe complessivamente 650.000 voti contro 600.000 ai deputati ministeriali. Per il meccanismo della legge elettorale Pelloux aveva conservato la maggioranza, ma perduto credibilità. Il suo disegno politico-istituzionale era ormai irrealizzabile ed egli dovette dimettersi. Come Crispi, cadde perché una parte considerevole della borghesia italiana rifiutò di piegarsi alle regole d'un gioco più severo e austero.

[1] Cfr. G. Volpe, *Italia moderna*, *cit.*, vol. 1, p. 354.

Gli stessi borghesi lombardi che due anni prima, nel maggio 1898, avevano tremato d'orrore e chiesto a gran voce lo stato d'assedio, votarono contro i candidati ministeriali per non pregiudicare un sistema economico e fiscale da cui traevano grandi vantaggi e perché la libertà – nei suoi aspetti positivi e nei suoi aspetti deteriori – era necessaria allo sviluppo disordinato, caotico, ma costante della loro classe sociale. Nel giro di quattro anni, quindi, la borghesia dell'Italia settentrionale aveva detto no a Crispi, a Rudinì, a Pelloux e alle formule politiche che ciascuno di essi rappresentava. Occorreva trovare una nuova formula, tale da conciliare le esigenze borghesi con quelle di una nazione più larga di cui Crispi e Pelloux avevano intravisto i contorni. Vi riuscirà, per più di dieci anni, Giovanni Giolitti.

VI
Il tentativo di Giolitti

La morte del re

Dopo le dimissioni di Pelloux il potere passò a un governo di transizione presieduto dal vecchio senatore Saracco. Il ministero esisteva da un mese allorché il re fu ucciso a Monza, durante una cerimonia sportiva. L'assassino era un anarchico di nome Bresci e veniva da Paterson, negli Stati Uniti, dove i compagni l'avevano scelto per vendicare la repressione del 1898. Non era, quello, il primo attentato contro Umberto.[1] Ma era il primo in cui l'attentatore fosse un cittadino dell'altra Italia, quella che da più di trent'anni andava ingrossando oltre le frontiere del paese.

Forse perché gli avvenimenti del 1898 contenevano una lezione di cui la borghesia italiana aveva, nonostante le apparenze, compreso il significato, la morte di Umberto I non suscitò velleità reazionarie. Il nuovo re parve capire, sin dalle sue prime dichiarazioni, che la posta in gioco nelle piazze di Milano durante i moti del 1898 era stata, tra l'altro, la sorte della dinastia. I Savoia avrebbero regnato soltanto se lo Stato risorgimentale, sorto come per miracolo durante la vita del nonno, si fosse allargato sino a comprendere altri sudditi di cui Bresci rappresentava la rabbia e la frustrazione.

[1] Cfr. Ugoberto Alfassio Grimaldi, *Il re « buono »*, Feltrinelli, Milano, 1970.

Anche al Quirinale, quindi, v'erano le premesse per una nuova formula, diversa da quelle che s'erano succedute da Crispi in poi; e nel giro di pochi mesi dalla morte di Umberto l'Italia cominciò ad essere governata diversamente.

Diremo poi in che cosa consistesse questo modo nuovo di governare. Ora occorre dire brevemente come avvenne la transizione. Il governo Saracco si dimise a causa d'un lungo sciopero nel porto di Genova durante il quale esso aveva cumulato gli errori dell'intransigenza e quelli dell'arrendevolezza. Se la composizione del nuovo governo fosse stata dettata dal rapporto di forze alla Camera dei deputati, il successore di Saracco sarebbe stato Sidney Sonnino, vale a dire il leader di quella destra nazionale e popolare che già da qualche tempo andava chiedendo una soluzione istituzionale dell'ingovernabilità italiana. Andarono al potere invece due uomini della sinistra moderata: il vecchio Zanardelli come presidente del Consiglio e Giovanni Giolitti come ministro dell'Interno. Colpa, o merito, del re il quale «preferì non analizzare la forza dei diversi raggruppamenti costituzionali ed operare un radicale cambiamento della situazione politica».[1] Ma la volontà del re non sarebbe bastata a imporre questa soluzione, in spregio di qualsiasi matematica parlamentare, se la destra di Sonnino non avesse cooperato traendosi timidamente in disparte. Perché la crisi politica di quegli anni era anche e soprattutto crisi d'una classe dirigente che, anziché cristallizzarsi intorno a un programma politico, divenire partito e assumere con coraggio e chiarezza di fronte alla pubblica opinione la responsabilità della sua scelta, si spogliava dei propri diritti e passava la mano sperando di governare per interposta persona. A questo trasformismo della maggioranza diventata opposizione corrispondeva il trasformismo dell'opposizione divenuta governo. Chi erano infatti gli uomini a cui la destra passava la mano? Il presidente del Consiglio, Zanardelli, era un vec-

[1] L. Albertini, *op. cit.*, p. 44.

chio liberale di sinistra; ma la sua fede non gli aveva impedito di controfirmare, come ministro di Grazia e Giustizia, i decreti degli stati d'assedio nel maggio 1898. Il ministro dell'Interno, Giolitti, era già stato presidente del Consiglio, dieci anni prima, ed era stato coinvolto in un grave scandalo bancario. Durante il governo Pelloux aveva prima accettato, poi respinto i decreti « liberticidi »; e durante il governo Saracco aveva difeso la libertà d'organizzazione e di sciopero. Due trasformisti, insomma, pronti a essere ora una cosa ora l'altra, nell'arco delle cose possibili.

La ricerca del consenso

La soluzione della crisi impediva per l'ennesima volta la nascita di due grandi partiti – il conservatore e il progressista – e quella dialettica tra forze contrapposte che ne sarebbe derivata. Ma rispondeva a una drammatica esigenza nazionale: ricercare il maggior consenso possibile, stringere un vasto patto nazionale per superare la crisi. Nessun'altra classe dirigente dell'Europa d'allora – nemmeno quella tedesca – aveva lo stesso problema. Nessun'altra aveva il sentimento nascosto d'una legittimità incompleta o parziale, il senso d'una fondamentale scollatura fra paese politico e paese reale. Di qui la necessità di determinare la propria azione non solo in funzione della dialettica elettorale e delle forze parlamentari, ma anche in funzione d'un punto di riferimento che era al tempo stesso, nell'equazione politica, una grande incognita: il paese estraneo allo Stato. Di qui infine la precarietà della istituzione parlamentare ridotta ad essere un serbatoio di combinazioni, tanto più « innaturali » quanto più la classe politica aveva il segreto convincimento che la vera maggioranza fosse « altrove ».

Veniamo ora al modo in cui Saracco e Giolitti governarono il paese. Negli anni che avevano preceduto il suo ritorno al potere Giolitti aveva legato il suo nome ad alcune grandi proposte fra cui principalmente la riforma tributaria. In un articolo pubblicato dalla *Stampa* di Torino il 23 settembre 1900 aveva scritto: «Imposte sulla miseria; il sale, il lotto, la tassa sul grano, sul petrolio, il dazio di consumo, ecc.; non ne abbiamo una sola che colpisca esclusivamente la ricchezza vera; perfino le tasse sugli affari e le tasse giudiziarie sono progressive a rovescio (...). Io deploro quanti altri mai la lotta di classe; ma, siamo giusti, chi l'ha iniziata?» E concludeva con una constatazione che ai suoi lettori borghesi dovette parere rivoluzionaria: «Quando confronto il nostro sistema tributario con quello di tutti i paesi civili, quando osservo le condizioni delle classi rurali in gran parte d'Italia e le paragono a quelle dei paesi a noi vicini, dove i nostri operai si recano a cercar lavoro e dove possono fare confronti molto dolorosi per noi, io resto compreso di ammirazione per la longanimità e la tolleranza delle nostre plebi, e penso con terrore alle conseguenze di un possibile loro risveglio».

Un laissez faire *sociale*

La nuova legge tributaria non fu mai approvata e i governi presieduti da Zanardelli e da Giolitti furono, con qualche eccezione (la riforma della legge elettorale e la nazionalizzazione delle assicurazioni sulla vita), molto parchi di grandi riforme. Ma *le* grandi riforme presupponevano un esecutivo forte, stabile, libero dai condizionamenti d'un Parlamento incerto e diviso nell'affermare, unito nel sabotare e nel respingere. Giolitti preferì seguire un'altra strada: quella del *laissez faire*, temperato da una continua vigilanza amministrativa. Appena arrivato al ministero degli Interni rovesciò completamente la politica dei suoi predecessori. Là dove essi erano pesantemente intervenuti nei conflitti sociali – per difendere la libertà di lavoro, beninteso –, egli si limitò a controllare di lontano dando istruzioni ai prefetti e favorendo i negoziati con discrezione. Le sue teorie sull'azione del governo in queste circostanze egli le aveva espresse in un discorso alla Camera il 4 febbraio 1901:

«Il governo quando interviene per tener bassi i salari commette un'ingiustizia, un errore economico e insieme politico. Commette un'ingiustizia perché manca al suo dovere di assoluta imparzialità fra i cittadini prendendo parte alla lotta contro una classe. Commette un errore economico, perché turba il funzionamento della legge economica dell'offerta e della domanda, la quale è la sola legittima regolatrice delle misure dei salari come dei prezzi di qualsiasi merce. Il governo commette infine un errore politico perché rende nemiche dello Stato quelle classi le quali costituiscono la maggioranza del paese».

Per l'atteggiamento assunto da Giolitti e per ragioni economiche di cui diremo più in là, i conflitti sindacali divennero numerosi e frequenti. Erano stati 410 con 81.000 scioperanti nel 1900. Furono 1.671 con 420.000 scioperanti nel 1901. Come si svolgessero questi scioperi e quale parte vi avesse il governo emerge chiaramente da una fonte ostile a Giolitti e quindi non sospetta. Ecco come Luigi Albertini, direttore del *Corriere della Sera*, descrive lo sciopero generale del settembre 1904 a Milano:

«Appena proclamato lo sciopero generale, una colonna di alcune migliaia di dimostranti percorse le vie della città per annunciarlo, acclamando alla rivoluzione, intimando la chiusura degli esercizi pubblici e l'immediata cessazione del lavoro nelle tipografie dei giornali (...). La mattina dopo, prima giornata di sciopero generale, Milano parve abbandonata a se stessa. La forza pubblica era scomparsa; i carabinieri e gli agenti di pubblica sicurezza erano stati ritirati; i portoni della questura e delle caserme erano stati chiusi. Sembrava che il primo ad obbedire all'ordine dello sciopero generale fosse stato il governo, che aveva disertato le sue funzioni. Bastarono perciò poche centinaia di persone (...) ad imporre a tutti gli operai milanesi l'abbandono del lavoro e a trascinarli per le vie (...). Dove si voleva andare? I dirigenti della bella impresa fantasticavano attorno a progetti che non avevano il coraggio di attuare e si perdevano in discussioni mentre gli scioperanti attendevano la loro parola d'ordine. Non sapendo cosa fare, ì dirigenti stabilirono che la manifestazione cessasse dopo il terzo giorno e diedero questo annuncio ai comizianti. Dai gruppi anarchici si levarono allora proteste e si chiese che lo sciopero generale fosse continuato fino al compimento della rivoluzione (...). Ma già la massa appariva stanca e delusa (...). Al mattino (...) del quarto giorno molti operai si ripresentavano avanti ai loro stabilimenti, i negozi cominciavano a riaprirsi, le vetture, fra cui alcune poche tranviarie, riprendevano a circolare. (...) Guardie e carabinieri arrestavano in piazza del Duomo i riottosi che si opponevano all'apertura dei negozi, incontrando in Galleria, mentre traducevano in questura gli arrestati, l'applauso del pubblico. L'esasperazione del quale divenne tale che la forza dové far fatica a sottrarre gli arrestati alla collera dei passanti. Al quinto giorno lo sciopero si era risolto da se stesso, e la deliberazione di finirlo al sesto giorno, decretata dalla camera del lavoro, non era che una formalità ».[1]

Il rapporto con i socialisti

Come gli uomini politici della Destra storica e come Sonnino, Albertini credeva al valore pedagogico dell'azione statale come fattore unificante della società italiana e non poteva non deplorare la sorniona e calcolata indifferenza di Giolitti in circostanze così gravi. Egli stesso, d'altro canto, era costretto ad ammettere che il metodo aveva in pratica effetti positivi.

Un effetto politico, anzitutto. L'opposizione socialista, radicale e repubblicana cominciò a tenere un linguaggio diverso. Per quanto « borghese » il nuovo governo aveva aperto una strada nuova e sembrava deciso a percorrerla. Turati, che fu sino all'avvento del fascismo uno dei più rispettati e autorevoli capi del socialismo italiano, ne prese atto e scris-

[1] L. Albertini, *op. cit.*, pp. 143-145.

se sulla *Critica Sociale* che il partito « doveva (...) far argine (...) intorno al governo, per proteggerlo dagli attacchi e dalle insidie della reazione cospirante; vigilarlo perché tenesse fede al programma; sospingerlo sulla via delle riforme ». Naturalmente la svolta moderata del partito socialista generò una sinistra più « estrema », più combattiva, più rivoluzionaria. Erano quelli gli anni in cui il sindacalismo rivoluzionario di Georges Sorel, « scrittore quasi più italiano che francese, e certo più noto e amato in Italia che in Francia »,[1] aveva larghissima eco fra gli intellettuali della sinistra italiana. Ma il partito, nella sua maggioranza, adottava nei suoi quotidiani rapporti col governo un atteggiamento sfumato e « costruttivo ». Giolitti insomma era riuscito a colmare il fossato apparso sin dagli anni '80 del secolo precedente e aveva allargato lo spazio politico in cui forze opposte potevano parlarsi, discutere e, tacitamente, collaborare. Agli occhi d'una parte della classe operaia lo Stato « nemico » lasciava il posto allo Stato « neutrale ». Era un passo avanti, il più grande forse che l'Italia avesse fatto dal giorno della sua nascita. Ed era significativo perché destinato ad avere durevoli conseguenze economiche. Dai grandi conflitti sindacali di quegli anni – molti dei quali si chiudevano con la vittoria degli scioperanti – derivavano un considerevole travaso di ricchezza all'interno del paese e l'emergere d'una classe operaia meno destituita e quindi meglio disposta a sentirsi partecipe del sistema politico-economico. Si dirà, non senza ragione, che « con le loro agitazioni e i loro scioperi, operai e contadini, o almeno una parte di essi, riebbero in forma di aumentati salari quello che dovettero seguitare a dare sotto forma di dazi interni e doganali ».[2] E si dirà che Giolitti colmava un fossato riaprendone un altro più lontano perché divideva la classe operaia promuovendone l'aristocrazia a spese degli « altri »: gli emigrati, i disoc-

[1] Cfr. B. Croce, *Storia d'Italia dal 1871 al 1915*, Laterza, Bari, 1928, cap. VI.
[2] Cfr. G. Volpe, *Italia moderna*, *cit.*, vol. 2, p. 61.

cupati, coloro che non avevano potere negoziale. Gli emigrati, dal 1901 al 1914, furono 8.623.730. Ma un così forte tasso d'emigrazione contribuiva, come s'è detto, a rafforzare il potere contrattuale di coloro che restavano e ad assicurare un'importante ridistribuzione di ricchezza, come è dimostrato da questa tavola statistica:[1]

STIPENDI E SALARI REALI, 1880-1971

Anni	*Stipendi reali*	*Salari reali*
1880	95	57
1898	86	73
1914	100	100
1918	58	65
1922	93	124
1938	96	101
1944	20	27
1947	76	99
1948	95	127
1960	130	158
1970	156	270
1971	160	287

Il «ministro della malavita»

Sin qui gli aspetti positivi o prevalentemente positivi. Altri invece furono negativi. In primo luogo l'assenza di qualsiasi tensione morale. Per alcuni anni Crispi da un lato e il partito socialista dall'altro avevano proposto al paese un obiet-

[1] Pubblicata in P. Sylos Labini, «Sviluppo economico e classi sociali in Italia», in *Quaderni di sociologia*, vol. 21, n. 4, ott. dic. 1972, p. 438. Commentando questi dati l'autore osserva: «Tenendo conto che oggi il rapporto fra lo stipendio medio pagato nel settore pubblico è pari a 2,3 volte il salario medio pagato nel settore privato (...), gli indici mostrano che questo rapporto è sceso da 4,9 a 4,1 nel primo periodo di sostenuto sviluppo economico (1898-1914), è salito da 3,1 a 3,9 nel periodo fascista (1922-38) ed è poi di nuovo sceso sensibilmente, in questo dopoguerra (1948-71) da 3,1 a 2,3».

tivo ideale, una missione civile. Caduto il primo e avviatosi il secondo sulla strada riformista, l'Italia non aveva nulla di cui entusiasmarsi se non i comignoli delle sue industrie, le centrali elettriche, i cantieri navali e le stazioni ferroviarie. I grandi problemi politici e morali dibattuti nei decenni precedenti sembravano essersi tratti in disparte per lasciare il posto a una moltitudine di questioni quotidiane, economiche e amministrative, che Giolitti affrontava o scansava con consumata abilità. Aveva l'arte di ridurre i problemi alle loro componenti essenziali, anzi di sminuzzarli così da rendere inutili le grandi discussioni appassionate. Nel sud, dove le condizioni economiche e sociali favorivano il traffico dei voti e dei favori, portò alle estreme conseguenze la tecnica spregiudicata di Depretis. Trasformati i prefetti in agenti elettori del governo, egli non esitava a dare le istruzioni più spregiudicate e a tollerare i mezzi più sbrigativi e brutali per assicurare la vittoria del suo candidato. Queste sue pratiche elettorali furono denunciate da Gaetano Salvemini in un breve libro intitolato *Il ministro della malavita*.[1] Vi si raccontano le violenze e i sotterfugi con cui gli uomini di Giolitti, protetti dalle autorità di polizia, «facevano» le elezioni a Gioia del Colle, in Puglia. Vi fu, nello stesso periodo, un dibattito alla Camera dei deputati e Giolitti, beninteso, respinse le accuse che gli venivano mosse. Ma ammise che «le lotte elettorali in alcuni luoghi (sono pochi) hanno un particolare carattere di violenza (...)», e disse altresì, con candore e cinismo, che «non si può pretendere dal governo che con un colpo di bacchetta cambi uno stato di cose che dura da secoli». V'erano, in altre parole, due Italie: quella settentrionale, dove esistevano ormai gli ingredienti d'una democrazia moderna –, il cittadino, il partito politico e lo Stato – e quella meridionale, dove esistevano ancora il cliente e il padrone, il procacciatore di voti e il procacciatore di favori, il vincolo familiare e quello «tri-

[1] *La Voce*, Firenze, 1909.

bale». Giolitti si adattava perfettamente a queste due Italie offrendo a ciascuna di esse un profilo diverso del suo volto di uomo di Stato. Perché governare, per lui, era soprattutto comprendere la realtà del paese e accompagnarla, precederla magari, ma d'un passo soltanto, senza inutili acrobazie. Era liberale a Milano, Torino, Genova; e poliziesco in Sicilia e in Calabria. Era l'uno e l'altro contemporaneamente perché il suo modo d'essere nelle due Italie derivava da uno stesso realismo[1] e rispondeva ad uno stesso obiettivo: coinvolgere nella vita politica e amministrativa del paese tutti coloro che alla creazione dello Stato unitario erano stati indifferenti od ostili.

Sin qui abbiamo parlato soprattutto del suo atteggiamento verso la classe operaia e verso i gruppi di democrazia laica.

Ora occorre dire come egli abbia agito con coloro che avevano più d'ogni altro gruppo osteggiato l'impresa nazionale: i cattolici.

[1] Cfr. al riguardo N. Valeri, *Giolitti*, UTET, Torino, 1971, cap. IX e *passim*.

VII
Lo Stato e i cattolici

Una società incrinata?

Vi fu un periodo in cui la borghesia risorgimentale credette di poter essere al tempo stesso liberale e cattolica. Il sogno, alimentato dagli studiosi neoguelfi e dalla personalità ambigua di Pio IX, finì nel 1848. Da allora la società italiana apparve come incrinata. Da un lato i cattolici, per i quali lo Stato unitario era una intollerabile sopraffazione, un gesto sacrilego; dall'altro i «laici» per i quali la Chiesa romana rappresentava il più minaccioso nemico del lavoro compiuto fra il 1859 e il 1870. L'incrinatura attraversava non solo l'Italia – le sue regioni, le sue città, le sue classi sociali – ma anche le coscienze di molti italiani imponendo scelte che divenivano angosciose nel momento della morte. Cavour aveva chiesto di morire nella fede. Vittorio Emanuele aveva costantemente professato la sua devozione alla Chiesa di Roma. Ipocrisia? No. L'uno e l'altro avevano riscattato le loro contraddizioni dimostrando concretamente di credere in egual modo a Dio e alla patria.

La realtà quotidiana era assai meno drammatica. Irriducibilmente nemici sul piano dei principi, lo Stato e la Chiesa s'erano tollerati sin dall'autunno del 1870 adattandosi a un equilibrio che poteva parere doppiezza ed era spesso buon senso. Roma divenne così il teatro di tutte le contraddizioni della coscienza italiana. Sulla scena, sotto gli occhi dell'opinione mondiale, una lotta senza quartiere. Montecitorio risuonava di vigorosi discorsi anticlericali e i nobili dell'aristocrazia «nera» sprangavano i portoni dei loro palazzi in segno di lutto; i gruppi laici e massoni minacciavano di gettare nel Tevere la salma di Pio IX durante la traslazione notturna da San Pietro a San Giovanni in Laterano e Leone XIII chiedeva una crociata dei cattolici europei contro lo Stato unitario; la massoneria innalzava una statua alla memoria di Giordano Bruno, «qui dove il rogo arse» e i pellegrini venuti a Roma per rendere visita al papa «prigioniero» inscenavano manifestazioni di dolore e invocavano la collera di Dio sullo Stato blasfemo. Dietro, nelle quinte, una serie di piccoli compromessi quotidiani, una rete fittissima di rapporti personali che l'unità aveva scalfito, non distrutto. Il dialogo – una certa forma di dialogo – sopravvisse perché rispondeva ad un modo di essere antico, profondamente radicato nelle coscienze.

È assurdo quindi pretendere che il conflitto tra lo Stato e la Chiesa abbia irrimediabilmente spaccato lo Stato appena costituito. Altrettanto assurdo tuttavia pensare che le lotte fossero un gioco d'ombre colorito da un temperamento operistico e meridionale. Per quanto gli italiani avessero saputo stabilire un ragionevole *modus vivendi*, l'anatema della Chiesa di Roma sottraeva allo Stato unitario una parte del suo bene più prezioso: la legittimità. Che molti cattolici votassero, nonostante il severo *non expedit* papale, che molti prelati e uomini politici continuassero a frequentarsi non modificava i termini fondamentali del problema e non impediva allo Stato di sentirsi scoperto e vulnerabile. La prima classe dirigente italiana visse nella continua ossessione di una congiunzione perniciosa fra il nemico interno e il nemico esterno e reagì in due modi: stipulando la Triplice Alleanza e facendo quadrato di fronte al nemico clericale. Con la Triplice spezzò il cerchio dei nemici esterni e rese più difficili le velleità «revansciste» del Vaticano. Facendo quadrato si organizzò per sostenere, il più a lungo possibile, la «guerra fredda» con la Chiesa. Ma erano rimedi passeggeri, buoni a evitare i maggiori pericoli, non a risolvere il problema reale che era quello di creare un più vasto consenso nazionale.

Un tentativo di conciliazione

Il primo uomo di Stato che tentò una diversa soluzione del problema fu Crispi. Egli era attratto non tanto dall'idea di sanare antiche ferite quanto dal desiderio di conferire allo Stato un formidabile strumento di potere. Il suo modello erano le nazioni in cui il principe aveva saputo « nazionalizzare » la Chiesa, piegarla alla propria volontà e ai propri obiettivi: l'Inghilterra in primo luogo, ma anche la Francia napoleonica e la Germania di Bismarck. Avrebbe rinunciato, pur di raggiungere quell'obiettivo, alla laicità dello Stato, come farà Mussolini nel 1929? La domanda rimane senza risposta perché i suoi tentativi naufragarono nella palude delle ambiguità ecclesiastiche.

L'«emissario » con cui egli aveva creduto di poter negoziare la conciliazione – uno storico benedettino, padre Tosti – fu costretto a ritrattarsi pubblicamente e relegato a Montecassino. Punto sul vivo, Crispi ridivenne anticlericale, salvo tentare ancora una volta la strada della conciliazione durante il suo secondo governo per promuovere l'alleanza dei partiti dell'ordine contro la minaccia anarchica e socialista. Ma inutilmente, ancora una volta.

La lunga marcia verso lo Stato

Conformemente alla sua filosofia giacobina e al suo metodo « istituzionale », Crispi aveva ricercato un accordo di vertice fra il potere statale e il potere ecclesiastico in un momento in cui la Chiesa maturava ancora idee di vendetta e di rivincita. Negli stessi anni, tuttavia, fermenti nuovi attraversavano il mondo cattolico. Un'organizzazione fondata nel 1874, l'« Opera dei congressi », s'era proposta di mobilitare i fedeli contro lo Stato. La sfida parve minacciosa quando il vescovo di Livorno dichiarò, trentun anni dopo la presa di Roma: « Piuttosto che distaccarsi dalla Roma papale meglio è morire. Così in questo senso, in senso affatto diverso da quello di un fiero e noto nemico del papato, possiamo gridare anche noi: o Roma o morte ». Ma per meglio attaccare lo Stato i cattolici italiani s'erano anch'essi uniti e avevano accettato, quasi senza accorgersene, il contesto nazionale e unitario. Erano quindi prigionieri dello stesso gioco di cui rifiutavano le regole. Ciò divenne ancor più evidente allorché gruppi cattolici si dettero ad elaborare una loro teoria della società civile, da contrapporre a quella laica e liberale dello Stato risorgimentale. L'andarono a cercare nelle comunità urbane del Medioevo dove non v'erano classi, ma corporazioni e dove tutti convivevano fraternamente nell'attesa della salvezza divina. Questa immagine anacronistica e storicamente incerta di una lontana *res publica* cristiana era anch'essa « italiana » e contribuiva a fare di loro una forza nazionale.

Su quel terreno – il Medioevo cristiano e comunale – essi ritrovarono gli studiosi neoguelfi della prima generazione risorgimentale,[1] ma con una più attenta sensibilità per la condizione umana degli umili. Sollecitati dalla *Rerum novarum* e dai movimenti cristiano-sociali che stavano sorgendo in Germania e in Francia, i cattolici italiani ricercavano infatti una risposta coerente non solo al potere dello Stato liberale, ma anche al contropotere socialista e cominciarono a concepire se stessi come una terza via, capace di conciliare in una sintesi perfetta il meglio delle due forze che si contendevano la società italiana. Sotto la direzione di un prete intelligente e combattivo, Romolo Murri, questa corrente crebbe nel giro di qualche anno, divenne movimento e sarebbe divenuta partito politico se Leone XIII non avesse fatto sapere che il momento non era ancora giunto.

[1] Cfr. G. Volpe, *Italia moderna*, *cit.*, vol. 2, p. 9.

La borghesia cattolica

Accanto ai democratici cristiani di Romolo Murri altri cattolici abbandonavano l'esilio a cui si erano condannati e si avvicinavano prudentemente alla società nazionale. Erano mossi dal desiderio di conservare i valori e gli interessi della loro fede e della loro classe: la proprietà, la famiglia, l'indissolubilità del matrimonio. Come ha scritto Giovanni Spadolini, «il pregiudizio antistatale, antiunitario, su cui si era fondato nei riguardi dell'Italia il pontificato di Leone XIII, non reggeva più. Non reggeva dal giorno in cui i cattolici si erano accorti che il franamento dello Stato liberale avrebbe travolto anche molte delle loro posizioni e delle loro zone d'influenza; dal giorno in cui la causa dell'ordine sociale si era venuta a mescolare e identificare, quasi inestricabilmente, con quella dell'ordine politico. Da allora, cioè dalla crisi del '98, i cattolici sentivano che la "Patria" italiana interessava anche loro, che la difesa della "Città di Dio" era possibile solo attraverso la difesa della "città terrestre"».[1]

Crispi non s'accorse di questa evoluzione e Rudinì trattò i cattolici alla stregua dei socialisti e degli anarchici chiudendo i loro giornali e imprigionando i loro capi. Giolitti fu il primo a capire che i tempi erano cambiati, che la borghesia cattolica era ormai pronta a battersi per difendere le proprie posizioni nel contesto dello Stato unitario. E anziché ricercare un accordo di vertice, che oltre ad essere impossibile ripugnava al suo temperamento liberale, adottò con i cattolici una tattica simile a quella che egli aveva adottato con i socialisti appena tornato al potere nel 1901. Il cambiamento di clima fu subito evidente. I prefetti – che prima di allora avevano tollerato di buon grado tutti i riti dell'anticlericalismo risorgimentale e avevano spesso proibito, in

[1] G. Spadolini, *Giolitti e i cattolici (1901-1914)*, Mondadori, Milano, 1974, p. 13 (1ª ed., Firenze, 1959).

nome dell'ordine pubblico, antiche processioni religiose – ricevettero l'ordine di cambiar politica e diventar «neutrali». E poiché la neutralità giolittiana era sempre un accorto dosaggio di provvedimenti amministrativi, ciò significò in pratica meno lapidi e meno monumenti a Giordano Bruno e a Galileo, che erano stati sino ad allora i santi protettori dell'anticlericalismo trionfante.

Le aperture di Giolitti

Giolitti non si limitò al folklore e dette ai cattolici un segno ben più tangibile delle sue buone disposizioni. Dopo aver concesso ai socialisti il libero uso della loro arma più efficace – lo sciopero – regalò ai cattolici ciò che maggiormente li interessava in quel particolare momento: l'indissolubilità del matrimonio. Come ministro dell'Interno di Zanardelli non fece nulla per dar mano all'adozione di due leggi sul divorzio presentate alla Camera nel dicembre 1901 e nel febbraio 1902. I cattolici, che nel frattempo avevano raccolto contro l'iniziativa del governo 4 milioni di firme, lo compresero e gliene furono grati.

Venne lo sciopero generale del 1904 e Giolitti fu pronto a cogliere e a sfruttare il sentimento di paura che invase in quei momenti la borghesia cattolica, soprattutto nell'Italia settentrionale. Alle elezioni politiche dell'ottobre molti cattolici votarono pubblicamente. Uno di essi era andato ad *audiendum verbum* e aveva raccolto dalla bocca di Pio X un'esortazione che aveva fortemente mitigato il *non expedit* di Pio IX: «Fate, fate quello che vi detta la vostra coscienza». Era l'inizio del disgelo. Più tardi verrà un patto elettorale tra Giolitti e l'«unione» cattolica del conte Gentiloni. Ma di questo a suo tempo. Ora occorre tentare un bilancio dell'azione politica che Giolitti andava svolgendo per allargare a destra e a sinistra lo Stato risorgimentale.

Il suo disegno era molto abile. Concedendo ai socialisti e alle classi sociali di cui essi erano espressione politica il diritto di avanzare liberamente le loro richieste, egli suscitava le inquietudini della borghesia cattolica; e a questa inquietudine egli offriva come rimedio la protezione riequilibratrice dello Stato liberale unitario. In altre parole egli creava un problema per meglio imporre la propria soluzione, una soluzione delle cui virtù era profondamente convinto. Il socialismo e il cattolicesimo politico dovettero sempre apparirgli come due macchie sulla carta armonica e razionale d'una società liberale. Troppo pragmatico e tollerante per dichiarar loro guerra sul terreno dei principi, come aveva fatto Crispi, li trattò come superstrutture passeggere e rivolse tutta la sua attenzione agli uomini che ne facevano parte nella certezza di poterli adescare e inserire nel proprio sistema. La sua politica fu quindi in parti eguali corruttrice e costruttiva, cinica e ottimista, conservatrice e anticipatrice. Vi fu chi vide in essa soltanto il disegno conservatore e si spinse sino ad affermare che il suffragio universale, concesso nel 1912 a un paese che tutto sommato lo voleva tepidamente, era di tutte le decisioni giolittiane la più reazionaria: un'« alluvione di analfabeti »[1] destinata ad annegare la lotta politica in una grande palude di patteggiamenti e di clientele. In realtà l'azione di Giolitti va interpretata con due chiavi diverse a seconda che se ne considerino gli effetti sui tempi brevi e sui tempi medi. Sui tempi brevi essa è certamente conservatrice: tende a spezzare l'aggressività della classe operaia e non modifica le strutture portanti dello Stato: concede salari più alti (che saranno assorbiti dall'inflazione) ma non la riforma fiscale; allarga il suffragio ma nella segreta certezza che le masse, checché ne dicano i loro interpreti e tribuni, votano a destra più di quanto non votino a sinistra. Ma sui tempi medi e lunghi le formule giolittiane aprono prospettive nuove, modificano le regole del gioco, gettano le basi d'una società più larga. Invitare le masse a una partita in cui le carte sono truccate significa pur sempre

[1] M. Missiroli, *L'Italia di oggi*, *cit.*, p. 48.

offrir loro un'occasione, uno strumento, un appiglio di cui prima o poi si avvarranno. Alcuni socialisti e alcuni cattolici lo compresero, e assecondarono il gioco con una sapiente combinazione di consensi e dissensi.

Risultati limitati

Del resto egli fu assai meno «corruttore» di quanto non credessero i suoi contemporanei, e se commise errore fu quello di pensare che le due ideologie – la socialista e la cattolica – non avrebbero resistito alla sua politica. I socialisti furono in parte conquistati dal riformismo giolittiano, ma il partito finì per generare a sinistra «socialismi» sempre più radicali e combattivi. E i cattolici moderati si avvicinarono allo Stato non in ordine sparso, ma conservando sul collo le briglie, ora tese ora lasche, che li collegavano alla mano vigilante del papato. È significativo a questo proposito un articolo di *Civiltà Cattolica*, apparso in occasione delle elezioni del 1904.[1] Rispondendo alle preoccupazioni di alcuni giornali clericali che lamentavano la partecipazione dei cattolici al voto, la rivista dei gesuiti osservava che chi aveva votato aveva certamente ricevuto «dalle competenti autorità la conveniente licenza». Comunque non il voto contava, secondo *Civiltà Cattolica*, quanto l'obbedienza al pontefice «sia che Esso mantenga la formula *né* eletti *né* elettori, sia che la lasci cadere».

Benché assai più fecondo del tentativo crispino, anche quello di Giolitti dette quindi risultati parziali e limitati. Rafforzò la nazione aprendo le porte dello Stato a forze nuove, ma non poté rovesciare il rapporto ineguale fra la patria italiana, ancora fragile, e le altre due che si dividevano le coscienze di tanti italiani: la patria cristiana e quella dell'internazionalismo socialista. Non poté anche perché il

[1] Anno 55°, vol. 4, p. 490.

suo modo di governare, fatto di decisioni amministrative più che di atti politici, offriva dello Stato un «profilo basso», un'immagine volutamente discreta e schiva. Fu così che verso la fine del decennio giolittiano il pensiero di molti ritornò alle linee direttrici della politica di Crispi: uno Stato autoritario e una politica estera capace di formare a caldo la coscienza collettiva della nazione. E lo stesso Giolitti, pur senza rinunciare ai principi della propria azione di governo, finì per fare l'ultima cosa che poteva attendersi da lui: una guerra.

3

DALLA GUERRA DI LIBIA AL FASCISMO 1911-1935

I
Politica estera: dal razionale all'irrazionale

L'Italia era nella Triplice dal 1882. Più sopra abbiamo ricercato le ragioni d'una scelta che fu doppiamente conservatrice: in politica interna, perché dette all'assetto sociale del paese una cauzione internazionale; in politica estera, perché inserì la nazione appena costituita in un prezioso sistema di sicurezza. La distinzione è puramente accademica. Per una giovane nazione, sicurezza interna e sicurezza internazionale sono aspetti d'una stessa realtà. Per governare – soprattutto quando governare significa creare, giorno dopo giorno, una società nazionale – occorre avere le spalle coperte all'estero; e per fare politica estera occorre avere le spalle coperte all'interno. Questa doppia necessità fu avvertita dai governi di sinistra ancor più che dai governi di destra perché, allargando il gioco democratico e tollerando che governo e Parlamento si abbassassero a far da mediatori fra interessi economici, settoriali e regionali, la Sinistra aveva indebolito le istituzioni e l'autorità dello Stato. Tutto preso a far da sensale fra opposte esigenze, Agostino Depretis detestava la politica estera. Ma non al punto di trascurarne l'importanza. La concepì quindi come un problema da risolversi una volta per tutte, senza modulazioni e adattamenti, e intese la Triplice Alleanza come una delega. Ritroveremo per ragioni analoghe uno stesso atteggiamento rispetto alla NATO.

La «promessa»

Crispi non l'intese allo stesso modo. La Triplice per lui fu – o piuttosto sarebbe dovuta essere – un mezzo per giungere là dove il paese, da solo, non poteva arrivare e soprattutto uno strumento per completare e consolidare l'unità nazionale. Mentre il suo predecessore nazionalizzava e socializzava gli italiani invitandoli a barattare interessi, Crispi sperava di «educarli» coinvolgendoli in grandi imprese nazionali, facendo balenare di fronte ai loro occhi una grande «promessa»[1] capace di accendere le immaginazioni e mobilitare le volontà. È lecito chiedersi se un uomo di governo italiano che cerca di inserire i rapporti sociali in una forte struttura statale non debba al tempo stesso adottare una politica estera dinamica e aggressiva. Ne abbiamo la prova *a contrario* in ciò che accadde dopo la caduta di Crispi. Di Rudinì smobilitò la diplomazia aggressiva del suo predecessore, concluse un accordo con l'imperatore d'Etiopia per la restituzione dei prigionieri di Adua, ne concluse un altro con la Francia per la questione di Tunisi (28 settembre 1896) e mise fine alla guerra doganale italo-francese, cominciata dieci anni prima. Il governo Pelloux è troppo breve per fornire indicazioni precise: ma è sintomatico che la partecipazione italiana alla spedizione di Cina abbia coinciso con un periodo in cui l'Italia cercò ancora una volta di risolvere in chiave istituzionale il problema della propria ingovernabilità. Con Giolitti la politica estera ridivenne ciò che era stata durante i governi Depretis, Cairoli, Rudinì: un momento necessario, ma non preminente della politica nazionale. Beninteso ciò non significa che Giolitti fosse indifferente alle vicende europee. Tutt'altro. A mano a mano che il paese politico s'allarga e si conso-

[1] «Promessa» è parola usata da L. Cavalli nella sua *Sociologia della storia d'Italia*, Il Mulino, Bologna, 1975. Cavalli ha studiato con particolare attenzione il rapporto tra le diverse «promesse» e i regimi politici italiani dall'unità in poi.

lida coinvolgendo nuovi gruppi sociali nel suo divenire economico, la diplomazia italiana acquista agilità, credito e un più forte margine di autonomia. Sperando di servirsi della Triplice per realizzare le sue ambizioni mediterranee e africane, Crispi aveva accettato una dipendenza dalla Germania che aveva talora una nota servile. Libera da tali preoccupazioni l'Italia giolittiana ritrovava il gusto dell'infedeltà, che è il risvolto necessario di ogni alleanza, e concludeva una serie d'intese con Francia, Inghilterra, Russia, vale a dire coi paesi che della Triplice erano virtualmente nemici. Non per cambiare la carta d'Europa (pochi uomini di Stato italiano furono convinti quanto Giolitti della necessità di preservare gli equilibri europei), ma per estendere la zona delle proprie amicizie e quindi della propria sicurezza internazionale. Alla fine del primo decennio del secolo l'Italia, in Europa, è amica di tutti. Non è un risultato disprezzabile per un paese che per diventare nazione ha bisogno di pace.

Il rifiuto della pace

Bisogno di pace? Verso la fine del decennio questa verità diviene, agli occhi di molti, meno evidente. Sulla destra e sulla sinistra dello schieramento politico si ode affermare, per ragioni radicalmente diverse, che anziché avvicinare la soluzione del problema italiano la pace infiacchisce gli animi, spegne i grandi ideali e trasforma la società civile in uno spregevole mercato d'interessi e di favori.

Il fenomeno è europeo ancor prima che italiano, culturale ancor prima che politico. All'origine, una serie di avvenimenti che le forze politiche e culturali europee interpretano in modo discordante, ma giungendo talora a conclusioni analoghe: lo scandalo del canale di Panama, il caso Dreyfus, la guerra anglo-boera, più tardi quella russo-giapponese. Non è questa la sede per dire quali fossero le motivazioni e il percorso intellettuale di coloro che, pur venendo da punti diversi e lontani dell'orizzonte politico e culturale, finirono per convergere nel campo dei nemici dello Stato liberale e del regime parlamentare.[1] Conservatori o rivoluzionari, idealisti o materialisti, essi si ritrovavano uniti nell'esprimere una stessa stanchezza e uno stesso disprezzo per i valori della società borghese, per le sue apparenti virtù, per i suoi vizi nascosti. Alcuni sognavano ritorni ad un immaginario Medioevo, altri proiettavano tutte le loro energie verso un futuro indistinto: li accomunava un eguale rifiuto del presente.

Un progetto incompiuto

In Italia il fenomeno fu moltiplicato dalle condizioni sociali e culturali, dalle particolari inquietudini e instabilità d'un corpo sociale in cui erano sempre presenti, sotto la crosta sottile dello Stato unitario, numerosi fermenti eversivi e disgregatori. Abbiamo detto più sopra che Giolitti aveva ricuperato la Sinistra democratica e alcuni socialisti, ma respinto gli altri verso nuove forme di radicalismo rivoluzionario; che aveva attratto i cattolici verso lo Stato, ma senza spezzare il rapporto di dipendenza che li collegava al potere ecclesiastico; che aveva costretto la borghesia ad accettare le regole d'una più tollerante dialettica sociale, ma senza convertire interamente al sistema i gruppi che avevano dello Stato una concezione più etica e autoritaria. Qualcosa di simile accadde sul piano culturale. Con una singolare aggravante: che mentre i gruppi estranei al sistema giolittiano elaboravano rapidamente una loro cultura, al blocco politico giolittiano «non corrispose minimamente un blocco cul-

[1] Cfr. Paolo Vita-Finzi, *Le delusioni della libertà*, Vallecchi, Firenze, 1961: una raccolta di saggi dedicati a coloro che inconsciamente prepararono la decadenza dello Stato liberale (Daniel Halévy, Georges Sorel, Émile Faguet, Robert de Jouvenel, Giuseppe Prezzolini, Benedetto Croce, Vilfredo Pareto).

turale e intellettuale». L'autore[1] di questa affermazione continua osservando: «Assistiamo così al singolare spettacolo di un esperimento di governo che, mentre è sicuramente egemone sul piano politico e sociale, non ha praticamente nessun effettivo riscontro sul piano culturale. Perché, se è vero che Giolitti contribuì paradossalmente a indebolire e dissolvere la cultura dei suoi alleati democratici e socialisti, riuscì poi a crearsi lui stesso, nel campo propriamente borghese, una cultura che corrispondesse alla sua prospettiva ideologica e politica? La risposta è no. La cultura dell'età giolittiana è sostanzialmente antigiolittiana».

Antigiolittiana e quindi antiliberale, se non addirittura antidemocratica. Abbiamo già accennato alla piattaforma culturale dei movimenti cattolici: modernismo, interclassismo medievale. Negli stessi anni la nuova Sinistra e la nuova Destra elaboravano anch'esse nuovi modelli politico-culturali.

A sinistra, mentre Antonio Labriola, in corrispondenza con Engels, lavorava a gettare le basi d'un marxismo italiano, avevano larga diffusione le tesi d'uno scrittore francese assai più noto e ascoltato in Italia che in patria: Georges Sorel. *Les réfléxions sur la violence*, commentate attentamente da Croce, divennero il breviario del sindacalismo rivoluzionario italiano e parvero contenere la promessa d'un radioso futuro. Con le tesi sullo sciopero generale, concepito come ultima offensiva contro le strutture cadenti del capitalismo borghese, penetrarono in Italia anche le teorie di Sorel sulla guerra, in parte desunte da Proudhon. «La guerra», egli aveva scritto nel 1898, «propone ideali più alti, tempra le nazioni infiacchite, mette a prova le razze, comunica a tutto, nella società, il movimento, la vita, la fiamma (...)»[2] Sciopero generale e guerra. Nelle teorie del sindacalismo ri-

[1] Cfr. A. Asor Rosa, *La cultura* in *Storia d'Italia*, *cit.*, vol. 4, *Dall'unità a oggi*, t. II, 1975, p. 1107.

[2] «Essai sur la philosophie de Proudhon», in *Revue philosophique*, 1899, p. 44.

voluzionario italiano i due concetti divengono complementari. Lo sciopero generale è l'ultimo atto della guerra di classe; la guerra è conflitto di classi su scala internazionale o palestra in cui gli operai apprendono a battersi, in attesa del giorno in cui potranno usare le armi contro il nemico di classe. Uno dei maggiori sindacalisti rivoluzionari, Arturo Labriola,[1] sviluppò queste tesi constatando anzitutto che il concetto di nazione, contrariamente alle ottimistiche previsioni dei primi socialisti, tende a prevalere su quello di classe e « che anche nelle classi lavoratrici passano i sentimenti egemonici delle classi superiori »; al punto che « il loro arrivo al potere non è probabile che coinciderebbe con la rinuncia della già conseguita egemonia » nazionale. « Nessun avvenimento più di questo », scrive ancora Labriola, « comprometterebbe il successo della rivoluzione socialista. Se il trionfo del socialismo dovesse accompagnarsi alla conservazione dell'egemonia militare ed economica da parte di due o tre popoli, esso si risolverebbe in una colossale mistificazione (...) Non avremmo più classi ''superiori'', ma avremmo popoli ''minori''. » Deve quindi ammettersi « che un popolo minacciato nelle sue sorgenti di vita non ostacoli il processo verso il socialismo, in un certo senso lo solleciti, quando piglia un'iniziativa che valga ad assicurargli queste sorgenti di vita o per lo meno ad impedire che possano essere menomate (...) Credo che il socialismo sia aiutato da ogni sforzo che fa una nazione per impedire la sua decadenza (...) »

L'esempio giapponese

Queste pagine non sarebbero state scritte se nel 1904 una nazione giovane e povera non avesse brutalmente aggredito

[1] Da non confondersi con il filosofo Antonio Labriola, di cui s'è detto più sopra. Le citazioni che seguono sono tratte da *La guerra di Tripoli e l'opinione socialista*, ed. di Scintille, Napoli, 1912.

una nazione vecchia e ricca di non sfruttate ricchezze. La guerra russo-giapponese, la «vitalità» di cui i giapponesi avevano dato prova nell'aggredire i loro avversari senza neppur dichiarar loro la guerra, le vittorie conquistate da una piccola nazione «proletaria» contro il colosso russo avevano fortemente colpito l'immaginazione di tutta la cultura anti-democratica italiana. Per molti, a sinistra, l'avvenimento sembrava annunciare la fine d'un mondo, il momento in cui tutte le utopie possono divenire realtà. Per altri, a destra, era un'occasione e un esempio per rinunciare alle mollezze pacifiste dell'era giolittiana e realizzare la missione storica della nazione italiana.

La guerra russo-giapponese non fu il solo terreno su cui i sindacalisti rivoluzionari incontrarono uomini che provenivano da orizzonti lontani e diversi. L'altro fu quello dell'emigrazione. Abbiamo visto come le sue miserie e le sue umiliazioni fossero state denunciate, ora in termini sociali e politici, ora in termini accorati e sentimentali, dalla Sinistra italiana. Durante il decennio giolittiano quelle stesse miserie e umiliazioni divennero il tema preferito d'un movimento politico che sarà d'ora in poi uno degli attori principali della scena italiana: il nazionalismo.

Gli antenati del nazionalismo

L'ispirazione è parzialmente francese. Enrico Corradini e i suoi compagni della redazione del *Regno* (1903) avevano delineato una società gerarchica e medievaleggiante che non sarebbe dispiaciuta ai teorici dell'Action française. Ma avevano altri ascendenti: il superuomo di Nietzsche, la violenza di Sorel, l'estetismo di D'Annunzio, lo Stato etico di Hegel. Per quanto imbevuti d'irrazionalità, essi erano, sotto certi aspetti, nel solco di quelle forze politiche che avevano tentato una soluzione statale e istituzionale del problema italiano: la Destra storica, Francesco Crispi. Di quest'ultimo piacevano ai nazionalisti la volontà di conquista, il sentimento dell'onore nazionale, quel tanto d'imperialismo populista che faceva di lui un precursore ideale dei giapponesi, l'attenta sensibilità per i problemi dell'emigrazione.

Per i nazionalisti l'emigrazione era vergogna, errore, incitazione ad agire. Vergogna perché non era tollerabile che un paese abbandonasse tanti suoi figli in mani straniere e ostili; errore perché essi erano energia di cui il paese si privava a vantaggio d'altri; incitazione ad agire perché soltanto una forte politica nazionale li avrebbe riportati nell'ambito dello Stato. «Il socialismo», scrisse Corradini nel 1911, «dice: la politica di conquista coloniale è contraria all'utile del proletariato! Noi diciamo: contraria all'utile del proletariato è l'emigrazione.»[1]

Per impedire l'emigrazione e restituire all'Italia i suoi figli perduti, tutto diviene lecito: guerre, conquiste, sopraffazioni. La sinistra mazziniana – da cui il nazionalismo ha ereditato il sentimento della romanità e della «missione» – correggeva la sua aggressività con la visione equilibrata e armonica di una società internazionale composta da nazioni egualmente rispettose della reciproca individualità. Il nazionalismo non ha questi scrupoli. Per esso i popoli non hanno più alcun diritto allorché «non posseggono più la forza, cioè l'ordinamento nazionale per far valere, quanto potrebbe valere, il territorio su cui abitano».[2] E allorché si pone concretamente il problema della Tripolitania Corradini non esita ad affermare che l'Italia vi ha diritto perché la «civiltà chiede di essere propagata», «perché la specie chiede d'essere propagata». Dove «civiltà» e «specie» concorrono a giustificare una politica aggressiva e imperialista.

[1] Cfr. E. Corradini, *L'ora di Tripoli*, Treves, Milano, 1911, p. 21.
[2] *Ibidem*, p. 14.

L'ora di Tripoli

La Tripolitania fu appunto il luogo ideale verso cui convergevano, alla fine del primo decennio del secolo, tutte le forze anti-giolittiane. Dei «diritti» italiani su quella provincia dell'impero ottomano s'era parlato sin dall'intervento francese in Tunisia. La diplomazia italiana aveva concluso una serie di intese per assicurarsi il diritto di agire al momento opportuno, ma aveva scelto la via della penetrazione pacifica. S'era valsa a tal fine d'una banca cattolica – il Banco di Roma – installatasi in Tripolitania nel 1907 con un ambizioso programma finanziario e industriale: comprare terre, aprire imprese agricole e industriali, creare una clientela favorevole agli italiani con una accorta politica di prestiti. Questo e altri episodi analoghi bastarono perché la guerra italo-turca del 1911-12 apparisse ad alcuni storici come una prima manifestazione dell'imperialismo economico italiano[1] e perché il nazionalismo venisse inteso come l'abito ideale che gli interessi industriali italiani avevano indossato per meglio raggiungere i loro obiettivi. Ma i fatti dimostrano che l'iniziativa fu politica, non economica, e che gli interessi industriali e finanziari si mossero tardi, salvo eccezioni, e perché pungolati dalle autorità di governo. L'episodio del Banco di Roma è significativo. Si risolse ad aprire un'agenzia a Tripoli perché il suo vicepresidente, Romolo Tittoni, cedette alle pressioni del fratello che era ministro degli Esteri. Dopo quattro anni di affari più o meno sfortunati (dovette, a un certo punto, svalutare il capitale sociale), minacciò di vendere i propri interessi a un gruppo tedesco, e quando l'Italia ebbe conquistata la Tripolitania si affrettò a chiedere un indennizzo per i sacrifici fatti prima delle operazioni. Il che conferma la gracilità del capitalismo ita-

[1] Cfr. Richard A. Webster, *L'imperialismo industriale italiano. Studio sul prefascismo 1908-1915*, Einaudi, Torino, 1974, e la recensione fattane da A. Aquarone in *Prospettive Settanta*, anno I, n. 1, 1975, p. 39 e segg.

liano e la sua abitudine, contratta sin dalle operazioni ferroviarie del secolo precedente, di muoversi e agire all'ombra dello Stato.

Le ragioni d'una scelta

Le cause della guerra furono quindi politiche e ideali, non economiche. Per i teorici della lotta di classe e dello sciopero generale essa schiudeva prospettive rivoluzionarie. Per i nazionalisti essa prometteva la gloria e una soluzione nazional-populista dei problemi sociali da cui il paese era afflitto. Per i cattolici, il ritorno della fede in terre usurpate dall'Islam e una possibilità di lavoro per le masse contadine dell'Italia meridionale.

Le cause immediate della guerra furono la seconda crisi marocchina all'inizio del 1911. Alla conferenza di Agadir il rappresentante italiano, memore degli accordi conclusi fra Parigi e Roma a cavallo del secolo, aveva appoggiato quello francese. Dopo la seconda crisi, la diplomazia italiana, che aveva collegato le sue ambizioni su Tripoli a quelle francesi su Rabat, dovette scegliere: prendersi Tripoli subito o rinunciare, una volta per tutte. I tecnici della politica estera non avevano dubbi e il ministro degli Esteri, San Giuliano, prospettò a Giolitti nel giugno un piano d'azione. Ma Giolitti esitava. Nel maggio, conversando con un collaboratore, parlò duramente dei nazionalisti che volevano gettare il paese in una impresa pericolosa senza por mente alle conseguenze d'un conflitto italo-turco sull'equilibrio balcanico ed europeo.[1] Parole assennate dietro le quali si nascondeva la sua innata riluttanza a far uso di un'arma – la guerra – che non gli era congeniale. Ma mentre egli borbottava in privato le ragioni del suo dissenso, l'Italia intorno a lui par-

[1] Cfr. G. Ferrero, *Pouvoir. Les génies invisibles de la cité*, Brentano, New York, 1942, p. 285.

lava un linguaggio diverso e inatteso. I nazionalisti avevano fatto della Tripolitania il banco di prova della loro esistenza e andavano conducendo una campagna di stampa come in Italia, sino ad allora, non se n'erano mai viste: libri, articoli, conferenze. I cattolici si muovevano nella stessa direzione con i loro maggiori organi di stampa. E i socialisti stavano a guardare in silenzio, increduli e inerti. Si udirono in quei giorni le teorie più strampalate: che la Tripolitania era ricca di misteriose, inesplorate ricchezze; che essa era povera, ma adatta alla colonizzazione italiana; che i tedeschi stavano per impadronirsene economicamente; che essa avrebbe aperto grandi sbocchi alle esportazioni italiane. Che molte di queste affermazioni si elidessero vicendevolmente contava meno, agli occhi dell'opinione, della loro conclusione concorde: occorre conquistare la Tripolitania.

Giolitti si decise in agosto. Alcuni storici ritengono che egli si sia risolto alla guerra per riequilibrare a destra il programma politico di sinistra con cui s'era presentato al paese dopo una breve assenza dal governo nel marzo di quell'anno: nazionalizzazione delle assicurazioni sulla vita e suffragio universale.[1] A noi sembra che la sua scelta fu motivata soprattutto dall'osservazione attenta di ciò che era accaduto in quei pochi mesi, fra il maggio e l'agosto, e dal desiderio di rincorrere e impegnare sul loro stesso terreno le forze della società italiana, che egli aveva solo parzialmente attratto entro i confini dello Stato parlamentare. Dove non era riuscito il Parlamento, sarebbe riuscita, forse, la guerra.

Ne è prova il modo in cui la fece. Mentre i militari si sarebbero accontentati di metter piede sulla costa e i diplomatici d'una azione dimostrativa per negoziare poi con i turchi da posizioni di forza, Giolitti volle una vera guerra, capace di risolvere a caldo i problemi che egli aveva affrontato, ma non risolto, nel grigiore dei dibattiti parlamentari. Volle

[1] Cfr., tra gli altri, G. Carocci, *Giolitti e l'età giolittiana*, Einaudi, Torino, 1961.

quindi un corpo di spedizione forte di centomila uomini, volle battaglie anche quando non erano necessarie, e volle vittorie anche quando erano impossibili. Il più distaccato e ironico uomo di Stato italiano dopo Cavour ritrovò, nella direzione della guerra, gli accenti di Francesco Crispi, la stessa impazienza, la stessa irragionevolezza. Non voleva, non poteva comprendere che un deserto attraversato da bande armate potesse sfuggire alla strategia d'un esercito europeo quanto un oceano attraversato da flotte fantasma. Alle prime difficoltà – un mese dopo lo sbarco gli arabi erano insorti nell'oasi di Tripoli e avevano attaccato alle spalle le postazioni italiane – prese a dirigere la guerra da Roma intavolando con il comando della spedizione un fitto scambio di telegrammi. Non perché egli fosse versato nell'arte militare, ma perché la guerra era ormai un momento necessario della sua politica nazionale, un passaggio obbligato verso quella società più vasta che per quasi dieci anni egli aveva cercato di creare con altri mezzi. Come Crispi – e come più tardi Mussolini – anche Giolitti tentava di far l'Italia a caldo coinvolgendo tutto il paese in una stessa avventura nazionale. E come essi finì prigioniero d'uno stesso circolo vizioso: volle la guerra per « fare » gli italiani e si indispettì ogniqualvolta essi non davano prova delle virtù militari che egli pretendeva.

In una cosa, tuttavia, fu profondamente diverso da Crispi e da Mussolini: nella rapidità con cui seppe chiudere la parentesi guerriera e ritornare ai mezzi politici che gli erano naturali. Concluse la pace alla fine del 1912 con la convinzione segreta – e non sempre giustificata – che il paese, per ragioni storiche e sociologiche, fosse impreparato alla guerra. Il 9 maggio del 1915, mentre l'Italia si apprestava a intervenire, a fianco degli alleati, disse a un giornalista amico che l'esercito era moralmente poco agguerrito e fece un quadro sociologico del paese che dice meglio di qualsiasi analisi politico-militare quale lezione egli avesse tratto, a torto o a ragione, dalla guerra italo-turca: « Le nostre popolazioni rurali che dovrebbero dare il nerbo (dell'esercito), non hanno più gli stimoli semplici e istintivi della guerra, come possono sentire dei primitivi quali i contadini russi; e viceversa non hanno ancora acquistato il pensiero, la coscienza di cittadini, come i tedeschi, i francesi e gli inglesi. L'educazione del cittadino consapevole è cosa lenta; ci vogliono delle generazioni. Gli ufficiali regolari non sono inferiori a nessuno per valore, e sono anche colti e preparati tecnicamente, e specie i più giovani; ma i generali valgono poco; sono usciti dai ranghi quando si mandavano nell'esercito i figli di famiglia più stupidi, dei quali non si sapeva cosa fare».[1]

[1] Cfr. O. Malagodi, *Conversazioni della guerra 1914-1919*, Ricciardi, Napoli, 1960, p. 58.

II
Il decollo industriale: una nuova società

Le ragioni dell'espansione

NEGLI anni fra il 1896 e il 1900, mentre l'Italia attraversa la prima delle quattro grandi crisi politico-istituzionali della sua storia unitaria, l'Europa esce da una lunga crisi economica e inizia una fase di espansione che si protrarrà, salvo una breve parentesi, sino alla prima guerra mondiale. Per l'Italia il nuovo clima economico è doppiamente propizio. Contribuisce ad allentare le tensioni sociali degli anni precedenti e crea le condizioni d'una fase di sviluppo che non è ciclica, ma strutturale. A quarant'anni dalla sua unità il paese inizia finalmente la sua rivoluzione industriale. Ma il « decollo » è possibile perché la generale ripresa economica a cavallo del secolo è il fattore culminante d'un processo faticosamente avviato sin dalla costituzione del regno. Esistono le ferrovie, esistono le strade, esistono i servizi fondamentali d'uno Stato ottocentesco (l'esercito e la polizia, le poste e la percezione delle imposte, la magistratura e le scuole), esistono soprattutto le leggi, dal codice civile approvato il 1° gennaio 1866 a quello di commercio approvato il 1° gennaio 1883. Esistono, nate e cresciute all'ombra della tariffa doganale del 1887, alcune industrie nazionali, gracili e protette, ma pronte a sfruttare la buona congiuntura. Esiste, dopo i grandi scandali bancari del primo Giolitti e dell'ultimo Crispi, un nuovo mercato del credito, più solido, più qualificato. Esiste la promessa d'una energia nuova – l'elettricità – che fu per il primo decollo italiano ciò che il metano sarà per il secondo. Ed esiste infine, con l'inizio del secolo, un nuovo modo di governare, più largo, più tollerante e meglio adatto agli imperativi d'una società che ha voglia di crescere e preferisce il negoziato sindacale al clima opprimente degli stati d'assedio. Insomma, alcune curve, dopo aver compiuto parabole diversissime, sono venute a coincidere in uno stesso punto e i fattori di cui sono espressione possono finalmente agire l'uno sull'altro e moltiplicare i loro effetti sino a modificare profondamente la società italiana; la quale assume proprio in quegli anni caratteri che dureranno mezzo secolo e che non sono ancora del tutto scomparsi.

Nord e sud

Si accentua, anzitutto, il solco storico e culturale che divide la società settentrionale da quella meridionale. La tariffa doganale del 1887 ha fortemente colpito i prodotti tipici dell'agricoltura meridionale: l'olio, il vino, la frutta e gli ortaggi. E, pur giovando alla cultura dei cereali, ha favorito i proprietari del nord assai più che non quelli del sud, perché al nord sussistono le condizioni economiche e ambientali per gli investimenti necessari ad un più alto rendimento della terra. Ancor prima del decollo industriale, quindi, le due società agricole, quella della valle padana e quella del Mezzogiorno, già così diverse, tendono a staccarsi l'una dall'altra, quasi appartenessero a due corpi estranei. La prima si apre all'influenza delle leghe, ricorre allo sciopero, afferma i propri diritti, tenta con successo la via dell'esperienza cooperativa. La seconda stagna all'interno di un mondo antico che non conosce orizzonti se non quello dell'emigrazione o della rivolta contadina. Negli anni del decollo tutto cospira ad accentuare questo moto centrifugo. Al nord esistono i capitali, i mercati, le vie di comunicazione, le risorse idroelettriche. Al nord quindi sorgeranno le industrie e in funzione di esse le infrastrutture e i servizi del nuovo capitalismo italiano: il traforo del Sempione (1905), la grande esposizione di Torino (1898), l'università commerciale Bocconi (1902), la Fiera campionaria di Milano (1919).

Le città e i costumi

Con l'espandersi delle strutture industriali si profila una nuova società urbana. Dal 1881 al 1911 la popolazione cittadina residente in comuni con oltre 20.000 abitanti è salita dal 23,7 al 31,3% e nello stesso periodo la popolazione di Milano, Torino, Genova, Napoli e Roma dal 5 al 7,7%. Incremento naturale, in parte, ma anche e soprattutto immigrazione: dalla montagna alle valli, dalla campagna alle città, dal sud al nord. «Si è calcolato che, fra il 1900 ed il 1911, la popolazione maschile occupata nell'attività manifatturiera (cresciuta di quasi 400.000 unità) finì con l'assorbire il 54% dell'aumento complessivo della popolazione maschile, sopra i 10 anni, e che quasi il 59% degli incrementi complessivi della popolazione urbana (cifra di per sé inferiore solamente a quella del decennio 1951-61) si deve attribuire all'emigrazione dalle campagne.»[1]

Questo sviluppo della società urbana interessa principalmente le città del «triangolo industriale». In Lombardia, alla fine del primo decennio del secolo, gli addetti all'industria sono il 41,38% della popolazione, in Liguria il 40,74%, in Piemonte il 31,19%. Nel giro di dieci anni le città si rinnovano e il loro tessuto sociale si arricchisce. Accanto al proletariato industriale cresce il numero degli impiegati e dei professionisti: un nuovo ceto medio, in parte «promosso» sul posto, in parte giunto di fuori per rispon-

[1] V. Castronovo, *La storia economica*, in *Storia d'Italia*, *cit.*, vol. 4, *Dall'unità ad oggi*, t. I, p. 145. Il cap. I della parte II («La fase espansiva in età giolittiana») contiene un'ampia esposizione sull'espansione industriale italiana in questo periodo.

dere ai bisogni d'una più dinamica economia urbana, impone alla città il proprio stile di vita. L'architettura, la decorazione, il giornalismo, l'editoria, la scuola, lo sport, la gastronomia debbono prendere nota della sua esistenza, conformarsi ai suoi bisogni.

Anche la gastronomia, perché no? *La scienza in cucina e l'arte di mangiar bene* di Pellegrino Artusi[1] è più che mai, con il suo accostamento tra scienza e arte, il libro d'una classe emergente, ansiosa di praticità e di decoro. L'autore l'ha compreso e dopo aver dato al suo libro un sottotitolo significativo – «Manuale pratico per le famiglie» – iscrive sul frontespizio tre parole: «igiene, economia, buon gusto» – che sono i numi tutelari dei ceti a cui l'opera è indirizzata.

Più forte traccia i ceti emergenti – piccola borghesia urbana e proletariato industriale – lasciano sui consumi culturali, intesi nel senso più lato, e sull'impiego del tempo libero. Lo sport, che durante gli anni eroici del Risorgimento era stato, su ispirazione tedesca, palestra di patriottismo, irrompe nella vita cittadina, diventa spettacolo. Dal 1885 al 1899 si costituiscono l'unione velocipedistica (1885), *il rowing club* (1888), la federazione tennis e la federazione nuoto (1895), l'unione podistica e la federazione football (1898) e l'automobile club (1899).[2]

La stampa

Sono gli anni in cui nascono o si sviluppano i grandi quotidiani nazionali o regionali. Il *Corriere della Sera* (1876), il *Messaggero* (1878), il *Resto del Carlino* e il *Secolo XIX* (1885), l'*Avanti!* (1896) cercano di catturare quel bisogno di informazione, cultura ed evasione che caratterizza i nuo-

[1] Ultima ed., Einaudi, Torino, 1995.
[2] Cfr. S. Jacomuzzi, «Gli sport», in *Storia d'Italia*, *cit.*, vol. 5, *I documenti*, t. I, p. 915 e segg.

vi gruppi sociali. Il giornale dei radicali lombardi – *Il Secolo* –, fondato nel 1866, quadruplica la tiratura in trent'anni: da 40.000 a 160.000 copie. La sua fortuna cresce con la «pubblicazione del romanzo d'appendice (in prima pagina), con le corrispondenze di reporters professionisti installati nelle principali capitali europee e più ancora con la vivacità della cronaca cittadina, che punta a cogliere il pullulare di vita della città, i bozzetti popolari, i drammi della povertà».[1] Un successo ancor più considerevole registra l'*Avanti!*, quotidiano socialista, la cui testata rivela la forte influenza della socialdemocrazia tedesca sul primo socialismo italiano (*Vorwärts!* fu dal 1890 il titolo del quotidiano dei socialisti tedeschi). Fondato, come s'è detto, nel 1896, tira, sin dai primissimi mesi, 40.000 copie che diverranno 400.000 nel periodo che precede la prima guerra mondiale. Descrivendone lo stile in quei primi anni, Paolo Spriano, storico del partito comunista italiano, osserva: «Prima ancora che la *vis* polemica, è la vocazione pedagogica del socialismo italiano a riflettersi sulle grigie colonne del primo *Avanti!* Consigli di lettura e di medicina, appendici di Balzac e di Tolstoj, predicazioni di pace, lotta antimilitarista e "dottrina marxista" sono il nutrimento dei lettori».[2]

Ma il successo più emblematico – perché al tempo stesso giornalistico e aziendale – è quello del *Corriere della Sera*. La sua nascita (1876) coincide con l'avvento della Sinistra al potere. Politicamente il giornale esprime i sentimenti, gli interessi e le aspirazioni della borghesia lombarda e questa borghesia sarà, nel labirinto della vita politica italiana, la stella polare dei suoi orientamenti editoriali. Ma la sua «concretezza» economica e regionale non gli impedirà di affermare tenacemente alcuni principi ideali, alcune regole auree del gioco politico. Le ragioni del suo successo sono in

[1] Cfr. P. Spriano, «L'informazione nell'Italia unita», in *Storia d'Italia, cit.*, vol. 5, *I documenti*, t. II, p. 1836.
[2] *Ibidem*, p. 1841.

gran parte racchiuse in questa duplice fedeltà agli interessi d'una classe e ai suoi valori più alti: l'operosità, l'impegno morale, il rispetto della libertà anche quando essa giova ai «nemici» più che a se stessi. Questi caratteri, da cui traspare la miglior lezione del giornalismo inglese, divengono ancor più netti con l'apparizione nel 1896 di un giovane segretario di redazione.

Si chiama Luigi Albertini e ha fatto il suo tirocinio a Londra, alla scuola del *Times*. Diventa direttore nel 1900, dopo aver indotto il giornale a deplorare le intemperanze repressive del governo di Rudinì, e da allora persegue con successo per 25 anni due obiettivi: rinnovare il giornalismo italiano inserendolo stabilmente in quello europeo e costruire una solida azienda editoriale. Creare e guadagnare, fare opera civile ed economicamente utile, sono due momenti complementari d'una personalità che è, anche sotto questo aspetto, britannica, per non dire protestante. L'azienda del *Corriere della Sera* – un quotidiano, due settimanali, di cui uno per bambini, e un mensile – diviene in pochi anni un'impresa fiorente. Il giornale s'impone migliorando la qualità dei suoi servizi, allargando la gamma delle sue informazioni, mobilitando i migliori inviati speciali, persuadendo gli intellettuali ad uscire dall'ombra per cimentarsi con un lettore che è al tempo stesso disattento e severo, distratto ed esigente. Nasce con Albertini, sulla scia di quanto stava accadendo in altri paesi, un giornalismo eroico e spettacolare che trasporta il lettore in terre lontane e inventa avvenimenti di cui è al tempo stesso testimone e attore. Giornalismo di evasione, certamente, purché la parola non venga intesa nel suo significato frivolo. Evasione, per i ceti medi italiani del primo '900, non è soltanto una vacanza, una parentesi nella loro esistenza. È anche la proiezione fantastica d'una energia che ha bisogno di modelli, di ispirazione, di primati. L'Italia di questo periodo è competitiva, agonistica. Il raid Parigi-Pechino di Luigi Barzini nel 1907, le spedizioni del duca degli Abruzzi in Alaska (1897), al Polo Nord (1899) e sul Ruwenzori

(1906) sono vissuti dagli italiani come avvenimenti nazionali. L'entusiasmo che li accompagna denuncia uno struggente bisogno di riscattare la mediocrità dell'Italia umbertina, le umiliazioni degli insuccessi patiti sulla scena internazionale da Custoza ad Adua, il ruolo servile che l'emigrazione italiana è costretta a sostenere nel mondo. Sono gli stessi sentimenti che faranno della guerra italo-turca, nei primi mesi almeno, la prima avventura veramente nazionale dello Stato unitario.

Il *Corriere della Sera*, e con esso altri giornali, fra cui principalmente *La Stampa* di Torino, contribuisce insomma a catalizzare le caratteristiche apparentemente contraddittorie dei ceti che sorgono e si rafforzano intorno alla realtà industriale del paese: la loro concretezza e la loro intraprendenza, il piacere dell'accumulazione capitalista e il gusto del rischio, il buon senso e una carica di energia che è potenzialmente violenza. Sono i dati fondamentali d'una nuova cultura borghese, fragile e ambigua quanto la giovane classe di cui è espressione, ma non priva di spunti nuovi e vitali. Si pubblica, si traduce e si legge, soprattutto alla fine del decennio, più di quanto si sia mai pubblicato dall'unità in poi: 11.730 libri nel 1911 (contro una media di 6.500 nei dieci anni precedenti) di cui 589 consacrati alle scienze, 1.082 alla tecnica, e 865 testi scolastici (contro 139, 503 e 601 nel 1910).

L'istruzione

La cifra relativa ai testi scolastici, benché modesta, indica che qualche cosa nel campo della scuola si sta muovendo. Dopo lunghi dibattiti il Parlamento ha approvato una legge che trasferisce dai comuni allo Stato la responsabilità dell'istruzione elementare. È una mossa importante nella lotta contro l'analfabetismo perché sottrae ai comuni poveri un obbligo a cui essi erano culturalmente e finanziariamente impreparati. «Con la legge Daneo-Credaro», osserva uno studioso,[1] «i comuni venivano liberati da una voce del bilancio che, se era abbastanza lieve per Torino e Milano – in grado, con una quota oscillante fra l'8 e il 10 per cento, di assicurare una scolarizzazione elementare quasi sufficiente, sia pure in classi di oltre 40 bambini –, era gravissima per le città meridionali come Palermo, che non dava neppure parzialmente una risposta all'obbligo scolastico pur investendo un oneroso terzo del proprio bilancio».

Nelle classi superiori la scuola è ancora umanistica con una forte enfasi su materie che le opposizioni socialiste e comuniste definiranno ben presto discriminatorie: latino, greco, filosofia. Per la nuova borghesia, infatti, il percorso ideale d'un giovane votato ad un posto eminente rimane quello umanistico dell'Italia pre-unitaria. Ma l'insegnamento delle scienze umane è divenuto scientificamente più robusto e, soprattutto, nazionale. A scuola si impara ad essere italiani: lo dicono, senza perifrasi, le istruzioni ministeriali.[2] Accanto alla scuola umanistica comincia ad apparire, comunque, l'istruzione tecnica e professionale che si propone di fornire all'industria i suoi quadri subalterni. Scuola di classe, si dirà, con due percorsi distinti e scarse possibilità di saltare da un treno all'altro. Ma pur sempre scuola. Il guaio, se mai, è un altro. L'Italia giolittiana scopre che l'istruzione risponde a leggi non diverse da quelle dello sviluppo economico e che il decollo richiede la contemporanea presenza di alcuni fattori quantitativi. Il fattore quantitativo mancante nella scuola italiana è quello degli insegnanti. E allorché il loro numero accenna a crescere con l'allargarsi della società nazionale – come accade appunto durante il decennio giolittiano –, la loro qualità tende generalmente a diminuire. «Il tempo non perdona», dicono i cinesi, «ciò che si fa contro di lui.»

[1] Cfr. G. Ricuperati, «La scuola nell'Italia unita», in *Storia d'Italia*, *cit.*, vol. 5, *I documenti*, t. II, p. 1707.

[2] Cfr. F. Bettini, *I programmi di studio per le scuole elementari: dal 1860 al 1945*, Brescia, 1953.

Occorre guardarsi da un ottimismo di maniera. L'età giolittiana è anche età di miseria. Mentre la borghesia, in cucina, si conforma alle prescrizioni igienico-gastronomiche di Pellegrino Artusi, i contadini del sud si nutrono di cibi guasti e insufficienti. Mentre l'aristocrazia operaia del nord conquista con gli scioperi un'esistenza più decorosa, 8.623.730 italiani abbandonano il loro paese per emigrare dal 1901 al 1914. Mentre s'aprono nuove fabbriche, le carceri si riempiono di detenuti condannati o in attesa di giudizio. Il numero dei reati, relativamente stabile dal 1901 al 1908 (poco più di 800.000 l'anno), cresce rapidamente sino a toccare nel 1914 la punta di 1.068.954. Nelle carceri sovraffollate è stato soppresso l'uso della catena al piede per i condannati ai lavori forzati (R.D. 2 agosto 1902 n. 337) e sono stati eliminati la camicia di forza, i ferri e la cella oscura (R.D. 14 novembre 1903 n. 484). Ma una legge del 1904 ha disciplinato l'impiego dei condannati in lavori di bonifica di «terreni incolti o malsani», secondo il titolo originale del provvedimento.[1]

Le priorità

Una società generosa, quindi, e al tempo stesso dura. Generosa quando accoglie le avanguardie delle classi emergenti e dà loro il sentimento d'appartenere alla nazione; dura quando costringe altri all'esilio o ignora una parte cospicua del paese o colpisce coloro che non possono o non sanno entrare nel corpo sociale dalla porta maestra. Ma generosità e crudeltà non sono momenti diversi e contraddittori dello sviluppo italiano durante l'epoca giolittiana. Sono momenti necessari o quanto meno complementari d'un sistema che non conosce altre strade. Muovergli rimprovero significa

[1] Cfr. G. Neppi Modona, «Carcere e società civile» (particolarmente il capitolo «La continuità delle strutture carcerarie nel periodo giolittiano») in *Storia d'Italia*, *cit.*, vol. 5, *I documenti*, t. II, 1973.

applicare schemi d'oggi alla realtà politica e culturale dell'Italia d'allora. Giolitti non governava uno Stato astratto, ma un paese concreto, condizionato da parametri nazionali, che egli poteva modificare solo gradualmente, e internazionali, su cui egli poteva influire in minima parte. Un esempio fra molti: il bilancio militare dello Stato. A prima vista le spese dedicate all'esercito e alla marina assorbono una parte sproporzionata del bilancio generale. Si consideri questa ripartizione percentuale[1] tra i principali gruppi di spese nel primo cinquantennio di vita unitaria:

	1862-1896	1897-1906	1907-1912
Interessi del debito pubblico e amministrazione generale	59	59	45
Difesa	24	21	27
Giustizia e polizia	2	2	2
Servizi economici	13	15	19
Altre spese	2	3	7
	100	100	100

Ma le percentuali possono essere, di per sé, ingannevoli. La parte del bilancio statale che l'Italia, a cavallo del secolo, dedica all'esercito, rappresenta in cifre 246 milioni di lire. Molto, ma assai meno dei 430 spesi nello stesso periodo dall'Austria-Ungheria, dei 649 spesi dalla Francia e dei 938 spesi dalla Gran Bretagna (per non parlare che di paesi la cui popolazione oscilla tra i 30 e i 40 milioni) come risulta dai due quadri comparativi riportati alle pp. 204-205.[2]

Anche queste cifre, beninteso, possono trarre in inganno.

[1] Riprodotto in G. Rochat, «L'esercito italiano negli ultimi cento anni», in *Storia d'Italia, cit.*, vol. 5, *I documenti*, t. II, p. 1870. Dello stesso autore si veda anche: «L'esercito italiano nell'estate 1914», in *Nuova rivista storica*, n. XLV, 1961.

[2] Riprodotti in E. Nathan, *Vent'anni di vita italiana attraverso all'annuario, cit.*, pp. 331-332 e desunti dal *Manuale* del Corticelli.

QUADRO COMPARATIVO *delle forze militari dei sottoindicati Stati.*

		Italia	Austria-Ungheria	Francia	Germania	Russia
Popolazione		31.006.970	41.359.204	38.457.000	49.421.803	120.000.000
Effettivi di guerra	1ª linea	835.622	1.610.169	2.856.100	1.696.000	3.911.220
	2ª linea	469.668	629.111	2.040.220	2.188.000	10.746.620
	3ª linea	1.952.711	2.430.412	"	2.984.000	"
	Totale	3.258.001	4.669.692	4.896.320	6.868.000	14.657.840
Forza organica di pace	1ª linea	289.828	308.973	574.006	613.349	966.417
	2ª linea	"	72.776	"	"	"
	Totale	289.828	381.749	574.006	613.349	966.417
	Quadrupedi	55.841	68.716	141.498	119.380	180.329
Forza bilanciata	Uomini	225.239	360.350	566.816	585.440	882.000
	Quadrupedi	45.868	58.148	141.038	97.850	182.000
Bilancio in lire italiane		246.000.000	430.667.063	649.496.036	677.223.000	875.730.000

	Svizzera *(a)*	Stati Uniti *(b)*	Gran Bretagna *(c)*	Spagna *(d)*	Turchia *(e)*
Popolazione	3.100.000	76.303.387	42.422.000	18.618.086	24.028.900
Effettivi di guerra . .	1ª linea 144.822 2ª " 82.555 3ª " 55.502 282.879	Esercito per. 100.000 Milizie org. 116.542 216.542	Esercito per. 192.697 Corpi colon. 14.075 Forze inglesi in India 74.757 Ris. Mil. Vol. (Yeomanry) 602.666 884.195	200.000	Esercito per. 330.000 " terr. 285.000 Ilavé . . . . 500.000 Ris. dell'E.T. 90.000 1.205.000
Forza organica di pace	84.490	100.000	281.429	90.043	330.000
Forza bilanciata	5.706	67.438	235.761	58.360	"
Bilancio in lire italiane	26.033.748	673.400.000	938.184.000	114.940.351	103.487.438

(a) Dal manuale del Corticelli, p. 233. – *(b)* Da dati di pubblicazioni americane. Sono iscritti poi nei ruoli come validi 10.815.000 uomini (Almanacco di Gotha). – *(c)* Dal bilancio dell'anno in corso del ministero inglese. Nelle forze della Gran Bretagna non sono comprese le forze indiane che ascendono a 156.870. – *(d)* Dall'Almanacco di Gotha e dal Löbell. – *(e)* Dall'Almanacco di Gotha. Vi sono poi 1.420.000 uomini di irregolari hamidié e volontari.

QUADRO COMPARATIVO *delle marine nazionali*

	Gran Bretagna			Francia			Russia			Italia			Germania			Stati Uniti			Giappone		
	costruiti	in costruzione	totale	costruiti	in costruzione	totale	costruiti	in costruzione	totale	costruiti	in costruzione	totale	costruiti	in costruzione	totale	costruiti	in costruzione	totale	costruiti	in costruzione	totale
Navi da battaglia																					
1ª classe	29	12	41	10	3	13	7	8	15	5	4	9	9	7	16	9	8	17	6		6
2ª classe	11		11	10		10	10		10	5		5									
3ª classe	17		17	15		15	6	2	8	2		2	15		15	7	4	11	2		2
Totale	57	12	69	35	3	38	23	10	33	12	4	16	24	7	31	16	12	28	8		8
Incrociatori																					
1ª classe	28	21	49	6	13	19	8	8	16	4	1	5	3	3	6	4	9	13	6		6
2ª classe	60	2	62	23		23	7		7	5		5	8		8	10		10	9	1	10
3ª classe	46		46	13		13	2	6	8	11		11	13	7	20	5	6	11	5	3	8
Totale	134	23	157	42	13	55	17	14	31	20	1	21	24	10	34	19	15	34	20	4	24
Torpediniere d'alto mare	34		34	21		21	9		9	17		17	4		4				1	1	2
Navi da battaglia	57	12	69	35	3	38	23	10	33	12	4	16	24	7	31	16	12	28	8		8
Incrociatori	134	23	157	42	13	55	17	14	31	20	1	21	24	10	34	19	15	34	20	4	24
Torpediniere d'alto mare	34		34	21		21	9		9	17		17	4		4				1	1	2
Totale	225	35	260	98	16	114	49	24	73	49	5	54	52	17	69	35	27	62	29	5	34

Le responsabilità militari della Gran Bretagna e della Francia non erano comparabili a quelle dell'Italia; ed è noto d'altro canto che l'esercito italiano fu largamente impiegato sino alla prima guerra mondiale per garantire l'ordine pubblico. Ma le responsabilità militari d'un paese di 31 milioni di abitanti che voglia assicurare la propria difesa con i propri mezzi, nelle condizioni politiche e strategiche dell'Europa d'allora, non sono comprimibili al di sotto di un certo punto. Prescindere da tali condizioni, dimenticare il sentimento d'insicurezza e d'incompletezza che prevaleva nella classe dirigente italiana, ignorare che l'esercito era considerato, a torto o a ragione, la più unificatrice delle grandi istituzioni nazionali, significa rimuovere questi dati dal loro contesto storico e collocarli in un contesto fittizio. Nell'esaminarli, quindi, sorprende non tanto la loro importanza quanto la loro relativa modestia. La marina italiana, ad esempio, è ancora, all'inizio del secolo, l'ultima fra quelle delle maggiori nazioni marittime occidentali, come risulta dal quadro comparativo riportato a p. 206.[1]

La situazione verrà in parte corretta durante il decennio giolittiano con un importante programma di costruzioni navali. Ma il paese rimarrà, quali che siano le percentuali, militarmente debole. Giolitti, che ha fatto la guerra di Tripoli nelle condizioni di cui s'è detto più sopra, è il primo a saperlo. Forte di un'esperienza che lo ha profondamente segnato, egli farà il possibile per evitare che il paese entri in guerra nel 1915. Inutilmente. Le stesse forze che egli aveva ritenuto dover coinvolgere nella vita della nazione concedendo loro la spedizione tripolina chiedono ora un'altra guerra.

[1] Riprodotto in E. Nathan, *Vent'anni di vita italiana attraverso all'annuario*, *cit.*, p. 338.

III
Una guerra, quale che sia

Il dibattito sull'intervento comincia nel luglio 1914 e sin dalle prime battute tre gruppi minoritari si affacciano sulla scena politica e la occupano rumorosamente, invocando la guerra.

Il primo viene da lontano, ha le sue radici in quel filone mazziniano e repubblicano che aveva fortemente contribuito all'avvento dell'unità e poco o nulla alla costruzione dello Stato unitario. Vuole la guerra affinché l'Italia possa conquistare le terre « irredente » e completare l'unità nazionale, affinché tutte le nazioni possano liberarsi dal giogo delle dominazioni straniere e convivere entro i confini d'una Europa illuminata e pacifica. Che l'Italia debba schierarsi a fianco delle democrazie, contro gli imperi centrali, è, per questi interventisti, verità che non chiede dimostrazione. La presenza in uno stesso campo della Russia zarista e della Francia repubblicana, il fatto che la democrazia inglese e quella francese abbiano in Africa e in Asia il volto dell'imperialismo sono anomalie di cui la storia farà giustizia, purché la si aiuti a scrivere il suo grande disegno. Essi stessi, d'altronde, portano in sé il sentimento d'una missione imperiale, collegata all'idea di Roma, e si esprimono talora in termini che non stonerebbero nella bocca di Kipling.

Il secondo gruppo è d'origine più recente. Ha fatto le sue prime armi nel 1911, in occasione del conflitto italo-turco, e dalla guerra attende niente di meno che la rivoluzione. I suoi esponenti – molti sindacalisti, alcuni intellettuali che hanno letto Blanqui, Proudhon, Sorel – sono certi che la guerra cadrà sulle strutture dello Stato borghese come un fulmine tra i rami secchi d'un vecchio albero e vogliono che il proletariato impari a battersi. «Chi ha ferro, ha pane»: il motto di Blanqui completa la testata di un giornale apparso nell'ottobre del 1914 per iniziativa d'un uomo che ha abbandonato la direzione dell'*Avanti!* Il giornale è *Il Popolo d'Italia*, il direttore Benito Mussolini. Anche per costoro la scelta di campo non pone problemi. Sono con la Francia, naturalmente, perché essa è la patria dei grandi principi dell'89. Le sue istituzioni borghesi, il suo nazionalismo, le sue ambizioni e i suoi egoismi scompaiono accanto alla sua immagine rivoluzionaria – mito o realtà, poco importa – da cui essi traggono ispirazione e legittimità.

Non così per i nazionalisti che sono il terzo gruppo di cui s'è detto più sopra. Dopo aver fatto campagna per la guerra italo-turca essi sono i primi a chiedere che l'Italia esca dal riserbo della neutralità. Ma a fianco degli imperi centrali, suoi naturali alleati. Solo più tardi, allorché scopriranno che l'opinione pubblica è decisamente ostile all'alleanza con l'Austria e la Germania, cambieranno radicalmente la loro posizione e chiederanno l'intervento a fianco dell'Intesa. Ma il programma, nelle sue linee fondamentali, non cambia. Occorre fare la guerra per fare a caldo la nazione, per rafforzarne la tempra, per darle lo spazio che è suo, per riscattare il fenomeno umiliante dell'emigrazione.

Quale guerra?

Eppure entrare in guerra con gli uni o con gli altri non è la stessa cosa. Far la guerra con gli imperi centrali e contro la Francia significa proiettarsi verso il Mediterraneo occidentale, Tunisia e Corsica. Farla con le potenze dell'Intesa significa proiettarsi verso l'Adriatico e il Mediterraneo orientale. Che cosa vuole l'Italia? Quali sono i suoi interessi prioritari? Nessuno lo sa perché il dibattito, anziché investire problemi politici e territoriali, si muove negli alti spazi dell'ideologia, pronuncia grandi parole astratte – rivoluzione, repubblica, impero, democrazia, despotismo – e ignora o trascura gli interessi concreti della nazione. Quasi tutti i gruppi che prendono parte attiva al dibattito sull'intervento aderiscono ad una ideologia meta-nazionale e sono quindi sensibilissimi alle suggestioni più o meno interessate, più o meno intossicanti che vengono loro da fuori e principalmente dalla Francia. Essa è « il vecchio idolo della democrazia italiana ed è la speranza dei rivoluzionari. Dietro la repubblica borghese e parlamentare che occupa visibilmente la scena della vicina nazione, questi ultimi vedono il 1789, la Comune, Sorel, insomma una Francia marciante sempre all'avanguardia della rivoluzione, cioè della civiltà. Maria Rygier racconta che, nella sua propaganda in Francia e in Italia, durante la neutralità e poi, molti operai trovava consenzienti alla guerra per la salvezza della Francia, ma insorgevano se qualcuno accennava alla redenzione delle terre italiane soggette all'Austria. Alcuni chiedevano se avrebbero potuto partecipare come volontari nell'esercito francese sottraendosi al servizio militare italiano ».[1]

Il volontarismo

Volontari al servizio della rivoluzione sì, coscritti per la nazione italiana no. Ritornano in questo atteggiamento due costanti del « temperamento » nazionale. Il volontarismo, anzitutto, che accompagna come motivo ricorrente la storia pre-unitaria e quella unitaria dalla « campagna » di Grecia del 1821 a quella di Spagna del 1936-39; e quella tendenza a pensare per astrazioni e ad attendere la salvezza da fattori esterni che è probabilmente il risultato d'una lunga cultura

[1] Cfr. G. Volpe, *Il popolo italiano tra la pace e la guerra 1914-1915*, ISPI, Milano, 1940, p. 69.

cattolica. Questa capacità di accendersi per le grandi cause internazionali e questa incapacità di discutere il da farsi in termini concreti e nazionali senza riferimento a grandi fedi e ad eterni principi dimostrano quanto fosse ancora fragile e sottile il tessuto nazionale. Se ciò è vero per gli interventisti, altrettanto può dirsi di coloro che respingono l'intervento o lo considerano con grande sospetto. I socialisti si oppongono alla guerra e fanno professione di fede internazionale anche quando i partiti fratelli hanno ormai abbandonato il tempio. I cattolici esitano a dissociare il loro atteggiamento da quello della Chiesa e occhieggiano verso il Vaticano; il quale a sua volta è contrario all'intervento dell'Italia perché teme d'esser chiuso nel cerchio delle nazioni combattenti e privato di qualsiasi libertà.

Il governo

E il governo? Salandra, presidente del Consiglio dal marzo 1914, vuole rafforzare l'autorità dello Stato che egli ritiene scossa dalla permissività dell'epoca giolittiana. Sonnino, divenuto ministro degli Esteri nel novembre dello stesso anno, dopo la morte di San Giuliano, aveva più volte auspicato la costituzione d'uno Stato più forte, meno sensibile agli interessi egoistici di gruppi e clientele, più attento a quelli della collettività. L'uno e l'altro appartenevano a quello che abbiamo definito il filone «istituzionale» della storia italiana e Sonnino, in particolare, credeva che uno Stato forte fosse necessario alla creazione d'una più vasta società nazionale. Ma lo Stato, per essere forte, aveva bisogno d'un forte consenso: vale a dire di quella virtù che era reputato creare. Prigioniero di questo dilemma in cui si sono dibattuti, in Italia, tutti i cultori dello Stato, Sonnino dovette pensare alla guerra come all'unica formula capace di sciogliere il nodo delle sue contraddizioni. La guerra avrebbe giustificato l'autorità dello Stato, la guerra avrebbe dato alla società nazionale il senso d'una missione comune e più tardi il comune ricordo d'una grande esperienza collettiva, la guerra avrebbe creato il consenso. Dalla pace potevano ricavarsi alcuni vantaggi territoriali, ma nessuno di essi poteva compensare, agli occhi di Sonnino, il grande vantaggio morale che le istituzioni avrebbero tratto dalla guerra. Le istituzioni: vale a dire la monarchia. E qui non può ignorarsi il carattere particolare dei Savoia, l'idea che essi avevano di se stessi, la parte che il loro mito aveva avuto nella creazione dello Stato unitario. La loro casa aveva attraversato i secoli vivendo di astuzia e di armi – forse più di astuzia che di armi – e compiacendosi della propria immagine guerresca. La sua funzione nazionale era indissolubilmente collegata a una promessa di gloria militare. Voltare le spalle alla guerra avrebbe indebolito la sua autorità e la sua legittimità. La monarchia – pensava Sonnino – non sarebbe sopravvissuta alla conclusione di una pace dalla quale l'Italia non fosse uscita politicamente e territorialmente ingrandita.

Grandi discussioni sul futuro radioso che la guerra avrebbe schiuso all'Italia, pochissime discussioni sui benefici concreti che essa avrebbe tratto dalla neutralità. Uno dei pochi che se ne fece avvocato fu Giolitti. Apprese la morte dell'arciduca Francesco Ferdinando mentre era in viaggio all'estero e fece sosta a Parigi per inviare un messaggio al presidente del Consiglio. Conosceva perfettamente le intese intercorse tra l'Italia e gli imperi centrali durante gli anni del suo governo e sapeva che l'Italia, in caso di guerra alla Serbia, non aveva alcun obbligo verso i suoi alleati. Voleva che il suo successore lo sapesse. Più tardi, quando si cominciò a parlare d'un diverso intervento, a fianco delle potenze dell'Intesa, si batté per la neutralità. Era convinto che il governo italiano, negoziando accortamente, avrebbe ottenuto «parecchio», e temeva che la guerra avrebbe alterato e sconvolto l'evoluzione di cui egli aveva accompagnato il corso con il suo *laissez faire* sociale ed economico. Pensava inoltre, come sappiamo, che il paese fosse moralmente e materialmente impreparato alla guerra. Le esperienze fatte in Libia, contro i turchi e gli arabi nel 1911-1912, ritornavano continuamente nelle sue riflessioni.

Quanti erano del suo parere? Molti, senza dubbio. Quando egli venne a Roma per tentare un'ultima azione contro l'interventismo dilagante, trecento deputati lasciarono il loro biglietto da visita nel palazzo in cui aveva preso alloggio. Ma benché eletti un anno prima col suffragio universale voluto da Giolitti, essi erano un piccolo «paese legale» e, ciò che è peggio, segretamente convinti della loro scarsa rappresentatività.

Gli industriali

Resta da dire quale fosse l'atteggiamento degli industriali. La storiografia degli ultimi trent'anni ha scavato in questa direzione e alcuni storici hanno cercato di far risalire la guerra ad un grande disegno d'espansione economica concepito negli anni che precedettero la guerra italo-turca. Allo stato attuale delle nostre conoscenze nulla è meno certo. Quando scoppiò la guerra nell'agosto del '14 l'economia italiana dipendeva in larga parte da quella tedesca di cui era per molti aspetti complementare. Il mondo finanziario era dominato dalla Banca Commerciale, costituita nel 1894 con forte concorso di capitali tedeschi, e dal Banco di Roma, controllato indirettamente dal Vaticano. Gli agricoltori esportavano gran parte della loro produzione sui mercati dell'Europa centrale e consideravano l'interventismo con estrema diffidenza.[1] «Nel campo dell'industria, molti opifici lavoravano pezzi forniti dalle fabbriche tedesche e importati senza troppo aggravio doganale. Altri ricevevano dalla Germania il loro macchinario o elementi essenziali del macchinario stesso (...). I tessili importavano di lì materie colo-

[1] Cfr. G. Volpe, *Il popolo italiano tra la pace e la guerra*, *cit.*, p. 85.

ranti. Il commercio dei prodotti chimici si alimentava larghissimamente di merce che veniva dalla Germania.»[1] Trascorse le prime settimane in cui la macchina dell'economia europea parve incepparsi e l'Italia soffrire, più di altri, del mancato arrivo delle molte materie prime necessarie alla sua industria di trasformazione, la neutralità cominciò a divenire pagante. «Corrispondenze da Genova alla *Stampa* nel dicembre descrivevano l'ingombro di quel porto e la lunga attesa dei piroscafi all'avamposto per lo scarico, nonostante i fastidi degli incrociatori franco-inglesi in alto mare. La Germania largheggiava in fatto di carbone (...) vuoi che volesse soppiantare l'Inghilterra sul mercato italiano, vuoi che scambiasse carbone con altra roba che le era necessaria. Realmente crebbe la richiesta di derrate e prodotti alimentari italiani (...) e risaiuoli, zuccherieri, agricoltori videro salire le esportazioni a prezzi ultrarimuneratori (...)»[2] Vedremo presto come l'intervento a fianco delle potenze dell'Intesa non abbia nuociuto all'economia italiana e l'abbia anzi aiutata, mercé le forniture di guerra, a uscire dalla posizione subalterna che essa aveva di fronte a quella tedesca. Ma nei mesi che vanno dall'agosto 1914 al maggio 1915 il mondo industriale e, più generalmente, quello economico, pensavano soprattutto a trarre il massimo vantaggio possibile dalla neutralità. Il maggior giornale economico italiano – *Il Sole* di Milano – chiedeva al governo d'essere generoso con gli industriali fornendo loro i capitali di cui avevano bisogno per farsi le ossa, guardare lontano e occupare mercati che le grandi nazioni industriali – tutte in guerra, ad eccezione degli Stati Uniti – non potevano rifornire.

Come sarebbero andate le cose e quale sarebbe stato l'effettivo sviluppo dell'industria italiana se il paese fosse rimasto neutrale è impossibile dire. Qui basta constatare che il «grande capitale», salvo poche eccezioni, non fu

[1] *Ibidem*, pp. 85 e 86.
[2] *Ibidem*, p. 87.

per la guerra. Al punto che alcuni scrittori nazionalisti denunciarono l'egoismo degli industriali e il loro asservimento alla Germania spingendosi sino ad affermare che tutto lo sviluppo dell'economia italiana era stato controllato e frenato, nell'ambito d'un vasto disegno pangermanista, dalla finanza tedesca.[1]

Le carenze della borghesia

Dobbiamo trarre due conclusioni. Che l'Italia entrò in guerra per una convergenza di forze che non discussero mai in termini concreti gli interessi reali del paese; e che i gruppi dirigenti della società italiana non seppero pesare con i propri interessi sul periodo cruciale che va dall'agosto del 1914 al maggio del 1915. Il fatto che essi siano stati impotenti come classe è significativo. Conferma in primo luogo che la borghesia italiana, per le compromissioni trasformiste a cui s'era piegata dal 1876 in poi, non era in grado di esprimere una propria forza politica, un partito capace di conferire coerenza, obiettività e dimensione nazionale ai suoi interessi; e che mancando d'una propria forza politica essa non poté dirigere e inquadrare la società nazionale nei momenti in cui governare richiede fermezza, visione del futuro, sentimento della propria responsabilità. Nell'assenza delle grandi forze concrete che avrebbero dovuto imprimere una direzione al paese – la borghesia industriale e la classe operaia – bastò, perché l'Italia entrasse in guerra, un accordo innaturale tra forze profondamente eterogenee che nulla avevano in comune se non una stessa propensione dottrinaria. Borghesia industriale e classe operaia entrarono in guerra sotto il segno premonitore di uno scacco politico che contiene *in nuce* la promessa del fascismo.

[1] Cfr. G. Preziosi, *La Germania alla conquista dell'Italia*, Libreria della Voce, Firenze, 1915.

La tragedia dell'emigrazione

La guerra, per l'Italia, fu anzitutto la tragedia dell'emigrazione. Quelli che lavoravano in Francia, Belgio e Germania, fra Ruhr, Mosa e Mosella (alcune centinaia di migliaia), cominciarono a fuggire disordinatamente verso la fine di luglio. I più calavano verso l'Italia attraversando Parigi dove la Gare de Lyon «non riusciva più a contenere la turba degli italiani ammassati lì in attesa di treni».[1] Altri si raccolsero nel Lussemburgo, in attesa degli avvenimenti, ma finirono per partire nelle settimane successive e giunsero nelle stazioni italiane insieme a quelli che nel frattempo s'erano decisi ad abbandonare l'Europa centrale. Si calcola che per la stazione di Milano, fra luglio e agosto, siano passati 350.000 emigrati. Ma quelli che rientrarono furono complessivamente assai più numerosi: 470.000, di cui 150.000 dalla Francia (43.000 da Parigi).[2] Erano l'altra Italia e ricordavano a chi l'avesse dimenticato che lo straordinario sviluppo del paese negli anni precedenti aveva richiesto, in termini umani, un alto prezzo. Ma il fatto che tanti di essi, mossi dalla paura, rientrassero in patria (altri rientreranno dopo il maggio del 1915 per arruolarsi nell'esercito) merita d'essere annotato. Accanto al vecchio internazionalismo libertario, fatto di delusione e amarezza, che Maria Rygier aveva incontrato durante le sue conferenze di propaganda, viveva un sentimento, in parte nuovo, in parte antico, in cui terra e patria cominciavano a fondersi in una stessa entità. Forse perché costretti a definirsi italiani nelle società in cui avevano cercato lavoro, quelli che rientravano erano italiani al ritorno più di quanto non fossero stati alla partenza.

[1] G. Volpe, *Il popolo italiano tra la pace e la guerra*, *cit.*, p. 48.
[2] Cfr. *L'emigrazione italiana dal 1910 al 1923* (relazione del Commissariato generale per l'emigrazione), Roma, 1926, cit. in G. Volpe, *Il popolo italiano tra la pace e la guerra*, *cit.*

Gli italiani e la guerra

La storia degli italiani in guerra è stata, da sessant'anni a questa parte, storia di esagerazioni successive. Gli storici di marca nazionalista o fascista vollero vedere soltanto gli atti di coraggio, la tenacia, i sacrifici sofferti in nome d'un grande sforzo collettivo. Quelli di derivazione marxista o libertaria videro soltanto le sopraffazioni degli ufficiali, la brutalità dei capi, lo sfruttamento delle masse contadine, le decimazioni, l'inutilità dei massacri; e vollero interpretare ogni mormorazione, ogni gesto di rivolta come indici d'una nuova, più vigorosa coscienza popolare. Guerra nazionale, per i primi; guerra di classe nelle trincee e sul fronte interno, per i secondi. Manca ancora oggi una storia degli italiani in guerra che sappia fondere in uno stesso contesto l'entusiasmo dei volontari, la pazienza dei fanti-contadini, gli atti di coraggio e quelli di paura, le manifestazioni di stanchezza (ve ne furono numerose in tutti gli eserciti, soprattutto dopo il 1916) e quelle coscientemente rivoluzionarie, i moti operai dell'agosto 1917 a Torino[1] (50 morti, secondo alcune fonti) e l'ammirevole resistenza del fronte interno dopo Caporetto, il collasso morale e psicologico delle truppe nell'ottobre 1917 e lo spirito di Vittorio Veneto un anno dopo: una storia che dica quanto si fosse irrobustita, da Adua in poi, la società nazionale e quanto fossero ancora recenti e fragili le sue strutture.[2] Ne uscirebbe l'immagine di un paese che nel fare la guerra verificava la propria identità e toccava con mano al tempo stesso le ragioni profonde della sua incompletezza. La promessa del comando supremo dopo Caporetto – «la terra ai contadini» – non fu sol-

[1] Cfr. P. Spriano, *Storia di Torino operaia e socialista*, Torino, 1972.
[2] La letteratura sulla guerra è straordinariamente abbondante. Ricordiamo, perché mossi da ispirazione diversa, due documenti egualmente interessanti: Emilio Lussu, *Un anno sull'altipiano*, Edizioni italiane di cultura (1ª ed., Parigi, 1938) e Giuseppe ed Eugenio Garrone, *Lettere e diari di guerra 1914-1918*, Rizzoli, Milano, 1974.

tanto la scaltra invenzione d'una classe dirigente ridotta con le spalle al muro. Fu anche, in quel momento, l'espressione d'un sentimento di solidarietà nazionale che la guerra aveva creato. I contadini e i borghesi al fronte, gli operai nelle fabbriche, le famiglie dominate da eguali paure e da eguali entusiasmi furono per tre anni gli attori d'uno stesso dramma nazionale.

IV
Sviluppo e crisi

I profitti di guerra

In altre circostanze, in condizioni economiche e sociali diverse, la guerra avrebbe forse realizzato l'unità incompiuta. Ma contribuendo a « fare » il paese essa creava problemi ancora più gravi di quelli che l'Italia aveva affrontato nei primi cinquant'anni della sua unità. Abbiamo detto con quante incertezze e reticenze il mondo economico italiano avesse considerato la prospettiva dell'intervento, durante i mesi della neutralità. Scoppiata la guerra, quali che fossero stati i sentimenti della vigilia, esso non tardò a scoprirne i vantaggi. Tra il 1914 e il 1918 l'indice della produzione industriale (1938 eguale a 100) passò da 54 a 62 e la percentuale dell'industria sul prodotto lordo privato dal 25 al 30,6%.[1] I profitti ufficialmente dichiarati dall'industria siderurgica salgono, nello stesso periodo, dal 6,30 al 16,50%, quelli dell'industria automobilistica dall'8 al 30%. Il gruppo FIAT impiega alla fine del conflitto 40.000 persone (ne impiegava circa 4.000 prima della guerra), l'industria aeronautica ha prodotto fra il 1917 e il 1918 10.000 aerei e quella cantieristica ha varato nel 1919 17 navi per 92.900 tonnellate (45.024 nel 1914). Uno sviluppo straordinario che fa dell'I-

[1] Cfr. V. Castronovo, *La storia economica* in *Storia d'Italia*, *cit.*, vol. 4, *Dall'unità a oggi*, t. I, 1975 (soprattutto il cap. « Gli effetti della guerra », da cui sono desunti i dati delle pp. seguenti).

talia, dopo la sconfitta tedesca, una delle maggiori potenze industriali del mondo. Ma squilibrato e precario. Le industrie hanno lavorato per lo Stato e per la guerra. Cresciute mostruosamente e in circostanze del tutto eccezionali, esse ritrovano alla fine del conflitto una società che, pur attraverso innegabili mutazioni, non può ancora sostenere con la propria domanda il decollo dell'economia nazionale. Occorre convertirsi ad un'economia di pace, conquistare nuovi mercati, adottare una strategia aziendale di fronte alle masse operaie, duramente colpite da un fortissimo tasso d'inflazione (l'indice del livello generale dei prezzi passò da 100 nel 1913 a 409 nel 1918 e a 591 nel 1920). Occorre, in altre parole, sciogliere un nodo in cui si confondono, aggrovigliate, la politica finanziaria, la politica economica, la politica estera e la politica sociale della nazione.

La servitù della vittoria

L'economia italiana ha tagliato il cordone ombelicale con cui è stata unita alla Germania nei trent'anni del suo sviluppo pre-bellico, ma le sue industrie trasformano materie prime che l'Italia deve necessariamente importare dall'estero, vale a dire principalmente dagli Stati Uniti. Le spese di guerra, cresciute in progressione geometrica durante gli anni del conflitto (da 2,3 miliardi nel 1914-15 a 20,6 miliardi nel 1918), costringono il paese a contrarre forti debiti internazionali. Quelli con gli Stati Uniti, da cui proviene nel 1919 il 40% delle importazioni italiane, ammontano, nello stesso anno, a oltre un miliardo e mezzo di dollari. La bilancia commerciale, a sua volta, registra un forte deficit – 10 miliardi e mezzo di lire nel 1919 – dovuto in gran parte alle importazioni di prodotti alimentari perché l'agricoltura, in uomini e in capitali, ha fatto le spese della guerra. «In termini quantitativi, la produzione di grano era scesa tra il 1913 e il 1919 da 52 milioni a 46 milioni (per ridursi ancora nel 1920 a 38 milioni) e quella di granoturco da 25 a 22 milioni, mentre la produzione di bietole da zucchero giunse quasi a dimezzarsi.»[1]

Un forte debito internazionale, un forte disavanzo commerciale, un forte tasso d'inflazione, l'agricoltura in crisi, la disoccupazione in aumento per la crisi dell'industria e il ritorno dei contadini alle campagne: ecco, per grandi capi, le piaghe dell'economia nazionale sin dai primi mesi del dopoguerra. Avvezzo per lunga tradizione a dipendere dalle commesse statali e privo d'una Borsa commisurata alle sue dimensioni e alle sue esigenze, il capitalismo industriale italiano non trovò di meglio che dare l'assalto alle banche. L'Ansaldo cercò di metter le mani sulla Banca Commerciale, la FIAT sul Credito Italiano mentre altri gruppi industriali cercavano di fagocitarsi a vicenda per meglio sostenere gli oneri della riconversione. Anziché accordarsi su una stessa strategia per affrontare le alee del dopoguerra e lo scontro con le masse operaie, il capitalismo italiano si dette ad una specie di guerra civile, punteggiata da azioni piratesche, quasi che l'Italia fosse ancora una volta divisa in città mercantili e repubbliche marinare.

Come sorprendersi che una classe così profondamente divisa contro se stessa fosse incapace di esprimere una propria forza politica e, con essa, una visione coerente e organica della realtà italiana? Se ne ebbe un primo esempio in politica estera. Nei quattro anni dal novembre 1918 all'ottobre 1922 l'Italia, sulla scena internazionale, apparve ai suoi contemporanei come la somma di ogni possibile contraddizione. Fu ferita e offesa con Orlando e Sonnino, assennata con Nitti, indifferente con Giolitti, demente e velleitaria con D'Annunzio. Nell'arco di quattro anni essa concepì avventure e progetti mescolando le une e gli altri a decisioni avvedute e lungimiranti. D'Annunzio occupò Fiume per crearvi una signoria rinascimentale truccata da repubblica sovietica, ma Giolitti e Sforza conclusero a Rapallo nel

[1] *Ibidem*, p. 217.

1920 un accordo equilibrato con la Jugoslavia; gli industriali italiani progettarono lo sfruttamento della Georgia che Lloyd George aveva «regalato» all'Italia durante una conversazione con Orlando,[1] ma Nitti rifiutò di partecipare alla spedizione franco-inglese contro la Russia sovietica e gettò le basi del riconoscimento del nuovo regime.[2]

L'impotenza della borghesia

Stretta fra queste contraddizioni, costretta a fronteggiare problemi economici troppo gravi per le sue dimensioni, la borghesia fu incapace di trattenere le classi emergenti all'interno d'un progetto politico ed economico tale da accenderne le speranze e spegnerne le torbide inquietudini. Gli impiegati del settore pubblico e privato, i commercianti, gli artigiani, i coltivatori diretti, gli ufficiali tornati dal fronte furono abbandonati a se stessi in una pericolosa palude. Dietro di loro una borghesia travagliata, senza programmi e senza idee; davanti, una classe operaia più numerosa e agguerrita, una campagna attraversata da fermenti rivoluzionari. E sullo sfondo l'esempio, minaccioso per alcuni, entusiasmante per altri, della rivoluzione bolscevica.

Non è tutto. A rendere ancora più difficile la parte direttiva che era lecito attendersi in quelle circostanze dalla borghesia italiana, intervenne, nel 1919, la fondazione del partito popolare. A cinquant'anni dalla presa di Roma i cattolici italiani avevano un loro partito politico. Erano per questo più italiani di quando Pio IX aveva ingiunto loro di non essere né eletti né elettori? O meno italiani del giorno in cui Giolitti li aveva indotti a uscire dal loro riserbo per difendere i loro interessi di gruppo o di classe? Erano un partito italiano, e come tale preoccupati di tener dietro alla realtà

[1] Cfr. Carlo Sforza, *L'Italia dal 1914 al 1941 quale io la vidi*, Mondadori, Roma, 1944, p. 74.
[2] Cfr. Enrico Serra, *Nitti e la Russia*, ISPI, Milano, 1975.

del paese; ed erano al tempo stesso una potente cinghia di trasmissione tra la Chiesa e la nazione. Ma erano soprattutto un cuneo inserito nella società politica, una entità diversa che attraversava il paese in diagonale strappando forze borghesi, piccoloborghesi, operaie e contadine alla loro naturale collocazione politica per « sequestrarle » là dove le parole « fede », « obbedienza », « lealtà » avevano quanto meno due significati. Nella prospettiva d'una società nazionale più larga la creazione di un partito cattolico è quindi un avvenimento polivalente. Inserisce i cattolici nello Stato, ma li espone al pericolo d'essere guidati o teleguidati dalla Santa Sede più di quanto non fosse accaduto sino a quel momento. E indebolisce le forze politiche tradizionali nel momento in cui ciascuna di esse è chiamata ad affrontare una situazione cruciale. Nelle elezioni del novembre 1919 – le prime, nella storia d'Italia, basate contemporaneamente sulla proporzionale e sul suffragio universale maschile – il partito popolare entra clamorosamente in Parlamento con 100 deputati. Il risultato elettorale rispecchia fedelmente la geografia politico-sociale del paese, e ne sancisce l'ingovernabilità.

Le classi emergenti

Visto in una prospettiva storica, il 1919 contiene, riuniti alla rinfusa nell'arco dei suoi dodici mesi, tutti gli elementi della crisi che si concluderà meno di quattro anni dopo con la marcia su Roma. Nel marzo Mussolini fonda a Milano i « fasci di combattimento » con un programma fortemente « sociale ». L'estrazione politica di coloro che parteciparono a quella prima riunione, i loro interventi, gli articoli con cui Mussolini commentava e proclamava l'avvenimento sulle colonne del *Popolo d'Italia* forniscono indicazioni precise sulle origini intellettuali del movimento e sul posto che esso intende occupare nello spazio politico italiano. Il tema da cui trae la sua legittimità e a cui si richiama costantemente con un linguaggio fantastico ed epico ancor più che politico è la guerra. Essa è il punto in cui convergono la componente bellicosa del Risorgimento, il marxismo libertario dei seguaci italiani di Sorel, il filone irrazionale delle correnti d'opinione che avevano attraversato la penisola nei primi anni del secolo. Ma la guerra non è soltanto un punto di incontro ideale. Essa è anche il luogo fisico in cui milioni di italiani hanno preso coscienza di se stessi e conquistato, al fronte o col lavoro, la loro promozione sociale. Da epico e retorico il discorso sulla guerra diviene quindi concreto e sociale. «Che la guerra da noi proclamata e imposta», scrive Mussolini cinque giorni dopo la costituzione del movimento,[1] «sia stata una grande rivoluzione, è luminosamente provato dagli avvenimenti. Può darsi che sia necessaria un'altra rivoluzione per "fare" la pace. Cioè per trasformare e rinnovare tutto ciò che, dalle istituzioni agli uomini, non è più del nostro tempo. Siamo noi che avendo "incominciato" nel 1915, abbiamo il diritto e il dovere di concludere nel 1919.»

V'è, nell'ultima frase, l'eco di un'altra situazione italiana. Nel 1861 gli uomini che avevano fatto la «rivoluzione» erano stati frantumati, assorbiti, o relegati nel ghetto delle utopie infantili, dall'*establishment* «piemontese». Mussolini intendeva evitare che la stessa sorte toccasse agli uomini del 1915. Vedremo più in là come egli riuscirà a inserire i soldati perduti nello Stato. Sin d'ora egli ha scoperto il linguaggio che si addice alla loro «cultura»: un linguaggio insolente, spregiudicato, casermesco in cui balenano lampi di guerra civile; un linguaggio che esprime la carica dirompente delle classi emergenti, il loro disprezzo per i costumi cifrati della vita politica tradizionale, la brutalità appresa durante gli anni della guerra.

La guerra – i suoi valori, la sua logica, le sue ambizioni

[1] Cfr. *Il Popolo d'Italia* del 29 marzo 1919, riprodotto in B. Mussolini, *Battaglie giornalistiche*, Formiggini, Roma, 1927, p. 35 e segg.

frustrate – diviene quindi la legittimità del fascismo, il suo dogma. Allorché D'Annunzio, alla testa dei suoi «legionari» (12 settembre 1919) occupa Fiume, Mussolini grida dalle colonne del suo giornale che «gli uomini oggi sono a Fiume, non a Roma» e che «la capitale d'Italia è sul Quarnaro, non sul Tevere».[1]

I socialisti e la guerra

Ma poche settimane dopo, a Bologna, si riunisce il congresso socialista; ed è un'altra Italia. Il partito socialista italiano è l'unico, in Occidente, che ha rifiutato di aderire alla guerra. Dopo Caporetto alcuni suoi uomini (fra di essi principalmente Turati) hanno compreso la necessità d'un grande sforzo nazionale, ma l'apparato è rimasto, in maggioranza, diffidente e ostile, anche se è assurdo accusare il partito di avere «demoralizzato» il fronte e incitato i soldati alla fuga.[2] È vero d'altro canto che il nucleo più consistente e consapevole dei suoi elettori – gli operai dell'Italia centro-settentrionale – è stato in gran parte esentato dal servizio per ragioni economiche ed è rimasto estraneo alla mitologia e alle leggende della trincea. Ma non estraneo ai miti e alle leggende d'una patria diversa che celebrava proprio in quei giorni il suo secondo anniversario. La rivoluzione di ottobre fu il tema dominante del congresso di Bologna e ne orientò i dibattiti. L'ala riformista, che aveva fortemente influito sulla politica del partito durante il decennio giolittiano, fu sopraffatta da un'ondata massimalista e dovette trarsi in disparte di fronte a uomini che credevano all'avvicinarsi della rivoluzione come a un articolo di fede. Una fede che sembrava escludere la necessità di una qualsiasi strategia. Fu probabilmente, per i socialisti italiani, la peggiore delle

[1] *Ibidem*, p. 49.
[2] Cfr., tra gli altri, L. Cadorna, *Pagine polemiche*, Garzanti, Milano, 1958, p. 28 e *passim*.

scelte possibili. Respinti dalle circostanze e dal loro stesso atteggiamento al di fuori dello spazio politico verso cui Giolitti aveva cercato di attrarli, persuasi della ineluttabilità d'uno sbocco rivoluzionario, essi adottarono di fronte allo Stato una politica assurda, esclusivamente verbale. Ne vituperavano i valori, ma non facevano nulla per abbatterne le strutture; ne sabotavano il programma economico (che era comunque incerto e contraddittorio), ma non sapevano opporgli alcun disegno che non fossero le aggressioni verbali – e spesso non solo verbali – contro gli ex combattenti e «una miriade di scioperi, spesso vagamente politici o addirittura senza alcun motivo di una qualche consistenza, diciamo pure dissennati».[1] Posizione tanto più assurda quanto più si consideri la parte capitale che il partito socialista avrebbe assunto nella vita politica italiana se avesse saputo accogliere e organizzare le classi e i gruppi sociali che finiranno per confluire nel fascismo.

Alla fine del 1919 tuttavia, nonostante le intemperanze verbali del congresso e il vano massimalismo dei suoi responsabili, i giochi non sono ancora fatti. Alle elezioni politiche del novembre i socialisti raccolgono 1.835.000 voti (su 5.682.000 voti validi) e mandano in Parlamento 156 deputati (su 508) contro i 50 della legislatura precedente. I 50.000 iscritti del 1914 sono divenuti 300.000 (quelli della Confederazione generale del lavoro sono passati da 327.000 nel 1913 a 2.150.000 nel 1920) e i comuni amministrati dal partito più di 2.000 contro le poche centinaia dell'anteguerra.[2] Per la prima volta nella sua storia il partito socialista italiano ha un patrimonio politico che trascende notevolmente i confini della classe operaia e abbraccia una frazione

[1] L. Cavalli, *Sociologia della storia italiana 1861-1974*, *cit.*, p. 76.
[2] I dati sono in P. Nenni, *Sei anni di guerra civile*, Milano-Roma, 1945. N. Valeri, in *Giolitti*, *cit.*, riporta dati diversi: 22.000 iscritti nel 1915, 86.000 nel 1919, 216.000 nel 1920; quanto ai comuni, quelli conquistati dal partito socialista nelle elezioni amministrative dell'ottobre-novembre 1920 furono 2.162 su un totale di 8.059.

importante di ceti medi. Lo sciuperà nel giro di pochi mesi facendone dono ad altre forze politiche.

Le incognite della crisi

Alla fine del 1919 i fattori della crisi italiana, quindi, sono altrettante carte disposte sul tavolo. Non ne conosciamo l'importanza relativa e non sappiamo come agiranno l'uno sull'altro, ma sappiamo che sono l'espressione d'un male antico che la guerra ha reso più grave: l'ingovernabilità italiana. Una borghesia troppo piccola per inquadrare e dirigere la società nazionale, un capitalismo troppo fragile per risolvere i problemi strutturali del proprio sviluppo, un grande partito cattolico che divide la società in diagonale, un forte partito socialista che ha fatto a ritroso il pezzo di strada percorso dall'inizio del secolo e considera la nazione un temporaneo parcheggio in attesa di un grande salto storico, una guerra vinta che ha creato amarezze, acceso speranze, suscitato frustrazioni. E accanto alle forze politiche, ancora suddivisi tra di esse, ma inquieti e disponibili, i ceti nuovi cresciuti nella prosperità del decennio giolittiano o promossi dalla guerra. La loro cultura è indissolubilmente collegata alla guerra perché nella guerra si sono riconosciuti e hanno provato il sentimento d'una torbida liberazione. Sono rivoluzionari perché «non (riconoscono) più alla classe dirigente tradizionale e a quella politica in specie né la capacità né la legittimità di governare», e perché «sia pure confusamente (contestano) anche l'assetto sociale che essa rappresentava».[1] E sono conservatori allorché vedono la loro promozione sociale annullata o contestata da forze che si ispirano ad un modello non più libresco, ma geograficamente e politicamente concreto come la rivoluzione bolscevica. Nel

[1] R. De Felice, *Intervista sul fascismo*, a cura di M.A. Ledeen, Laterza, Bari, 1975, p. 31.

1919, come s'è detto, non hanno ancora un'organizzazione, una milizia, una «patria». Ma gli stregoni, i tribuni, i «duci» sono già usciti dall'ombra, e scesi in campo. Uno di essi, D'Annunzio, gioca la carta della guerra tradita e recita per essi lo psicodramma fiumano. L'altro, Mussolini, parla soprattutto dei loro interessi di classe. Il primo sogna di conquistare la nazione dall'esterno servendosi di Fiume come Garibaldi, nel 1860, della Sicilia; il secondo, dall'interno, utilizzando, fin dove gli è possibile, gli appigli delle strutture statali. Senza osare attaccarsi personalmente essi saranno dal 1919 al 1922 concorrenti più che alleati.[1]

Questi i termini del problema. Due uomini, prima dell'avvento di Mussolini al potere, cercano di affrontare la crisi e di ordinare secondo un loro disegno gli elementi della situazione italiana: Nitti e Giolitti. La storia dei loro insuccessi aiuta a comprendere il successo di Mussolini.

[1] La letteratura sui rapporti fra Mussolini e D'Annunzio è molto abbondante. Cfr., tra gli altri, N. Valeri, *Dalla «Belle Époque» al fascismo*, Laterza, Bari, 1975.

V
Due tentativi: Nitti e Giolitti
1919-1921

L'esperienza democratica

Nitti apparteneva a quella tradizione democratica e radicale che nella storia d'Italia aveva avuto una parte marginale. Rimase al potere dal giugno del 1919 al giugno 1920, e in quei dodici mesi cercò di dare al paese un governo che fosse espressione della comunità nazionale. Introdusse la proporzionale, emanò decreti per legalizzare l'occupazione di terre incolte nell'Italia meridionale, mantenne il prezzo politico del pane, progettò di nazionalizzare il commercio di alcuni prodotti di prima necessità (zucchero, caffè, carbone, petrolio), costituì la guardia regia per la tutela dell'ordine pubblico ma adottò verso gli scioperi e le agitazioni sociali un atteggiamento tollerante che a molti parrà manifestazione di debolezza. In politica estera cercò di liquidare il contenzioso politico e morale della guerra e tenne una linea che non spiaceva alle sinistre: rifiutò di partecipare alla spedizione anglo-francese contro la Russia sovietica, abbandonò il progetto d'una spedizione militare italiana nel Caucaso e condannò l'avventura dannunziana a Fiume.

Che tutto il suo programma politico ed economico tenesse d'occhio i socialisti nel tentativo di pacificarne gli spiriti è provato dalle reazioni e dai commenti con cui l'opinione accompagnò il suo esperimento. Egli stesso, in un'intervista al *Matin* apparsa il 29 luglio 1919, dichiarò che l'Italia sarebbe stata una forza al servizio della pace e che le classi

Lotte agrarie nel 1919-1920

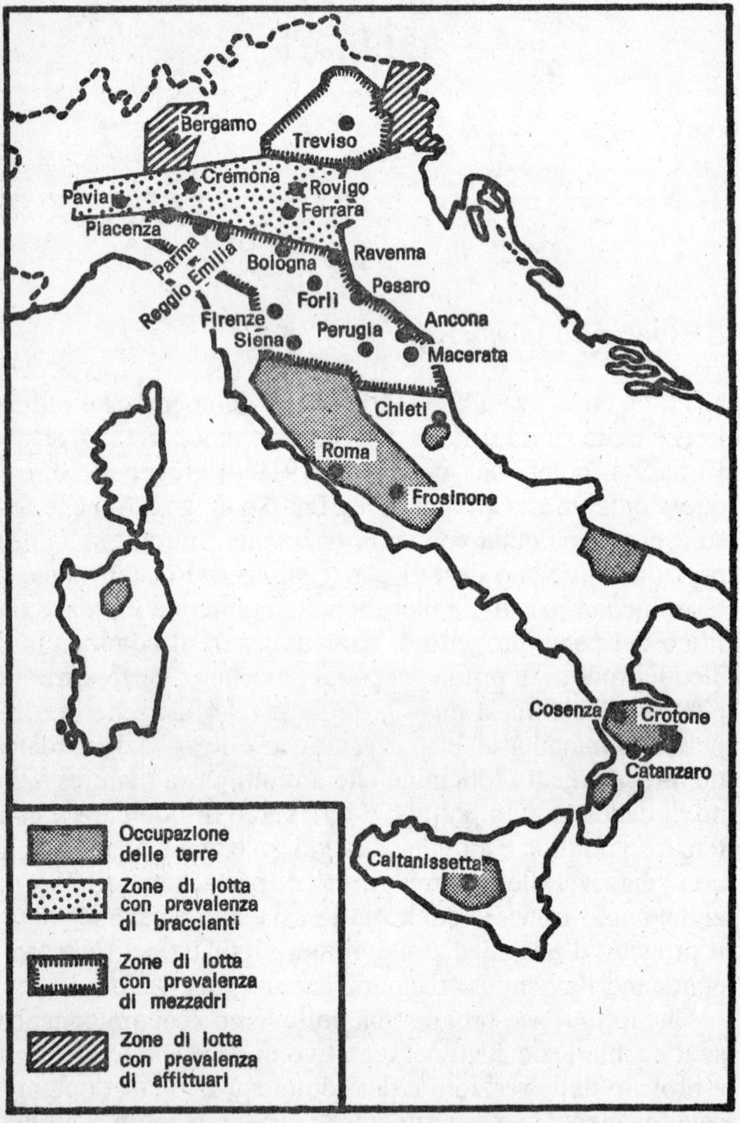

(Da *Storia d'Italia*, vol. 4, *Dall'unità a oggi*, t. III, Einaudi, Torino, 1976.)

operaie avrebbero avuto una partecipazione nel suo governo.[1] Era, il suo, un disegno difficile perché ignorava o trascurava non solo gli interessi della borghesia industriale, ma anche le classi emergenti e ciò che la guerra rappresentava per esse. Né gli giovò il fatto di governare come uomo di cultura, pronto a raccomandare più che a comandare. Lo si vide nel caso di Fiume in cui non seppe conformare gli atti alle parole e pur deprecando l'avventura dannunziana non fece nulla per spegnerla. Finì quindi per avere nemici tutti, o quasi: i borghesi di cui egli aveva trascurato gli interessi, i reduci di cui non comprendeva i sentimenti, i ceti medi a cui la sua sensibilità per le classi popolari parve sospetta, i socialisti ormai impegnati a rincorrere ideali ben più avanzati e radicali.

Il ritorno di Giolitti

Caduto Nitti toccò a Giolitti, il quale tornò al potere, dopo sei anni d'assenza, con l'animo di chi avrebbe voluto cancellare un capitolo di storia italiana e riprendere finalmente un discorso interrotto. Aveva 78 anni – un'età in cui non è facile cambiar parere – e l'assoluta certezza che la sua ostilità alla guerra fosse ampiamente giustificata dalle condizioni del paese. Il fatto d'essere invocato anche da coloro che nel maggio del 1915 s'erano compiaciuti della sua sconfitta contribuiva a dargli un sentimento che assomigliava all'infallibilità. Si rimise al lavoro con la stessa filosofia politica dei dieci anni trascorsi al potere: una sorta di *laissez faire* sociale, diretto e guidato dall'alto.

Con i fascisti credette di poter agire come vent'anni prima con l'ala riformista del partito socialista. Bastava coinvolgerli gradualmente nell'esercizio del potere facendo buon viso alle loro ambizioni: il tempo e la natura umana

[1] Cit. in E. Serra, *Nitti e la Russia*, *cit.*, p. 15.

avrebbero fatto il resto. Nel frattempo li avrebbe usati per contenere le spinte rivendicative ed eversive della sinistra chiudendo un occhio sulla violenza delle squadre che in quei mesi stavano divenendo sempre più tracotanti e aggressive.

Il disegno di vent'anni prima, insomma, adattato ai tempi. A tutta prima i risultati parvero, dal suo punto di vista, positivi. L'occupazione delle fabbriche del settembre 1920 – un moto che per una frazione del partito socialista doveva avere sbocchi sovietici – terminò con un documento sul controllo operaio destinato a restare lettera morta: una vittoria di Pirro che provocò, fra i socialisti, dibattiti, recriminazioni, esami di coscienza. La direzione del partito fu accusata di non aver fatto nulla per sfruttare la situazione rivoluzionaria dell'autunno 1920, e al congresso di Livorno, nel gennaio 1921, l'ala sinistra abbandonò la maggioranza per costituire il partito comunista. Era, per chi avesse saputo leggere l'avvenimento tra le righe, la fine delle speranze socialiste. Di lì a qualche mese, alle elezioni del maggio 1921, il partito perderà mezzo milione di voti.

Dopo avere inflitto un duro colpo alle sinistre, Giolitti colpì a destra. Nel dicembre del 1920, dopo avere atteso pazientemente il momento opportuno, incise l'ascesso fiumano mandando esercito e flotta contro i legionari di D'Annunzio. Poche settimane prima, a Rapallo, aveva regolato con un trattato il contenzioso italo-jugoslavo.

Un'occasione mancata

Non tutto era risolto. I debiti di guerra, il deficit della bilancia dei pagamenti, la crisi dell'apparato industriale e la disoccupazione erano altrettante ipoteche sul destino del paese. Ma v'erano nell'aria le linee di un disegno politico, e il governo, a modo suo, ne teneva le fila. Parve quindi, per un istante, che il vecchio Giolitti avesse miracolosamente restituito alla società italiana, ancora una volta, il suo difficile equilibrio. Ed egli si sentì così forte da tentare una via familiare: lo scioglimento anticipato della Camera e le elezioni anticipate per avere in Parlamento una più larga base di appoggio. Ma i risultati, pur confermando il declino del partito socialista, non modificarono i termini del problema, e il rapporto di forze tra « costituzionali », popolari e sinistra rimase sostanzialmente lo stesso. Giolitti ne prese atto e preferì dimettersi. Era segretamente convinto che il suo tentativo fosse stato, tutt'al più, prematuro. Di lì a poco l'Italia, finalmente stanca di azzuffarsi, gli avrebbe chiesto ancora una volta d'essere governata, ed egli avrebbe ripreso, in condizioni migliori, la sua antica funzione di arbitro e mediatore.

L'occasione non venne perché Giolitti, che pure aveva lucidamente anticipato gli effetti della guerra sulla società italiana, non comprese che essa aveva radicalmente mutato, in termini quantitativi più che qualitativi, la morfologia del paese. La debolezza della borghesia, l'allargamento della classe operaia e soprattutto l'apparizione di nuovi ceti, famelici e ambiziosi, riproponevano in termini nuovi l'antico problema dell'ingovernabilità italiana. Le spinte corporative e settoriali, anziché consumarsi come episodi isolati, si alimentavano vicendevolmente comunicando una serie di moti disordinati all'intera gerarchia sociale. La parte inquieta, riottosa e acefala del corpo politico nazionale s'era allargata sino ad occupare uno spazio assai più grande di quello con cui Giolitti s'era misurato all'inizio del secolo. Gli nocque poi il non aver compreso che i valori della guerra – per i quali egli non poteva esimersi dal manifestare indifferenza, se non ostilità – avevano permeato di sé una larga parte del paese. Lasciando libertà di manovra al terrorismo fascista egli credeva di spegnere il fuoco con il fuoco: dava invece spazio ad una forza politica che oltre ad imporsi per la sua brutale efficacia perpetuava in coloro che avevano fatto la guerra il culto e l'ammirazione delle sue « virtù »: la forza, il coraggio, l'obbedienza.

I diciotto mesi che corrono dalle dimissioni di Giolitti al

primo governo Mussolini non aggiungono molto alla situazione che abbiamo descritta. Frenato nell'autunno del 1920 il moto ascendente della classe operaia, l'alternativa non è più tra democrazia liberale e rivoluzione proletaria, ma tra due modi di governare: con i fascisti o senza i fascisti. E questi ultimi non mancano occasione – all'occorrenza la creano – per dimostrare l'inettitudine del sistema democratico. Ogni sciopero offre loro il destro di intervenire per assicurare i pubblici servizi e proteggere i crumiri; non tanto per fronteggiare un pericolo quanto per attribuirsi il merito di avere risolto un problema che essi hanno in buona parte contribuito a creare. Appartiene a questo periodo la prima evoluzione nettamente conservatrice del movimento fascista. In alcune regioni dell'Italia centrale – Emilia, Toscana, Umbria – esso si identifica con il ceto dei proprietari e dei grandi affittuari, e ne promuove sfacciatamente gli interessi assalendo le sedi delle leghe contadine e «punendone» i responsabili. L'alleanza diventa particolarmente efficace là dove il fascismo dispone d'una doppia massa di manovra: le squadre, di cui si serve per terrorizzare gli scioperanti e i loro organizzatori sindacali, e i disoccupati ch'esso sposta da una provincia all'altra per spezzare gli scioperi.[1] Giacché persino nelle sue compromissioni coi proprietari agricoli il fascismo resta un movimento ambiguo. Fa propri gli interessi d'una classe fondamentalmente conservatrice e tanto più brutale quanto più fresca d'una proprietà recentemente acquistata; ma esercita un certo fascino sugli «emarginati» della guerra, su quelli che in un altro regime fascisteggiante saranno chiamati *descamisados*.

Gli ultimi giorni della democrazia liberale rimangono in parte confusi. Riuniti in congresso a Napoli, una delle città meno fasciste della penisola, i fascisti decidono di conver-

[1] Per un'analisi particolareggiata delle collusioni tra fascismo e organizzazioni agricole padronali, cfr. A. Tasca, *Nascita e avvento del fascismo*, Laterza, Bari, 1974 (1ª ed., *Naissance du fascisme*, Parigi, 1938).

gere su Roma e sui maggiori centri del regno. Colpo di Stato o escursione, gesto di forza o manifestazione di presenza, dramma o psicodramma? L'Italia non potrà verificare perché il re, nel corso d'una conversazione rimasta segreta, rifiuterà di firmare lo stato d'assedio proposto dal presidente del Consiglio il 28 ottobre 1922.

VI
La vittoria del fascismo

Piacerebbe poter affermare che i caratteri distintivi del fascismo si manifestano con chiarezza sin dai giorni successivi: la nostra lettura degli avvenimenti italiani ne risulterebbe più semplice, il nostro giudizio più netto. Ma la verità è più complessa, il quadro più contraddittorio. Il fascismo al governo, soprattutto nella prima fase, non è né una ideologia né un programma politico. È tutt'al più un'intuizione. Mussolini ha compreso che i vecchi partiti, arroccati intorno a formule in parte obsolete, si sono ristretti come pelle di zigrino scoprendo una zona vastissima del corpo sociale. Ha compreso che nella palude dei ceti emergenti gli antichi principi della convivenza istituzionale e del regime rappresentativo non destano eco, non suscitano consensi. Gli unici valori che parlano all'immaginazione, gli unici sentimenti che suscitano entusiasmo sono quelli della guerra. La borghesia industriale è troppo debole per imporre la propria volontà, la classe operaia non è forte abbastanza per affermare la propria. Il sistema è bloccato. Camminando nel vuoto aperto dai partiti politici, sfruttando la debolezza degli uni e la forza insufficiente degli altri, egli è giunto al potere. Ma di lì ad avere un programma di governo e un progetto di regime, ci corre.

Una politica a breve termine

Il suo primo obiettivo, una volta al potere, è quello di restarvi. Limitato e ambizioso al tempo stesso. Per riuscire occorre anzitutto venire a patti con la democrazia liberale e spartire con essa il governo. Nel suo primo discorso alla Camera dei deputati Mussolini dichiara minacciosamente che nulla gli avrebbe impedito di trasformare l'aula di Montecitorio in un «bivacco di manipoli». Ma dietro questi accenti rodomonteschi e termidoriani si nasconde un dilemma. Il leader del fascismo non può impegnare una prova di forza con i partiti costituzionali, ma non può d'altro canto rinunciare a quell'immagine di uomo forte e nuovo, capace di tagliare con la spada di Alessandro i nodi gordiani della democrazia liberale, che è nell'autunno del 1922 il suo maggiore capitale politico.

I pretoriani e gli altri

I primi due anni sono spesi a conciliare queste esigenze. E a pagare i debiti. Sollevato sugli scudi da bande riottose di pretoriani, una delle sue prime decisioni è quella di inquadrarli nella «Milizia Volontaria per la Sicurezza Nazionale» che conterà ben presto 250.000 membri. Con la soppressione della guardia regia che Nitti aveva costituito nel 1919 per fiancheggiare i carabinieri, il provvedimento sembra contenere *in nuce* la prefigurazione del regime e di un ordine pubblico fascista. Ma ha anche interessanti risvolti sociologici. A differenza di quanto è accaduto nel 1861 e di quanto accadrà dopo la Resistenza, nel 1945, l'Italia parallela entra nello Stato, diventa anzi corpo dello Stato. Nel dare un'uniforme all'avanguardia militante delle classi emergenti Mussolini soddisfa la loro vanità piccoloborghese, il loro imperioso bisogno di status; e sottrae gli squadristi all'influenza dei «ras» che hanno creato centri di potere personale, soprattutto nelle province emiliane e lombarde.

Ma gli scudi dei pretoriani non sarebbero bastati a sospingerlo verso il Quirinale se nell'ultima fase non avessero dato man forte gli agricoltori della valle padana e alcuni esponenti della borghesia industriale. I debiti contratti traspaiono chiaramente dalla politica liberista del primo governo Mussolini i cui «capisaldi (...) furono (...) l'abrogazione definitiva (dopo quella tacita già accordata dal governo Facta) della nominatività dei titoli e delle norme sull'avocazione di profitti del periodo bellico, l'accantonamento delle risultanze più gravi della commissione parlamentare d'inchiesta sulle spese di guerra, il ritorno ai privati dei servizi telefonici e delle assicurazioni sulla vita, nonché varie riforme burocratiche dirette a incoraggiare gli investimenti privati e i redditi d'impresa e a ridurre per contro la spesa pubblica per i programmi sociali. In pari tempo fu accantonata qualsiasi prospettiva di intervento pubblico, diretto o indiretto, nello sfruttamento delle risorse idrauliche e si diede mano libera ai progetti privati di controllo della produzione e distribuzione dell'energia elettrica per intere regioni, al di là degli interessi e delle aspirazioni degli enti locali».[1] Pagamento di debiti, ma anche politica congiunturale, suggerita o imposta dalle circostanze. Dopo la crisi dell'immediato dopoguerra l'economia occidentale è nuovamente in fase di ripresa, e Mussolini ne approfitta lasciando libero gioco all'iniziativa degli imprenditori e restringendo al tempo stesso la zona degli interventi statali. Raggiunge così un doppio scopo: lusinga la componente liberista delle classi emergenti e avvia con successo il risanamento della finanza pubblica il cui deficit aveva assunto ormai proporzioni fallimentari («Nel 1920-21 le entrate effettive coprivano (...) poco più del 37% delle spese e il disavanzo era cresciuto nei due esercizi successivi da 7,8 a 15,17 miliardi.»)[2] Ma i ceti medi non sono soltanto liberisti. Essi sono anche –

[1] V. Castronovo, *La storia economica* in *Storia d'Italia*, *cit.*, p. 258 e segg.
[2] *Ibidem*, p. 258.

e la contraddizione attraversa talora gli stessi gruppi, le stesse persone – ansiosi di protezione, di sicurezza, di status sociale. A questa domanda Mussolini risponde con una serie di provvedimenti diretti a favorire il ramo pubblico dei ceti emergenti: statuto giuridico dei magistrati, rafforzamento del personale ausiliario nell'esercito, creazione di nuovi gradi intermedi nelle carriere statali. Le retribuzioni annue lorde di un direttore di divisione e di un direttore di sezione passano da 16.326 e 15.309 nel 1922 a 23.726 e 21.101 nel 1925; quelle d'un archivista capo da 13.121 a 15.851.[1] Alcuni gruppi incassano miglioramenti retributivi in termini assoluti e in termini relativi vedendo ridursi lo scarto che li separa dai gruppi superiori; altri progrediscono marginalmente o perdono terreno. La politica retributiva del primo governo fascista contribuisce a disegnare una nuova gerarchia sociale che premia e rafforza la palude elettorale su cui Mussolini ha piantato le palafitte del potere.

Una nuova gerarchia sociale

I contorni di questa nuova gerarchia sociale divengono ancor più evidenti ove si prendano in considerazione i salari del settore industriale.[2] Fortemente cresciuti dal 1919 al 1921 (da 90 nel 1918 a 135 nel 1921, assumendo il 1913 = 100), quelli reali giornalieri avevano subito una leggera flessione nel 1922 (128) ed erano risaliti a 133 durante il primo anno del governo Mussolini per subire una graduale erosione nei tre anni successivi (132, 126, 123). La diminuzione dei salari orari è ancor più forte: da 192 nel 1921 a 143 nel 1926. Ma l'espansione che coincise con l'avvento di Mussolini al potere aumentò mediamente le ore lavorate

[1] *Sommario di statistiche storiche italiane*, *cit.*, pp. 204 e 205.
[2] Cfr., in proposito, V. Zamagni: «La dinamica dei salari nel settore industriale», in *Quaderni storici* n. 29-30 *(L'economia italiana nel Periodo fascista*), Ancona, maggio-dicembre 1975, pp. 530-549.

da 7,5 nel 1921 a 8,5 nel 1924 e «mentre gli imprenditori approfittavano dell'inflazione per alleggerire notevolmente i loro costi orari, le buste paga non ne venivano corrispondentemente decurtate a causa della aumentata disponibilità di lavoro».[1] Resta pur sempre il contenimento dei salari industriali in termini assoluti e soprattutto in termini relativi.

Favorito dalla congiuntura e dal diminuito potere contrattuale della classe operaia il primo Mussolini può vantarsi di risultati brillanti che gli appartengono solo in parte. Citiamo ancora Castronovo: «Fra il 1921 e il 1925 il prodotto interno lordo aumentò a un saggio medio annuo del 4% e le esportazioni di manufatti, grazie anche al continuo deprezzamento della lira, crebbero ogni anno al tasso medio del 15,5%. Stando alle valutazioni del Fuà, l'indice della produzione manifatturiera si spostò nel triennio 1923-25 da 100 a 141; assai più ottimistici sono i dati riportati da Lewis che arriva ad attribuire all'Italia uno sviluppo industriale inferiore soltanto a quello giapponese».[2] Ancor più significativi i dati sul bilancio economico nazionale. Nel 1922 le entrate effettive (ordinarie e straordinarie) corrispondono a 19.701 milioni di lire; le spese effettive a 35.461 milioni. Nel 1925 i due dati sono rispettivamente 20.440 e 20.023.[3]

Questa, a grandi linee, l'immagine del primo fascismo. Autoritario, ma non sino a modificare istituzionalmente le regole del gioco politico. Dirigista ed «efficiente», ma non sino a ignorare i vantaggi dell'iniziativa imprenditoriale in clima di buona congiuntura. La svolta – politica, economica, istituzionale, ideologica – si colloca a cavallo fra il 1924 e il 1925.

[1] *Ibidem*, p. 536. La legge sulle 8 ore (1919) fu una delle prime conquiste della classe operaia nell'atmosfera fortemente conflittuale del dopoguerra.

[2] Cfr. V. Castronovo, *La storia economica*, in *Storia d'Italia*, *cit.*, p. 266.

[3] *Sommario di statistiche storiche*, *cit.*, pp. 206 e 207.

I primi passi verso il regime

Il primo passo furono le elezioni politiche dell'aprile 1924, le terze nel giro di 6 anni. Dopo avere proposto e ottenuto un'importante modifica del sistema proporzionale (la lista a cui fosse andato il maggior numero di voti, purché non inferiore al 25%, avrebbe avuto alla Camera due terzi dei seggi), Mussolini presentò una coalizione costituita da fascisti e apparentati, fra i quali alcuni esponenti dell'Italia liberale, ed ebbe 4 milioni e 229.211 suffragi, pari al 65% dei votanti. Troppi per essere interamente dovuti ai soprusi degli attivisti fascisti, alle pressioni dei prefetti e alla minacciosa presenza della milizia nei seggi elettorali.

Convocata la Camera, il deputato socialista Giacomo Matteotti pronunciò un forte e coraggioso discorso contro i brogli elettorali e le violenze di cui i fascisti s'erano resi responsabili. Qualche giorno dopo, il 10 giugno, fu rapito in un viale romano, ucciso, abbandonato in un bosco nei dintorni di Roma. L'enormità del delitto, la sua causa evidente (sopprimere una voce che aveva osato alzarsi liberamente contro il governo) sollevarono nel paese una vasta ondata di sdegno. I più autorevoli rappresentanti del mondo industriale e della democrazia liberale – coloro che avevano sperato recuperare e assorbire le energie fasciste – si trassero in disparte sotto la cupa impressione di un atto che superava in crudeltà e cinismo le più sanguinose vicende degli anni precedenti. Il paese stesso, o quanto meno una larga parte della pubblica opinione, attese per qualche settimana che il re e l'opposizione dessero una direzione politica allo sdegno dei più. Ma il re preferì restare alla finestra e l'opposizione rivelò le proprie divisioni e la propria impotenza. Mentre i comunisti proponevano lo sciopero generale, liberali, popolari e socialisti si limitavano ad abbandonare la Camera dei deputati in segno di protesta. Recitato di fronte al paese, questo duello fra un partito isolato ma privo di scrupoli e un'opposizione nobile ma inetta ebbe il risultato di rovesciare la situazione nel giro di pochi mesi. Se nell'estate del 1924 sussistevano ancora alcuni dubbi sulle virtù della democrazia rappresentativa italiana, nell'autunno dello stesso anno ogni dubbio era scomparso. Quando il 3 gennaio 1925 Mussolini annunciò alla Camera a chiare lettere che il governo si avviava a divenire regime, la battaglia era finita; e l'opposizione l'aveva perduta più di quanto il fascismo non l'avesse vinta.

Quale sia stata la parte di Mussolini nel delitto Matteotti non è ancora certo.[1] Possono farsi alcune ipotesi. Che egli abbia conosciuto il piano e non abbia fatto nulla per impedirlo. Che egli abbia appreso la notizia dell'assassinio a cose fatte. Che egli abbia *obiettivamente* incitato i suoi collaboratori a eliminare Matteotti attaccandolo minacciosamente in un articolo apparso anonimo sul *Popolo d'Italia* e sull'*Impero* di cui s'è ritrovato più tardi il manoscritto. Ma per quanto moralmente importante, ogni ricerca sulle responsabilità di Mussolini è politicamente inutile. Provocato o accettato, il delitto Matteotti permise a Mussolini di rompere (altri direbbe: lo costrinse a rompere) il rapporto ambiguo e compromissorio che egli aveva stretto con la democrazia liberale. Che la svolta rientrasse sin dall'inizio nei suoi disegni è, allo stato attuale delle nostre conoscenze, questione puramente ipotetica. Il comportamento dell'opposizione la rendeva inevitabile.

La svolta economica segue di qualche mese quella politica e le sue motivazioni sono, a tutta prima, meno evidenti. Abbiamo visto come nei primi due anni del suo potere Mussolini abbia approfittato della buona congiuntura e ridotto fortemente il deficit del bilancio statale. Ridotto, non eliminato. Al tempo stesso la progressiva svalutazione della lira ha favorito le esportazioni (assumendo il 1922 = 100, l'in-

[1] La bibliografia sull'argomento è particolarmente abbondante. Nell'ottobre 1975 la Columbia University ha ospitato un interessante convegno a cui hanno partecipato numerosi storici italiani e americani. Cfr. L. Valiani, « Perché il caso Matteotti rafforzò il fascismo », in *Corriere della Sera*, 18 ottobre 1975.

dice, a prezzi correnti, è salito nel 1926 a 202), ma ha rincarato le importazioni di cui l'economia italiana è tributaria, soprattutto in fase di espansione, e in particolar modo quelle dei prodotti alimentari. Anche a causa di forti tensioni speculative sulla lira il deficit commerciale riappare minaccioso alla fine del 1925: 8.030 milioni contro i 5.103 dell'anno precedente. Quello della bilancia dei pagamenti, scomparso nel 1924, registra a sua volta una brusca impennata nell'anno successivo. E sull'intera situazione economica e finanziaria pesa l'ipoteca dei debiti contratti durante la guerra. Speculazione sulla lira, deficit della bilancia commerciale, della bilancia dei pagamenti e del bilancio statale, rincaro dei prezzi interni e inflazione: questi i dati fondamentali dell'economia italiana nel 1925. Dopo una breve parentesi protezionista Mussolini affida la direzione economica del paese a un grande finanziere, Volpi, e avvia una fase di stabilizzazione monetaria che si concluderà con l'attribuzione alla Banca d'Italia di vasti poteri in materia di credito e circolazione monetaria e, nel dicembre del 1927, con la fissazione di nuove parità che a molti parranno eccessivamente alte: 19 lire per un dollaro e 92,46 lire per una sterlina. Comincia così in Italia, con un forte anticipo sulla crisi recessiva del 1929, una brusca fase di deflazione che dalla parità lira-sterlina prende nome di «quota 90».

Un mediatore autoritario

Condotta con innegabile brutalità, la prima grande operazione finanziaria di Mussolini ne caratterizza fortemente il regime. Studiarne le motivazioni e gli obiettivi, scoprire coloro che ne furono colpiti e coloro che ne trassero vantaggio, ricercare le sue incidenze sul sistema economico italiano negli anni successivi può servire a definire il fascismo e le sue priorità. Ma non è impresa facile perché la politica deflazionistica del 1926 suscita reazioni e contrasti che attraversano tutta la classe dirigente, politica ed economica del momento. L'industria desiderava il ritorno a parità più stabili (l'Inghilterra era ritornata all'oro), ma non tutti gli imprenditori erano d'accordo sulla necessità d'una rivalutazione così severa. Erano ostili in particolar modo i tessili, i meccanici, gli edili e più generalmente i produttori di beni di consumo per l'esportazione e per il mercato interno. Erano ostili le banche d'affari la cui «tradizionale influenza politico-economica (uscirà) in qualche modo ridimensionata, più che dalle conseguenze della severa svolta deflazionista, dall'avvento (per la contemporanea unificazione delle banche di emissione) di condizioni più propizie per una politica finanziaria attiva da parte dello Stato».[1] Erano ostili i sindacati fascisti e soprattutto Rossoni che andava sostenendo la necessità di un corporativismo integrale. Affermare che Mussolini agì nell'interesse dell'industria e del grande capitale è quindi impossibile. La sua funzione, nella crisi del 1926, è piuttosto quella del mediatore autoritario che scioglie energicamente i nodi d'una situazione intricata componendo, nei limiti del possibile, interessi contrastanti. Ma la mediazione, per quanto prammatica e sollecitata dalle circostanze, risponde a due preoccupazioni fondamentali. In primo luogo, proteggere dall'inflazione i redditi dei ceti medi su cui egli ha fondato la sua scalata al potere. In secondo luogo, rafforzare la credibilità finanziaria del paese all'estero nel momento in cui giungono a scadenza importanti negoziati con la Gran Bretagna e con gli Stati Uniti. Risalgono a quel periodo, infatti, gli accordi per il regolamento dei debiti di guerra con Gran Bretagna e Stati Uniti e i prestiti americani all'Italia. Si è parlato, a questo proposito, di «subordinazione finanziaria» dell'Italia all'America e si è scritto giustamente che Mussolini «cercò di subordinarsi alla finanza americana, un po' come sul piano diplomatico si subordinò spesso a un imperialismo (fino al 1927, quello inglese, poi, dal 1936, quello tedesco) per perseguire

[1] V. Castronovo, *La storia economica*, in *Storia d'Italia*, *cit.*, p. 271.

i suoi fini imperialistici in un mondo dominato da potenze troppo forti perché l'Italia potesse affrontarle da sola».[1] Ma il problema potrebbe essere posto, forse più correttamente, in altri termini. L'alternativa per un uomo politico nazionalista, e per di più deciso a non modificare il modello economico del paese, non era l'indipendenza e la dipendenza, ma due forme di dipendenza: quella di chi s'avvia al dissesto finanziario attraversando una prosperità precaria e quella di chi, avendo ripreso in mano il controllo della propria economia, può fare ricorso al credito internazionale. La scelta di Mussolini corrisponde pienamente all'importanza che egli annetteva alla politica estera e fu indubbiamente «nazionale». Fu tale, tuttavia, a scapito di larghi settori della classe operaia, i quali pagarono con i loro salari la nuova politica di austerità e di prestigio.[2] Privati di forza contrattuale e in una certa misura della possibilità di emigrare, ridotti a testimoni e soggetti passivi di una vicenda che li concerneva direttamente, essi non poterono far sentire la loro voce e orientare in senso meno iniquo la politica economica del regime.[3] Di qui quel divario tra fascismo e classe operaia che il regime non riuscirà mai a sanare del tutto.

Le conseguenze

Le formule adottate nel 1926 ebbero conseguenze durevoli sul sistema economico italiano. Durante la sua lunga milizia populista Mussolini aveva acquisito una «filosofia» pre-ca-

[1] G. Carocci, *Storia d'Italia dall'unità ad oggi*, Feltrinelli, Milano, 1975, p. 260. Si veda anche in proposito G.G. Migone, «La stabilizzazione della lira: la finanza americana e Mussolini», in *Rivista di Storia contemporanea*, 1973, n. 2.

[2] Per l'andamento dei salari industriali dopo il 1927, cfr. V. Zamagni, *art. cit.*, p. 538.

[3] Secondo il censimento industriale del 1927 gli addetti alle attività manifatturiere erano 3.302.000, vale a dire un milione di unità in più rispetto all'ultimo censimento industriale (1911).

pitalista del lavoro e una vaga aspirazione maurrassiana al lavoro creativo, individuale, artigianale: concezioni brumose, raccolte qua e là nel corso di una eclettica formazione rivoluzionaria. Una volta al governo, pur senza rinunciare al lessico anticapitalista degli anni ruggenti, egli accettò la realtà economica del paese e la logica dell'«accumulazione capitalista». La svolta economica del 1926, per il modo in cui fu diretta e per i provvedimenti economici e finanziari da cui fu seguita, dette luogo a una serie di importanti fusioni industriali. Negli anni immediatamente successivi alla svolta – 1928 e 1929 – si ebbero 207 fusioni che interessarono 516 società con un capitale complessivo di 8.500 milioni. Le industrie meccaniche, chimiche e delle fibre artificiali si consorziarono, spesso con l'aiuto del capitale americano, per una più efficace organizzazione aziendale e un più sicuro controllo del mercato. Protetto sul mercato interno da «quota 90» e garantito dal regime contro le pressioni rivendicative della classe operaia, il capitale industriale italiano rispondeva alla deflazione razionalizzando le proprie strutture. Rinunciava ai benefici dell'espansione e del commercio internazionale, ma si assicurava il controllo indisturbato del mercato interno e portava a termine il processo di ridimensionamento reso necessario dalla guerra. Il risultato, dal punto di vista di Mussolini, è in parte paradossale. La brusca deflazione del 1926 ha razionalizzato il paesaggio industriale italiano e fortemente diminuito il grado di dipendenza dell'economia nazionale dai mercati internazionali. Ma ha colpito, oltre alla classe operaia, le piccole e medie imprese, vale a dire i laboratori sociali di quei ceti emergenti che sono la base politica del regime. D'ora in poi i ceti medi italiani saranno obiettivamente incoraggiati a trovare rifugio all'ombra dei grandi organismi privati, pubblici o parastatali. Il regime ha premiato, protetto, ma soprattutto congelato la propria base politica. L'ha integrata nella società nazionale trasformandola in burocrazia.

Si delineano quindi in questo periodo alcune caratteristiche fondamentali del regime: il sacrificio della classe operaia, l'estendersi d'un vasto ceto medio, in larga misura alle dipendenze di organizzazioni monopolistiche ed enti pubblici, e infine la creazione di grandi gruppi industriali i quali intrattengono con lo Stato un rapporto ambiguo. Ne dipendono perché non potrebbero sopravvivere se il governo mutasse politica doganale, sociale, finanziaria. Ma al tempo stesso gli impongono scelte e orientamenti che non sempre coincidono con gli orientamenti politico-sociali del regime.

VII
Una filosofia della recessione

La trasformazione del fascismo in regime si estende lungo i quattro anni che vanno dal discorso del 3 gennaio 1925 alle elezioni plebiscitarie del 1929. Soppressa la libertà di stampa, sciolti i partiti e le organizzazioni sindacali, dichiarati decaduti i deputati che avevano abbandonato la Camera dopo il delitto Matteotti, Mussolini trasforma gradualmente le istituzioni. Con una legge del gennaio 1926 si arroga il diritto di emanare decreti-legge. Con una legge del settembre 1928 modifica ancora una volta il sistema elettorale attribuendo al Gran Consiglio del fascismo, ormai organo dello Stato, il potere di comporre una lista unica sulla base delle candidature presentate dalle organizzazioni di categoria. Con una legge del dicembre 1928 inserisce il Gran Consiglio nel meccanismo della successione attribuendogli il compito di presentare al sovrano una lista di candidati alla presidenza del Consiglio in caso di vacanza dell'incarico. E nel 1929, infine, indice elezioni nel corso delle quali i voti contrari ammontano a 136.000. Contemporaneamente riforma l'amministrazione comunale sostituendo i sindaci eletti con i podestà di nomina governativa e promuove la riforma dei codici per meglio affermare nelle leggi la filosofia autoritaria del potere.

Lo Stato e il partito

Nasce così, gradualmente, uno Stato diverso, in cui istituzioni nuove e antiche, organi statuali e organi di partito si affiancano o si sovrappongono. Attento alle esigenze contraddittorie delle forze politiche di cui si è servito per arrivare al potere, Mussolini procede pragmaticamente creando un ibrido costituzionale che corrisponde a certe preoccupazioni conservatrici e nominalistiche della cultura giuridica italiana. Ma le intenzioni sono evidenti: subordinare tutti gli organi dello Stato al potere esecutivo abolendo quel complicato meccanismo di equilibri e contrappesi che l'Italia liberale aveva in parte ereditato dal decennio cavouriano, in parte elaborato durante i primi 60 anni dell'unità. Mussolini realizza così nel giro di qualche anno i programmi istituzionali da cui Crispi e Sonnino erano stati sedotti in alcuni momenti della loro vita politica. L'obiettivo è lo stesso: nazionalizzare e socializzare gli italiani stringendoli nella cornice rigida d'uno Stato fortemente autoritario, ma non privo d'una sua legittimità popolare. Distrutti o distorti i meccanismi della consultazione democratica, Mussolini cerca di fondare il regime su forme di consenso sollecitato e mobilitato attraverso grandi organizzazioni di massa. Nascono così, dopo la Milizia Volontaria per la Sicurezza Nazionale, l'Opera Nazionale Dopolavoro, l'Opera Nazionale Balilla, l'Opera Nazionale Maternità e Infanzia, la Gioventù Italiana del Littorio, la Gioventù Universitaria Fascista. L'obiettivo è pedagogico: formare italiani nuovi. I valori «etici» a cui questa formazione pedagogica continuamente si ispira sono quelli della guerra. Essi riappaiono nelle uniformi, nelle adunate, nelle parate militari, nei giuramenti, nelle professioni di fede, nel rituale marziale. Piaccia o non piaccia, la guerra mondiale è un grande momento unificatore della società italiana e Mussolini ne conserva attentamente il clima, i miti, il folklore. Il risultato è a prima vista caricaturale. Ma sarebbe grave errore farne giustizia con qualche battuta estetica, come fece buona parte dell'intelligencija liberale. Il primo che comprese quanto la strategia di Mussolini fosse nuova e pericolosa fu probabilmente Togliatti.[1]

La «mistica» fascista

La «filosofia» fascista è, soprattutto nei primi anni, indistinta e brumosa. Non per nulla i suoi propagandisti amano parlare di «mistica» facendo largo spazio a virtù irrazionali e volontariste: abnegazione, spirito di sacrificio, dedizione. Il bagaglio culturale del regime è la sintesi di tutte le correnti irrazionali che hanno scosso l'Europa a cavallo del secolo. Dall'insieme di esse il fascismo trae un profondo disprezzo per il sistema parlamentare, da Sorel il metodo della violenza come grande «levatrice» della storia, da Nietzsche e da D'Annunzio l'idea del capo carismatico, da Maurras il mito indistinto d'una società che supera le antinomie del capitalismo fuggendo a ritroso verso un Medioevo idealizzato, dai futuristi l'esaltazione dell'ardimento, dai nazionalisti il concetto dello Stato corporativo e della lotta di classe su scala mondiale fra nazioni ricche e povere. In una prima fase esso si compiace di valorizzare il momento attivo e creativo della lotta politica fornendo così una rozza giustificazione alla violenza delle squadre; e alcuni suoi esponenti si spingono sino ad adottare un atteggiamento di scherno e sarcasmo verso i valori culturali. In un secondo momento prevale tuttavia il desiderio di dare al fascismo una sua legittimità filosofica e a questo lavoro si applicano uomini come Gioacchino Volpe, Giovanni Gentile, Ugo Spirito, Giuseppe Bottai. L'espressione più compiuta di questo lavoro è probabilmente la voce «Fascismo» del-

[1] P. Togliatti, *Lezioni sul fascismo*, Editori Riuniti, Roma, 1970. Le lezioni furono pronunciate alla scuola leninista di Mosca dal gennaio all'aprile 1935.

l'Enciclopedia Treccani, redatta da Mussolini con la collaborazione di Giovanni Gentile.

Non è questa la sede per discutere a fondo di « filosofia » fascista, ma alcuni punti meritano d'essere individuati perché hanno rilevanza politica e culturale, nel senso più vasto della parola. Il primo di essi è certamente il rapporto tra l'individuo e lo Stato. Fra i due termini del problema la scelta è chiara. « Antiindividualistica », si legge nell'Enciclopedia Treccani, « la concezione fascista è per lo Stato; ed è per l'individuo in quanto esso coincide con lo Stato, coscienza e volontà universale dell'uomo nella sua esistenza storica. » E in un altro passaggio, non meno significativo: « (...) l'uomo non è quello che è se non in funzione del processo spirituale a cui concorre, nel gruppo familiare e sociale, nella nazione e nella storia. Fuori della storia l'uomo è nulla. Perciò il fascismo è contro tutte le astrazioni individualistiche, a base materialista, tipo secolo XVIII; ed è contro tutte le utopie e innovazioni giacobine. Esso non crede possibile la ''felicità'' sulla terra, come fu nel desiderio della letteratura economistica del '700, e quindi respinge tutte le concezioni teleologiche per cui a un certo periodo della storia ci sarebbe una sistemazione definitiva del genere umano ».

Dietro questo culto dello Stato – da cui traspare la matrice hegeliana di alcuni teorici del fascismo – ritroviamo in trasparenza il problema fondamentale della nazione, dall'unità in poi: la necessità di integrare nella società nazionale le classi che non avevano partecipato alla formazione e alla direzione dello Stato unitario.

Il rifiuto della felicità

Scartata la via della democrazia rappresentativa e della conflittualità arbitrata, Mussolini aveva sostituito la permissività dello Stato liberale e il concerto disarmonico degli interessi settoriali con una versione moderna e originale dello

Stato hegeliano, una versione fondata sul consenso e sulla mobilitazione delle masse. E poiché ogni esperienza fortemente collettiva richiede la definizione di una «promessa», egli aveva sin dall'inizio indicato alla nazione una serie di obiettivi: l'ordine, la grandezza, la forza. Ma nei primi anni al potere non aveva escluso, aveva anzi implicitamente ammesso, quello d'una più grande prosperità nazionale; e che questo obiettivo gli paresse auspicabile è dimostrato dalla sua politica produttivistica dal 1922 al 1925. Ma ecco che nella seconda metà degli anni '20 il fascismo accoglie un tema nuovo che non appare esplicitamente in nessuno dei movimenti filosofici, spirituali o artistici da cui ha ricavato il suo eterogeneo bagaglio di precetti e comandamenti: il rifiuto della felicità o, come i fascisti amavano dire, della «Vita comoda». A prima vista anche questo risvolto della dottrina fascista viene dalla guerra. Ma un discorso di Mussolini del dicembre 1930 ci offre una chiave supplementare. In piena recessione (non bisogna dimenticare che il governo fascista faceva una politica deflazionista sin dal 1926) Mussolini dichiara al Senato che il popolo italiano è sempre stato abituato a mangiar poco e che delle privazioni avrebbe sofferto meno degli altri. La cultura della guerra diventa, con un geniale adattamento, cultura della recessione, un'eccellente armatura dottrinale per affrontare la crisi economica che si era abbattuta in quegli anni sul mondo occidentale.

Misuriamo così i vizi e il talento di Mussolini, la sua capacità di aggiustare il tiro, correggendo opportunisticamente gli obiettivi del regime, e al tempo stesso la sua abilità nel volgere una situazione a proprio vantaggio. Il mondo attraversa una grave crisi economica ed egli abbandona qualsiasi prospettiva di prosperità e offre al paese una specie di promessa negativa colorandola di riflessioni sul futuro dell'umanità che fanno pensare al *doomwriting*, al catastrofismo di alcuni futurologi americani. È di quegli anni la sua convinzione – una convinzione derivata dalla sua lunga milizia nella sinistra rivoluzionaria – che il mondo avrebbe attraversato una lunga crisi economica e che gli uomini avrebbero dovuto accettare un più modesto livello di vita. Ma da questa visione pessimistica della società occidentale egli trae motivi di conforto per le nazioni « sobrie » e « frugali » come l'Italia perché esse avrebbero tollerato i rigori della crisi meglio di quelle opulente e conquistato un posto più alto nella gerarchia internazionale. Onde quel suo disprezzo per il mondo anglosassone, e soprattutto per gli inglesi – il « popolo dei cinque pasti » –, che oscurerà il suo giudizio politico e militare, alla vigilia della guerra. Non seppe prevedere che anche un uomo di Stato inglese[1] avrebbe saputo, al momento opportuno, fare alla sua nazione una promessa negativa – *blood, toil, tears and sweat* – e su di essa fondare una grande impresa collettiva.

Il fascismo fu quindi una filosofia della recessione. Lo fu per quel misto d'ignoranza e disprezzo con cui il « rivoluzionario » Mussolini considerava i meccanismi dell'economia di mercato. Lo fu perché le strutture economiche italiane rivelarono durante le tempeste monetarie ed economiche degli anni '20 e '30 tutta la loro fragilità. Lo fu infine perché l'austerità poteva prestarsi, assai più dell'opulenza, agli obiettivi d'un regime che si era proposto l'unificazione politica e morale della nazione in chiave autoritaria.

Le « battaglie » sociali

La politica economica e sociale di Mussolini non tende quindi alla soluzione di un problema congiunturale quanto alla creazione di un diverso ordine sociale. Quando Mussolini lancia la « battaglia del grano » e promuove la bonifica di terreni paludosi ha naturalmente un obiettivo preciso: l'autonomia alimentare del paese e l'eliminazione del deficit della bilancia commerciale. Ma ne ha anche un altro: in-

[1] Winston Churchill, nel suo celebre discorso ai Comuni del 13 maggio 1940, disse: « I have nothing to offer but blood, toil, tears and sweat » (« Non ho da offrirvi che sangue, fatica, lacrime e sudore »).

serire i contadini nello Stato, promuoverli attori di una grande vicenda nazionale, annullare lo spazio che separa il loro lavoro dallo Stato-città di cui essi sono i servitori lontani e anonimi. E poiché lo Stato s'identifica nella persona del capo carismatico, il capo non esita a farsi egli stesso contadino – come in altre occasioni sarà soldato, marinaio, muratore, operaio, minatore – e a scendere nei campi a torso nudo per arare e falciare. Il risultato è grottesco e mistificatore, ma non privo al tempo stesso d'una certa logica e d'una certa efficacia sociale, se non economica.

Un altro esempio. Quando Mussolini lancia un vasto piano di lavori pubblici – autostrade, case, acquedotti, edifici pubblici – egli cerca di risolvere situazioni concrete: la creazione di infrastrutture più moderne, l'assorbimento della disoccupazione. Ma si propone al tempo stesso uno scopo più ambizioso: creare un nuovo paesaggio italiano per i nuovi italiani e al tempo stesso conferire patenti di nobiltà in patria al più umile e al più paziente dei mestieri che il proletariato italiano ha esercitato in giro per il mondo: quello di lavorare per gli altri costruendo le case, le strade, le fogne e i ponti degli altri. Quando promuove il «risanamento» di Roma e invita gli amministratori a trasformare il volto delle città italiane a colpi di piccone, egli obbedisce a criteri di civiltà e decoro, ma desidera, al tempo stesso, dare agli italiani il sentimento d'un potere onnipresente. Il pittoresco labirinto della Roma popolare lo irrita perché s'interpone come il fondale d'una commedia domestica e quotidiana fra i monumenti della grandezza. «Entro cinque anni», egli dice al governatore di Roma il 31 dicembre 1925, «da piazza Colonna, per un grande arco, deve essere visibile la mole del Pantheon».[1]

Ciascuna di queste «battaglie» ha il suo risvolto negati-

[1] Il discorso è riprodotto in *Roma Mussolinea* (con note archeologiche di G. Zugli e R. Ricci, Roma, 1937) a cui si rinvia soprattutto per le 299 fotografie sulle trasformazioni e sui restauri durante i primi dieci anni del regime.

vo. Quella del grano contribuisce a ridurre il deficit della bilancia commerciale, ma impone la coltivazione dei cereali anche là dove sarebbe stato opportuno promuovere altre colture. I lavori di bonifica strappano alla malaria e restituiscono al lavoro circa quattro milioni di ettari, ma non hanno, se non in minima parte, il risultato che il fascismo dichiarava di perseguire: la creazione d'una vasta classe di piccoli proprietari. I lavori pubblici colmano anni di ritardo e contribuiscono a unificare geograficamente il territorio nazionale, ma divengono talora un alibi dietro il quale si nascondono piaghe più profonde, problemi insoluti. Il risanamento dei centri urbani restituisce pulizia e decoro a zone insalubri, ma crea città magniloquenti in cui le classi più umili sono respinte verso la periferia per non appannare con la loro presenza la vetrina del regime. Nessuna di queste battaglie tuttavia può essere apprezzata in termini esclusivamente economici, sociali, urbanistici. Il loro obiettivo è politico: inscrivere sulla geografia sociale italiana i segni d'una presenza statale. Che questi segni avessero sovente la fragilità d'una scena teatrale, anziché la solidità d'un arco portante, dipende in larga misura dal talento istrionico e dalla leggerezza concettuale dell'uomo che aveva creduto potersi identificare con lo Stato.

VIII
Il regime: economia e società

Occorreva parlare a lungo del fascismo nella sua fase iniziale per individuare il suo eclettismo ideologico e il suo pragmatismo. È assurdo ridurre il regime all'espressione capricciosa di un uomo capace di mutar pensiero a seconda delle circostanze; ma è altrettanto assurdo disconoscere la parte preponderante che Mussolini ebbe nel determinarne gli orientamenti e nel giustificare a posteriori, con vasti affreschi pseudo-ideologici, decisioni che gli erano in gran parte dettate dalle circostanze. Abbiamo visto quale importanza abbiano avuto il delitto Matteotti e la crisi economico-finanziaria del 1925-27 nel delineare il sistema durante il primo quinquennio. Resta da dire brevemente come la grande crisi del 1929 ne abbia accentuato le tendenze e abbia contribuito a fissarne l'immagine.

La grande crisi

Allo scoppio della crisi l'Italia era al tempo stesso più debole e più agguerrita delle altre nazioni occidentali. Più debole perché il suo apparato produttivo dipendeva fortemente dall'importazione di materie prime e aveva strutture gracili. Più agguerrita perché il governo faceva da tre anni una politica deflazionista e possedeva strumenti d'intervento, di mediazione e di costrizione del tutto ignoti alle grandi democrazie industriali dell'Occidente.

I colpi che il sistema economico ricevette dalla crisi furono duri. « Alla liquidazione in massa degli investimenti a breve termine, ad una vasta serie di fallimenti e al crollo in borsa dei titoli azionari (colpiti da una svalutazione media di quasi il 40%) si accompagnò una caduta verticale dei prezzi, precipitati dall'indice 102 del 1929 a 75 del 1933, particolarmente pronunciata per i prodotti agricoli. Nessun settore dell'attività economica riuscì a salvarsi dalle durissime conseguenze della Depressione. Il risultato fu che il commercio con l'estero si ridusse fra il 1929 e il 1933 da 35.600 milioni di lire a poco più di 13.000 milioni di lire e che la disoccupazione, stando a dati ufficiali, salì alla cifra senza precedenti di circa 1.200.000 unità di cui ben 700.000 nel solo settore industriale (ma in realtà circa metà degli operai erano disoccupati, completi o parziali). La crisi internazionale dimezzò, inoltre, le possibilità di riversare all'estero la manodopera disoccupata. L'emigrazione netta, che tra il 1921 e il 1931 (pur in condizioni difficili per le limitazioni americane) aveva coperto il 25% dell'incremento naturale della popolazione, scese entro il 1936 al 15% e due anni più tardi al 12%. In pratica nel periodo successivo al 1930, emigrarono non più di 60.000 persone all'anno in luogo di 120.000. »[1]

La trasformazione delle strutture...

Il governo reagì anzitutto ricorrendo ad un ventaglio di provvedimenti doganali, monetari e sociali. Ma le proporzioni della crisi richiedevano interventi più ampi. Ispirandosi agli stessi criteri che furono adottati, prima o dopo, in altre nazioni occidentali, ma con i mezzi più drastici che gli

[1] Cfr. V. Castronovo, *La storia economica*, in *Storia d'Italia*, *cit.*, p. 295. Per l'emigrazione durante il fascismo cfr. anche E. Sori, «Emigrazione all'estero e migrazioni interne in Italia tra le due guerre», in *Quaderni storici*, Ancona, 1975, nn. 29-30, pp. 579-606.

erano consentiti dalla sua stessa natura, lo Stato divenne allora industriale e banchiere. Dopo avere inutilmente cercato di soccorrere le banche attraverso la Banca d'Italia, il governo istituì, nel 1931, l'IMI (Istituto mobiliare italiano) con un capitale di mezzo miliardo e il compito di fornire alle industrie in difficoltà prestiti ipotecari rimborsabili a lungo termine. E allorché la misura si rivelò insufficiente, decise di intervenire più direttamente rilevando i titoli azionari che le industrie avevano depositato presso le banche a copertura dei loro debiti e fornendo i capitali necessari per la gestione delle imprese. Realizzata attraverso la costituzione d'un nuovo ente, fondato nel gennaio 1933 (l'IRI, Istituto per la ricostruzione industriale), questa operazione fece dello Stato italiano il più forte imprenditore pubblico ad occidente del Dnepr. Sei anni dopo, nel 1939, « le aziende controllate dall'Istituto concorrevano per il 77% alla produzione della ghisa, per il 45% a quella dell'acciaio e per il 67% alla lavorazione del minerale di ferro; esse assicuravano, inoltre, l'80% delle costruzioni navali, il 22% di quelle aeronautiche e la metà della fabbricazione di armi e munizioni. A imprese facenti capo all'IRI apparteneva infine il 90% delle linee di navigazione sovvenzionate, ossia il nucleo più importante della marina mercantile ».[1] Ancor più radicale fu l'ingresso dello Stato nel settore creditizio: le maggiori banche nazionali furono assorbite dall'IRI e si videro assegnare, nell'ambito d'una nuova legge bancaria, obiettivi precisi e limitati. Nel giro di due anni, sollecitato dalla crisi, il regime fascista aveva quindi spezzato i meccanismi tradizionali dell'economia liberale e conferito allo Stato, quanto meno sulla carta, i poteri d'una politica industriale fortemente centralizzata e dirigista. Altrettanto accadeva in agricoltura dove i piani di bonifica, l'istituzione dei consorzi agrari e il controllo del credito rappresentavano

[1] Cfr. V. Castronovo, *La storia economica*, in *Storia d'Italia*, *cit.*, p. 301.

potenzialmente altrettanti strumenti per un vasto disegno territoriale e sociale.

I risultati furono positivi a breve termine, negativi o comunque discutibili in una prospettiva più lunga.

Furono positivi ove si accetti l'ipotesi, peraltro assai verosimile, che l'economia italiana era meno di qualsiasi altra in grado di fronteggiare la crisi in condizioni di mercato. Non possiamo « quantificare » un disastro che non avvenne. Possiamo tuttavia immaginare la liquidazione di interi settori produttivi, la pauperizzazione della classe operaia. Tutto lascia supporre che sotto i colpi della recessione l'Italia avrebbe visto distrutto il lavoro degli ultimi trent'anni, e subito tensioni sociali incontrollabili. Mercé gli interventi dello Stato le industrie resistettero, la disoccupazione fu contenuta, in parte riassorbita, e alcuni settori produttivi, finanziati e protetti, poterono continuare quel processo riorganizzativo di cui abbiamo visto una prima fase all'epoca di « quota 90 ».

A più lungo termine, i risultati furono negativi o quanto meno discutibili. Superata la crisi, il regime aveva di fronte a sé due strade: smobilitare gli interventi statali, come accadde in Germania, o servirsene per realizzare la politica di cui aveva annunciato le grandi linee sin dal suo avvento al potere. Non fece né l'uno né l'altro. Mantenne le « bardature » della crisi, ma non seppe, o non poté, servirsene per trasformare la società italiana, colmare le distanze fra nord e sud, ridistribuire secondo criteri di maggiore equità il reddito nazionale; e ogniqualvolta fu posto di fronte alla necessità di addossare agli uni o agli altri il peso di una scelta economica, finì per sacrificare le masse operaie e contadine comprimendone ulteriormente i salari. Accadde così che il capitalismo italiano, benché privato in larga misura della libertà di intraprendere e di fallire, riuscì a imporre le proprie scelte, i propri obiettivi, la propria logica. Ebbe cioè i poteri senza le responsabilità.

Partendo da queste osservazioni molti studiosi del fenomeno fascista sono giunti alla conclusione che il regime fu il quadro politico che la borghesia italiana impose al paese per riorganizzare le proprie strutture in una fase particolarmente delicata del suo sviluppo.[1] Ma questa tesi priva il fascismo di qualsiasi autonomia programmatica, lo degrada a strumento mercenario d'un disegno concepito da altri e riduce il suo complesso apparato politico-amministrativo a un'enorme e laboriosa menzogna concepita per nascondere interessi elementari. Se vi fu collusione fra il regime e gli interessi della grande borghesia industriale – e certamente vi fu – le ragioni sono altrove.

Esse vanno ricercate, almeno in parte, nell'inettitudine amministrativa dell'apparato burocratico italiano degli anni '30. Per dare sicurezza e rispettabilità alle classi emergenti, per organizzare il consenso, per far fronte agli obblighi che lo Stato aveva assunto durante le crisi del 1925-27 e del 1929-32, Mussolini aveva enormemente dilatato la burocrazia ministeriale, quella degli enti parastatali e quella del partito. Per non parlare che degli impiegati pubblici: il loro numero era cresciuto, dal 1923 al 1932, del 94,4%; e dal 1932 alla guerra essi aumentarono d'un terzo, da 638.329 a circa 990.000. Chi fossero, quale fosse la loro formazione professionale, quale istruzione di base avessero ricevuto e da quali strati sociali provenissero sono quesiti che richiederebbero una lunga analisi sociologica. Qui basti dire che l'Italia non era in grado d'improvvisare un apparato amministrativo capace di assumere le responsabilità delicate e complesse d'uno Stato divenuto nel giro di dieci anni pedagogo, imprenditore, banchiere, assistente sociale.

Fortemente negativa nei quadri intermedi dello Stato e del partito, questa carenza era ancor più perniciosa al vertice della tecnocrazia fascista, dove gli uomini capaci di con-

[1] Tralascio per brevità la tesi secondo cui il fascismo fu soprattutto strumento dei ceti agrari più retrivi, decisi a difendere i loro privilegi e le loro posizioni parassitarie. Sull'insieme di questi problemi cfr. *Il fascismo nell'analisi sociologica*, a cura di Luciano Cavalli, Il Mulino, Bologna, 1975 e L. Garruccio, *L'industrializzazione tra nazionalismo e rivoluzione*, Il Mulino, Bologna, 1969.

cepire un disegno unitario erano pochi, poco ascoltati e mal seguiti. Non sorprende, in tali condizioni, che la borghesia industriale fosse sempre, o quasi, in condizione d'imporre la propria logica e le proprie scelte. Quanto a Mussolini, egli poteva disegnare grandi affreschi, imprimere determinati orientamenti e all'occorrenza, come vedremo fra breve, aprire o chiudere le porte della guerra e della pace. Ma non poteva accompagnare un programma e neppure un semplice ordine nei suoi labirintici passaggi attraverso un'amministrazione distratta, incompetente, impreparata. Non poteva anche perché una certa irresistibile vocazione «teatrale» lo spingeva a premiare la facciata coreografica del sistema piuttosto che la sua interna solidità, gli attributi apparenti dell'efficienza più che la sua sostanza, l'obbedienza proclamata e ritualizzata piuttosto che il consenso discusso e ragionato. Portando a estremi caricaturali quella cultura di guerra che dopo avere fortemente contribuito a nazionalizzare le classi emergenti era divenuta ormai sterile rito, egli aveva prescritto che i funzionari dello Stato indossassero una speciale uniforme, che molti di essi avessero un grado corrispondente nella «Milizia Volontaria per la Sicurezza Nazionale», e che il loro comportamento fosse «marziale». Accadeva così che un ministro convocato a Palazzo Venezia – nella fattispecie il ministro della Cultura popolare Alfieri – percorresse «i famosi trenta metri che separavano la porta dalla scrivania a passo di corsa, coi pugni chiusi e accostati al petto, come il soldato che esce dalle righe per presentarsi al comandante del plotone».[1]

Proclamati ed esibiti al vertice, questi modelli di comportamento divenivano, scendendo lungo le gerarchie del regime, un grottesco criterio di selezione a rovescio. La burocrazia di Stato e di partito a cui Mussolini aveva affidato il compito non tanto di amministrare quanto di formare la società

[1] Cit. in M. Luciolli, *Palazzo Chigi: anni roventi*, Rusconi, Milano, 1976, p. 54.

italiana era in realtà lo strumento più fragile del regime, quando addirittura non ne moltiplicava i difetti e gli errori.

... e le trasformazioni sociali

Ciononostante la società italiana mutò durante quegli anni forse più di quanto non fosse mutata durante le tre generazioni unitarie che l'avevano preceduta. Mutò a causa del regime, beninteso, ma anche a dispetto del regime il quale più d'una volta dovette limitarsi a prendere nota di evoluzioni che sfuggivano al suo controllo e che occorreva tutt'al più legittimare a posteriori. Cominciamo dalle mutazioni quantitative. All'inizio degli anni '30 l'Italia ha superato i 40 milioni: 41 milioni e 177 mila, per l'esattezza, contro i 37 milioni e 974 mila del 1921. Di questi, secondo il censimento industriale del 1937-38, 4 milioni e 162 mila sono addetti all'industria, con un aumento di 850 mila unità rispetto al 1927. Rappresentano quasi il 30% della popolazione attiva e all'inizio della seconda guerra mondiale concorrono al prodotto lordo privato per la percentuale del 34,1% (25,3% nel 1921). E poiché la quota dell'agricoltura è andata progressivamente declinando (29,4% nel 1940), l'Italia ha ormai un'economia prevalentemente industriale. Benché il fascismo cerchi di frenare lo sviluppo dei centri urbani, gli italiani si spostano all'interno della penisola come mai prima d'allora. «Si è calcolato (...) che negli anni '30 (...) cambiarono residenza 1.200.000 persone in media ogni anno (rispetto alle 800.000 del quadriennio 1923-26). In complesso fra il 1923 e il 1939 le nuove registrazioni ammontarono alla cifra imponente di 18 milioni di unità, mentre la popolazione urbana passò fra il 1921 e il 1936 dal 45 a quasi il 55 per cento.»[1] Il governo scoraggia le migrazioni in-

[1] Cfr. V. Castronovo, *La storia economica*, in *Storia d'Italia*, *cit.*, p. 319 e segg.

terne, vieta ai lavoratori di abbandonare la residenza senza autorizzazione del prefetto (1930), promuove una campagna pseudo-culturale per esaltare i valori semplici e le virtù virili della gente rurale. Inutilmente. Il più autoritario dei regimi dell'Europa occidentale (Hitler non ha ancora il potere) non riesce a impedire che i propri sudditi passino con i loro poveri bagagli attraverso le maglie d'una amministrazione incompetente o bonaria. E poiché l'Europa è in crisi e l'America ha chiuso le sue porte all'immigrazione dall'Europa meridionale, essi approdano nei sobborghi popolari di Roma e delle grandi città del nord. Così facendo, sfuggono all'inquadramento sociale del regime che li voleva agricoltori, non operai, contadini, non cittadini. Ma divengono al tempo stesso più disponibili per quel lavoro di « educazione nazionale » e mobilitazione « morale » che il fascismo sta facendo nelle città con innegabile successo. Se ne vedono i risultati in alcuni dati statistici. Gli abbonamenti alla radio, che erano 40.778 nel 1927, sono 240.824 nel 1931. Gli studenti delle scuole medie, che dal 1913 al 1930 erano mediamente circa 9 per ogni 1.000 abitanti, passano da 9,2 nel 1931 a 20,2 nel 1940, mentre i loro insegnanti, nello stesso periodo, raddoppiano: da 32.708 a 76.486. Non meno significative le cifre dei laureati. Dal 1919 al 1930 essi avevano raramente superato le 45.000 unità; nel decennio dal 1931 al 1940 essi salgono da 47.614 a 127.058. E benché il regime, per assorbire la disoccupazione maschile, scoraggi il lavoro femminile, le donne a scuola occupano un posto sempre più largo. Nell'istruzione media il rapporto, verso la fine degli anni '30, è di 2 a 3; fra i laureati esso passa da 1 a 6 nel 1931 a 1 a 4 nel 1940.

Uno strumento privilegiato: la scuola

La scuola è il luogo privilegiato dell'azione formatrice del regime. Essa era stata riformata nei primi anni del fascismo da un ministro-filosofo, Giovanni Gentile, secondo criteri che furono definiti fascisti e che avevano invece alle spalle un lungo dibattito sulla missione nazionale dell'educazione pubblica nella società italiana. Gentile rielaborò profondamente il sistema assegnando a ogni grado e tipo di scuola una precisa funzione sociale e civile. Sulla vetta di questa nuova gerarchia, fortemente selettiva, pose il liceo classico di cui accentuò il carattere umanistico, e per meglio sottolineare la sua superiorità creò accanto a esso il liceo scientifico, più breve, meno pregiato, con sbocchi universitari meno qualificanti. Concepita con un certo rigore intellettuale, la scuola di Gentile era certamente «nazionale» perché vi si riceveva, come egli stesso scrisse, un'«educazione austeramente patriottica». Ed era al tempo stesso conservatrice perché tendeva a congelare, nobilitandole, le distinzioni sociali e corporative. La scuola elementare, ad esempio, doveva essere «aderente al sentimento, all'esperienza, alle tendenze, ai costumi, alla lingua, all'anima del popolo; religiosa insieme e poetica, legata alle forme venerande delle credenze tradizionali, ma aperta e pronta alle suggestioni e ispirazioni della poesia e dell'arte che sorgono spontanee dalla psicologia più ingenua e sognante della moltitudine e dei fanciulli; piantata per così dire, per lingua e per folklore, nella terra a cui appartiene, nella regione in cui lingua e folklore hanno le prime fattezze e una determinata configurazione (...)».[1] Tradizione, folklore, religiosità e poesia della moltitudine sono parole ambivalenti. Esprimono l'ansia di preservare e coltivare un patrimonio antico, il senso della terra e il senso della patria. Ma possono esprimere al tempo stesso il desiderio di fermare nel tempo la società rurale «ingenua e sognante», di tenerla racchiusa fra le quattro mura delle sue leggende e delle sue «credenze».

Non sarebbe giusto, tuttavia, attribuire alla riforma Gentile un disegno reazionario. Nata, come s'è detto, da un lun-

[1] Il passo è tratto da un'intervista di G. Gentile al *Corriere della Sera* del 20 e 21 marzo 1929.

go dibattito pre-fascista, essa si proponeva altri scopi: dare all'Italia una borghesia colta, formata secondo i criteri d'una pedagogia nazionale, e finalmente capace d'inquadrare e dirigere le altre classi sociali. La riforma fu salutata come « fascista » e Gentile fu sino alla morte una delle gemme più preziose nella corona del fascismo trionfante. Ma il suo rigore umanistico e il suo « elitismo » erano in sostanziale contraddizione, se non con l'ideologia del regime – che aveva, come s'è visto più sopra, una componente « elitistica » –, con la sua natura e con la sua base politica. I ceti emergenti, ansiosi di riconoscimento e di promozione, elusero le classificazioni di Gentile, ruppero i severi steccati che egli aveva eretto e allagarono le scuole destinate alla formazione della classe dirigente. « Tutto il sistema selettivo degli esami venne in qualche modo aggirato dalla piccola borghesia che continuò ad affollarsi nei licei e nelle scuole magistrali, legando la propria volontà di emersione sociale a modelli spesso arcaici di professionalità. »[1]

Il regime non si oppose perché non poteva contrastare le aspirazioni del suo « elettorato », ma cercò di dare alla scuola un'impronta più nettamente fascista sorvegliando attentamente i libri di testo e imponendo agli insegnanti la propria esaltazione. Il risultato non fu positivo. La cultura umanistica del liceo classico era adatta a un *establishment* di tipo britannico, vale a dire a persone destinate, per censo e selezione, a occupare posizioni direttive; ma assolutamente inadatta ai figli della piccola borghesia per i quali il futuro aveva in serbo un impiego pubblico o privato. Attraverso le malformazioni della riforma Gentile l'Italia allevò quindi una burocrazia pubblica e privata senza preparazione e competenza, nutrita di cattivo latino, di poco greco e d'una visione distorta e parziale della storia contemporanea. Abbiamo detto più sopra come il fascismo avesse fossilizzato

[1] G. Ricuperati, « La scuola nell'Italia unita », in *Storia d'Italia*, *cit.*, p. 1.720 e segg.

una larga parte dei ceti emergenti inserendoli nella pubblica amministrazione, negli enti parastatali e nelle grandi imprese economiche protette dalla politica autarchica del regime. Ora, attraverso la scuola, esso completava la diseducazione dei ceti medi dando loro l'istruzione sbagliata; e finiva per spegnere quella forza ascendente che era stata la loro principale virtù.

Il consenso

Ma gli errori di quegli anni saranno pagati più tardi. Per ora i ceti medi gustavano i vantaggi di un sistema che aveva valorizzato e difeso i loro salari, aperto ai loro figli le porte dell'istruzione media e superiore, conferito decoro e prestigio alla loro condizione sociale. In cambio di questi vantaggi essi apprendevano la «cultura» e la «mistica» fasciste, partecipavano alle organizzazioni del partito, celebravano il «sabato fascista» indossando la camicia nera e assicuravano al regime il consenso che fu per molti anni la sua fondamentale legittimità. Consenso in parte verbale, nonostante il carattere «totalitario» del regime, ma in parte sincero e spontaneo perché il fascismo dava a quei ceti non solo alcuni apprezzabili vantaggi materiali, ma anche il sentimento di appartenere a una nazione più rispettata, talora persino invidiata o imitata. Mussolini aveva compreso quale nodo di ambizioni frustrate e di umiliazioni silenziosamente sofferte si nascondesse nel fondo della coscienza nazionale; e quale desiderio – o velleità – di riscatto l'Italia avesse ereditato dalle sue prime, sfortunate esperienze unitarie.

Questi sentimenti non erano propri d'una classe, ma nazionali perché collegati in buona parte a una vicenda di cui tutta l'Italia era psicologicamente partecipe: l'emigrazione. Assumendo con tracotanza, con demagogia, ma anche con un certo vigore la protezione degli italiani all'estero, Mussolini riscosse un successo considerevole. E successi ancora più cospicui realizzò proiettando nel mondo, con sapiente regia, l'immagine d'un paese moderno, dinamico, sportivo. La traversata dell'Atlantico settentrionale e meridionale da parte d'una squadriglia d'idrovolanti bombardieri, la partecipazione alle grandi gare aeronautiche internazionali, le spedizioni al polo Nord, le medaglie conquistate dagli atleti italiani nei giochi olimpici erano per l'Italia – e soprattutto per quell'enorme « Italia fuori d'Italia » che s'era formata a cavallo del secolo – altrettante battaglie vinte. « Ricordatevi », aveva detto Mussolini a un gruppo di sportivi il 28 ottobre 1934, « che quando vi misurate in terra straniera, è ai vostri muscoli e soprattutto alle vostre virtù morali che sono affidati l'onore e il prestigio sportivi della nazione. » Queste parole suonano grottesche oggi. Allora, per la maggioranza degli italiani, non lo erano.

4

DALL'ANTIFASCISMO ALLA DEMOCRAZIA 1935-1998

I
L'antifascismo

Gli intellettuali

Nonostante la soppressione dei partiti e delle organizzazioni sindacali v'era ancora una piccola, tenace opposizione al regime. Gli intellettuali s'erano divisi durante gli anni '20 intorno a due manifesti: il primo nazionalista e fascista, il secondo liberale. Negli anni successivi i travasi dal secondo campo al primo erano stati numerosi. Per conformismo e convenienza economica, certamente, ma anche perché il fascismo, come s'è detto, rispondeva ad alcune attese che erano da tempo presenti nell'intelligencija italiana. Il travaso, del resto, fu reso più facile dalla vanità del regime che pur di collezionare i migliori nomi della cultura italiana non guardava troppo per il sottile e prendeva per buone adesioni e conversioni pronunciate in punta di lingua e con molte riserve mentali. Ne risultarono alcuni compromessi taciti che non giovarono a dissipare quell'odore «controriformista» che è da secoli la componente meno felice della cultura italiana, ma giovarono bensì a salvare le arti e le scienze dalle velleità totalitarie del regime. L'intelligencija liberale trovò rifugio nelle pieghe del sistema e collaborò con Giovanni Gentile alla redazione dell'Enciclopedia Treccani che fu, nonostante il clima dell'epoca, un buon esempio d'indipendenza scientifica. E quella cattolica, dopo avere giurato fedeltà al fascismo, ottenne di poter continuare le proprie ricerche, e soprattutto la propria attività pedagogica, nell'ambito d'una istituzione che l'Italia giolittiana non aveva permesso: l'Università di padre Agostino Gemelli a Milano. Un uomo, Benedetto Croce, pur restando in patria, rifiutò qualsiasi compromissione e fece del proprio lavoro il centro ideale d'una opposizione apparentemente discreta e schiva, in realtà efficace. La rivista che egli continuò a pubblicare in quegli anni – *La Critica* – si astenne dall'impegnare battaglia con il regime sui temi scottanti dell'attualità, ma tenne fede ad una visione profondamente liberale della storia, della civiltà, del costume. Fece, in altre parole, un discorso indiretto, allusivo, rivolto al passato piuttosto che al presente, ma non per questo meno chiaro e convincente per coloro che si formarono nella lettura di quelle pagine. « L'efficacia della predicazione liberale di Croce durante il fascismo », è stato scritto, « sta essenzialmente in questo, che egli riesce a collegarla a una grande operazione storiografica. »[1] La *Storia d'Italia dal 1871 al 1915*, pubblicata nel 1928, e la *Storia d'Europa nel secolo decimonono*, apparsa nel 1932, salvarono un concetto del passato, italiano ed europeo, che era fondamentalmente antifascista.

Gli errori provvidenziali

La forza dell'insegnamento di Croce, la forza che gli consentì di continuare a dialogare con pochi lettori e pochissimi interlocutori, furono la fede nella libertà e la certezza che il fascismo fosse soltanto una parentesi morbosa, un incidente storico nell'evoluzione della società italiana. Croce rifiutò di credere che il fenomeno fascista fosse la necessaria conseguenza di errori, storture, squilibri e vizi della società liberale. E quando dopo la caduta del fascismo prevalse la tesi opposta, egli reagì ribadendo che esso era « uno smarrimento di coscienza, una depressione civile e un'u-

[1] A. Asor Rosa, *La cultura*, in *Storia d'Italia*, *cit.*, p. 1529.

briacatura, prodotta dalla guerra». Affermazione inesatta e quasi paradossale in un uomo così attento ai più segreti meccanismi della storia, ma l'atteggiamento di cui essa era espressione permise a Croce di continuare la sua battaglia intellettuale e morale come se l'Italia da cui egli era circondato fosse una finzione destinata a scomparire da un giorno all'altro, un brutto sogno nella lunga vita d'un popolo. Fu, in altre parole, secondo l'espressione usata da Giorgio Amendola a proposito dell'atteggiamento dei comunisti italiani nei primi anni della lotta antifascista, un «errore provvidenziale».[1]

Le parole di Giorgio Amendola si riferiscono alle polemiche che divisero gli antifascisti italiani sino alla guerra di Spagna. Abbiamo parlato di coloro che accettarono il fascismo e di coloro che, pur rimanendo in Italia, misero in salvo gli strumenti delle loro discipline esercitandoli sul passato anziché sul presente. Altri emigrarono, soprattutto in Francia. Giovanni Amendola e Piero Gobetti vi giunsero in tempo per morire, dopo essere stati aggrediti e feriti da squadre fasciste. Turati vi sbarcò clandestinamente venendo dalla costa ligure, Nitti, Nenni e Salvemini con l'aiuto di amici fidati. Sforza riparò in Belgio, poi in Francia e negli Stati Uniti. Saragat raggiunse la Francia meridionale dopo un soggiorno a Vienna. Don Sturzo finì per trovare rifugio a New York. Lasciavano dietro di loro partiti distrutti, giornali soppressi, compagni sbandati; e molti ebbero, quanto meno in una prima fase, il sentimento d'una guerra perduta, il gusto amaro della disfatta.

«In Italia non c'è più nulla da fare», disse Turati non appena giunse in Francia. Facevano eccezione alcune forti personalità – lo stesso Turati ritrovò la fiducia nei mesi successivi – e i comunisti. S'erano costituiti in partito nel gennaio del 1921 e avevano rifiutato di aderire alla nobile, im-

[1] Cfr. G. Amendola, *Intervista sull'antifascismo*, a cura di P. Melograni, Laterza, Bari, 1976, *passim*.

potente iniziativa dell'Aventino. Si ritenevano estranei, quindi, agli errori dell'opposizione antifascista e da questa convinzione traevano una tenacia che agli altri faceva difetto. E a differenza degli altri non provavano la sensazione della solitudine. Avevano perduto a Roma, ma vinto a Pietrogrado, e si consideravano cittadini d'una patria più grande, destinata a prevalere. Credevano – poiché la III Internazionale lo affermava – che il fascismo fosse la fase conclusiva della crisi del capitalismo e condividevano senza esitare l'equazione moscovita: socialisti = «social-fascisti». Quanti erano i comunisti italiani? «Negli anni che vanno dal '21 al '26 si può dire che un centinaio di migliaia di proletari e di intellettuali hanno seguito il partito comunista; non hanno mantenuto il collegamento con l'organizzazione; non hanno rinnovato la tessera; sono stati obbligati ad emigrare, ma si sono sentiti comunisti.»[1] La loro analisi era sbagliata, ma l'errore fu, secondo Amendola, «provvidenziale» perché dette loro il coraggio di resistere e la forza di agire come se il fascismo potesse crollare da un giorno all'altro. Da allora, e sino alla svolta del 1932-1934, la loro politica fu una lunga teoria di errori, in parte ispirati dalla loro particolare esperienza italiana, in parte dalle direttive della III Internazionale. Non compresero, se non più tardi, che il fascismo era un regime di massa, capace di suscitare e mobilitare il consenso di larghi strati della nazione in un particolare momento del suo sviluppo economico e civile; e forti delle loro analisi sbagliate riuscirono a mantenere in Italia il segno d'una presenza, la traccia d'una struttura organizzativa. Nelle grandi città industriali del nord, dove le organizzazioni democratiche s'erano interamente dissolte, la continuità della loro azione, fra un arresto e una fuga, creò le premesse di un rapporto privilegiato con la classe operaia, gettò le basi del successo che essi raccoglieranno durante la Resistenza e dopo la fine della guerra. Allora e

[1] *Ibidem*, p. 52.

sino alla metà degli anni '30, tuttavia, la loro arroganza e il loro settarismo ebbero l'effetto di rendere ancora più torbido, diviso, chiassoso e impotente il microcosmo dell'antifascismo militante.

Due guerre

Nella seconda metà degli anni '30 due avvenimenti internazionali agirono profondamente e in senso diverso sull'antifascismo. Il primo – la conquista dell'Abissinia – ne scompigliò le file provocando nuovi travasi dal campo dell'opposizione a quello del regime. Il secondo – la guerra di Spagna – saldò il vecchio antifascismo degli esuli con quello che andava prendendo corpo in patria, soprattutto nelle università.

Dopo avere lungamente parlato di politica estera, il regime s'era messo a farne. Dopo avere tenuto sulla scena internazionale un atteggiamento più accorto e moderato delle sue parole, Mussolini aveva deciso di spostare l'asse della sua azione dall'interno all'esterno. Con quali preoccupazioni, per quali ragioni e con quali obiettivi cercheremo di dire nelle prossime pagine.

II
La politica estera: un posto al sole

Gli stati d'animo

ABBIAMO parlato più sopra del confuso dibattito che aveva preceduto l'intervento italiano nel 1915. Con poche eccezioni i gruppi che avevano preteso la guerra avevano agito sotto l'impulso di considerazioni dottrinarie o emotive senza tentare una definizione concreta degli interessi italiani nel Mediterraneo, nei Balcani, nel Vicino Oriente e in Africa. Questa vaghezza aveva marcato la condotta della guerra, l'azione della diplomazia italiana durante il conflitto e l'atteggiamento dei suoi delegati a Versailles durante i negoziati per il trattato di pace. Anziché disporre i propri obiettivi in ordine di priorità e agire di conseguenza, l'Italia si mosse disordinatamente secondo le sollecitazioni che le venivano da una pubblica opinione in cui continuava il confuso dibattito del 1915. Fiume, la Dalmazia, le colonie tedesche in Africa, la spartizione dell'impero ottomano, una provincia russa: tutto apparve e scomparve dal tavolo dei negoziati nel giro di qualche mese, con gran rumore di porte sbattute e di affermazioni polemiche. Per l'incoerenza della sua azione diplomatica e per il suo minor peso specifico sulla scena internazionale, l'Italia, assai più degli alleati maggiori, finì per fare le spese delle concezioni fredde e arroganti con cui Wilson pretendeva insegnare all'Europa le arti della pace. E molti italiani ebbero, a torto o a ragione, la sensazione che il paese avesse vinto la guerra, ma perduto la pace e perduto così una grande occasione per inserirsi durevolmente nella gerarchia delle grandi potenze. Essi confluirono nel fascismo marcandolo sin dall'inizio d'una fortissima coloratura revisionista. Ma insieme alle proprie tradizioni politiche e culturali essi trasferirono nel fascismo anche la scarsa concretezza dei loro dibattiti e soprattutto la visione strumentale e mediata che essi avevano della politica estera nazionale. Sin dalle sue prime battute il fascismo fu quindi revisionista ma non ebbe, e non avrebbe mai avuto, una concezione concreta dei suoi obiettivi internazionali. Fece politica estera in funzione di scopi interni o generici – la grandezza della nazione, un «posto al sole», un'Italia rispettata e temuta – che erano anch'essi, in sostanza, più interni che internazionali.

Un imperialismo prudente

Questo breve richiamo agli stati d'animo del 1915 e del 1919 era necessario per comprendere l'itinerario tortuoso e l'apparente contraddittorietà della politica estera fascista sino alla guerra d'Etiopia. Ciò che colpisce, sin dall'inizio, è la continua divergenza fra le parole e i fatti, tra le manifestazioni esteriori della diplomazia di Mussolini e le sue decisioni fondamentali. Visto dall'esterno, il fascismo è spregiudicato, aggressivo, bellicoso, pronto a raccogliere la benché minima provocazione per riaprire vecchi contenziosi e rimettere in discussione la carta d'Europa, d'Africa, del Vicino Oriente. Visto dall'interno, esso si muove con prudenza, è attento ai problemi dell'equilibrio europeo, sembra cosciente dei propri limiti. Questa coesistenza di atteggiamenti opposti è evidente sin dal primo episodio della politica estera fascista: l'incidente di Corfù nell'agosto del 1923. Reagendo prontamente al massacro d'una missione militare italiana impegnata a definire i confini tra l'Albania e la Grecia, il governo di Mussolini invia un ultimatum ad Atene, chiede l'esecuzione dei responsabili entro cinque giorni, ordina il bombardamento e l'occupazione dell'isola. Ma si ritira da Corfù non appena comprende che la Gran Bretagna non è disposta a tollerare fatti compiuti nel Mediterraneo orientale.

Ambigua, contraddittoria, incapace di definire concretamente gli interessi della nazione, la politica estera fascista risponde tuttavia ad alcuni imperativi strettamente collegati l'uno all'altro.

In primo luogo, il bisogno di manifestarsi, di destare attenzione e incutere rispetto. L'Europa ha accolto il fascismo con interesse, ironia, curiosità e Mussolini ha compreso che la politica estera è una scena su cui egli può proiettare la propria immagine, creare il proprio personaggio. Così facendo, egli soddisfa la propria vanità, ma raggiunge al tempo stesso altri due obiettivi: avvince la nazione a sé sul terreno delle grandi emozioni nazionali, in cui dissentire è tradire, e risponde a quell'indistinto desiderio di rivalsa che è un elemento della psicologia nazionale.

In secondo luogo, la ricerca d'un equilibrio europeo. A tutta prima questo obiettivo sembra in netto contrasto con l'ispirazione revisionista del regime. Ma il fascismo ha ereditato, con l'aggressività degli interventisti, un sentimento complementare che attraversa, come abbiamo visto, tutta la storia unitaria: l'insicurezza, il timore dell'isolamento. Di qui la necessità di ancorare l'Italia a una potenza veramente forte e capace, all'occorrenza, di coprirle le spalle. Riprendendo certe tendenze della diplomazia italiana fra il 1896 e il 1915, Mussolini abbozza intese con la Francia, con l'Unione Sovietica, persino con la Germania, ma rimane sostanzialmente fedele a un rapporto privilegiato con la Gran Bretagna; e da questo rapporto trae appunto una certa sicurezza e una limitata impunità. Non dimentichiamo questa esigenza della politica estera fascista. Essa contribuisce a spiegare perché, nella seconda metà degli anni '30, in una situazione europea ormai profondamente diversa, l'Italia abbandonerà l'Inghilterra per la Germania.

L'Internazionale nera

A differenza dei governi che l'hanno preceduto, il fascismo, d'altronde, dispone d'un mezzo nuovo per conferire alla politica estera alcuni utili collegamenti internazionali: la contaminazione ideologica. Sin dalla seconda metà degli anni '20 sorgono in molte nazioni europee movimenti fascisteggianti che riprendono, quasi sempre in un contesto politico e sociale completamente diverso, il folklore mussoliniano e i riti del suo regime. Se essi siano o meno fascisti è quesito che ci allontanerebbe dal nostro tema.[1] Qui basti dire che i movimenti e gli intellettuali simpatizzanti furono per Mussolini motivo di vanitoso compiacimento e al tempo stesso altrettante occasioni per estendere la sua influenza, per far cantare le sue lodi, per tenere a bada gli antifascisti italiani e per esercitare pressioni sui governi stranieri. Giocata spregiudicatamente e abbandonata senza scrupoli ogniqualvolta il rapporto interstatale è più importante della contaminazione ideologica, la carta dell'« internazionale fascista » gli è utile. Diverrà dannosa allorché imprigionerà il regime in una pericolosa « alleanza ideologica » con la Germania nazista.

Gli anacronismi del fascismo

La quarta costante della politica estera fascista è una concezione arcaica del potere internazionale. L'« imperialismo » di Mussolini era fatto di miti e ossessioni che appartenevano al XIX secolo, non al XX. Ne derivò un'eccessiva preoccupazione per l'espansione coloniale, per le frontiere libiche o somale, per la spartizione dei mandati, per la conquista di posizioni geopolitiche, per l'esibizione della for-

[1] Sulle differenze tra il fascismo e altri movimenti contemporanei o successivi cfr. R. De Felice, *Intervista sul fascismo*, *cit.*, p. 40 e segg., p. 81 e segg.

za militare anche là dove altri mezzi, più moderni, si sarebbero rivelati più efficaci. Buona parte della politica estera fascista sino al 1935 fu assorbita dalla necessità di accendere un'ipoteca sull'Etiopia e di preparare una conquista che doveva essere militare affinché il possesso fosse consacrato e legittimato dalla forza. Beninteso altre nazioni europee, negli stessi anni, obbedivano a una stessa logica, attribuivano eguale importanza agli stessi criteri. Ma i segni della decadenza dell'imperialismo ottocentesco si imponevano ormai all'attenzione degli osservatori più acuti, e tanto più avrebbero dovuto imporsi all'attenzione d'una «filosofia» che si proclamava rivoluzionaria e che indicava nelle potenze «plutocratiche» i suoi naturali nemici. Ma il fascismo, anziché battere nuove strade, esasperò, sino a renderli paradossali e caricaturali, gli strumenti d'una politica che era ormai giunta alla sua fase conclusiva: gli ultimatum, i gesti di forza, gli incidenti creati ad arte per drammatizzare le crisi. Tanto più paradossali e caricaturali quanto più diversa era la realtà che essi rivestivano. Contrariamente alle apparenze, Mussolini non seppe o non poté darsi i mezzi della propria politica. Lo sviluppo dell'aeronautica militare – «arma fascista» per eccellenza, come amavano dire i portavoce del regime – è indicativo. Nel 1933, al momento di lasciare il ministero dell'Aeronautica, Italo Balbo disse a Mussolini che lasciava un totale di 3.125 apparecchi. Mussolini procedette alla «necessaria discriminazione» e giunse alla conclusione che gli apparecchi efficienti dal punto di vista bellico erano in realtà 911.[1] Due anni dopo, alla vigilia della guerra con l'Etiopia, la situazione non era radicalmente diversa. «La nostra aviazione», scrisse Badoglio a Mussolini il 14 agosto 1935, «sta attraversando un gravissimo stadio di crisi. Gli apparecchi che noi abbiamo attualmente hanno

[1] Mussolini a Balbo il 12 novembre 1933, lettera citata in G. Rochat, «L'esercito italiano negli ultimi cento anni», in *Storia d'Italia*, *cit.*, p. 1.885.

tutti molti anni di volo.»[1] Disse lo stesso della flotta e lo stesso avrebbe potuto dire dell'esercito.

Una forza apparente

Era Mussolini cosciente dell'impreparazione militare italiana? Non poteva non esserlo. Nell'aprile del 1930 Grandi, allora ministro degli Esteri, riferì una conversazione con il segretario di Stato al Foreign Office Henderson in margine alla conferenza navale di Londra sull'equilibrio delle flotte europee. Grandi aveva dichiarato che l'Italia non avrebbe mai accettato un contingente navale inferiore a quello francese e Henderson aveva replicato seccamente: «C'è una sola differenza: che voi italiani fate dei discorsi, mentre i francesi fanno dei cannoni».[2] Di questa carenza quindi Mussolini fu certamente consapevole. Ma ogniqualvolta fu necessario scegliere fra la potenza e le sue apparenze, egli scelse la facciata e trascurò la realtà. Per ragioni economiche, probabilmente, e per una certa naturale tendenza a vivere teatralmente il dramma del potere. Ma anche per altre ragioni che sono alla base del suo rapporto politico e sociale con le forze armate. Prima ancora d'essere lo strumento d'una politica, esse erano per Mussolini un potere con cui occorreva patteggiare, un mezzo per socializzare il paese e «fascistizzare» la nazione. Non potendo ricrearle dall'interno, come fecero risolutamente altre rivoluzioni, egli trattò con esse come aveva trattato con altri poteri: la monarchia, i cattolici, la borghesia industriale, la cultura liberale. Pretese da esse dichiarazioni di lealtà e di obbedienza, ma riservò loro in sostanza una fortissima autonomia corporativa. Dette loro soddisfazioni materiali e morali,

[1] *Ibidem*, p. 1.887.

[2] Promemoria di Grandi del 1° aprile 1930, in *Documenti diplomatici italiani*, settima serie, *1932-1935*, vol. 8, Istituto Poligrafico dello Stato, Roma, 1972, p. 569.

quali esse non avevano mai ricevuto da nessun governo precedente, e coltivò i loro riti, i loro comportamenti, il loro linguaggio, le loro tradizioni e la loro cultura. Le lusingò dando loro l'impressione di essere un corpo privilegiato dello Stato, una società ideale da cui tutta la società nazionale avrebbe dovuto trarre ispirazione. Ma si accontentò d'una obbedienza rituale, verbosa e declamatoria, lasciando che la corporazione «esercito» si amministrasse come sono solite fare le corporazioni: con un oculato sistema di cooptazioni concepito per premiare la scaltrezza più del talento.

Con questi ingredienti – la ricerca d'effetti spettacolari, il verbalismo imperialista, una forza militare apparente – Mussolini fece sino al 1935 una politica estera precaria e acrobatica, ma talora brillante e comunque capace di moltiplicare con un accorto gioco di specchi il peso della nazione nel mondo. Riuscì a sostenere il gioco perché non perse di vista la necessità di muoversi all'interno dell'equilibrio europeo. Di quell'equilibrio sfruttò tutte le possibilità – Francia contro Germania, Inghilterra contro Francia, Unione Sovietica contro Occidente – ma con un senso quasi istintivo dei limiti oltre i quali la posta non valeva il rischio. Fu revisionista, naturalmente, perché il tema della «pace tradita» conferiva legittimità e consenso alle sue rivendicazioni, ma seppe tirarsi indietro d'un passo ogniqualvolta la sua politica lo avvicinò all'orlo dell'abisso.

Così sino alla guerra d'Etiopia. Dopo di essa la politica estera fascista imboccò una nuova strada, adottò nuovi indirizzi. Ma la svolta non fu nelle decisioni che precedettero la guerra quanto nelle conseguenze che ne derivarono.

Il peso delle battaglie perdute

Abbiamo visto più sopra quale peso abbiano avuto le battaglie perdute sullo sviluppo della storia unitaria. Una di esse – Adua, nel 1896 – aveva avuto nella vita politica italiana, anche se su scala minore, un significato analogo a quello di

Sedan nella vita politica francese. Anziché respingere l'avvenimento riducendolo a un episodio coloniale di scarsa importanza, una parte dell'opinione italiana ne aveva coltivato il ricordo. Per i nazionalisti, in particolare, Adua aveva messo a nudo non tanto l'impreparazione dell'esercito quanto la fragilità della coscienza nazionale, il povero metallo di cui era fatta la volontà del paese. Per essi, quindi, Adua era un nodo non sciolto della vita unitaria e da Adua occorreva nuovamente passare perché il segno di quella sconfitta non macchiasse il libro su cui l'Italia stava scrivendo la sua storia. Ereditata dal fascismo questa impostazione, sentimentale più che politica, aveva fortemente marcato la sua politica coloniale. E poiché il fascismo aveva ereditato dai nazionalisti e dai sindacalisti rivoluzionari anche il concetto dell'espansione coloniale come aspirazione legittima d'una «nazione proletaria», la conquista d'un «posto al sole» nell'unica terra africana non ancora ipotecata dalle grandi potenze era divenuta sin dagli anni '20 uno dei principali obiettivi della diplomazia di Mussolini.[1] A Roma, con Laval, a Stresa, con gli inglesi e con i francesi nell'aprile del 1935, Mussolini aveva sollevato il problema per assicurarsi il consenso delle maggiori potenze coloniali europee. Vi sarebbe riuscito, probabilmente, se le sue ambizioni etiopiche fossero state soltanto d'ordine economico e politico. Ma l'Etiopia era, come sappiamo, un obiettivo storico e morale, una sconfitta da riscattare, una pagina da riscrivere. Di qui la necessità d'una operazione militare.

La guerra italo-etiopica fu quindi programmata e affrontata come un momento necessario in quell'opera di perfezionamento dello Stato unitario che Mussolini si era proposto: e fu politica interna più che politica estera. «Fallito il tentativo di fascistizzare veramente il popolo italiano negli anni venti e nei primi anni trenta», è stato scritto, «il fasci-

[1] Cfr. G. Carocci, *La politica estera del fascismo dal 1925 al 1928*, Laterza, Bari, 1969, *passim*, e in particolare il cap. XXII, «Gli accordi con l'Etiopia», pp. 228-239.

smo tentò (...) di rendere progressivamente più totalitario il regime e bruciare i tempi di fascistizzazione delle masse, ricorrendo alla molla della politica estera.»[1] L'interpretazione è confermata dalla situazione economica del paese in quel periodo. Dopo avere superato la crisi economica del 1929 con una politica di tipo keynesiano, il fascismo ritrovava al momento della ripresa i soliti problemi strutturali dell'economia italiana: il deficit della bilancia commerciale, nel 1934, fu di 2.451 milioni rispetto ai 1.441 milioni dell'esercizio precedente. «S'imponeva a questo punto un riesame della politica commerciale e valutaria nell'alternativa tra due opposte soluzioni: svalutare la moneta nel difficilissimo tentativo di inserirsi nella ripresa internazionale per riacquistare parte dei mercati perduti, oppure inasprire le difese, e contare sul controllo del mercato interno.» Secondo l'autore che abbiamo citato[2] il regime fascista scelse la seconda via «per motivi ideologici, di politica economica generale ed in vista dell'espansione imperialista».

Autarchia e conquista dell'Etiopia furono quindi i due mezzi paralleli di cui il fascismo si valse per risolvere un nodo di problemi economici, storici e politici. La guerra avrebbe cancellato il ricordo di Adua, dato nuovi sbocchi all'emigrazione italiana, creato un vasto spazio economico entro il quale l'Italia avrebbe risolto le contraddizioni del suo sviluppo. Illusioni, come si vide nel periodo immediatamente successivo alla conquista, ma non per questo meno condivise da larghissimi settori dell'opinione italiana. Lungi dal risolvere i problemi dello sviluppo economico italiano, la guerra d'Etiopia creò false prospettive ed ebbe funeste conseguenze; ma dette al regime, sino allo scoppio della seconda guerra mondiale, un alto margine di consenso popolare.

[1] R. De Felice, *Intervista sul fascismo*, *cit.*, p. 69.

[2] S. La Francesca, *La politica economica del fascismo*, Laterza, Bari, 1972, pp. 74-75.

Presenti, a qualsiasi prezzo

Resta da dire sino a che punto guerra e autarchia furono una svolta programmata, le tappe necessarie d'un regime che le conteneva, potenzialmente, sin dalle sue origini. Se ciò significa che il regime era naturalmente portato a risolvere le sue difficoltà in chiave di conquista e di dirigismo economico, la risposta è certamente sì. È più sfumata invece ove si voglia concludere che gli avvenimenti successivi sono necessariamente a loro volta contenuti nelle due politiche – guerra e autarchia – che il regime adottò quasi contemporaneamente nel 1935. Ciò che accade nei mesi successivi – l'intervento in Spagna nel luglio 1936, l'adesione al patto anti-Komintern nel novembre 1937, il ritiro dalla Società delle nazioni nel dicembre dello stesso anno, la rinuncia all'indipendenza austriaca nel marzo 1938, l'occupazione dell'Albania nell'aprile 1939 – è il risultato d'un insieme di fattori concorrenti. Dichiarando guerra all'Etiopia, Mussolini non intendeva abbandonare la politica pendolare che egli aveva praticato sino a quel momento e mettere in crisi l'equilibrio europeo. Ma la guerra precipitò una serie di reazioni diplomatiche e anticipò gli schieramenti della seconda guerra mondiale. Gran Bretagna e Francia presero posizione contro l'Italia mentre la Germania, pronta a cogliere ogni occasione favorevole alle sue ambizioni revisioniste, continuò a rifornirla di materie prime e prodotti industriali. Mussolini, nel considerare una scena politica europea che andava rapidamente evolvendo, ebbe la sensazione che il precario equilibrio di Versailles – un equilibrio a cui il fascismo era sin dall'inizio ostile – avesse ormai i giorni contati. Il suo revisionismo – bellicoso a parole, ma moderato e ragionevole nella sostanza – divenne nervoso, impaziente. Lo ossessionavano i vecchi fantasmi della storia unitaria, l'antico timore di non essere presente dalla parte dei vincitori il giorno in cui qualcuno, in Europa, avesse ridistribuito le carte. A partire da quei giorni la sua politica estera diventa affannosa, concitata. Appaiono qua e là, come squarci di luce in un cielo burrascoso, momenti di riflessione e di buon senso. Gli inviti alla prudenza di un generale o di un ambasciatore attraversano talora lo spazio retorico in cui Mussolini vive un'esistenza politica irreale e febbricitante, impongono alla sua attenzione i dati di un'equazione politica e militare che l'Italia non dovrebbe ignorare. Ma nel giro di poche settimane essi sono spazzati via dalla convinzione ricorrente che occorre far presto per sedersi, sia pure con carte truccate, al tavolo della grande partita. L'errore è nella analisi, naturalmente. Ma l'analisi a sua volta è viziata dal fattore ideologico. Dopo avere proclamato per quasi vent'anni la decadenza delle democrazie «plutocratiche», il fascismo finisce per credere che Francia, Gran Bretagna e Stati Uniti abbiano gli anni contati. Tutto ciò che è accaduto dalla fine degli anni '20 alla vigilia della seconda guerra mondiale – le grandi crisi del capitalismo, l'angosciosa titubanza con cui i regimi parlamentari hanno reagito all'aggressività delle nazioni totalitarie – sembra confermare la validità d'un giudizio che il fascismo ha ereditato dai suoi numerosi padri spirituali. Lontano nipote di Hegel, il regime ha teorie eclettiche e brumose, ma possiede al tempo stesso una «filosofia della storia»; negli anni cruciali che vanno dal 1936 al 1940 questa filosofia prevale su quella calcolata combinazione di prudenza e di arroganza con cui esso aveva navigato fra gli scogli delle grandi potenze sino al 1935.

III
La caduta

Un risultato precario

Nei quattro anni che vanno dalla guerra d'Africa all'incontro di Monaco il regime parve vincere con gli strumenti della politica estera la battaglia che aveva condotto con alterne vicende, negli anni precedenti, in politica interna. Mercé una propaganda che aveva attentamente cancellato le zone d'ombra e i risvolti dubbiosi, la conquista dell'Etiopia, la partecipazione alla guerra di Spagna e l'annessione dell'Albania avevano creato intorno al regime e al suo capo il più vasto consenso di cui il sistema politico italiano avesse mai goduto dall'unità in poi. L'ironia e il distacco con cui molti italiani erano venuti a patti con il regime avevano lasciato il passo a sentimenti di rispetto, talora di ammirazione per un uomo che aveva dato al paese prestigio, autorità, un vasto impero coloniale. Come all'epoca della guerra italo-turca, la nazione credette aver risolto in un più vasto spazio economico il problema dell'emigrazione e dello sviluppo economico; e in questa speranza si riconobbe e si identificò con un alto margine di adesione e di entusiasmo. Sembrò insomma che l'obiettivo del regime – « nazionalizzare » la società italiana – fosse stato raggiunto. Il risultato era precario per due ragioni: perché fu annullato dagli errori successivi e perché l'obiettivo raggiunto – la conquista di territori poveri da parte di un paese povero – anziché giovare alla situazione italiana assorbì capitali ed energie di cui il regime sentirà la mancanza negli anni successivi. Ma queste erano allora riflessioni di piccole minoranze, e parve protesta in quegli anni evadere verso una forma di cultura rarefatta che sarà chiamata, non senza ironia, ermetica o cominciare un romanzo con le parole belle e oscure di Elio Vittorini: «Io ero, quell'inverno, in preda ad astratti furori».[1]

Eppure il periodo del maggior consenso coincide con la nascita di un nuovo antifascismo. Il catalizzatore è la guerra di Spagna. Di fronte ai 50.000 «volontari» italiani inviati da Mussolini vi sono altri 5.000 italiani arruolati nelle brigate internazionali. A Guadalajara, nel 1937, di fronte alle colonne del corpo di spedizione italiano vi è un battaglione Garibaldi composto da fuoriusciti antifascisti. Non è la prima volta, nella storia dell'Italia unitaria, che gli italiani si battono gli uni contro gli altri in nome di due patrie diverse. Quanti erano i sudditi italiani dell'imperatore sui campi di San Martino e Solferino nel 1859? Quanti sulle navi austro-ungariche a Lissa, nel 1866, in una flotta la cui lingua ufficiale era l'italiano?

L'antifascismo in Spagna

In Spagna e a causa della Spagna l'antifascismo italiano smette di disquisire e risolve nell'azione le sue divergenze e i suoi dubbi. La collaborazione fra partiti e gruppi, più volte riannodata e spezzata, diviene concreta e operante. Di fronte alle nuove prospettive aperte dalla guerra si manifestano con particolare vigore, sotto l'impulso dei fratelli Rosselli, gli uomini di «Giustizia e Libertà». Il gruppo è sorto dopo il 1922 e può, non senza ragione, considerarsi immune dalle colpe e dagli errori che hanno permesso l'avvento del fascismo. Ricollegandosi alla tradizione mazziniana e cercando di operare una sintesi fra i valori dello Sta-

[1] E. Vittorini, *Conversazione in Sicilia*, Firenze, 1937-38.

to liberale e le promesse sociali dei partiti di ispirazione marxista, esso introduce nel dibattito antifascista elementi nuovi e svolge una funzione che supera di molto le sue dimensioni. La sua partecipazione alla Resistenza, la sua trasformazione in partito politico (il partito d'Azione), il suo ruolo direttivo nell'immediato dopoguerra, la sua improvvisa decadenza e la sua continuità nell'azione politica del partito repubblicano sono una delle pagine più significative, e discusse, dell'ultima storia italiana.

Dopo avere coagulato l'antifascismo militante, la guerra di Spagna lo getta ancora una volta nel campo dei perdenti e riaccende motivi di dissenso. Ma i risultati non andranno perduti. Fra la partenza delle brigate internazionali da Barcellona, alla fine dell'ottobre 1938, e l'inizio della Resistenza in Italia, nel settembre 1943, corrono meno di cinque anni. Fra i due momenti vi è una continuità, resa ancor più evidente dalla presenza nelle formazioni partigiane di uomini che hanno fatto le prime armi nella guerra di Spagna.

In quei cinque anni il regime ha perduto il credito e il consenso accumulati negli anni precedenti. Ha trascinato il paese, con le leggi antisemite, in una guerra di razze che alla grande maggioranza degli italiani è parsa una colpa, un errore, una scimmiottatura. S'è avventurato in una guerra mondiale in un momento in cui i suoi effettivi militari erano mediocri e insufficienti. In Francia nel giugno 1940, e in Grecia nell'ottobre dello stesso anno, ha rivelato un misto di furberia e d'impreparazione che offuscherà per sempre la sua immagine. Ha perduto colonie che erano motivo di fierezza per alcuni, ragione di speranza per altri. Ha inseguito sino alla fine un illusorio prestigio mandando in Unione Sovietica, a fianco dei tedeschi, due corpi di spedizione mal equipaggiati. Ha scelto male, analizzato male, combattuto male. Dobbiamo desumerne che è caduto per avere puntato sul cavallo sbagliato e perduto la guerra? Senza dubbio. L'esperienza di Franco lascia supporre che se l'Italia avesse scelto la neutralità, il fascismo, trasformato dal sopraggiungere di nuove generazioni, avrebbe continuato a governare il paese. Ma le ragioni del fallimento sono più profonde. La guerra non fu soltanto una mossa sbagliata sullo scacchiere internazionale. Fu anche l'inevitabile punto d'arrivo d'un sistema che aveva pensato di poter nazionalizzare le masse imponendo dall'alto modelli di sviluppo e forme di consenso che non tenevano conto se non parzialmente delle loro esigenze e delle loro aspirazioni. Il consenso senza libertà del 1936 divenne successivamente, dal 1940 al 1943, alienazione, dissenso, ostilità. E qui il fascismo merita di essere criticato non soltanto con gli argomenti di coloro che l'avevano coerentemente osteggiato, ma anche sulla base degli obiettivi che esso s'era dichiaratamente proposto. Alla fine della sua esperienza la nazione era assai più divisa e lo Stato più « minoritario » di quanto non fossero stati nei momenti più gravi della storia unitaria.

Un paese tagliato in due

La divisione fu geografica, sociale, morale. Tagliata in due dalla linea gotica (Roma cadde nel giugno 1944), l'Italia fu, sia pure per alcuni mesi, due nazioni destinate ad esperienze profondamente diverse. Il sud, liberato dagli alleati con scarso concorso di popolo, precipitò all'indietro verso il suo passato pre-unitario: un esercito straniero, una dinastia non indigena, una civiltà contadina scossa qua e là da febbri improvvise ma priva di coscienza politica. Il nord maturò nella Resistenza l'embrione di una società diversa, conquistò il diritto di affermare di fronte agli alleati, pur fra le mille contraddizioni del momento, una certa volontà popolare. Persino le istituzioni da cui le due Italie furono rette durante quei mesi riflettevano un diverso grado di sviluppo. Al sud, un regno senza borghesia e senza classe operaia, non troppo diverso in fondo da quello dei Borbone. Al nord, una « Repubblica sociale », asservita ai tedeschi, caricaturale e priva di credibilità, ma pur sempre costretta a disegnare nei suoi statuti e nelle sue leggi uno Stato più aperto alle esigenze delle masse popolari.

Una frattura altrettanto profonda attraversava le coscienze. Alla fine della guerra gli italiani in campo sono circa un milione. Nei reparti regolari che combattono con gli alleati sono circa 50.000, cui si aggiungono altri 200.000 nei servizi non combattenti;[1] nelle formazioni partigiane, con un certo affollamento negli ultimi giorni del conflitto, 250.000; nei reparti fascisti e tedeschi, 400.000. Molti di essi non hanno scelto l'uniforme che indossano, sono dove li ha voluti la sorte. Nell'esercito fascista vi sono ragazzi che non hanno saputo sottrarsi all'arruolamento; e dei 250.000 partigiani delle ultime settimane d'aprile la metà è corsa ad aiutare la vittoria, talora a saldare vecchi conti.[2] Ma esistono due campi, e anche in quello fascista vi sono uomini che credono di combattere per una causa giusta e di riscattare di fronte agli alleati tedeschi il tradimento consumato dal re con l'armistizio dell'8 settembre 1943. Per molti mesi, quindi, l'Italia è sconvolta dalla guerra civile, con tutte le manifestazioni di accanimento, di crudeltà, di ferocia che sono il suo naturale corollario.

Sconfitta, divisa contro se stessa, respinta verso le zone più oscure della sua storia (l'occupazione straniera, la guerra civile, la lotta di classe), l'Italia che Mussolini lascia dietro di sé sembra avere perduto il sentimento d'un destino comune. Sotto il velo strappato del suo fragile nazionalismo rimangono, più drammatiche che mai, le sue antiche fratture: nord e sud, città e campagna, borghesia produttiva e borghesia parassitaria, classe operaia e contadini, ricchi e poveri. Ciascuno pensa anzitutto alla propria sopravvivenza, organizza la propria vita in funzione di esigenze elementari, necessariamente egoistiche.

[1] Cfr. *L'esercito e i suoi corpi*, Stato maggiore dell'esercito, Ufficio Storico, Roma, 1971, vol. 1, cap. XII.

[2] Cfr. G. Bocca, *Storia dell'Italia partigiana*, Laterza, Bari, 1966, cap. XXV.

Ma questo bisogno di esistere costituisce un primo elemento comune. Ritrovando nel fondo della loro coscienza un istinto che appartiene alla loro esperienza storica, gli italiani elaborano spontaneamente un tipo di organizzazione sociale che prescinde dai poteri pubblici e che aderisce plasticamente alle loro necessità presenti: commerciare (talvolta sotto forma di baratto), supplire alla mancanza di tutto, viaggiare, guadare un fiume accanto a un ponte distrutto, attraversare la linea del fuoco, comunicare e soprattutto sopravvivere.

Un paese salvato dai nemici

Queste prime manifestazioni di solidarietà comunitaria non sarebbero bastate, tuttavia, ad assicurare l'unità dello Stato senza il concorso di altri fattori. Il rapporto di forze internazionale, anzitutto. Se qualcuno nel campo degli alleati pensò per un attimo a smembrare la nazione sconfitta, l'idea fu presto scartata. In un mondo dominato dalla diffidenza l'Italia fu protetta dalla sua debolezza. La diplomazia italiana se ne accorse sin dai primi mesi del 1944 e riuscì a stabilire relazioni diplomatiche con l'Unione Sovietica dietro le spalle degli Alleati con una mossa che rientrava nella migliore tradizione «pendolare» della diplomazia giolittiana.

Ma il fattore decisivo fu l'atteggiamento delle forze politiche italiane e principalmente di quelle che non avevano tradizioni risorgimentali e da cui si poteva attendere un atteggiamento indifferente o eversivo: i cattolici e i comunisti. Abbiamo accennato alla morfologia dell'antifascismo e alla crisi «depressiva» che s'era protratta sino alla guerra di Spagna. I due grandi partiti pre-fascisti – il liberale, o «costituzionale», e il socialista – avevano attraversato il fascismo con il sentimento personale della sconfitta e avevano perduto il contatto con il paese. Restavano naturalmente, in patria e all'estero, uomini coraggiosi ed eminenti, ma erano generali senza gregari, Stati maggiori senza esercito.

Alquanto diversa, invece, la situazione dei cattolici e dei comunisti. Vuoi perché non si considerassero colpevoli della sconfitta subita, vuoi perché avessero un'altra «patria» in cui rifugiarsi, essi vissero il fascismo come una brutta parentesi destinata a concludersi felicemente. I primi rimasero all'interno della società fascista, docili e remissivi, ma convinti che la loro passività fosse iscritta in un disegno più grande. I secondi lavorarono a costituire una piccola controsocietà che il fascismo non riuscì mai a sopprimere. Gli uni e gli altri avevano la certezza che tutto – le vicende del paese, la loro obbedienza e la loro disobbedienza – rispondesse alla volontà di una superiore provvidenza. Caduto il fascismo, mentre gli altri partiti – ivi compreso il partito d'Azione, sorto dal movimento «Giustizia e Libertà» – erano soltanto organizzazioni di vertice, i cattolici e i comunisti erano già, virtualmente, partiti di massa. Per i comunisti ciò fu chiaro sin dalla Resistenza: nel luglio del 1944 su 50.000 partigiani, 25.000 erano «garibaldini» (comunisti) e nel marzo dell'anno successivo su 100.000 «uomini di manovra» i «garibaldini» erano quasi 50.000.[1] Per i cattolici lo si comprese non appena si vide uscire dall'ombra una generazione di militanti che la Chiesa aveva silenziosamente preparato per il momento della successione.

Un nuovo compromesso

Né i cattolici né i comunisti condividevano i principi ispiratori dello Stato unitario. Per i primi l'Italia era stata costituita contro la volontà papale, per i secondi contro il popolo. Gli uni e gli altri, prima dell'avvento di Mussolini, avevano accettato di lavorare nel contesto unitario, ma controvoglia e quasi che lo Stato nazionale fosse un povero surrogato della realtà cui aspiravano. Nonostante queste premes-

[1] *Ibidem*, pp. 336 e 462.

se essi si condussero obiettivamente in modo da salvare la nazione. Togliatti, rientrato in Italia nel marzo del 1944, accettò il quadro istituzionale monarchico e impartì disposizioni ai gruppi operanti nel nord perché mantenessero rapporti di collegamento e di collaborazione con gli altri partiti antifascisti anche se ciò frenava l'azione del partito comunista e cancellava i contorni della sua originalità. De Gasperi e i cattolici furono altrettanto pronti. Inutile chiedersi oggi quanto vi fosse di tattico nella loro azione. Più che le intenzioni, la cui eco si perde in un groviglio di supposizioni più o meno interessate, contano i fatti. Ed essi sono, in un certo senso, «giolittiani». Intendo con ciò che accettando d'operare nell'ambito istituzionale dello Stato italiano De Gasperi e Togliatti rispondevano con mezzo secolo di ritardo all'appello che Giolitti aveva rivolto ai loro lontani predecessori. Lo facevano beninteso nel momento in cui il regime liberale, fiaccamente risorto dalle ceneri del fascismo, era ben difficilmente in grado di sostenere il confronto con le forze che essi guidavano.

Nella scelta che i cattolici e i comunisti fecero sin dal 1944 e nel rapporto che essi stabilirono sin dai primissimi mesi con le forze risorgimentali dell'Italia pre-fascista è racchiuso in gran parte il futuro italiano degli anni successivi. Il compromesso con cui ricomincia, nel secondo dopoguerra, la storia della penisola (un compromesso che ricorda quello della borghesia meridionale con lo Stato nel 1876, quello di alcune avanguardie operaie e cattoliche con Giolitti all'inizio del secolo e quello di Mussolini con la democrazia liberale nel 1922) contiene già, in germe, l'idea d'un «compromesso storico» fra cattolici e comunisti.

Scegliere due forze politiche e assumerle sin dal 1944 a protagoniste della vita politica ed istituzionale italiana può parere schematico e semplificatore. Significa dimenticare i socialisti che ebbero il 20,7% alle elezioni del 1946, il partito d'Azione che diresse il governo nella persona di Ferruccio Parri dal giugno al dicembre 1945, gli altri partiti minori che avranno talora una parte ben più grande delle loro dimensioni, le forze latenti della società, i condizionamenti internazionali. Ma questa semplificazione consente di mettere a fuoco l'aspetto saliente della realtà italiana che è appunto la collaborazione fra cattolici e comunisti per la creazione di uno Stato diverso, non cattolico, non comunista, non liberale, ma capace di garantire, quanto meno in una lunga fase transitoria, la loro coesistenza in uno stesso ambito istituzionale.

I loro obiettivi erano diversi. De Gasperi portava nella lotta politica i valori del cattolicesimo militante, ma anche quelli del pluralismo austro-ungarico in seno al quale aveva fatto le prime armi. Togliatti, dal canto suo, si proponeva di creare «un quadro istituzionale antifascista (la Costituzione repubblicana) e, all'interno di questo quadro, un partito di governo dotato di un'ampia base di massa e capace altresì di un'ampia diffusione elettorale».[1] Vi era in questo incontro un largo margine per reciproci inganni e De Gasperi si sbarazzò dei comunisti non appena ritenne di poterlo fare. Ma la collaborazione rimase operante durante i lavori dell'Assemblea costituente e permise l'adozione di una Carta che è nei suoi punti essenziali il risultato di un compromesso.

L'esempio migliore di questa intesa resta l'adozione dell'art. 7 sui rapporti fra lo Stato e la Chiesa. Bisognava inserire nella Costituzione i trattati del Laterano che erano stati stipulati tra il regime fascista e la Santa Sede nel 1929? Si finì per farlo specificando che la loro modifica non avrebbe comportato revisione costituzionale. A tale soluzione dette mano personalmente Togliatti affermando che la loro solenne conferma era politicamente opportuna per salvaguardare la pace religiosa in Italia; mentre un altro comunista, il filologo Concetto Marchesi, dichiarava, a nome del gruppo: «Noi vogliamo che questi Patti Lateranensi non entrino nel-

[1] G. Carocci, *Storia d'Italia dall'unità ad oggi*, Feltrinelli, Milano, 1975, p. 328.

l'ossatura e non divengano parte organica del nuovo Stato; vogliamo che essi abbiano vigore come gli altri trattati, *con quel senso di speciale osservanza che devono avere per noi italiani*».[1]

Bruscamente interrotto sul piano governativo dopo il 1947, il «compromesso» di cui si parlerà insistentemente venticinque anni dopo è iscritto nella Costituzione. La seconda Italia (la quarta secondo la cronologia risorgimentale) nasce sotto gli auspici di un patto tra due forze che non hanno partecipato alla sua unità e hanno per lungo tempo contestato non solo la direzione politica dello Stato, ma il fondamento legittimo della sua esistenza.

[1] Cfr. V. Falzone, F. Palermo, F. Cosentino, *La Costituzione della Repubblica italiana illustrata con i lavori preparatori*, Mondadori, Milano, 1976, pp. 49 e 51 (il corsivo è nostro).

IV
Il dopoguerra
Sviluppo economico e crisi politica

Il dopoguerra politico italiano comincia nel 1948. Risolto il problema istituzionale e firmato il trattato di pace (10 febbraio 1947), il paese comincia ad affrontare i problemi concreti della sua esistenza con una serie di decisioni interne e internazionali che sono strettamente collegate: l'estromissione dei comunisti dal governo, le elezioni politiche dell'aprile 1948, l'adesione al patto Atlantico (4 aprile 1949). Abbiamo evitato sinora un riepilogo cronologico degli avvenimenti italiani perché il tempo trascorso, setacciando i fatti, ci ha aiutato a scegliere i momenti decisivi e qualificanti. Ma gli anni successivi sono ancora, nonostante le apparenze, un territorio senza strade, una realtà senza definitivi contorni. Ogni sguardo d'insieme richiede anzitutto uno sforzo di semplificazione per narrare ciò che è accaduto. Cercheremo di dire poi se anche quest'ultima parte della storia dell'Italia unitaria possa leggersi con le stesse chiavi di cui ci siamo serviti sinora.

Il compromesso interrotto

De Gasperi estromette i comunisti dal governo nella primavera del 1947 e indice le elezioni politiche nell'aprile dell'anno successivo. Chiamato a scegliere fra la Democrazia cristiana e un blocco elettorale socialcomunista, il paese dà una larga maggioranza al partito cattolico: 48,5% contro il

31% al Fronte democratico popolare. Con 305 seggi alla Camera (su un totale di 574) e con 131 seggi al Senato (su 237) la Democrazia cristiana è una formazione politica «mostruosa». Come il partito popolare nel primo dopoguerra (ma tre volte più forte), essa attraversa in diagonale tutta la società italiana: borghesia, ceti medi, contadini, operai, sottoproletariato. Nelle sue file vi sono moderati d'estrazione liberale, opportunisti, cattolici democratici, cattolici integralisti, masse popolari che rispondono docilmente alle sollecitazioni della Chiesa. La sua forza dipende in larga misura da circostanze esterne: debolezza dello Stato risorgimentale, forza della Chiesa – unica istituzione «italiana» uscita indenne dal conflitto –, la guerra fredda. Potrebbe governare da sola. Ma De Gasperi, consapevole della sua eterogeneità, preferisce allargare la base del consenso e forma un governo a cui partecipano alcuni partiti minori di estrazione laica e risorgimentale. Egli mantiene a profitto della Democrazia cristiana la strategia giolittiana e meriterebbe per ciò stesso d'essere definito un Giolitti cattolico.

Il paese è stato duramente marcato dalla guerra. Ferrovie, porti, strade e ponti, industrie e città portano il segno del conflitto. Come negli anni cruciali del primo dopoguerra il governo italiano ricorre largamente al capitale americano. Ma in condizioni politiche e internazionali completamente diverse. Dopo la satellizzazione dell'Europa orientale, l'intervento anglo-americano in Grecia e la guerra di Corea, il mondo è diviso in due campi contrapposti. Accettare gli aiuti americani significa scegliere il proprio campo. L'Italia ha due buone ragioni per farlo: il voto dell'aprile 1948 – che pur essendo espresso in condizioni eccezionali indica, non fosse che per esclusione, quale società voglia la maggioranza degli italiani – e la debolezza del paese. La NATO, che di questa scelta rappresenta la conclusione necessaria, non è per l'Italia una manifestazione di aggressività. È semplicemente il gesto calcolato d'uno Stato debole che fra il 1944 e il 1946 ha corso il rischio di perdere non soltanto il proprio impero coloniale, ma anche la propria integrità territoriale. Naturalmente è al tempo stesso un gesto conservatore perché chi lo compie aspira anche a conservare, e sotto molti aspetti restaurare, un modello di società moderatamente liberale o, come preferiscono dire gli avversari, capitalista e borghese. Sin dalla fine degli anni '40 De Gasperi non esita a fare dell'anticomunismo il punto d'incontro della solidarietà governativa, il tema fondamentale del suo programma e lo strumento – altri direbbe ricatto – per consolidare un consenso maggioritario. Considerato da questo punto di vista il regime italiano dal 1948 all'inizio degli anni '60 è moderato, e l'Italia resta divisa fra due gruppi che pur avendo controfirmato lo stesso patto istituzionale non godono di eguali diritti: il primo occupa lo Stato – tutto lo Stato – mentre il secondo, confinato in un ghetto, sequestra con sé un terzo della nazione e rende in tal modo precaria e incerta la legittimità del sistema. La minoranza non può rovesciare il rapporto di forze, ma può, mercé la proporzionale, punzecchiare il potere, costringerlo a insabbiarsi nelle secche del Parlamento.

Cambiare le istituzioni

Come verso la fine degli anni '90, il pensiero di alcuni uomini politici corre quindi a una modifica dei meccanismi istituzionali. Lo strumento, in questo caso, è una legge maggioritaria che premia con i due terzi dei seggi parlamentari la coalizione che ottiene più del 50% dei voti. Ma il tentativo fallisce e le elezioni del 1953 rendono praticamente impossibile qualsiasi maggioranza omogenea. Comincia una lunga serie di coalizioni instabili e di governi minoritari che durerà quasi dieci anni e terminerà con il primo centro-sinistra presieduto da Fanfani (febbraio 1962-maggio 1963). Ma non prima che Gronchi, presidente della Repubblica, abbia inutilmente cercato di modificare a sua volta il gioco delle istituzioni promuovendo nei fatti un'interpretazione presidenzialista del regime.

Produttività globale nell'industria
(numeri indici: 1951= 100)

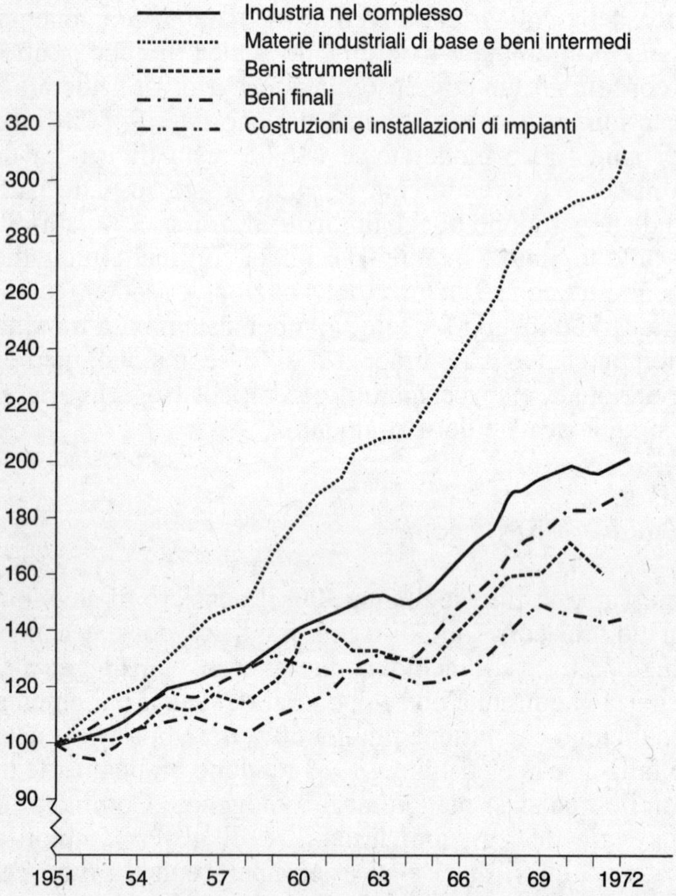

(Da Confederazione Generale dell'Industria Italiana, *Aspetti quantitativi dello sviluppo industriale italiano [1951-1972]*, SIPI, Roma, 1975, p. 106, grafico 7.)

Incremento della popolazione residente dal 1890 al 1970

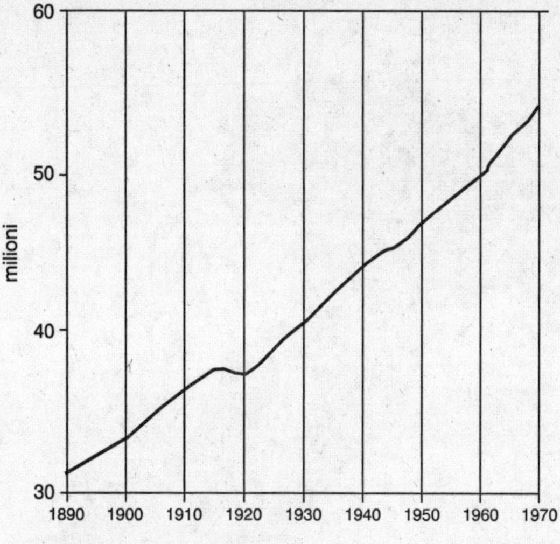

Urbanizzazione per città di diversa grandezza

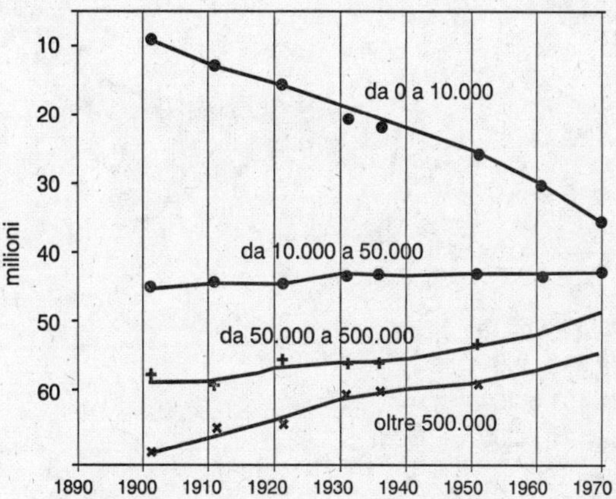

(Dal Catalogo dell'esposizione sulla ricerca scientifica italiana, Teheran, 2-11 giugno 1976.)

Densità della popolazione per regione nel 1970
Numero di abitanti per chilometro quadrato

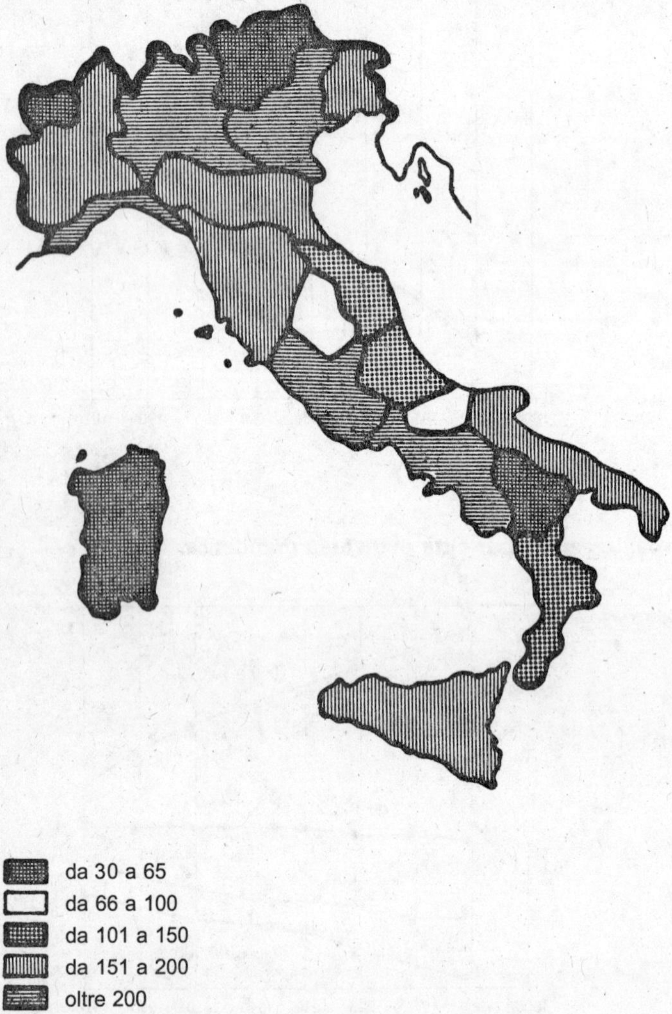

(Dal Catalogo dell'esposizione sulla ricerca scientifica italiana, *cit.*)

Distribuzione regionale degli analfabeti nel 1971 in percentuale della popolazione residente oltre i sei anni di età

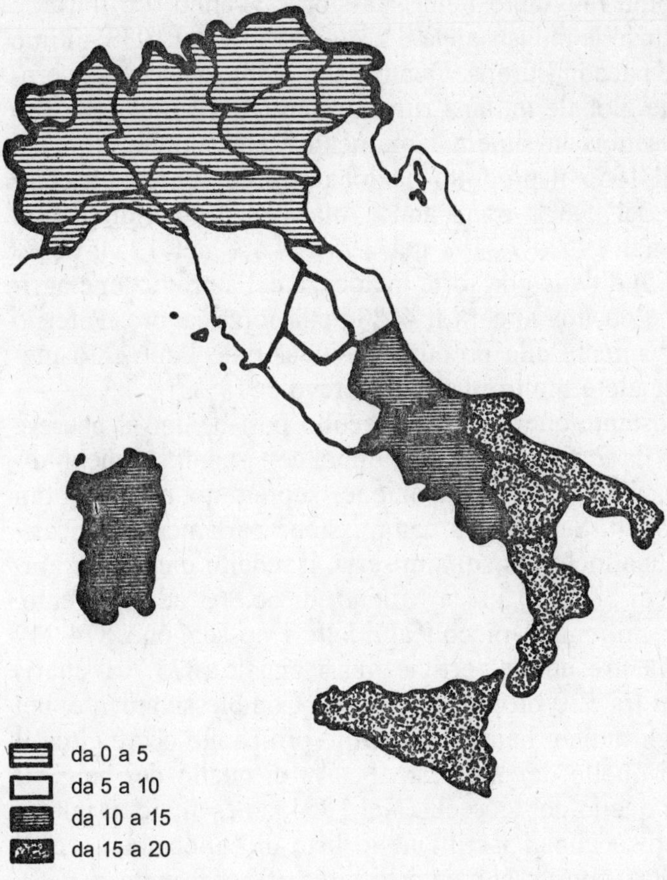

(Dal Catalogo dell'esposizione sulla ricerca scientifica italiana, *cit.*)

Un decollo difficile

Nel frattempo il paese cresce economicamente a un ritmo mai prima raggiunto nella sua storia. L'anno 0 è il 1945: la produzione industriale è il 23% di quella del 1938, ultimo anno di pace in Europa. Quattro anni dopo, nel 1949, la produttività globale italiana ritorna ai livelli d'anteguerra e in alcuni settori la supera largamente.[1] Nei cinque anni dal 1950 al 1955 il prodotto nazionale lordo aumenta mediamente del 5,6% ogni anno, ma con forti fluttuazioni (2,9% nel 1952; 7,31% nel 1953; 4,4% nel 1954; 7,5% nel 1955) dovute alla forte incidenza della produzione agricola che occupa ancora il 40% della forza lavoro. Riferito esclusivamente alla produzione industriale l'aumento medio annuale è molto più considerevole: 10%.[2]

Nonostante questo primo decollo post-bellico il paese è distinto da forti squilibri economici con grandi sacche di disoccupazione e sottoccupazione, soprattutto nelle regioni meridionali. Secondo la commissione parlamentare incaricata d'una inchiesta sulla miseria, il reddito medio per abitante è di 349.000 lire a Milano, di 66.563 ad Agrigento. Cinque milioni di piccoli agricoltori posseggono 874.949 ettari mentre una superficie quasi eguale (875.701 ettari) è divisa fra 520 proprietà terriere.[3] Complessivamente, nel 1953, gli italiani hanno un reddito pro-capite che è circa il 40% di quello dei francesi, il 35% di quello dei belgi, il 60% di quello dei tedeschi. Nel 1954, ad esempio, il numero dei disoccupati iscritti nelle liste di collocamento è di 2.197.300, con un aumento di circa 300.000 unità rispetto

[1] N. Kogan, *A Political History of Post War Italy*, New York-Washington, 1966 (ed. it., *L'Italia del dopoguerra. Storia politica dal 1945 al 1966*, Laterza, Bari, 1968, p. 59).
[2] *Ibidem*, p. 83.
[3] Cfr. *La distribuzione della proprietà fondiaria in Italia*, Roma, 1948, cit. in C. Pinzani, «L'Italia repubblicana», in *Storia d'Italia*, *cit.*, vol. 4., *Dall'unità a oggi*, t. III, 1976, p. 2487.

al 1950.[1] L'emigrazione (circa 150.000 persone all'anno) rimane, e rimarrà ancora per molti anni, l'unico mezzo per dare sfogo a una pressione demografica e sociale che all'inizio degli anni '50, prima della riforma agraria, assume con l'occupazione di terre incolte una dimensione inquietante.

Altrettanto inquietanti i conti con l'estero. Nonostante la scoperta di considerevoli giacimenti metaniferi e un più razionale sfruttamento delle sue risorse idriche, l'Italia deve ricorrere all'importazione per rifornirsi di energia e materie prime. Dieci anni dopo la fine della guerra il deficit della bilancia commerciale si aggira ancora intorno ai 500 miliardi di lire.

Gli strumenti a cui il governo italiano ricorre per risolvere questi problemi sono l'ortodossia monetaria e il liberalismo economico. Esso eredita le strutture assistenziali e previdenziali dello Stato fascista, conserva e rafforza gli strumenti dell'economia di Stato (IRI, ENI), abbozza qualche grande riforma (l'abolizione del latifondo), crea con la Cassa del Mezzogiorno uno strumento d'intervento economico e assistenziale nelle regioni meridionali, ma non si discosta dai principi dell'ortodossia liberale. I suoi obiettivi principali restano il risanamento della finanza pubblica, l'equilibrio del bilancio e l'accumulazione capitalista perché da essi deriveranno, a tempo debito, vantaggi generali per tutto il corpo sociale. Per il momento, tuttavia, il paese cresce, come s'è detto, senza risolvere i mali antichi del suo sottosviluppo economico. Questa arretratezza si riflette sul quadro politico e ne è a sua volta drammatizzata. La direzione del paese è ancora alla ricerca d'un suo difficile modello. Le istituzioni, soprattutto dopo il fallimento della legge elettorale, non le consentono di governare con autorità; e il consenso su cui essa poggia non è sufficientemente largo per sostituire l'autorità che le istituzioni non le con-

[1] Cfr. N. Kogan, *op. cit.*, p. 86, statistiche del ministero del Lavoro.

feriscono. Gronchi, presidente della Repubblica dal 1955 al 1962, cerca di uscire dal dilemma modificando pragmaticamente la Costituzione in senso presidenzialista. Ma il suo tentativo – imporre al Parlamento un presidente del Consiglio di propria scelta e fare di se stesso un interlocutore della nazione – fallisce com'era fallito qualche anno prima il tentativo degasperiano di mutare le regole elettorali. Con un'improvvisa, inattesa mobilitazione popolare che rivela gli umori di una parte dell'opinione nazionale, il paese si oppone.

Il centro-sinistra

Dopo lo scacco subito da Gronchi non rimane altra soluzione fuor che quella di allargare la base del consenso governativo promuovendo un'alleanza di governo fra socialisti e democristiani con la collaborazione dei partiti minori dell'area degasperiana. L'obiettivo, a più lungo termine, è quello di restringere l'area del dissenso, isolare i comunisti, gettare nel loro campo i semi d'una crisi che dovrebbe scoraggiarli, dividerli. Il partito socialista è, in linea di massima, disponibile. Da più di dieci anni ormai esso va ripercorrendo mentalmente le tappe di un itinerario che l'ha portato dai 115 deputati «costituenti» del 1946 ai 75 deputati del 1953. La scissione socialista del 1947 (da un lato Nenni, neutralista e favorevole a un'alleanza di fronte popolare con i comunisti; dall'altro Saragat, atlantico, europeista e fortemente anticomunista) e il ribaltamento del rapporto di forze tra PSI e PCI, sono i risultati di una politica che Nenni è ora il primo a criticare. Riprendendo argomentazioni di marca socialdemocratica egli sostiene che il partito socialista non può assistere dall'esterno allo sviluppo del capitalismo italiano e lasciarlo evolvere secondo leggi puramente economiche. Meglio inserirsi nell'area del potere – nella «stanza dei bottoni», come egli ama dire – e correggerne il progresso in senso democratico e sociale.

Ma l'operazione – che comporta il riavvicinamento dei due socialismi sorti dalla scissione del 1947 – procede cautamente fra la diffidenza dei gruppi conservatori e di molti ambienti internazionali. Andrà in porto con la costituzione del quarto governo Fanfani (febbraio 1962-maggio 1963), che i socialisti appoggiano dall'esterno, e con il governo Moro del novembre 1963 di cui Nenni è vicepresidente. Se ciò accade lo si deve non solo alla rassegnata acquiescenza di gruppi moderati all'interno della nazione, ma anche al mutamento del quadro internazionale. Kennedy è stato eletto alla presidenza degli Stati Uniti nel novembre 1960 e ha incontrato Chruščëv a Vienna nel giugno dell'anno successivo. L'evoluzione dei rapporti est-ovest favorisce l'evoluzione del partito socialista verso posizioni atlantiche e rende più difficile l'uso dell'anticomunismo come *instrumentum regni*. Kennedy stesso è favorevole al centro-sinistra italiano.

Le tesi di Nenni sulla necessità di controllare e correggere lo sviluppo del capitalismo italiano sembrano confermate dalle vicende economiche del paese. «Nell'estate del 1959 i tassi di sviluppo ebbero di nuovo forti incrementi e fino alla fine del 1963 l'Italia visse un periodo di boom economico di dimensioni mai conosciute in tutta la sua storia, che superò per rapidità ed intensità l'espansione che si era avuta negli anni precedenti alla prima guerra mondiale, quando si era assistito alla prima importante affermazione dell'industria (...). Alla fine del 1963 il Prodotto lordo nazionale era di 23.669 miliardi di lire, cifra che rappresenta il 138% rispetto ai 17.114 miliardi calcolati nel 1958.»[1]

[1] *Ibidem*, p. 173. I dati provengono dagli *Études économiques* che l'OCSE dedica ogni anno ai paesi membri dell'organizzazione.

Il referendum del 2 giugno 1946
Risultati per provincia

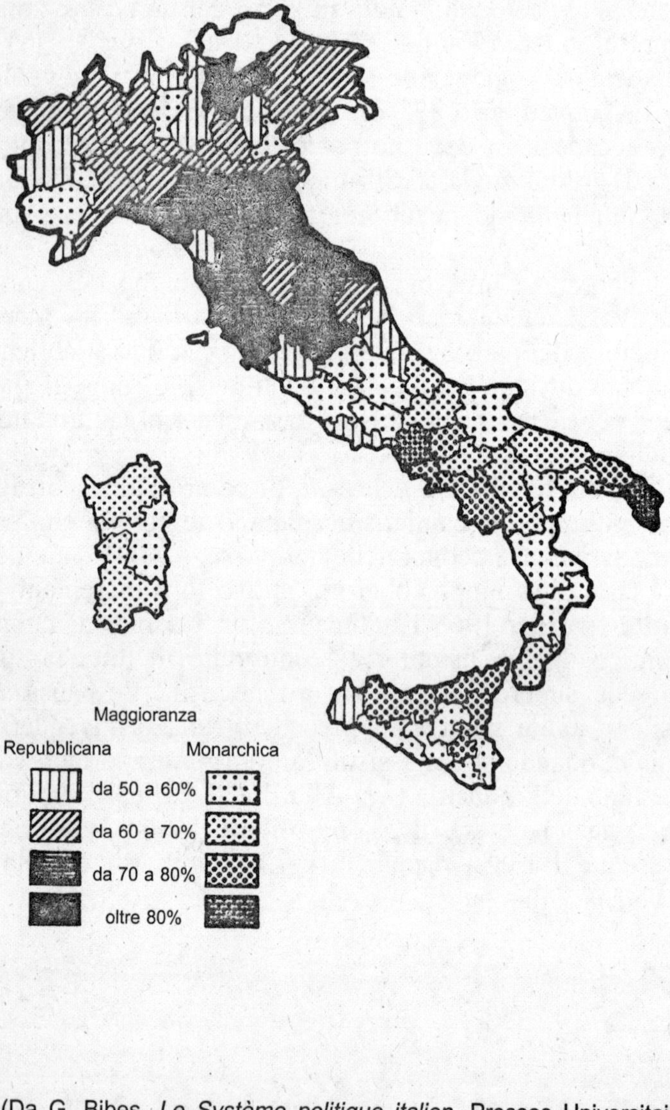

(Da G. Bibes, *Le Système politique italien*, Presses Universitaires de France, Paris, 1974, p. 48)

Il miracolo

Dopo una parentesi caratterizzata da inflazione, fuga di capitali, restrizioni creditizie e moderata recessione, l'espansione riprende nel 1965 con ritmo sostenuto. Nel 1968, allorché il centro-sinistra si presenta per la prima volta al giudizio dell'elettorato, il Prodotto lordo nazionale è di 46.741 miliardi, vale a dire il doppio del 1963. Diviso per abitante, esso dà 1.390 dollari contro gli 875 di cinque anni prima, mentre il salario medio orario d'un operaio industriale è passato da 561 lire (1961) a 616. I dati sui consumi individuali sono altrettanto significativi: 39 kg. di carne per abitante contro 31,4 nel 1903, 136 vetture per 1.000 abitanti contro 75, 132 apparecchi telefonici contro 84, 144 apparecchi televisivi contro 85. Non è tutto. Il quadro sociale italiano è, nel corso di quei cinque anni, interamente cambiato. Nonostante l'incremento demografico (da 51.817.000 a 53.941.000 abitanti) la popolazione attiva è diminuita: era di 20.470.000 unità nel 1963, è di 19.763.000 nel 1968. E in seno a essa le grandi categorie – agricoltura, industria, servizi – hanno subito profondi rivolgimenti. La popolazione attiva in agricoltura è diminuita di circa 1.700.000 unità (da 5.907.000 a 4.247.000); quella industriale è leggermente diminuita (da 8.012.000 a 7.890.000) con un forte aumento della produttività; quella dei servizi infine si è ulteriormente dilatata passando da 6.348.000 a 6.932.000. La disoccupazione e l'emigrazione sono scese a uno dei punti più bassi della storia d'Italia: 700.000 unità per la prima, 75.000 unità annue in media per la seconda.[1]

Questi progressi – a cui l'Europa dà nome di miracolo – sono generalmente attribuiti al Mercato Comune e alla ventata d'aria fresca che è entrata in tal modo nell'economia italiana. Sembra d'altro canto che la Comunità Economica Europea abbia risolto non solo i problemi economici del

[1] I dati sono tratti dagli *Études économiques* dell'OCSE.

paese, ma anche quelli della sua identità e del suo divenire politico. Sopita dopo la sconfitta la grande febbre nazionalista da cui era stata colta durante il fascismo, l'Italia trova infine una sua adeguata collocazione internazionale. L'Europa e la NATO diventano i punti di riferimento sacramentali della sua azione internazionale, e la prima in particolare raccoglie consensi larghissimi: dalla destra neofascista sino ai socialisti, ben presto sino ai comunisti. Protetta dall'Alleanza Atlantica, giustificata nelle sue motivazioni fondamentali dal traguardo europeista, la diplomazia italiana comincia a percorrere, con prudenza ma con maggiore concretezza di quanto non avesse fatto Gronchi durante i sette anni della sua presidenza, il cammino dell'indipendenza nazionale. Il terreno prescelto è naturalmente quello dei rapporti est-ovest dove la distensione invita ad agire in prima persona anche per cogliere i frutti economici delle aperture sovietiche.

La reazione del paese

Un bilancio positivo? Alle elezioni del 1968 il responso non è entusiastico. La Democrazia cristiana aumenta leggermente la sua rappresentanza parlamentare (da 260 a 266 deputati) ma il partito socialista unificato manda in Parlamento, complessivamente, 91 deputati contro i 120 che avevano rappresentato i due partiti nel 1963, prima della fusione. Aggiungiamo, per misurare l'importanza della componente socialista, i 23 di «unità proletaria» staccatisi dal partito socialista perché ostili al centro-sinistra: il totale (114) sarà pur sempre inferiore a quello della precedente legislatura. E come se ciò non bastasse, il partito comunista, di cui il centro-sinistra avrebbe dovuto preannunciare la graduale decadenza, esce da uno dei momenti più difficili della sua storia con un piccolo ma significativo premio elettorale: 26,9% contro il 25,3% del 1963, e 11 deputati in più.

Le ragioni, soprattutto col senno di poi, sono molte e

buone. Ciascuno dei progressi che abbiamo indicato più sopra nasconde un'altra faccia meno brillante, talora inquietante. L'Italia è cresciuta enormemente, ma non ha risolto – e talora ha persino esasperato – le proprie contraddizioni e i propri squilibri. Il sud rimane povero, soprattutto in termini relativi. L'emigrazione è diminuita, ma sono enormemente aumentate le migrazioni interne dall'agricoltura all'industria, dal sud al nord, dal lavoro salariato ai servizi (due milioni e mezzo di persone in un decennio) con tutte le conseguenze sociali e culturali che questi fenomeni comportano. La diminuzione della popolazione attiva si accompagna a uno straordinario aumento della prosperità nazionale e si spiega con «cause di natura fisiologica, come l'aumento della scolarità e il ritiro volontario dal mercato del lavoro di un certo numero di persone anziane per il miglioramento della pensione. Ma per una quota non piccola, anche se non facilmente misurabile, si tratta di un fenomeno patologico: lo sviluppo della domanda di lavoro è troppo debole e la struttura di questa domanda non è quella socialmente desiderabile. In particolare, le donne che lasciano le campagne ove svolgono attività ausiliarie, quando vanno in città insieme con i mariti o con i padri non trovano lavoro a causa del loro grado di istruzione e di qualificazione ed a causa delle particolari caratteristiche delle domande di lavoro femminile, che, nella domanda complessiva, costituiscono una frazione marginale: due fatti, questi, che sono fra loro interdipendenti e che, per l'estensione che raggiungono nel nostro paese, sono di natura essenzialmente patologica».[1]

L'aumento della piccola borghesia impiegatizia, pubblica o privata, promuove socialmente vasti strati della popolazione, ma crea, come in altri momenti della storia italiana, una classe irrequieta e instabile, continuamente in bilico tra velleità sovvertitrici di segno opposto.

[1] P. Sylos Labini, «Sviluppo economico e classi sociali in Italia», *cit.*, p. 389 e segg.

L'aumento dei consumi è anch'esso indice di grande promozione sociale. Ma avviene a scapito delle grandi infrastrutture pubbliche (scuole, ospedali, ferrovie e trasporti urbani) rendendo ancor più intollerabili, in termini relativi, le condizioni dei ceti più diseredati. È sintomatico, a questo proposito, il caso delle autostrade che vengono costruite a un ritmo vertiginoso per favorire lo sviluppo dell'industria automobilistica, a tutto scapito della rete ferroviaria che perde terreno rispetto a quella degli altri paesi occidentali. In condizioni del tutto diverse, e con strutture socio-economiche infinitamente più fragili, l'Italia degli anni '60 sembra avviarsi verso un modello di sviluppo americano.

Il governo di centro-sinistra, presieduto da Aldo Moro, si è limitato ad amministrare questa situazione cercando di conciliare le opposte richieste d'un paese divenuto improvvisamente fluido e le diverse tendenze della coalizione che lo sostiene. Ha presentato al Parlamento un programma di riforme, alcune delle quali tendono a realizzare gli impegni assunti con la Costituzione: nazionalizzazione dell'energia elettrica, soppressione della mezzadria, programmazione economica, riforma scolastica, riforma burocratica, riforma fiscale, riforma della Borsa e della società per azioni, riforma regionale. Ma le leggi cozzano sovente contro interessi costituiti e si trascinano di sessione in sessione, mentre il governo oscilla fra il timore di spaventare le classi produttive turbando l'ortodossia dello sviluppo economico, e il desiderio di onorare gli impegni assunti. Per vasti settori della pubblica opinione il risultato più vistoso del primo centro-sinistra è il consolidamento, con la partecipazione dei socialisti, d'una prassi che i democristiani avevano inaugurato sin dagli anni '50: l'occupazione di posizioni direttive nel settore economico, finanziario e assistenziale da parte dei grandi feudatari del potere politico. Gli italiani parlano di «sottogoverno» e parleranno ben presto di «malgoverno».

I risultati elettorali del 1968 non modificano radicalmente il quadro politico italiano, ma ne accentuano l'instabilità.

Le contraddizioni e i dissensi passano attraverso la Democrazia cristiana, più che mai divisa tra un'ala moderata e un'ala populista, e spezzano una volta di più il partito socialista italiano. Moro lascia il posto a un governo di «riflessione» presieduto da Giovanni Leone che a sua volta prepara la strada a un nuovo centro-sinistra diretto da Mariano Rumor con Nenni agli Esteri.

V
Le crisi importate

Gli studenti

Questo, nelle grandi linee, il quadro politico e sociale italiano nel 1968. Preoccupante di per sé, esso divenne grave per una serie di crisi importate. I fenomeni della contestazione studentesca penetrarono nelle università italiane nel 1966 e dopo una prima fase, quasi esclusivamente folkloristica, divennero rabbiosa rivolta verso la fine del 1967. L'Italia, contrariamente ad altri paesi occidentali, non produceva più laureati e diplomati di quanti ne occorressero in assoluto a un paese delle sue dimensioni. Ma il loro aumento «è troppo rapido con riferimento allo sviluppo economico, poiché l'espansione della domanda del lavoro intellettuale qualificato risulta inferiore all'espansione dell'offerta: il risultato è un aumento della disoccupazione intellettuale, soprattutto fra i giovani».[1] Al che può aggiungersi che la scuola, gestita secondo antiquati criteri pseudo-umanistici, senza una qualsiasi visione programmatica, non preparava neppure ai mestieri per i quali l'offerta era superiore alla domanda.

Resta da spiegare perché la crisi studentesca in Italia si sia protratta al di là di quanto è accaduto negli altri paesi occidentali, abbia assunto dimensioni politiche e abbia creato col tempo un gruppo considerevole di militanti rivo-

[1] *Ibidem*, p. 423.

luzionari. La risposta ci riporta ancora una volta alle condizioni del paese nel 1968, dopo cinque anni di attese deluse e di gestione minimale della cosa pubblica. L'assenza di qualsiasi sbocco professionale, che è all'origine di tutte le rivolte studentesche, fu risentita come intollerabile ingiustizia da una classe che era stata da poco promossa alle soglie dell'istruzione universitaria. Ancora una volta, e in questo caso durante una fase di considerevole espansione economica, l'Italia rivelava la gracilità delle sue strutture e la sua estrema instabilità nelle fasi di transizione.

Le lotte sindacali

Un'altra crisi importata è quella del maggio francese. Mentre a Parigi gli studenti fallirono nel tentativo di fondere in uno stesso moto rivoluzionario la loro protesta e le rivendicazioni operaie, il moto, in Italia, dilagò nelle fabbriche e, per quanto ricuperato dalle grandi organizzazioni sindacali, conservò in parte gli elementi originali fra cui in particolare una certa riluttanza libertaria all'azione organica e meditata. Forse perché le grandi migrazioni interne avevano portato nelle fabbriche del nord una popolazione giovanile non diversa, sotto molti aspetti, da quella che affollava le università. L'una e l'altra erano state recentemente strappate alla loro cultura originale. L'una e l'altra erano state frustrate nelle loro attese. L'abbondante letteratura dell'estrema sinistra sulla condizione dell'operaio meridionale nelle città settentrionali riflette, pur con grossolane strumentalizzazioni, la situazione di una parte del paese.

Torneremo più tardi sul grande uragano sociale che sconvolse l'Italia in questo periodo. Qui basti ricordare che con le grandi lotte sindacali iniziate nel 1969 gli «operai ottengono anche per sé praticamente tutti quelli che erano (...) i privilegi propri della classe media dipendente (impiegati) e soprattutto il vantaggio decisivo, la stabilità del posto di lavoro, come gli statali. Non solo, data la notevole forza contrattuale, essi ottengono anche consistenti aumenti retributivi, per cui il rapporto stipendi-salari, un tempo nettamente superiore per gli stipendi, oggi tende a rovesciarsi a favore dei salari ».[1]

Gli anni che intercorrono tra il centro-sinistra di Rumor e le elezioni politiche furono dominati, appunto, da una crescente pressione sindacale e da un continuo ricorso all'arma dello sciopero. I dati riportati qui sotto,[2] relativi al periodo 1970-74, esprimono meglio di qualsiasi considerazione il clima sociale italiano.

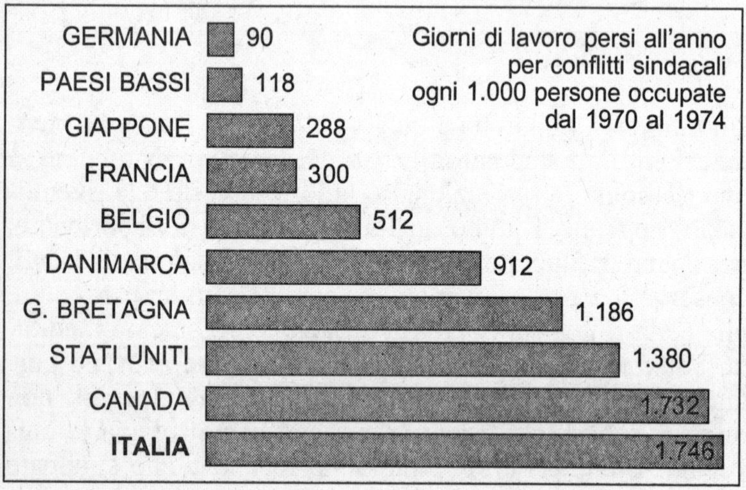

La contestazione e lo Stato

Non si creda, tuttavia, che tali scioperi rispondessero tutti a un organico disegno sindacale. Accanto a quelli promossi dalle grandi organizzazioni ve ne furono altri, numerosissimi, di origine schiettamente libertaria o corporativa. I primi

[1] Cfr. F. Alberoni, *Italia in trasformazione*, Il Mulino, Bologna, 1976, pp. 87-88.

[2] *La Stampa* del 4 aprile 1976 (grafico del *Bureau international du travail*, Ginevra).

furono promossi da quei settori della classe operaia che partiti e sindacati non riuscivano a inquadrare, i secondi furono «rabbiose risposte di quei settori della classe media dipendente che, per il fatto di possedere un patrimonio tecnico essenziale, ritengono di avere forza contrattuale».[1] E altrettanto può dirsi di alcune categorie – personale aeroportuale, ferrovieri, impiegati di dogana, percettori di tariffe autostradali – che con brevi, improvvise astensioni dal lavoro potevano paralizzare un servizio o imporre gravi sacrifici finanziari al loro datore di lavoro. In alcuni casi le organizzazioni sindacali di sinistra e quelle fascisteggianti dell'estrema destra scatenavano azioni rivendicative improvvise e selvagge, in polemica con le grandi «centrali». In altri casi le agitazioni si proponevano obiettivi extra-sindacali. A Reggio Calabria e a Pescara sottoproletariato urbano e piccola borghesia insorgevano contro il potere centrale per una diversa distribuzione delle competenze amministrative all'interno delle rispettive regioni. In altri casi gruppi si organizzavano, vuoi per rivendicare particolari forme di autogestione, vuoi per opporsi all'aumento delle tariffe dei pubblici servizi. Molto spesso il sindacato, scavalcato a sinistra, si vide costretto a far proprie proteste sorte al di fuori della sua volontà.

Nata in seno agli studenti e alla classe operaia, la protesta penetrò nello Stato e divise le istituzioni incrinando il consenso deontologico che è condizione essenziale del loro funzionamento. La magistratura e, più tardi, le forze armate furono fra i corpi separati quelli maggiormente colpiti. La debolezza dello Stato – che in Italia, come abbiamo visto, ha carattere endemico – fu così aggravata da una serie di fattori concorrenti: l'assenza d'un chiaro patto politico tra le forze della coalizione, il cumulo delle rivendicazioni che premono tumultuose, la crisi delle grandi istituzioni, l'inadeguatezza della burocrazia statale di fronte a una società sempre più complessa ed esigente. L'applicazione della ri-

[1] F. Alberoni, *op. cit.*, p. 88.

forma regionale – prevista dalla Costituzione, ma più volte rinviata e ritardata – sopraggiunse nel momento obiettivamente peggiore e apparve manifestazione di debolezza anziché prova di un disegno meditato e lungimirante.

Vanno viste in questo contesto le ondate di terrorismo che si abbattono sul paese a intervalli regolari dal 1969 in poi, chiaramente rivoluzionarie secondo gli uni, certamente provocatorie secondo gli altri. La loro motivazione può apparire chiara all'uomo di parte che trae dal suo impegno politico il diritto di giudicare categoricamente i fatti del suo tempo. Certo, non è possibile escludere che ciascuna di esse abbia nascosto un disegno o un complotto, rivoluzionario o reazionario. Ma ancora oggi, dopo molti anni, in assenza d'una documentazione univoca, dovremo limitarci a constatare che l'ingovernabilità italiana bastava di per sé a spiegare, se non giustificare, un'inquietudine e un disagio che poteva generare violenza.

L'inflazione

Occorre parlare infine di un'altra grande crisi « importata »: quella economica. L'inizio della fase inflazionistica (1970) coincide in Italia con la fine d'un modello di sviluppo economico fondato, in larghissima parte, sul basso costo della mano d'opera e su un regime fiscale tollerante. Da quel momento l'economia nazionale ripercorre lungo cerchi sempre più stretti il ciclo abituale delle crisi economiche: rincaro delle importazioni, misure di disciplina creditizia, stagnazione, disoccupazione, misure di rilancio, aumento dei prezzi, aumento dei salari, squilibrio della bilancia commerciale... Nulla di fondamentalmente diverso rispetto a ciò che accadeva nei paesi vicini, ma in condizioni sociali e politiche del tutto particolari e con una dinamica rivendicativa ignota alle altre nazioni, a eccezione della Gran Bretagna.

Il quadro politico, dal canto suo, rimase quanto mai instabile. Al centro-sinistra di Mariano Rumor subentrò il centro-sinistra di Emilio Colombo. Né l'uno né l'altro riuscirono a fondere in una sintesi le due tendenze della coalizione: quella moderata, che corrispondeva a larghi settori della Democrazia cristiana, e quella avanzata, che era rappresentata dall'ala sinistra della DC e dal partito socialista. Quest'ultimo, in particolare, si dibatteva fra spinte contraddittorie. Abbandonare il governo significava rinunciare a quella politica della «stanza dei bottoni» che Nenni aveva teorizzato fin dal primo centro-sinistra. Restarvi significava lasciare al partito comunista il monopolio dell'opposizione in un momento in cui i grandi rivolgimenti sociali sovvertivano le antiche frontiere politiche lasciando liberi e disponibili larghi strati di ceti emergenti.

I partiti politici

Nel giugno 1971 il partito che meglio sembrò incanalare le inquietudini e le frustrazioni di questi ceti fu il Movimento sociale italiano, di aspirazione neofascista, che ottenne successi considerevoli alle elezioni amministrative di Roma e a quelle regionali in Sicilia. Preoccupata dal timore di perdere una parte consistente del proprio elettorato, la Democrazia cristiana abbandonò il centro-sinistra e, dopo aver promosso lo scioglimento delle Camere, presentò al corpo elettorale il suo profilo moderato. L'iniziativa non impedì al MSI di ottenere alla Camera l'8,7% dei voti contro il 4,5% del 1968, e soprattutto non assicurò la stabilità del governo centrista di Giulio Andreotti che cadde un anno dopo la sua costituzione nel giugno 1973. Si ritornò al centro-sinistra con la partecipazione dei socialisti al governo di Mariano Rumor (luglio 1973-marzo 1974), ma in condizioni di crescente incertezza e di evidente precarietà. Di fronte a nuove ondate di rivendicazioni sindacali e di attentati terroristici il governo era più che mai incapace di esprimere un atteggiamento unitario, una politica ferma e coerente. In quegli stessi mesi, d'altro canto, l'Italia « importava » ancora due crisi: la guerra del Kippur che aggravò la situazione economica del paese, e il colpo di Stato cileno che modificò in modo sottile e inatteso la strategia di uno dei suoi maggiori partiti politici. Poche settimane dopo la morte di Salvador Allende, Enrico Berlinguer, segretario generale del partito comunista, pubblicò sulla rivista ideologica del partito, *Rinascita*, una serie di articoli in cui analizzava gli avvenimenti cileni e ne traeva alcuni ammaestramenti. Il primo di essi, che non si poteva governare l'Italia con il 51% del paese: il che, in sostanza, significava rinunciare a quella strategia di fronte popolare che era stata sino a quel momento il principale obiettivo politico del suo partito. Il secondo, che per governare l'Italia occorreva promuovere un incontro, un « compromesso storico » fra le grandi forze popolari del paese: cattolici, comunisti, socialisti. Ma i socialisti, nell'analisi di Berlinguer, facevano soprattutto figura di comparse.

Da quel momento il partito comunista italiano si adeguò alla sua nuova strategia. Accentuando gli orientamenti impressi al partito da Togliatti nell'immediato dopoguerra, esso presentò all'opinione italiana un profilo ideologico basso e discreto. Nei convegni economici, nei contatti con la classe degli imprenditori, nelle interviste dei suoi maggiori esponenti esso parlò il linguaggio rassicurante e concreto di un partito che attribuiva un valore decisivo ai problemi dell'ordine pubblico e della buona amministrazione. Ma al tempo stesso non perse il contatto con la classe operaia, cercando di riassorbire le proteste studentesche e dimostrando un'ambigua simpatia per le molte rivendicazioni che si scavalcavano caoticamente nel mondo del lavoro. Anziché essere danneggiato dalle intemperanze dell'estrema sinistra, ne traesse vantaggio perché riuscì a insinuare il dubbio che esse fossero obiettivamente provocatorie e anche – perché no! – manipolate dal potere o dall'estrema destra.

DC e PCI

Il referendum del giugno 1974 sul divorzio e soprattutto le elezioni amministrative e regionali del giugno 1975 dimostrarono che la strada imboccata dal partito comunista era quella buona. Di fronte a questa situazione l'ennesimo centro-sinistra di Aldo Moro – una coalizione fra democristiani e repubblicani con l'appoggio esterno dei socialdemocratici e dei socialisti – sviluppò verso i comunisti una strategia «giolittiana». Non rifiutò, anzi sollecitò il dialogo con il PCI e, pur tenendolo all'opposizione, lo coinvolse in alcune grandi decisioni politiche ed economiche per comprometterlo nella gestione quotidiana del potere. I comunisti, a loro volta, accettarono questo modo di governare nella speranza di farne una piattaforma da cui preparare traguardi più ambiziosi. Ma i socialisti avvertirono i pericoli d'una intesa che prefigurava sotto certi aspetti il compromesso storico e tolsero il loro appoggio al governo Moro provocando la crisi e con essa la dissoluzione del Parlamento. Il partito comunista consolidò e allargò il successo delle amministrative (34,4% alla Camera dei deputati contro il 33,4% alle regionali del 1975). Ma la Democrazia cristiana conservò la maggioranza relativa: 38,7% contro 38,8% alle politiche del 1972. I due partiti erano ormai i massimi interpreti della vita nazionale. I socialisti, che avevano provocato le elezioni, conservarono faticosamente la stessa percentuale del 1972 (9,6%) e i partiti minori, dalla destra neofascista alla socialdemocrazia, regalarono alla DC quasi metà del loro elettorato.

«Gli italiani non sono mai stati tanto liberi»

Nel frattempo la situazione economica del paese diveniva obiettivamente più grave. Scrivo obiettivamente perché non era sempre facile trovare nell'Italia del 1976 le vittime della crisi. L'aumento dei salari precedeva di qualche punto l'aumento dei prezzi e lo Stato interveniva per mantenere in vita, artificialmente, le industrie maggiormente colpite dalla congiuntura. La disoccupazione aumentava (un milione e centomila unità, altrettante in cassa integrazione), ma la popolazione, nel suo insieme, non avvertiva ancora gli effetti perniciosi d'una situazione che si annunciava sempre più difficile. Aumento dell'inflazione, deficit dei conti con l'estero, aumento della spesa pubblica erano, con la disoccupazione, gli aspetti più preoccupanti della situazione economica italiana nel 1976. Eppure il paese continuava a crescere. Alla fine del 1974 il suo Prodotto nazionale lordo per abitante era di 2.690 dollari contro i 1.916 del 1969. Ma più ancora di qualsiasi statistica valgono forse le parole di un oppositore: « Io dico sempre nelle riunioni, alla presenza anche di giovani contestatori, una frase che assume un carattere provocatorio: gli italiani non sono mai stati tanto liberi come adesso e non hanno mai mangiato così bene come adesso (...) Io sollecito sempre le testimonianze dei vecchi per ricordare quando in intere regioni la maggioranza dei bambini, delle donne, andava a piedi nudi. Un tempo, quando mai si mangiava la carne? La media della carne consumata a testa, in Lucania, era un chilo e mezzo all'anno, compresi i ricchi, il che vuol dire che si mangiava carne soltanto alle feste comandate. Adesso gli italiani sono arrivati a livelli di consumo non ancora mitteleuropei, ma comunque a livelli che provocano un deficit nella bilancia dei pagamenti. Inoltre abbiamo eliminato la piaga dell'analfabetismo e allargato la scuola dell'obbligo. Si studierà male, ma si studia (...) ». Le parole sono di Giorgio Amendola, allora membro della direzione del partito comunista italiano.[1]

[1] *Intervista sull'antifascismo, cit.*, pp. 1 e 2.

VI
Chiavi di lettura

PRIMA di riprendere il filo della storia d'Italia fino ai nostri giorni è utile fare una sosta, a trent'anni dalla fine della guerra, e considerare il cammino fatto.

La creazione d'una società nazionale

Il problema fondamentale è quello di sempre: unificare la società italiana, dare alle sue componenti (ciascuna di esse ha la sua storia, le sue leggende, la sua identità culturale) il sentimento dell'appartenenza a una patria comune. È il compito che si sono prefissi tutti gli uomini di Stato italiani nei loro momenti migliori, ma è una fatica di Sisifo, un miraggio che si dissolve o si allontana non appena la mano cerca di afferrarlo, e che tanto più si dissolve o si allontana quanto più è ambiziosa e totale la strada imboccata per raggiungerlo. La guerra perduta distrugge il consenso, sincero ma superficiale, degli anni '30 e lascia al suo posto una nazione spezzata secondo antichi fossati. L'opera ricomincia. E i mezzi sono quelli di sempre: le istituzioni, la conflittualità politico-economica, la politica estera, la cultura.

Due modi di governare

Ancora una volta all'inizio del secondo dopoguerra il dato

fondamentale della realtà italiana – quello a cui occorre rifarsi per comprendere le sue vicende – è l'assenza d'una forte borghesia produttiva che identificando i propri interessi, la propria storia e il proprio divenire con quelli dello Stato, imponga alla società il proprio modello di vita, pagando se necessario con sacrifici personali il prezzo della propria egemonia. L'unica grande istituzione «italiana», accanto allo Stato unitario, è la Chiesa, tanto più grande e potente quanto più lo Stato è fragile e diviso. Ma in Italia essa trascende i confini della nazione, ha interessi universali e non ha ancora rinunciato a collocare le istituzioni statali in una posizione ausiliaria o subalterna. In questa situazione, che la guerra perduta ha reso ancor più drammatica, il paese politico ricorre alternativamente ai due modi di governare che hanno punteggiato la sua storia nazionale fino al fascismo. Il primo, che abbiamo chiamato per brevità «istituzionale», ha i suoi predecessori nella Destra storica, in Crispi, Sonnino, Mussolini. Il secondo, che abbiamo chiamato «conflittuale», in Depretis e Giolitti. Sappiamo quali siano in astratto le loro caratteristiche. Nel primo lo Stato è il supremo regolatore della cosa pubblica: dispensa giustizia sociale, anima e dirige la vita economica sostituendosi talora agli imprenditori, indica al paese i grandi orientamenti morali suscettibili di mantenere un'adeguata tensione ideale. È, in altre parole, sociale, giusto, gerarchico e morale. Nel secondo lo Stato è arbitro, ma più spesso notaio perché si limita a registrare i rapporti di forze, tutt'al più evitando che gli interessi contrastanti rendano pericolante e inabitabile la casa comune. Distinzioni schematiche, beninteso, perché nei trent'anni dalla pace alla seconda metà degli anni '70, come del resto nel periodo precedente, nessun uomo di Stato e nessun partito politico furono interamente «istituzionali» o interamente «conflittuali». Ma i due modi di governare riaffiorano continuamente alla superficie come punti di riferimento a cui il paese deve necessariamente guardare per fare rotta verso la soluzione dei suoi problemi.

La formula istituzionale

De Gasperi fu prevalentemente « istituzionale ». Benché cattolico lavorò a rafforzare lo Stato e volle che la Democrazia cristiana, pur avendo nel 1948 la maggioranza assoluta in Parlamento, governasse con alcuni alleati minori per meglio resistere alle pressioni della Chiesa. Dette al sistema politico una forte accentuazione anticomunista e, pur scavando un profondo fossato all'interno della società italiana, le conferì quella certezza morale che può essere in alcune circostanze un forte fattore unitario. Coerentemente cercò di sottrarre le istituzioni alle vicissitudini dell'instabilità parlamentare e promosse, come s'è visto, l'adozione d'una legge maggioritaria che gli avversari definirono « truffa » e che non era più truffaldina di quanto siano i collegi uninominali a un turno o a due turni in Gran Bretagna e in Francia.

Anche Gronchi e Fanfani furono in alcuni momenti della loro azione politica « istituzionali ». Il primo, come presidente della Repubblica, cercò d'imporre un'applicazione letterale del disposto costituzionale sui poteri del capo dello Stato e nominò presidente del Consiglio un uomo politico – Tambroni – che non era stato designato dalla maggioranza parlamentare. Se questa sua interpretazione della Costituzione avesse messo radici il presidente del Consiglio avrebbe risposto delle sue azioni al capo dello Stato e l'Italia sarebbe gradualmente scivolata verso un regime presidenziale. Fanfani fu « istituzionale » in tre momenti. Quando cercò di conservare due cariche – quella di segretario del partito e di presidente del Consiglio – che gli avrebbero permesso di congiungere sotto la sua persona i due poteri dello Stato democristiano (1958); quando cercò di saldare intorno al suo ministero i partiti della coalizione imprigionando nel governo, come ostaggi, i loro segretari politici (1971); quando cercò di mobilitare l'elettorato intorno ad alcuni valori etici ed etico-politici come l'indissolubilità del matrimonio e l'anticomunismo (referendum del 1974, elezioni politiche del 1976).

Le ragioni dell'insuccesso

Ma perché affermare i poteri dello Stato e l'autorità del potere esecutivo se non per risolvere i gravi problemi sociali del paese, per aprire alle masse le porte della comunità nazionale e battere l'opposizione sul suo terreno? De Gasperi, Gronchi e Fanfani fallirono in questa prospettiva perché il loro progetto «istituzionale» si scontrò con due ostacoli: la scelta economica del 1947 e il carattere della Democrazia cristiana.

La scelta economica fu, come abbiamo detto, moderato-liberale. Di fronte ai gravi problemi d'un paese distrutto, i governi centristi di De Gasperi e quelli dei suoi successori cercarono di restare fedeli ai principi dell'ortodossia economica, preservando al tempo stesso le strutture sociali dello Stato fascista. Donde quell'alleanza fra potere economico e partito al potere che diverrà ben presto collusione.

L'altro ostacolo che si frappose al progetto sociale di De Gasperi fu il suo stesso partito. Profondamente marcata dall'atteggiamento dei cattolici verso la società nazionale fra il 1860 e il 1944, la Democrazia cristiana non poteva rinunciare a considerare lo Stato con sospetto. Per molto tempo, sotto la direzione della Chiesa, i capi del movimento cattolico s'erano adoperati a creare una grande rete d'associazioni, di banche, di scuole, di cooperative: una società parallela e autonoma di corpi intermedi, capace di sopravvivere in seno a uno Stato ostile. Giunta infine al vertice di questo Stato la Democrazia cristiana agì come se le strutture conquistate fossero meno importanti ai suoi occhi delle strutture parallele in cui essa aveva pazientemente atteso la riparazione del torto subito nel 1870, come se le prime fossero al servizio delle seconde. Di qui una certa tendenza a scegliere l'approccio amministrativo piuttosto del legislativo,[1] il sottogoverno piuttosto del governo.

[1] Cfr. C. Pinzani, «L'Italia repubblicana», *cit.*, p. 2553.

La formula conflittuale

Moro, Rumor, Colombo furono «conflittuali» e il primo, principalmente, con intelligenza e coerenza perché dette la sensazione che dietro il suo modo di governare – o piuttosto di non governare – vi fosse, come in Giolitti, una visione in prospettiva della realtà italiana. Pur apparendo frammentaria o dilatoria, la sua azione politica, se considerata con distacco, risulta chiaramente diretta a creare un quadro politico più largo in cui forze politiche contrastanti apprendano a confrontarsi su problemi concreti e rinuncino all'asprezza delle posizioni originarie. Durante i tre governi di centro-sinistra che egli presiedette dal 1963 al 1968 questa paziente funzione arbitrale mirò ad assicurare la convivenza fra democristiani e socialisti e l'accesso di questi ultimi all'esercizio quotidiano del potere. Durante il governo che egli presiedette con la collaborazione dei repubblicani e l'appoggio esterno dei socialisti dal novembre 1974 al febbraio 1976, l'azione mirò a coinvolgere i comunisti in una serie di grandi decisioni economiche. Moro pensava che se i comunisti, pur rimanendo all'opposizione, fossero stati promossi a gestire la crisi economica insieme al governo nell'ambito d'una politica concertata, ben difficilmente avrebbero potuto poi sostenere coerentemente le rivendicazioni salariali e normative delle grandi organizzazioni sindacali. Era una strategia giolittiana in cui Berlinguer tenne coscientemente, per qualche tempo, la parte che era stata di Turati. Assistemmo così per alcuni mesi a una affascinante partita fra due forze politiche che, pur mirando in ultima analisi a sopraffarsi, accettavano coscientemente un gioco rischioso per la loro identità e la loro coesione. E non è escluso che di questo gioco il vincitore sarebbe stato Moro, non tanto come uomo di partito quanto come architetto d'un futuro in cui tutti, dopo la lunga assuefazione al confronto quotidiano, sarebbero stati diversi.

Quali siano i vantaggi di questa impostazione, soprattutto in una società attraversata da forti contraddizioni e contrasti come quella italiana, è evidente. Quanto agli svantaggi, essi sono la faticosa lentezza che accompagna qualsiasi decisione di largo respiro, l'apparente modestia dei risultati e il fatto che il consenso si forma sovente al più basso comune denominatore spegnendo qualsiasi tensione morale, qualsiasi generosa contrapposizione di idee e di principi.

Abbiamo detto che la distinzione fra «istituzionali» e «conflittuali» non separa nettamente uomini e partiti. In realtà essa corre in diagonale lungo tutta la società politica italiana attraversando sia la Democrazia cristiana, sia i due partiti di ispirazione marxista.

Le ambiguità della Democrazia cristiana

Nella Democrazia cristiana la distinzione corrispondeva alle due anime che avevano concorso alla costituzione del partito cattolico: quella integralista e quella democratica o, secondo una definizione di un segretario politico del partito, «intransigenza e liberalismo cristiano».[1] Nel linguaggio corrente la prima era considerata di destra perché autoritaria, la seconda di sinistra perché democratica. In realtà l'anima integralista e intransigente era al tempo stesso «populista», se non addirittura giustizialista, e i suoi maggiori esponenti durante gli anni '50 – Fanfani, Dossetti, La Pira, Gronchi – appartenevano tutti alla sinistra del partito.

Nei partiti di ispirazione marxista la linea divisoria separava anzitutto comunisti e socialisti. I primi furono per lungo tempo fedeli alle tradizioni giacobine della rivoluzione sovietica e lasciarono spesso intravedere una certa ammirazione per il governo della Destra storica. I secondi portavano in sé l'anima libertaria del socialismo italiano.

[1] Cfr. F. Colombo, «Zac e la ''Guarigione'' della DC», *La Stampa*, 15 giugno 1976.

Un nuovo « trasformismo »

Ma anche queste suddivisioni si rivelano, all'atto pratico, schematiche. Nella realtà di ogni giorno la Democrazia cristiana riassorbiva la propria componente autoritaria nella dialettica interna e la riduceva ad uno dei molti volti che essa presentava al paese. La sua aspirazione infatti era di adattarsi plasticamente alla società italiana riassorbendone tutti i moti, le spinte, le contraddizioni. Questo suo vizio-virtù spiegava la sua continuità al potere, la sua centralità. Essa ha governato perché è riuscita a spostare il proprio centro là dove era in quel preciso momento il centro della nazione, perché è riuscita a fare la sintesi d'uno spettro politico estremamente largo ed eterogeneo. Questo suo modo di governare, privo di qualsiasi connotato ideologico, pronto a comporre conflitti e a conciliare interessi contrastanti, è stato la versione moderna del trasformismo di Depretis, Giolitti, Mussolini. La sua base politica era quella grossa palude piccoloborghese – artigiani, commercianti, piccoli proprietari agricoli, impiegati del settore pubblico e privato – che in Italia, come in tutte le altre nazioni occidentali, si allargava e si rafforzava impinguendosi di elementi nuovi provenienti dal proletariato industriale o agricolo. Che essa abbia ottenuto in tal modo risultati brillanti sul piano del potere – ben altre riflessioni occorrerebbe fare sulla sua gestione politica – è dimostrato dal fatto che essa ha costretto gli altri partiti a scendere sul suo stesso terreno, ad adottare una stessa strategia.

I primi a seguirla su questa strada furono, nella seconda metà degli anni '60, i socialisti. Ricostituendo l'unità del partito (1966) essi speravano presentare all'elettorato un'immagine più larga, una casa più grande ed accogliente ove i ceti nuovi potessero trovare una loro stabile collocazione politica, accanto all'elettorato tradizionale del partito. Ma l'insuccesso del partito unificato alle elezioni del 1968 e l'assenza d'una direzione politica capace di fondere le due principali correnti in una sintesi credibile riaccesero antiche controversie e provocarono una nuova scissione nel 1969.

Fallito il tentativo socialista cominciò, tra la fine degli anni '60 e l'inizio degli anni '70, il tentativo neofascista del Movimento sociale italiano. Neofascista non solo perché il partito aveva un'esplicita ascendenza fascista, ma anche perché cercava di ripercorrere fedelmente lo stesso itinerario seguito da Mussolini tra il 1919 e il 1922. Come allora il partito presentava al paese un doppio volto. Da un lato favoriva, o accettava, episodi di terrorismo e violenza per aggravare lo stato di tensione esistente nel paese e inasprire quel sentimento d'impazienza e d'intolleranza che è tipico dei ceti emergenti. Dall'altro giocava sfrontatamente la carta legalitaria del *law and order* per soddisfare un diffuso bisogno di sicurezza. Dopo un primo risultato positivo alle amministrative del 1971, il MSI, come s'è visto, ottenne risultati lusinghieri, ma insufficienti alle politiche del 1972.

Prese corpo infine, dopo la crisi cilena del 1973, il tentativo comunista. Abbiamo già visto come esso si sia delineato, di quali panni si sia vestito per allargare il proprio seguito elettorale e quali successi abbia raccolto alle elezioni municipali del 1975 e alle politiche del '76. Qui possiamo limitarci a osservare che la Democrazia cristiana aveva esportato il proprio trasformismo sin nel maggior partito d'opposizione costringendolo ad adottare una linea politica che era, a prima vista, in contraddizione con le sue tradizioni politiche e culturali.

Il capitalismo e lo Stato

Sui tempi lunghi lo sviluppo economico tende a risolvere le antiche contraddizioni della società italiana. Sui tempi brevi esso può esasperarle. I primi trent'anni dopo la fine della guerra confermano i vizi e le virtù dell'apparato produttivo in Italia e la parte ora positiva, ora alquanto negativa, che esso svolge nell'evoluzione civile del paese.

In questa fase la grande industria – privata o pubblica – dipende fortemente dallo Stato, gli chiede protezione diretta o indiretta, pretende di conservare le sue posizioni semimonopolistiche. Ne nasce un rapporto ambiguo in cui l'industria chiede più di quanto non dia oppure dà ciò che non dovrebbe dare stabilendo con il potere politico un rapporto puramente venale o clientelare. È sintomatico a questo proposito il caso della FIAT sino alla fine degli anni '60. Da un lato essa fonda la propria espansione su un indirizzo di politica economica – la programmazione d'una vasta rete di autostrade – che comporta tra l'altro un forte ritardo nello sviluppo e nell'ammodernamento della rete ferroviaria e dei trasporti pubblici in generale. Dall'altro essa scarica sullo Stato tutti gli oneri degli immensi rivolgimenti sociali di cui la sua espansione è causa, soprattutto a Torino. E lo Stato, a sua volta, per considerazioni di bilancio o per inettitudine amministrativa, è incapace di dare ai nuovi ceti operai di estrazione agricola le strutture di cui essi hanno bisogno per inserirsi nell'ambito urbano e industriale. Da questa duplice inadempienza, dell'industria e dello Stato, sorgono l'autunno caldo del 1969, l'asprezza delle lotte sindacali degli anni successivi, l'ondata di criminalità che si abbatte sulle grandi città italiane negli anni '70.

Questa tendenza della grande industria a ricattare il potere politico addossandogli l'obbligo di risolvere tutti i problemi sociali della gestione economica aggrava le crisi moltiplicandole per un quoziente italiano. Abbiamo visto che Mussolini affronta la crisi italiana del 1926 e quella mondiale del 1929 nazionalizzando i settori deficitari, regalando agli altri protezionismo e comprimendo i salari della classe operaia. Negli anni '70 il governo italiano, vincolato dai trattati di Roma e dal codice liberista del secondo dopoguerra, non vuole o non può ricorrere al protezionismo; e non può, o non vuole, agire sui salari frenando le ondate rivendicative che si abbattono una dopo l'altra sul sistema economico. Ma ricorre ancora largamente alla nazionalizzazione delle perdite concorrendo con capitale pubblico al salvataggio di imprese grandi e medie. Uno Stato forte, sottratto alle pressioni del potere economico, potrebbe forse trarre profitto dalle circostanze per esercitare un effettivo controllo sull'economia del paese e correggere gli squilibri sociali. Ma lo Stato italiano non riesce a impedire che il denaro pubblico, distribuito affannosamente sotto la minaccia di situazioni sociali potenzialmente esplosive, concorra alla creazione d'una nuova classe imprenditoriale la cui divisa sembra consistere nell'intascare i profitti e pubblicizzare le perdite.

In ciascuna di queste situazioni ritroviamo l'ambiguità del capitalismo italiano, forte abbastanza per imporre la sua volontà ai pubblici poteri, ma non per sopravvivere con leggi esclusivamente economiche; forte abbastanza per corrompere all'occorrenza il potere politico, ma non per esprimere una propria forza politica e affermare in Parlamento le proprie esigenze e la propria ottica. Alcuni sviluppi degli anni '70 (la candidatura di alcuni industriali alle elezioni politiche del 1976, la nomina di Guido Carli, già governatore della Banca d'Italia, alla presidenza della Confindustria) sembrano indicare che gli ambienti economici più avanzati erano coscienti di questa situazione e intendevano correggerla.

Un discorso a parte meritano le industrie piccole e medie che rappresentano, nel secondo dopoguerra, uno degli aspetti dinamici del sistema economico italiano. Particolarmente numerose (alla fine degli anni '70 l'Italia conta 630.000 industrie con meno di cinquanta dipendenti contro 535.000 in Francia), esse sono vitali, flessibili e quindi capaci di sfruttare rapidamente qualsiasi circostanza favorevole. Ma segnalano al tempo stesso indirettamente la graduale scomparsa da settori più innovativi dell'economia mondiale.

La NATO e l'Europa

Ad un primo esame la politica estera di questo periodo sembra avere una parte marginale nell'evoluzione della situazione italiana. In realtà essa svolge la stessa funzione del periodo precedente, rivela uno stesso stile, si prefigge i medesimi scopi.

Sin dall'immediato dopoguerra il governo italiano è condizionato da fattori nazionali e internazionali che non può modificare. All'interno, un paese distrutto, una forte disoccupazione (quattro milioni di persone nel momento più grave), un partito rivoluzionario che ha ancora i quadri e i mezzi per un'azione militare. All'esterno, una guerra perduta, un mondo diviso in blocchi contrapposti. La soluzione della neutralità, per cui fanno campagna socialisti e comunisti, è puramente teorica. Una neutralità di tipo svizzero o svedese richiede un impegno finanziario che il paese non è in grado di affrontare; una neutralità imbelle lo esporrebbe al ricatto dei potenti, ne farebbe pedina o moneta di scambio nel gioco della guerra fredda. L'adesione alla NATO s'impone quindi come la meno costosa delle soluzioni possibili. Essa offre inoltre due vantaggi: conferisce al governo il crisma d'una legittimità internazionale e una piattaforma politicomorale – l'anticomunismo – che è al tempo stesso giustificazione e alibi del potere democristiano. Considerata in questa luce la NATO rappresenta per l'Italia sconfitta ciò che la Triplice Alleanza aveva rappresentato per l'Italia delusa e fragile del 1882: una cauzione internazionale per meglio lavorare, in una certa prospettiva, alla soluzione di problemi da cui dipende l'esistenza della nazione. Naturalmente anche la NATO, come la Triplice, comporta un prezzo: un rapporto subalterno con l'alleato maggiore. Gli Stati Uniti prendono infatti gradualmente nella vita italiana il posto che dal 1882 al 1914 era stato della Germania, ed esercitano sulla società italiana un'egemonia politica, economica, culturale. Ma la scelta, come allora, non è fra indipendenza e dipendenza: è fra due forme di dipendenza, di cui una meno gravosa dell'altra.

La NATO, tuttavia, non basta. Benché guarita dalle sue velleità nazionalistiche, l'Italia ha pur sempre bisogno di un obiettivo che conferisca un senso all'attesa, una ragione d'essere alla sua esistenza. Ha bisogno, in altre parole, di una promessa positiva e non soltanto negativa come l'anticomunismo. Questa promessa è l'unità europea. In essa possono riconoscersi non soltanto i democratici di estrazione risorgimentale – l'unità delle patrie europee era stata uno dei momenti essenziali della filosofia politica di Mazzini – ma anche i cattolici per i quali l'idea d'Europa si ricollega a un particolare momento della storia occidentale del cattolicesimo trionfante. Agli italiani sconfitti e nuovamente divisi lungo le antiche frontiere della società pre-unitaria, l'unità europea dà quindi il sentimento prezioso d'un destino comune e quello non meno prezioso della loro utilità. Perché credere all'unità europea significa non soltanto credere che l'Europa è necessaria all'Italia, ma anche che l'Italia è necessaria all'Europa.

Basterebbero queste brevi osservazioni per dimostrare come la politica estera sia stata per l'Italia degli ultimi trent'anni una proiezione della sua politica interna, un mezzo per completare la società e consolidare lo Stato. Ciò è vero anche nei rari momenti in cui la diplomazia italiana sembra scostarsi dai pilastri dell'ortodossia atlantica ed europea per battere strade nuove. Quando Gronchi cercò di stabilire con l'Unione Sovietica un rapporto di tipo gollista (1960), quando Fanfani e La Pira cercarono di estendere l'influenza del paese nel Mediterraneo, quando Saragat, Nenni e Moro lavorarono pazientemente alla ripresa dei rapporti diplomatici con la Cina, l'obiettivo non era soltanto allargare lo spazio della diplomazia italiana, ma anche e soprattutto favorire il consolidamento del centro-sinistra nel paese creando un più largo consenso nazionale intorno ad alcuni grandi temi internazionali.

VII
Una società da inventare

Resta da dire l'essenziale: se e in che modo questo lento evolvere della società italiana abbia inciso sulla vita, sulle abitudini e sulle mentalità dei singoli. Chi sono gli italiani degli anni '70 rispetto a quelli di trent'anni prima, rispetto a quelli del 1860? Non v'è che un modo di rispondere a queste domande: individuare alcuni temi (la religiosità, l'atteggiamento di fronte alla morte, la sessualità, i costumi quotidiani, i rapporti familiari) e condurre una ricerca puntuale confrontando dati statistici lungo un arco di tempo sufficientemente ampio. Ma questo tipo di indagine trascende i limiti di questo lavoro. Dobbiamo quindi limitarci ad alcune riflessioni dettate dall'esperienza d'ogni giorno e necessariamente personali.

Il melting pot *italiano*

Il quadro era pieno di segni contraddittori. Accanto al tenace sopravvivere delle culture regionali prendeva corpo un italiano medio che vestiva, parlava, mangiava e affrontava i problemi quotidiani secondo modelli comuni. La televisione, le autostrade, le migrazioni interne avevano gettato nel *melting pot* italiano gli ingredienti di un comportamento nazionale. Se ne intravedevano le prime manifestazioni nella gastronomia, che era più nazionale di quanto non fosse mai stata precedentemente, e nel linguaggio della comunicazione quotidiana: cronaca giornalistica, spettacoli di varietà radiofonica o televisiva, umorismo scritto e parlato. In ambedue i casi l'Italia recupera modelli locali o stranieri, li estende all'insieme del paese spuntando gran parte della loro originalità e fissandoli a un livello di più sicuro « gradimento ». Il risultato è spesso mediocre, salvo là dove un'angolazione regionale riesce a imporsi nella sua interezza senza essere prima svilita o dissanguata. Ma è anche, al tempo stesso, nazionale.

Le società parallele

A differenza di quanto era accaduto in Italia sino alla seconda guerra mondiale, lo Stato, nella formazione di questo italiano medio, ha avuto una parte minore, marginale. Non essendo riuscito ad elaborare, dopo la sconfitta, una nuova politica di « educazione nazionale », esso s'è accontentato d'impartire stancamente valori e nozioni derivati dalla scuola unitaria, con qualche richiamo alla Resistenza e molti imbarazzanti silenzi; sino a quando la crisi della fine degli anni '60 ha fatto della scuola una zattera senza timone, un luogo in cui la somma delle buone volontà e delle incompetenze dava il più delle volte un risultato negativo. In questo vuoto, che lo Stato non riusciva a colmare, fiorivano manifestazioni di cultura spontanea e società parallele talora ispirate a modelli stranieri, talora ad antichi modelli italiani: comunità *hippies*, comunità cattoliche, comunità anarchiche, associazioni mafiose, gruppi dell'*underground* rivoluzionario. Grazie all'assenza dell'autorità statale, riemergeva nell'Italia contemporanea l'Italia degli ordini religiosi e delle società segrete.

Stretti fra sollecitazioni di segno opposto, a cavallo fra un mondo vecchio non ancora morto e un mondo nuovo non ancora nato, gli italiani davano talora la sensazione d'indossare un abito che non era fatto per loro e di starvi con disagio, senza naturalezza. I vecchi punti di riferimento del loro paesaggio morale e culturale era scomparso e con essi erano scomparsi il conforto che si accompagna alla certezza della propria origine e della propria collocazione sociale. Questo disorientamento assumeva varie manifestazioni. Ne segnaleremo alcune nell'ambito dei rapporti interpersonali.

L'incertezza dei rapporti personali

Gli italiani non sapevano più come indirizzarsi vicendevolmente. Scomparsi i titoli nobiliari, svalutati e risibili quelli cavallereschi che erano usati con una certa parsimonia sino alla seconda guerra mondiale (cavaliere, commendatore), essi non potevano ispirarsi al modello francese perché la parola «signore» era ormai carica di una sua complessa storia semantica. Ricorrevano quindi largamente ai titoli accademici (avvocato, ingegnere, professore, soprattutto dottore) o di funzione (presidente, direttore, procuratore, consigliere). Ma come spesso accade nelle società in trasformazione il titolo – generalmente, «dottore» – era conferito non alla persona che lo deteneva quanto alla persona che aveva raggiunto la posizione sociale corrispondente, e si generalizzava sino a diventare sinonimo di «signore». Qualcosa del genere accadde in Inghilterra, in una congiuntura sociale non dissimile, per gli appellativi *esquire* e *governor*.

Il fascismo aveva cercato di abolire l'uso della terza persona (il «lei») e di sostituirvi il «voi» che i puristi del regime giudicavano più consono alle tradizioni della lingua e della società italiane. Per quanto grottesca e arbitraria, questa politica rispondeva al desiderio di sanzionare anche nei rapporti personali l'emergere di ceti nuovi emancipandoli da convenzioni linguistiche che erano state imposte da altre classi nel momento della loro egemonia. Il tentativo non riuscì, ma ebbe il risultato di scardinare le convenzioni dell'epoca e, poiché l'uso della terza persona era teoricamente proibito, di favorire la diffusione del «tu». Questa abitudine si è estesa per cerchi concentrici: prima fra persone della stessa corporazione (operai, studenti, impiegati), poi tra persone della stessa generazione, della stessa casa, dello stesso quartiere. A differenza di quanto accadeva nel passato il «tu» non esprimeva più la scoperta d'una affinità individuale, bensì d'una affinità sociale. Intorno al «tu» gli italiani costruivano le zattere che attraversavano una società liquida. Sulla propria zattera gli amici, i compagni, i coetanei; sulle altre zattere, gli estranei.

Questa incertezza nei rapporti personali provocava disagio. Gli italiani non sapevano più che cosa potevano pretendere l'uno dall'altro nelle loro relazioni reciproche, quali servizi erano tenuti a rendersi nel loro commercio quotidiano. Di qui la necessità di *ricostruire* un rapporto di servizi reciproci; di qui l'importanza che il dono ha assunto nella società italiana. Ogni occasione, indigena o importata (Natale, Pasqua, Befana, compleanno, onomastico, San Valentino, festa del padre, festa della madre, licenza liceale, laurea, partenza, matrimonio, pensione) diveniva occasione di doni. Qualcuno vedrà in queste abitudini il risultato delle tecniche persuasive della società dei consumi. Ma esse tendevano anche e soprattutto a ristabilire una nuova rete di rapporti sociali là dove l'antica era stata dispersa dal tifone culturale che si era abbattuto sull'Italia. Quando il paziente non sa quale servizio debba attendersi dal medico, quando il cliente non sa che cosa sia suo diritto pretendere da chi è addetto al soddisfacimento dei suoi bisogni privati o pubblici, il regalo diventa un mezzo per propiziare, accattivare e in tal modo rassicurare se stesso.

Istituzioni e movimenti

Continuamente incerti sulla natura dei loro rapporti, gli italiani intrattenevano relazioni encomiastiche o conflittuali, passando improvvisamente dal complimento cortese al litigio, dalla lode gratulatoria a polemiche aspre. Questo tratto di carattere appartiene alla loro storia, ma è andato accentuandosi perché distingue in particolar modo le fasi di transizione e di anomia sociale.

Ma vi sono altri modi di spiegare questo fenomeno, e fra le molte ipotesi possibili ne azzardiamo una: che queste manifestazioni fossero dovute alla presenza nella società italiana di due culture tendenzialmente egemoniche – quella cattolica e quella comunista – che sono al tempo stesso fideistiche e burocratiche. Cattolici e comunisti formavano contro-società fortemente gerarchiche in cui lo sforzo della volontà era meno importante dell'obbedienza, in cui la scelta, una volta fatta, diventava rituale, in cui il momento creativo contava meno della fede nel senso della vita e della storia. In questa società i valori privilegiati erano l'obbedienza, la lealtà, la dedizione, la sottomissione, l'ortodossia. Di fronte a queste grandi istituzioni vi era un'Italia tumultuante e libertaria, frazionata in decine di movimenti spontanei che si ribellavano anche e soprattutto contestando nei rapporti personali e nel linguaggio l'atmosfera ovattata, convenzionale e rassicurante di cui cattolici e comunisti avrebbero voluto pervadere l'intero corpo sociale. Di qui una straordinaria differenza fra il lessico grigio e ponderato dei cattolici e dei comunisti da un lato, e quello empio, dissacratore e intenzionalmente turpe dei gruppi e dei movimenti che rifiutavano di lasciarsi inghiottire dalle grandi istituzioni. Uno studio sul linguaggio politico condotto sulla stampa di partito, sulla stampa di opinione e sulla stampa gruppuscolare rivelerebbe meglio di altre analisi le tensioni della società italiana.

La posta in gioco dietro queste tensioni era quella di sempre: comporre una società nazionale, creare uno Stato per tutti e integrare in esso i ceti emergenti, le classi estranee od ostili. Ma la debolezza delle strutture statali, l'egemonia di due grandi istituzioni che non si riconoscevano nello Stato risorgimentale, i profondi rivolgimenti subiti dalla società italiana e la crisi economica rendevano il problema assai più complesso di quanto fosse mai stato in passato.

VIII
Dopo il 1977

Nel momento in cui apparve la prima edizione di questo libro, nella primavera del 1977, l'Italia attraversava uno degli anni più difficili nella storia del dopoguerra. Lo Stato nazionale era contestato nelle strade dalle manifestazioni rivoluzionarie degli « autonomi » e, alla periferia, dalle autorità regionali e municipali; era « lottizzato » dai partiti, sfidato e minacciato ogni giorno dai gruppi terroristici. I presagi negativi e i segnali inquietanti divenivano sempre più numerosi. Aldo Moro, presidente della Democrazia cristiana e fautore della collaborazione fra il suo partito e quello comunista, fu rapito dalle Brigate rosse il 16 marzo 1978 e assassinato il 9 maggio. Cinque settimane dopo, Giovanni Leone, presidente della Repubblica dal 1971, fu costretto a dimettersi da una campagna di opinione che aveva messo in discussione la sua integrità e veniva sostituito da un socialista, Sandro Pertini. Nel frattempo, sulla riva destra del Tevere, l'altra Roma era teatro di avvenimenti altrettanto eccezionali. Paolo VI, il pontefice che aveva pilotato la Chiesa attraverso la rivoluzione culturale del Concilio Vaticano II, morì in giugno, e il suo successore, il patriarca di Venezia, spirò a sua volta dopo aver occupato il trono di Pietro per poche settimane. Il terzo papa dell'anno fu un cardinale polacco, arcivescovo di Cracovia. L'avvenimento racchiudeva, agli occhi degli italiani, due messaggi diversi: li privava del rapporto privilegiato con il papato, che per molti di loro era un motivo di orgoglio e una sorta di compensazione al declino dello Stato nazionale, ma offriva ai cattolici italiani la prospettiva di una maggiore autonomia politica dalla Chiesa di Roma. Diventava più flessibile in questo modo il legame che, grazie alla Democrazia cristiana, si era stabilito dopo la guerra fra lo Stato italiano e la curia romana.

Per consolidare questa sovranità ritrovata occorreva tuttavia sopravvivere. Gli anni successivi furono in primo luogo anni di lotta contro il terrorismo di sinistra e, sia pure in misura minore, di destra. Per valutare nella giusta dimensione l'ampiezza del fenomeno basti ricordare che nel 1977 furono quarantadue i carabinieri e gli agenti di polizia uccisi dai terroristi.

Il terrorismo non era la sola, né la più grave, delle minacce che lo Stato italiano doveva affrontare. Il terremoto che colpì le regioni meridionali nel novembre 1980 costrinse il paese a guardarsi nello specchio e a prendere coscienza dell'ampiezza degli squilibri economici e sociali da cui, nonostante i progressi compiuti nel secondo dopoguerra, era afflitto. Attirata dallo stanziamento di fondi pubblici che il Parlamento aveva approvato per ricostruire e risanare le province colpite, la camorra tornò alla ribalta per assicurarsi gli appalti, «proteggere» e taglieggiare. Fenomeni analoghi si verificavano intanto in Calabria e in Sicilia, dove lo sviluppo economico apriva nuovi campi d'azione alla n'drangheta calabrese e alla mafia siciliana. Nel corso di questa lotta contro la mafia morirono a Palermo, fra il 1981 e il 1982, un deputato comunista, Pio La Torre, il presidente democristiano della regione, Piersanti Mattarella e il generale dei carabinieri Carlo Alberto Dalla Chiesa che nei mesi precedenti aveva guidato con successo la battaglia contro il terrorismo. Come negli anni '60 del secolo precedente, lo Stato dovette impegnarsi in una nuova guerra contro il brigantaggio. Ma si trattava in questo caso di un brigantaggio ben più pericoloso, annidato nei lavori pubblici, nelle banche, nelle reti per il traffico della droga e nelle pieghe oscure del potere.

Nello stesso tempo, lo Stato subiva i contraccolpi di una serie di scandali politici ed economici nei quali erano coinvolti partiti, gruppi finanziari e persino rami dell'amministrazione statale. A New York fu arrestato un banchiere siciliano, con l'accusa di aver provocato il fallimento di una grande banca americana e simulato il proprio rapimento. Un faccendiere toscano si salvò rifugiandosi all'estero dopo aver organizzato una società segreta che riuniva uomini politici, giornalisti, alti ufficiali, funzionari e finanzieri. Un banchiere milanese morì misteriosamente impiccato sotto un ponte di Londra, dopo aver condotto operazioni che avevano dissolto il patrimonio di una delle principali banche italiane. Ciascuno di questi episodi era un sintomo dello sviluppo tumultuoso della società italiana negli anni precedenti; considerati insieme, tuttavia, denunciavano la crisi dello Stato, la sua incapacità di esprimere gli interessi della collettività nazionale e di imporli con la necessaria autorità alle diverse corporazioni che ne fanno parte.

Il problema dell'autorità dello Stato era, almeno in parte, un problema istituzionale. La Costituzione italiana del 1946 era stata scritta da uomini il cui principale intento era impedire il ritorno di un regime autoritario: la debolezza del potere esecutivo era quindi, sotto certi aspetti, il risultato di una scelta politica. Ma la creazione dello Stato regionale, all'inizio degli anni '70, il «regime dei partiti» e la crescente complessità dei problemi economici e amministrativi ai quali occorreva far fronte accentuarono i difetti dell'esecutivo e accelerarono l'invecchiamento della Costituzione. Al tempo della collaborazione fra la Democrazia cristiana e il partito comunista, quei difetti erano stati compensati in parte dall'ampio sostegno di cui i governi di «solidarietà nazionale» godevano in Parlamento e nel paese. Quando questa collaborazione ebbe fine, in circostanze alle quali non erano forse estranee le grandi potenze straniere, e il paese tornò a essere guidato da coalizioni precarie, il problema della «governabilità» e delle istituzioni divenne, insieme con quello del terrorismo e della criminalità organizzata, il maggiore problema politico italiano.

Sul piano economico e sociale l'Italia dovette affrontare, nel contempo, la grande crisi che investiva in quel periodo tutto l'Occidente industrializzato. La debolezza dell'esecutivo e il «diritto di veto» che le forze politiche e sindacali esercitano di fatto quando i programmi di austerità e di risanamento minacciano i loro interessi fanno dell'Italia un paese particolarmente vulnerabile. Scaricando sul bilancio statale i costi sociali della crisi, il paese riuscì a controllare in parte il fenomeno della disoccupazione, ma con un crescente debito pubblico e un tasso di inflazione fra i più alti del mondo occidentale.

Alla crisi dello Stato si contrappone ancora una volta, anche in questo periodo, la straordinaria vitalità della società civile, con la sua elasticità e il suo dinamismo. Fra i segnali positivi dei primi anni '80 occorre registrare lo sviluppo della vita culturale nelle città, la rapidità con la quale molte imprese hanno saputo adattarsi agli imperativi della situazione economica, lo slancio di alcuni settori particolarmente attivi (macchine utensili, design, moda), la vivacità e la mancanza di ipocrisia del dibattito culturale sui grandi problemi della nazione, e, paradossalmente, un sentimento nazionale più forte e diffuso che negli anni '60 e '70. Grazie a indicatori estremamente diversificati, come la vittoria dell'Italia ai Mondiali di calcio, la conquista di New York da parte della moda italiana, l'ascesa degli italo-americani nella società degli Stati Uniti, la partecipazione dell'Italia alla forza multinazionale di pace nel Libano, si cominciarono a percepire nel paese i segni di un nuovo patriottismo, forse effimero e superficiale. Restava da vedere se questo sentimento diffuso sarebbe diventato una energia nazionale e avrebbe contribuito alla soluzione del problema centrale della società italiana: la crisi dello Stato.

Un nuovo stadio

Con le elezioni del 1983 e la formazione di un governo di coalizione presieduto da Bettino Craxi, leader del partito socialista, si aprì un nuovo stadio. La stabilità del governo (agosto 1983-aprile 1987), i risultati positivi della lotta contro il terrorismo, una maggiore fermezza nei confronti della criminalità organizzata nel sud, la ripresa dell'economia nazionale dopo le crisi degli anni precedenti, la caduta del tasso d'inflazione e una presenza più attiva del paese sulla scena politica internazionale dettero la sensazione che il paese fosse vicino alla pragmatica soluzione dei problemi che aveva.

In realtà, ai problemi antichi sopraggiunsero problemi nuovi. Lo sviluppo economico e sociale aveva modificato profondamente il quadro politico del paese. Dopo il grande successo elettorale degli anni '70 il partito comunista non riuscì a trovare, agli occhi del paese, quella «terza via» fra capitalismo occidentale e comunismo che Enrico Berlinguer aveva promesso agli italiani nei suoi ultimi anni di vita. La Democrazia cristiana appariva logorata dall'esercizio del potere e non riusciva più a imporre la sua egemonia sui partiti moderati e della Sinistra non comunista. I socialisti, invece, davano prova di grande vitalità e rafforzavano la loro posizione nel paese. Emergevano nel frattempo altre forze, che rivelavano la presenza nella società di forti correnti libertarie, populiste, corporative o regionaliste: il partito radicale, i «verdi», i gruppi locali e le associazioni professionali. Le mutazioni di una società particolarmente dinamica riproposero, verso la fine del governo Craxi, il problema della governabilità e, più generalmente, quello dei rapporti fra i poteri costituzionali. Si aprì così, verso la metà degli anni '80, un importante dibattito sulla riforma del sistema elettorale, sull'elezione popolare del presidente della Repubblica, sul diritto di sciopero, sui poteri del Parlamento e sullo statuto dei magistrati. Alla vigilia delle elezioni del 1987 era evidente che l'Italia, nonostante il grande sviluppo degli anni precedenti (o forse a causa di esso), era prossima a una vera e propria crisi costituzionale.

Le elezioni accentuarono il frazionamento della scena politica italiana, portando di nuovo alla ribalta il problema della « governabilità » del paese. Il partito socialista, rafforzato dal responso delle urne, si propose un obiettivo ambizioso: accelerare il declino del partito comunista per assumere la direzione della sinistra italiana e soprattutto delle nuove forze che si erano manifestate all'interno della società. Dopo avere oscillato fra due posizioni – governare con la Democrazia cristiana o collaborare con il partito comunista in una prospettiva di « fronte popolare » – il partito socialista rifiuta ora sia l'egemonia democristiana sia quella comunista, aspirando a diventare protagonista della vita politica italiana.

Nella seconda metà degli anni '80 il paese attraversò di conseguenza due crisi, che s'intersecavano e si condizionavano a vicenda: una crisi politica, che interessava principalmente l'equilibrio fra i partiti, e una crisi costituzionale che riguardava la forma stessa del sistema politico. L'una e l'altra erano l'ultima versione di un problema di cui i lettori di questo libro hanno preso nota fin dalle sue prime pagine.

IX
Declino e caduta della Prima Repubblica

Il primo ostacolo al rinnovamento istituzionale del paese era la sua legge elettorale. La proporzionale rifletteva in modo troppo fedele gli umori del paese, e impediva la formazione di maggioranze omogenee, capaci di proporre e realizzare la riforma del sistema politico italiano. I risultati delle elezioni legislative del giugno 1987 furono ancora una volta ambigui: qualche seggio in più alla Democrazia cristiana e al partito socialista, qualche seggio in meno al partito comunista. Bettino Craxi, presidente del Consiglio dal 1983 al 1987, cedette malvolentieri la direzione del governo ai democristiani, ma si oppose fermamente al conferimento dell'incarico di presidente del Consiglio a Ciriaco De Mita: il segretario del partito cattolico, all'interno del quale guidava la corrente di sinistra, intendeva stabilire, secondo i socialisti, un rapporto privilegiato con i comunisti, nello spirito dell'operazione tentata da Aldo Moro verso la metà degli anni '70.

Fu così che nacque, sotto la presidenza di un giovane democristiano, Giovanni Goria, un governo debole, costituito dai cinque partiti – Democrazia cristiana, partito socialista, repubblicani, liberali e socialdemocratici – che avevano governato il paese negli anni precedenti. Ma un ruolo di primo piano era svolto, nell'ombra, dal partito comunista, interlocutore privilegiato di quasi tutte le forze politiche italiane. I comunisti, infatti, non persero mai il prestigio che avevano conquistato nei governi di «solidarietà nazionale». Non partecipavano ai governi, ma erano membri di una sorta di « Politbjuro » informale in cui i partiti principali si spartivano il potere politico e amministrativo sulla base del loro peso elettorale. Il partito comunista, in particolare, aveva diritto alla presidenza della Camera dei deputati e di qualche commissione parlamentare, a una delle reti televisive, a numerose cariche nel consiglio d'amministrazione delle società gestite dallo Stato e dalle autorità locali. Le elezioni non servivano a creare maggioranze efficaci, ma più semplicemente a verificare il peso e il potere contrattuale delle varie forze politiche.

Verso la fine degli anni '80, il sistema politico italiano si dimostrava al tempo instabile e stabile. Era instabile perché la vita politica italiana metteva in scena incessanti negoziati e interminabili trattative attraverso le quali ciascuna delle parti tentava di strappare ai suoi alleati una fetta di potere più grande; ma era stabile, perché i partiti erano legati gli uni agli altri da un patto di solidarietà e di complicità. Le inchieste giudiziarie della magistratura milanese dimostreranno che di lì a poco questo accordo comportava il diritto di esigere un'« imposta informale » sui lavori pubblici e sulle commesse dello Stato, da dividersi fra i partiti sulla base della loro relativa importanza.

Questa particolare forma di stabilità-instabilità presentava tuttavia alcuni svantaggi. In primo luogo, il sistema politico era necessariamente e fisiologicamente poco efficiente, giacché ogni partito era obbligato a difendere la sua posizione di potere con una accorta strategia di veti, boicottaggi, manovre ostruzionistiche. In secondo luogo, era estremamente costoso, perché i benefici distribuiti ai partiti rappresentavano un ulteriore aggravio che lo Stato finanziava aumentando il debito pubblico. Ed era infine profondamente immorale perché il clientelismo politico prevaleva di continuo sulla logica del merito e del mercato. Alla fine degli anni '80, l'Italia scoprì che una parte notevole della ricchezza nazionale era stata stornata per consentire ai partiti di finanziare le loro organizzazioni e le loro campagne elettorali, distribuire favori politici, ricompensare gli «amici», estendere e consolidare il loro potere. Se confrontata agli altri paesi occidentali, in cui gli anni '80 furono un decennio di modernizzazione, l'Italia si presentava più vecchia e arretrata, meno efficiente e soprattutto meno capace di affrontare le sfide della concorrenza internazionale.

È su questo sfondo, caratterizzato dal malumore e dalle frustrazioni di una parte sempre più grande dell'opinione pubblica, che si delineano tre grandi linee di tendenza. Innanzi tutto, si affermano nell'Italia del nord movimenti regionali che sostengono tesi autonomistiche o federaliste e si propongono di sottrarre le risorse locali alla gestione clientelare dei partiti politici. La Lega lombarda, che nel 1987 riesce a far eleggere due rappresentanti al Parlamento, si presenta come il più importante di questi movimenti.

La seconda tendenza è rappresentata da una corrente politica che chiede con insistenza la riforma della legge elettorale e l'adozione di un sistema maggioritario all'inglese o alla francese. Il più importante dei rappresentanti delle leghe è un «tribuno» lombardo, Umberto Bossi, che alla fine degli anni '80 acquistò una popolarità sempre più vasta. Il leader del movimento per la riforma elettorale è un deputato democristiano, Mario Segni, che abbandonò progressivamente il suo partito, e conquistò l'appoggio di vasti settori della opinione pubblica.

La terza tendenza è rappresentata dalla crescente importanza della magistratura nella società italiana. Il fenomeno risale al periodo del terrorismo, quando la minaccia all'autorità dello Stato e la debolezza dell'esecutivo avevano spinto il potere giudiziario ad assumersi maggiori responsabilità. Negli anni '80, dopo la vittoria sul terrorismo, i magistrati inquirenti furono chiamati a combattere la criminalità organizzata, soprattutto nel sud. Negli anni precedenti, infatti, le vecchie associazioni criminali della società meridionale avevano tratto profitto dallo sviluppo economico per estendere le loro attività a nuovi settori: il traffico di droga, i lavori pubblici, le imprese commerciali e industriali. Mentre i mafiosi «all'antica» esercitavano una specie di tutela patriarcale su una società prevalentemente agricola, i mafiosi dell'ultima generazione «proteggevano» il commercio, creavano quartieri urbani, gestivano il traffico di droga, influivano sull'assegnazione degli appalti, controllavano i circuiti finanziari, investivano il denaro dell'organizzazione in attività finanziarie e speculative, dirigevano una rete di «soldati», contabili, intermediari, informatori. A causa delle sue attività, sempre più numerose, la nuova criminalità organizzata aveva bisogno di concessioni, licenze, autorizzazioni amministrative, e soprattutto di impunità, vale a dire di un rapporto di complicità più stretto con la classe politica. Per ottenerlo, metteva a disposizione dei politici i voti di cui avevano bisogno per conservare il potere. Il vecchio patto clientelare fra i deputati e i grandi elettori, che ha caratterizzato spesso la vita politica nelle regioni meridionali, diventava una minaccia per le istituzioni. Ogni voto che la mafia, la camorra e la n'drangheta garantiscono ai «loro» candidati è un voto contro l'autorità dello Stato, perché serve a perpetuare il malgoverno dei partiti e il potere della criminalità organizzata sulla società meridionale. E non è tutto: più il sud appare una comproprietà fra i partiti e le associazioni criminali, più si rafforzano il prestito e il potere delle leghe regionali al nord. I giudici siciliani che combattono la mafia negli anni '80 diventano quindi, insieme con le leghe e il movimento riformatore di Mario Segni, i protagonisti «positivi» della crisi della Prima Repubblica.

Il governo Goria sopravvisse a stento fino al marzo 1988 quando finalmente De Mita riuscì a vincere la resistenza di Craxi e a formare un ministero proprio. Ma nel maggio 1989 dovette dimettersi a causa della diffidenza socialista per le sue simpatie comuniste. Insieme a lui scomparve la prospettiva di una nuova «apertura a sinistra». Il nuovo presidente del Consiglio fu Giulio Andreotti, lo stesso uomo politico che alla metà degli anni '70 aveva formato, con l'appoggio dei comunisti, due governi di «solidarietà nazionale». Ma in questa occasione il vecchio notabile democristiano, protagonista di tutte le intese politiche della Prima Repubblica, svolgeva un ruolo del tutto diverso. Non fu chiamato al governo per «aprire» ai comunisti, come tredici anni prima, ma per garantire ai socialisti che il suo partito non li avrebbe «scavalcati» a sinistra.

Cominciò così la fase finale della Prima Repubblica. Andreotti governò in un'atmosfera di crescente agitazione politica, senza rispondere alle esigenze di riforme che erano emerse nella società italiana durante gli anni precedenti. Privo dell'appoggio della sinistra democristiana e abbandonato dal partito repubblicano, tentò di accontentare tutti i membri della coalizione senza soddisfare nessuno e rinviando di continuo le decisioni economiche e finanziarie indispensabili per risanare le finanze dello Stato. Il portavoce più autorevole della società italiana fu in quegli anni un uomo politico democristiano, Francesco Cossiga, eletto presidente della Repubblica nel giugno 1985. Dopo aver assolto alla perfezione per cinque anni i compiti piuttosto anodini che la Costituzione repubblicana gli aveva assegnato, Cossiga cominciò a intervenire personalmente nel dibattito politico con dichiarazioni candide, stravaganti, provocatorie, che avevano il merito di sottolineare i vizi del sistema politico. A giudicare dal messaggio che inviò ai due rami del Parlamento il 26 giugno 1991, il capo dello Stato voleva instaurare una repubblica presidenziale e non era esente da ambizioni personali. Non riuscì ad avere partita vinta, ma seppe interpretare e diffondere nel paese lo scontento che si era accumulato nella società. Grazie alle sue dichiarazioni, spesso intemperanti, imprevedibili e contraddittorie, la crisi del sistema politico divenne sempre più evidente.

Furono tre gli avvenimenti che infersero al regime un colpo mortale nei primi mesi del 1992. Il primo, in febbraio, fu un'inchiesta della magistratura milanese su un caso tutt'altro che insolito di corruzione politica. Un magistrato inquirente, Antonio Di Pietro, «pizzicò» il presidente socialista di un ente di beneficenza milanese mentre intascava una « tangente » imposta a una società di forniture. Invece di concludersi come al solito con una lunga inchiesta e una pena lieve, « il caso del Pio Albergo Trivulzio » assunse una tale ampiezza da coinvolgere l'amministrazione comunale e regionale, quasi tutti i partiti, le principali imprese e persino alcune banche. Altre procure, nei mesi seguenti, si ispirarono all'esempio della magistratura milanese e dimostrarono che la rete della corruzione si estendeva a larga parte del paese. Mentre si dissolveva il muro di complicità e di silenzio dietro il quale i partiti avevano camuffato i loro « affari » venne gradualmente alla luce un vero organigramma della corruzione politica e amministrativa. Nel corso dei mesi successivi, quasi tutti i grandi leader politici italiani caddero nelle reti della giustizia.

Il secondo avvenimento fu rappresentato dalle elezioni politiche dell'aprile 1992. Benché la proporzionale riduca generalmente l'ampiezza delle oscillazioni, il voto rispecchiò il desiderio di cambiamento che si era diffuso nel paese. Mentre i partiti tradizionali perdevano voti (i democristiani e i successori del partito comunista persero rispettivamente il 4,6 e il 4,9 %), la Lega Nord, federazione dei movimenti regionali nati nell'Italia settentrionale, ottenne l'8,7 dei suffragi, con un aumento dell'8,2% rispetto alle elezioni del 1987.

Il terzo avvenimento fu l'attentato compiuto nel maggio del 1992 contro il magistrato Giovanni Falcone, che conduceva una lotta accanita ed efficace contro la criminalità organizzata. La mafia si era resa conto che il clima politico e sociale del paese stava cambiando e con due gesti clamorosi, l'assassinio del deputato democristiano Salvo Lima e quello di Giovanni Falcone, volle dare una prova della sua potenza. Ancora una volta, come nei casi di corruzione, i magistrati erano nel punto nevralgico della crisi e venivano direttamente investiti di un ruolo riformatore.

Il governo costituito dopo le elezioni, nel maggio 1992, fu presieduto da un socialista, Giuliano Amato, che tentò con insolita energia di ridurre il debito pubblico e il deficit dello Stato, ma dovette fronteggiare due grossi ostacoli: la crisi della lira nel corso della tempesta monetaria dell'estate 1992 e le inchieste giudiziarie che colpirono numerosi esponenti del suo governo. All'origine della crescente debolezza del gabinetto Amato c'era lo sfaldamento progressivo dei partiti che avrebbero dovuto sostenerlo. Per qualche mese, quasi ogni giorno, numerosi deputati e senatori ricevettero «avvisi di garanzia», da cui apprendevano di essere oggetto di una inchiesta penale. Le vittime furono per lo più i partiti di coalizione del governo (la Democrazia cristiana, il partito socialista, il partito socialdemocratico, il partito repubblicano, il partito liberale), ma le indagini dimostrarono che il vizio della corruzione aveva infettato tutto il corpo politico.

Il nuovo Parlamento avrebbe dovuto affrontare il problema della riforma del sistema politico italiano, modificando la legge elettorale proporzionale. Ove le Camere non fossero riuscite a modificarla, essa sarebbe stata oggetto di un referendum, proposto dal movimento di Mario Segni. Si costituì una Commissione bicamerale, composta da deputati e senatori, con lo scopo, fra l'altro, di proporre al Parlamento nuove norme costituzionali per il rafforzamento dell'esecutivo e la creazione di uno Stato più esplicitamente regionalista. Ma i contrasti all'interno dei partiti e l'offensiva giudiziaria contro parecchi membri delle due Camere paralizzarono l'attività della Commissione. Divisi e impotenti, i partiti non riuscirono a scongiurare il referendum, che si tenne nel mese di aprile 1993 e confermò la volontà di cambiamento dell'elettorato. Mai come in quella occasione il Parlamento e i partiti furono scavalcati dalla volontà popolare. Sulla base delle indicazioni fornite dal referendum, il Parlamento approvò una nuova legge elettorale: il 75% dei deputati e dei senatori sarebbe stato eletto con il sistema maggioritario a turno unico, il 25% con il sistema proporzionale.

Il referendum determinò la caduta del governo Amato. Di fronte allo sfaldamento della vecchia maggioranza, il nuovo presidente della Repubblica, Oscar Luigi Scalfaro, incaricò

Carlo Azeglio Ciampi, governatore della Banca d'Italia, di formare un nuovo governo. In apparenza si trattava di un ministero composto soprattutto da esperti estranei ai partiti, in attesa che la nuova legge elettorale permettesse lo scioglimento delle Camere e il ritorno alle urne. In realtà, il nuovo presidente del Consiglio ottenne l'appoggio del partito comunista, che nel novembre 1990, dopo un congresso straordinario, era diventato partito democratico della sinistra. Il progressivo logoramento della coalizione che si era formata intorno alla Democrazia cristiana e al partito socialista rimise in gioco il solo membro «Politbjuro» che non aveva mai avuto responsabilità dirette di governo e poteva quindi, nonostante l'ondata di inchieste giudiziarie, presentarsi alla pubblica opinione con un'immagine non troppo offuscata dagli scandali. Come il governo Amato, anche il governo Ciampi fu serio e sobrio, molto migliore di quelli che avevano caratterizzato la vita politica italiana negli anni precedenti.

Intanto la crisi si trasferiva dall'amministrazione centrale dello Stato a quelle locali. Nel giugno 1993, undici milioni di italiani andarono alle urne nelle città principali (fra cui Milano, Torino, Catania) in base a una nuova legge, approvata nei mesi precedenti dal Parlamento, che prevedeva l'elezione diretta del sindaco. I risultati confermarono che la più dinamica forza politica del nord era la Lega, che i vecchi partiti di governo attraversavano una crisi profonda e che i comunisti, ormai diventati partito democratico della sinistra, godevano ancora di un largo seguito, soprattutto in Italia centrale. Sei mesi dopo, in aprile, le nuove elezioni locali tenutesi a Trieste, Venezia, Genova, Roma, Napoli, Palermo e altre città italiane permisero di controllare gli umori dell'elettorato e lo stato di salute delle varie forze politiche. La Lega manifestò i primi segni di debolezza registrando una diminuzione dei voti, persino al nord, ogniqualvolta il partito democratico della sinistra riuscì a formare un'ampia coalizione di forze «progressiste». Il movimento di Mario Segni si mostrò incerto e tentò, con risultati mediocri, di collocarsi al centro della scena politica. Il solo partito capace di tenere testa all'avanzata del PDS in Italia centrale e meridionale fu il Movimento sociale italiano, erede del disciolto partito fascista. A Roma e a Napoli, Gianfranco Fini e Alessandra Mussolini, capo del partito e nipote del leader del fascismo, furono battuti di stretta misura nelle elezioni municipali per la scelta del sindaco, riportando il 46,9 e il 44,3 dei voti. Il PDS credette di intravedere la possibilità di un grande successo politico e fece pressione perché si tornasse alle urne il più presto possibile. Nel gennaio 1994, il presidente della Repubblica sciolse le Camere e la data delle elezioni fu fissata per la fine di marzo.

È in questo periodo, fra le elezioni municipali di novembre e lo scioglimento delle Camere, che si colloca l'ingresso sulla scena politica di Silvio Berlusconi, proprietario di tre reti televisive, alcuni giornali, una catena di supermercati, un notevole patrimonio immobiliare, alcune importanti società pubblicitarie, assicurative e finanziarie. In pochi mesi, Berlusconi riuscì a riempire il vuoto politico che si era creato sulla scena pubblica italiana dopo il brusco declino della Democrazia cristiana e del partito socialista. Come il partito democratico della sinistra, anch'egli comprese che il sistema maggioritario richiedeva la creazione di una grande coalizione. Sfruttando le risorse organizzative delle sue società e un eccezionale dinamismo imprenditoriale, riuscì a dare vita a un movimento politico chiamato Forza Italia, ne fece il perno di una coalizione (il «polo delle libertà») che comprendeva la Lega Nord e il Movimento sociale italiano, vale a dire le due forze politiche che avevano mostrato una certa capacità organizzativa in occasione delle elezioni municipali. Gianfranco Fini, segretario del Movimento sociale italiano, facilitò l'operazione creando una formazione politica (Alleanza nazionale) in cui la componente fascista era ridimensionata e diluita.

La situazione italiana presentava dunque due anomalie. La prima era costituita dalla figura di un imprenditore, per di più capo di una società di comunicazioni, che si presentava al paese come leader di un movimento politico e candidato alla guida del governo. L'unico precedente storico è probabilmente quello di William Randolph Hearst, il *Citizen Kane* del *Quarto potere* di Orson Welles, che ai primi del secolo, fra il 1903 e il 1907, fu candidato a due delle cariche elettive più importanti di New York: sindaco della città e governatore dello Stato. La seconda anomalia era il ritorno in grande stile di un partito politico (il Movimento sociale italiano) erede del fascismo. Ma queste due singolarità dovettero sembrare meno importanti, a molti italiani, degli errori che essi rimproveravano ai rappresentanti del vecchio sistema.

Le elezioni furono un successo per Berlusconi: grazie alla nuova legge elettorale, la sua coalizione ottenne la maggioranza assoluta alla Camera e la maggioranza relativa al Senato. Qualche settimana dopo il leader di Forza Italia formò un governo di centro-destra composto da rappresentanti del suo movimento politico, della Lega e di Alleanza nazionale.

Verso la metà degli anni '90, quindi, l'Italia era afflitta da tre grandi problemi. Il primo era rappresentato dalla eterogeneità delle due coalizioni che si erano affrontate nelle elezioni del marzo 1994. La legge elettorale (maggioritaria a un solo turno per il 75% delle Camere e proporzionale per il restante 25%) aveva costretto i partiti ad accordarsi, per non disperdere voti, su un candidato comune nei collegi uninominali, ma li aveva spinti implicitamente a rivendicare la loro originalità presentandosi separatamente, ciascuno con i propri simboli, nei collegi proporzionali. Durante la campagna elettorale, come del resto nella fase successiva, parecchi partiti hanno dato l'impressione di voler trasferire nel nuovo sistema le regole con le quali ciascuno di essi in passato aveva tentato di far valere il suo ruolo e il suo peso. Il motto della nuova repubblica era sempre lo stesso: «I nemici dei miei amici sono miei amici». Affioravano, specie nella coalizione che aveva vinto le elezioni, le diverse ambizioni e i divergenti interessi politici delle forze politiche che ne facevano parte. Fin da quando ha fatto il suo ingresso in politica, Berlusconi ha dovuto recitare la parte del mediatore fra il liberalismo populista e antistatalista della Lega da un lato e, dall'altro lato, il programma del vecchio Movimento sociale italiano, per cui lo Stato, secondo la tradizione fascista, deve correggere di continuo le disuguaglianze sociali e subordinare ai suoi intenti le ambizioni del «grande capitale».

Il secondo problema era rappresentato dal contrasto virtuale fra gli interessi privati e le funzioni pubbliche di un leader politico nazionale. L'Italia deve affrontare contemporaneamente problemi che appartengono contemporaneamente alla sfera della buona economia e della buona politica.

Il terzo problema, infine, era rappresentato dalle grandi riforme costituzionali di cui il paese aveva bisogno per ricostituire il suo sistema politico. Le elezioni del marzo 1994 avevano rinnovato il corpo parlamentare del paese, ma hanno lasciato intatti i grandi nodi istituzionali che è indispensabile risolvere perché l'Italia possa finalmente passare dalla Prima alla Seconda Repubblica.

X
La trasformazione incompiuta

Prima di descrivere la fase politica che si aprì dopo le dimissioni del governo Berlusconi nel gennaio del 1995 conviene ricordare brevemente quali e quante siano le cause della instabilità italiana. Le elezioni del 1992 rendono visibile e tangibile una crisi che è al tempo stesso, con un crescendo di gravità, politica, finanziaria, istituzionale, nazionale.

Le quattro crisi e le scadenze europee

La crisi è politica perché gli elettori hanno manifestato il loro malumore con un voto che punisce la Democrazia cristiana a favore di una forza nuova – la Lega – la quale conquista in tal modo una parte importante dell'elettorato delle regioni settentrionali. È finanziaria perché la Prima Repubblica ha accumulato, in poco più di dieci anni, un debito pubblico pari grosso modo al 120% del Pil (prodotto interno lordo) e deve trovare ogni anno il denaro necessario per pagare interessi superiori al 12% del prodotto nazionale. È istituzionale perché la sua ingovernabilità e il suo malessere finanziario sono il risultato di una mediocre Costituzione che l'arroganza dei partiti ha reso, col passare del tempo, ancora più inadatta alle esigenze di un grande paese moderno. È nazionale infine perché il voto leghista segnala l'esistenza di una «questione settentrionale» che rimette in discussione l'unità della nazione.

Le quattro crisi sono legate l'una all'altra da uno stesso filo. La cattiva Costituzione genera governi effimeri, instabili, soggetti al continuo ricatto delle forze politiche che dovrebbero sostenerli. I governi deboli sono costretti ad accettare compromessi che cercano di tener conto delle esigenze di tutti e scaricano sul bilancio dello Stato gli oneri di una politica compromissoria, dispendiosa, sciupona. Il cattivo uso del pubblico denaro produce pessimi servizi e mediocri infrastrutture di cui si dolgono in particolare le regioni più prospere e dinamiche.

Questo intreccio di crisi è aggravato dagli obblighi europei e internazionali del paese. A Maastricht, nel febbraio 1992, i membri della Comunità europea hanno firmato un trattato che prevede l'introduzione di una moneta unica e la creazione, al più tardi entro il 1° gennaio 1999, di un'Unione economico-monetaria. La moneta non è soltanto l'indispensabile corollario del mercato unico europeo. È anche il coronamento di un percorso unitario che prende il via dalla CECA (Comunità europea per il carbone e l'acciaio). Per l'Italia, l'Europa è qualcosa di più. Dà un nuovo significato, dopo la guerra perduta, al ruolo della nazione nella società internazionale e le assicura un rapporto organico con paesi da cui dipendono, in ultima analisi, la sua modernità e la sua prosperità.

Ma fra i maggiori Stati della Comunità europea l'Italia è quello che più si discosta dai criteri di convergenza fissati a Maastricht per la partecipazione all'Unione monetaria. Il suo debito pubblico, il suo disavanzo, il suo tasso d'inflazione e i suoi tassi d'interesse sono molto più alti di quelli dei suoi partner. Il paese quindi non può permettersi di adottare, per la soluzione delle proprie crisi, il calendario che più gli conviene. Gli impegni che potrebbero essere ripartiti nel tempo e affrontati con una certa gradualità vanno racchiusi e compressi in una precisa cornice temporale. Vi è un orologio europeo, ormai, che scandisce le ore italiane.

Uno dei maggiori difetti del governo di Silvio Berlusconi fu quello di non avvertire l'importanza dell'Europa per la politica italiana e di non prestare sufficiente attenzione alle scadenze del trattato di Maastricht. Berlusconi e il suo ministro del Tesoro, Lamberto Dini, ebbero il merito di capire che il risanamento finanziario dipendeva dalla riforma del sistema pensionistico, troppo generoso per un paese che andava progressivamente invecchiando. Ma non compresero che il migliore argomento con cui accompagnare la riforma era per l'appunto l'Europa. Se avesse invocato gli imperativi del trattato di Maastricht e ricordato agli italiani le conseguenze dell'esclusione dall'Unione monetaria, il governo avrebbe meglio resistito alla dura campagna che i sindacati lanciarono contro la riforma delle pensioni nel novembre 1994. Preferì piegarsi alla loro volontà e accontentarsi di una riforma parziale e modesta. Il cedimento ebbe due conseguenze negative: rinviò una misura di cui il paese aveva urgente bisogno e conferì ai sindacati una sorta di diritto di veto sulla riforma del *welfare state* italiano. Nessun governo da allora ebbe il coraggio di affrontare i problemi sociali e finanziari del paese senza assicurarsi il consenso delle forze sindacali, vale a dire di organizzazioni che parlavano in nome di una parte dei lavoratori salariati e non rappresentavano i nuovi mestieri della società post-industriale.

L'annacquamento della politica finanziaria non garantì la sopravvivenza del governo Berlusconi. Umberto Bossi, leader della Lega Nord, decise di abbandonare la coalizione. Lo fece, probabilmente, sulla base di un calcolo politico semplice e spregiudicato. Se il governo avesse superato i primi ostacoli e consolidato la propria autorità nel paese, il partito di Berlusconi, Forza Italia, avrebbe scalzato la Lega dalle posizioni conquistate nell'Italia settentrionale. Piuttosto che approfittare della sua presenza al governo per dedicarsi alla realizzazione dei progetti federalisti del suo partito, Bossi preferì «ribaltare» il tavolo della coalizione. «Ribaltone» fu per l'appunto l'espressione con cui venne definita la crisi che costrinse Berlusconi a dimettersi alla vigilia di Natale del 1994.

Il governo Dini

Oscar Luigi Scalfaro, presidente della Repubblica dal maggio del 1992, aveva di fronte a sé due possibilità. Poteva sciogliere le Camere, come gli chiese di fare il presidente del Consiglio dimissionario; o favorire la formazione di un governo di transizione composto da «tecnici». La seconda prospettiva piaceva alle sinistre che avrebbero annullato in tal modo la vittoria di Forza Italia alle elezioni precedenti e goduto di un tempo supplementare nel corso del quale prepararsi a sostenere una nuova sfida elettorale. Scalfaro scelse la seconda soluzione e affidò l'incarico a Lamberto Dini, già ministro del Tesoro nel governo Berlusconi. In Parlamento il governo ebbe la fiducia della Lega e dei partiti di centro-sinistra; Forza Italia, Alleanza nazionale e la frazione moderata della vecchia Democrazia cristiana si astennero.

Lamberto Dini veniva da una rispettabile carriera al Fondo monetario internazionale e alla Banca d'Italia. Alla Banca, di cui era stato direttore generale dal 1979 al 1994, aveva fama di uomo abile, ambizioso, attento a coltivare le amicizie politiche. Ministro del Tesoro nel governo Berlusconi, era parso animato da propositi di rigore finanziario e da criteri di ortodossia liberale. Divenuto presidente del Consiglio, preferì invece conformare la sua politica agli orientamenti dei partiti che avevano maggiore interesse all'esistenza del suo governo. Non trascurò il risanamento finanziario del paese, ma si adattò a non fare più di ciò che i sindacati e la sinistra erano disposti a permettergli. Negoziò con i sindacati, ad esempio, la nuova riforma del sistema pensionistico che fu quindi, ancora una volta, parziale e insufficiente.

Ma il suo maggior merito, per i partiti che lo avevano desiderato e sostenuto, fu quello di offrire alla sinistra il tempo necessario per la sua riorganizzazione. Il primo a cogliere questa occasione fu un economista bolognese di formazione cattolica che era stato brevemente ministro dell'Industria (dal novembre 1978 al marzo 1979) e due volte presidente dell'IRI (Istituto per la ricostruzione industriale): dal 1982 al 1989 e dal 1993 al 1994. Come Berlusconi nel gennaio del 1994, anche Romano Prodi annunciò pubblicamente che intendeva candidarsi alla presidenza del Consiglio. Ma anziché costituire un partito politico preferì creare la cornice di una grande alleanza fra i partiti di centro-sinistra a cui dette il nome simbolico di un'antica pianta mediterranea, l'Ulivo. Per riuscire aveva bisogno del vecchio partito comunista e ne ottenne l'appoggio.

Massimo D'Alema, segretario del PDS (partito democratico della sinistra) capì che la nuova legge elettorale, parzialmente maggioritaria, e l'apparizione di Berlusconi avevano modificato lo stile, se non le regole, della vita politica italiana. A un leader capace di raggruppare intorno a sé alcune forze politiche occorreva contrapporne un altro. E poiché l'esito della battaglia sarebbe stato deciso in ultima analisi dalla «maggioranza fluttuante», vale a dire da quella fascia moderata che sposta il proprio voto a seconda delle circostanze e dei propri interessi, occorreva che il candidato fosse in grado di conquistare i consensi degli elettori di centro. Per lui, D'Alema, comunista recentemente approdato sulle rive della socialdemocrazia, il tempo della candidatura personale non era ancora arrivato. Decise quindi di appoggiare Prodi e di garantirgli il sostegno del suo partito.

Al momento della formazione del suo governo Dini aveva promesso che sarebbe uscito di scena non appena avesse raggiunto alcuni obiettivi urgenti, fra cui la legge finanziaria per il 1996. Restava sullo sfondo, dopo il fallimento della Commissione bicamerale, il problema, continuamente discusso, della grande riforma istituzionale. Quando Dini si dimise, nel gennaio del 1996, il capo dello Stato diede l'incarico a un uomo, Antonio Maccanico, che apparteneva idealmente all'area di centro-sinistra, ma aveva avuto alti incarichi alla Camera dei deputati, alla presidenza della Repubblica, in una grande banca d'affari (Mediobanca) e alla presidenza del Consiglio. Nelle intenzioni dei suoi partigiani il governo Maccanico avrebbe forse permesso ai maggiori partiti di modificare il sistema politico secondo criteri che in quei giorni furono effettivamente discussi e, nelle grandi linee, concordati. Molti tuttavia, a destra e a sinistra, si erano ormai preparati alle elezioni e preferirono la prova elettorale.

Fu questo il momento in cui Lamberto Dini abbandonò la parte apparentemente neutrale che aveva recitato nei mesi precedenti. Fondò il proprio movimento politico (Rinnovamento italiano) e aderì all'Ulivo di Romano Prodi. Dini era la perfetta personificazione di quella maggioranza moderata e « fluttuante » che i due schieramenti cercavano di conquistare. Ed era anche al tempo stesso il miglior rappresentante di quella parte della classe politica italiana che ha sempre preferito, quale che fosse la forza emergente del paese (il fascismo negli anni '20, il comunismo negli anni '70), stare al governo piuttosto che all'opposizione. È l'Italia « moderata », realistica, pragmatica, insensibile alle grandi questioni di principio, certa di potere svuotare i programmi politici di ogni contenuto ideale per riempirli con i suoi concreti interessi. La scelta di Dini fu un segnale. Una parte della maggioranza fluttuante abbandonava Berlusconi, scommetteva su Prodi.

La vittoria dell'Ulivo

Brillante tecnocrate della Democrazia cristiana, educato nelle migliori scuole economiche dell'Occidente, ma legato da vecchia amicizia con uno dei maggiori esponenti del solidarismo cattolico (Giuseppe Dossetti), il leader dell'Ulivo era il simbolo di una nuova sinistra, desiderosa di assumere il governo della cosa pubblica. Ma la chiave di volta della coalizione fu Massimo D'Alema. Senza il sostegno del suo partito, della sua vecchia organizzazione e dei suoi militanti, il tentativo di Prodi avrebbe dato, molto probabilmente, risultati insufficienti. Per vincere, D'Alema garantì ai propri alleati, con la formula delle desistenze, un certo numero di seggi e mise a loro disposizione la macchina organizzativa del PDS. Non basta. Per evitare che la sinistra desse spettacolo delle proprie divisioni fece accordi di desistenza persino con Rifondazione comunista, vale a dire con coloro che si erano polemicamente staccati dal PCI nel momento in cui quest'ultimo si era spogliato del suo nome e aveva indossato abiti socialdemocratici.

Il risultato delle elezioni fu per molti aspetti la fotografia rovesciata di quello del 1994. Abbandonato dalla Lega – che conquistò da sola 59 deputati e 27 senatori –, il Polo di Silvio Berlusconi perse le elezioni. Ma l'Ulivo conquistò la maggioranza in Parlamento soltanto grazie all'appoggio determinante di Rifondazione comunista al Senato. Ancora una volta la coalizione vincente era soggetta, per governare, alle pressioni e ai ricatti di una forza politica (la Lega nel caso di Berlusconi, Rifondazione nel caso di Prodi) che non condivideva i suoi principi e il suo programma. Come nel 1994, la legge elettorale si dimostrò del tutto inadatta a creare maggioranze stabili e omogenee. Nei collegi uninominali (75% del Parlamento) i partiti di una stessa coalizione erano stati costretti a collaborare, per non disperdere i voti, e avevano concluso patti di desistenza. Nei collegi proporzionali (25% dei seggi), dove nessun voto va perduto, ciascuno di essi si era presentato da solo sventolando la propria bandiera. Gli italiani assistettero così al singolare spettacolo di forze politiche che si sostenevano a vicenda in un collegio e si contendevano i voti in un altro.

L'Europa

Il maggior merito del governo Prodi fu quello di ricordare al paese con fermezza che le scadenze dell'Unione monetaria erano alle porte e che l'Italia doveva evitare di esserne esclusa. La fermezza, per la verità, venne qualche mese dopo la formazione del ministero, quando il presidente del

Consiglio constatò di non poter contare sulla Spagna per la creazione di un « fronte dei ritardatari » capace d'imporre ai partner maggiori il rinvio della data prevista dal trattato per la nascita dell'Unione economico-monetaria. Ma da quel momento Prodi e i suoi ministri economici – Carlo Azeglio Ciampi al Tesoro e Vincenzo Visco alle Finanze – non perdettero più di vista l'obiettivo europeo della politica italiana. In poco più di un anno, dalla legge finanziaria per il 1997, approvata alla fine del 1996, al maggio del 1998, il governo riuscì a soddisfare i tre principali criteri di convergenza del trattato di Maastricht: disavanzo, tasso d'inflazione, tassi d'interesse. La battaglia europea poteva considerarsi vinta.

Per comprenderne l'importanza mette conto ricordare ancora una volta che l'esclusione dell'Italia dall'Europa di Maastricht non avrebbe avuto soltanto conseguenze economiche e finanziarie. Avrebbe svuotato la storia d'Italia del suo significato originale. Ripulito dei suoi abbellimenti retorici, il Risorgimento, in realtà, fu soprattutto il ritorno dell'Italia in Europa, l'aspirazione di alcuni italiani a uscire dall'angolo buio in cui il paese era precipitato dopo la lunga crisi del '500. Considerata in questa prospettiva, tutta la storia italiana dall'unità a oggi può considerarsi una lunga marcia verso l'Europa. Furono « europeisti » tutti coloro che si adoperarono per rafforzare la sua economia, creare industrie, ridurre lo scarto di civiltà fra le sue regioni, difendere i suoi interessi in Europa e nel mondo. Furono europeisti in questo senso persino coloro che in alcuni momenti della sua storia – l'ingresso nella prima guerra mondiale, il ventennio fascista – ebbero una esagerata concezione della potenza italiana nel mondo.

Dopo la guerra, come sappiamo, l'Europa acquistò agli occhi della classe dirigente italiana nuovi significati. Fu l'« idea » con cui alcuni uomini di Stato – De Gasperi, Einaudi, Sforza – sperarono di riempire il vuoto che la sconfitta aveva lasciato nella coscienza dei loro concittadini. Fu l'autorità politica e morale che avrebbe permesso ai governi italiani di meglio rompere il circolo vizioso delle pigrizie tradizionali e degli interessi corporativi. All'origine dell'importanza che i migliori uomini di Stato italiani hanno sempre attribuito all'Europa vi è la constatazione (vi torneremo parlando di federalismo) che l'Italia è troppo eterogenea e diseguale per essere governata da Roma con misure che rispondano contemporaneamente alle esigenze del nord e a quelle del sud. Costretta a governare due paesi diversi, la classe politica nazionale è generalmente spinta a cercare mediocri formule di compromesso. La Comunità europea e la Commissione di Bruxelles le hanno permesso di trincerarsi dietro gli imperativi della costruzione europea e le direttive di un'autorità supernazionale. La modernizzazione dell'Italia nel corso degli ultimi cinquant'anni è stata essenzialmente «importata».

Il governo Prodi ha lavorato quindi nella linea dei migliori governi europei del secondo dopoguerra e ha evitato che un appuntamento mancato pregiudicasse il futuro del paese. Prodi e Ciampi, in particolare, hanno avuto il merito di imporre una politica europea a forze politiche che per molti anni, dopo la guerra, non ne avevano condiviso l'ispirazione. Ma hanno raggiunto l'obiettivo con le idee e gli strumenti propri di un governo di sinistra. Prodi era autorizzato a rispettare gli impegni europei, ma non a riformare coraggiosamente le parti più costose del *welfare state* italiano, a smantellare rapidamente il settore pubblico dell'economia nazionale, a ignorare le esigenze delle organizzazioni sindacali. L'episodio più evidente della sua «libertà condizionata» fu la crisi dell'ottobre 1997 quando Rifondazione comunista gli impedì di fare, nell'ambito della legge finanziaria del 1998, una nuova e più decisa riforma del sistema pensionistico. Prodi salvò il governo soltanto dopo avere accettato di diluire la riforma e di ritardare la privatizzazione dell'Ente nazionale per l'energia elettrica. Vi sono in questa vicenda, per la storia del paese, due aspetti, di cui uno positivo, l'altro negativo. È positivo che l'obiettivo europeo sia stato raggiunto con il contributo determinante di forze politiche inizialmente antieuropeiste. È negativo che il processo di modernizzazione dell'Italia – perché di questo in effetti si tratta – avvenga « da sinistra » in un momento in cui la sinistra è una forza « conservatrice », preoccupata di evitare o di ritardare lo smantellamento delle strutture pubbliche e assistenziali create dal fascismo e ampliate dai governi antifascisti del secondo dopoguerra.

La riforma della Costituzione

Restava il problema, molto più difficile e controverso, delle riforme costituzionali. Alcuni uomini politici – Francesco Cossiga, Mario Segni – e molti studiosi sostennero la necessità di un'Assemblea costituente. Ma il progetto si scontrò con le obiezioni di molti partiti, a cui premeva conservare il controllo della transizione, e con quelle di un più generico « partito conservatore » a cui premeva mantenere in vita, per quanto possibile, il vecchio impianto unitario e parlamentare della prima Costituzione repubblicana. Erano due infatti i maggiori problemi all'ordine del giorno: i rapporti fra il potere esecutivo e il Parlamento, i rapporti fra il potere centrale e la « periferia » (regioni, comuni). Faticosamente e confusamente si erano delineate nel paese due grandi tendenze. La prima riteneva che occorresse rafforzare il potere dell'esecutivo, ridurre le prerogative del Parlamento e compensare la maggiore autorità del governo con forme più o meno accentuate di federalismo. La seconda voleva correzioni minori e modeste. I primi ritenevano che soltanto una riforma radicale avrebbe permesso all'Italia di affrontare i grandi processi di modernizzazione e di tenere il passo con i suoi partner europei. I secondi temevano che il rafforzamento dell'esecutivo avrebbe esposto il paese a tentazioni autoritarie e che il federalismo avrebbe accentuato la distanza fra il nord e il sud del paese.

Scartata l'ipotesi dell'Assemblea costituente, fu deciso di ricorrere a una procedura che era stata sperimentata, senza successo, all'inizio degli anni '80 e dopo le elezioni del 1992. Una Commissione composta da rappresentanti della Camera e del Senato avrebbe lavorato alla modifica della parte II della Costituzione repubblicana (il Parlamento, il presidente della Repubblica, il governo, la magistratura, le regioni, le province, i comuni, le garanzie costituzionali) e avrebbe presentato le sue proposte alle due Camere. La Commissione bicamerale cominciò a lavorare sotto buoni auspici. Il leader del PDS, Massimo D'Alema, convinse Berlusconi dell'utilità di una riforma concordata fra le maggiori forze politiche e dimostrò la serietà del suo impegno assumendo la presidenza del nuovo organo. Berlusconi accettò di collaborare, ma volle verosimilmente che tra le riforme della Commissione figurasse anche quella dell'ordine giudiziario. Da tre anni ormai, vale a dire dal momento in cui era divenuto presidente del Consiglio, la sua persona e le sue aziende erano materia d'indagini giudiziarie della Procura di Milano. Era accusato o sospettato di avere corrotto la Guardia di finanza per sottrarsi a indagini fiscali, di avere falsificato i bilanci delle sue imprese, di avere trasferito denaro all'estero per depositare grosse somme nella cassaforte clandestina di Bettino Craxi, di avere avuto rapporti ambigui con la mafia siciliana. Nel novembre del 1994, mentre presiedeva a Napoli una conferenza delle Nazioni Unite sulla criminalità internazionale, aveva ricevuto un avviso con cui la Procura di Milano lo informava di un'indagine sulla sua persona e lo chiamava a «comparire». Dietro ciascuna di queste accuse si leggevano due convinzioni: che la sua fortuna d'imprenditore e il suo gruppo televisivo fossero il risultato dei suoi rapporti clientelari con la classe politica più corrotta della Prima Repubblica; che la sua decisione di entrare in politica fosse stata dettata dal desiderio di salvaguardare i suoi interessi d'uomo d'affari.

La « questione giustizia »

Berlusconi aveva quindi ottime ragioni personali per desiderare che il problema della giustizia figurasse all'ordine del giorno della Commissione bicamerale. Ma la questione non era soltanto personale; era anche e soprattutto nazionale. L'ho ricordato nel capitolo precedente. L'inettitudine della classe politica, la fragilità del sistema istituzionale e le tre grandi emergenze della politica italiana – terrorismo, mafia, corruzione – hanno scaricato sull'ordine giudiziario e in particolare sulla magistratura inquirente molte responsabilità del potere esecutivo e legislativo. Sono stati i procuratori e i giudici che hanno subito per primi gli attacchi dell'illegalità politica e criminale. Hanno combattuto, naturalmente, con le armi della loro funzione e hanno cercato, in corso d'opera, di rafforzare gli strumenti del loro lavoro rendendoli, per quanto possibile, conformi agli scopi che desideravano raggiungere. L'esercizio di tali responsabilità li ha resi popolari; la popolarità ha esaltato in essi il sentimento di una missione nazionale; questo sentimento li ha autorizzati ad assumere in parecchie circostanze il ruolo del tribuno della plebe o del *defensor populi*. Molti di essi hanno studiato negli anni della contestazione studentesca e sono divenuti magistrati dopo la fine degli anni '60, vale a dire in un periodo in cui l'ideologia dominante voleva che ogni funzione sociale, pubblica o privata, fosse inevitabilmente « politica ». Se la vecchia burocrazia e la vecchia magistratura erano state strumenti delle classi politiche moderate – così molti ragionavano in quegli anni – loro sarebbero stati gli strumenti del rinnovamento politico e morale del paese. Mai come in questa generazione il confine fra neutralità tecnica e impegno politico si è andato progressivamente appannando sino a divenire pressoché invisibile. Non è un caso che molti procuratori abbiano deciso di passare dalla magistratura alla politica e che l'Italia, fra le maggiori democrazie occidentali, sia quella in cui è particolarmente alto in Parlamento il numero dei deputati e dei senatori provenienti dall'ordine giudiziario.

La mafia e gli scandali dell'inizio degli anni '90 hanno avuto l'effetto di saldare gli strumenti agli obiettivi. Dopo avere scelto la magistratura per « fare politica », alcuni magistrati constatarono con soddisfazione che la politica era diventata illegale, che la battaglia si era trasferita nelle aule dei tribunali, che gli uomini politici si erano esposti ai colpi della giustizia. Non era più necessario partecipare a convegni e firmare proclami; bastava firmare avvisi di garanzia, mandati di comparizione e ordini di cattura. Mai come allora i magistrati inquirenti si sentirono investiti del diritto di fare politica nel senso ideale che la parola aveva assunto all'epoca della loro formazione giovanile. Una parte dell'opinione pubblica li sostenne, li lusingò, rafforzò il sentimento della loro necessità, li autorizzò a considerarsi investiti di un mandato morale. Le azioni giudiziarie contro mafiosi e corrotti si saldarono l'una all'altra sino a diventare parti integranti di una crociata contro la mafia e la corruzione. L'uomo più rappresentativo di questo fenomeno fu Antonio Di Pietro, commissario di polizia in anni giovanili, poi sostituto procuratore a Milano, protagonista delle prime indagini di Tangentopoli, ministro dei Lavori Pubblici nel governo Prodi, senatore in un collegio toscano con l'appoggio del partito democratico della sinistra.

Di fronte a questa straordinaria dilatazione del potere della magistratura inquirente la classe politica si divise fra coloro che avrebbero voluto ridurre la capacità d'intervento dei procuratori e coloro, soprattutto a sinistra, che videro nella giustizia un formidabile alleato contro i loro avversari. I primi tentarono diverse strade: la depenalizzazione di uno dei reati più comuni (il finanziamento illecito dei partiti politici), la modifica delle norme sulla carcerazione preventiva, l'istituzione di una commissione parlamentare d'inchiesta sul fenomeno della corruzione, l'amnistia. Troppo deboli o troppo compromessi, dovettero rinunciare ai loro tentativi e lasciare che il problema della corruzione – un fenomeno politico e sociale di dimensioni nazionali – restasse fermamente nelle mani delle Procure e venisse trattato come problema giudiziario.

L'accordo fra Berlusconi e D'Alema per la creazione di una Commissione bicamerale ebbe l'effetto di aprire qualche prospettiva. Il primo, come si è detto, aveva un evidente interesse personale a limitare la competenza dei procuratori, il secondo era convinto che la classe politica avesse il diritto e il dovere di recuperare lo spazio sottrattole dalla magistratura inquirente. La Commissione si occupò quindi della riforma dell'ordine giudiziario e prese in considerazione varie ipotesi fra cui una maggiore distinzione tra le funzioni della magistratura inquirente e della magistratura giudicante, la riforma del Consiglio superiore della magistratura, un certo sindacato parlamentare sulla discrezionalità dell'azione penale. Ma ogni tentativo riformatore si scontrò con l'opposizione dei procuratori e con la loro capacità di mobilitare in queste circostanze l'intero ordine giudiziario, una larga parte dell'opinione pubblica e naturalmente settori importanti della sinistra. Nuoceva al tentativo riformatore, ovviamente, il fatto che uno dei suoi patrocinatori fosse «parte in causa» e avesse nella vicenda un forte interesse personale.

La Commissione bicamerale fallì quando Berlusconi la privò del sostegno dell'opposizione. Cadde così la possibilità di un'intesa concordata tra le maggori forze politiche per la riforma della Costituzione. Si disse che Berlusconi agì per ripicca, quando si accorse che la riforma dell'ordine giudiziario si era andata progressivamente riducendo a qualche marginale ritocco. Ma la Commissione fallì anche e soprattutto perché non riuscì a fare proposte credibili per nessuno dei grandi temi che avevano formato oggetto dei suoi dibattiti. L'esempio più evidente della sua impotenza fu la discussione sul presidente della Repubblica. La Commissione ne propose l'elezione diretta, ma non si accordò sui suoi poteri e corse il rischio di instaurare una sorta di diarchia al vertice del paese fra un capo dello Stato eletto dal popolo, ma privo di poteri esecutivi, e un capo del governo responsabile di fronte al paese, ma privo di mandato popolare. Un altro esempio dell'impotenza della Commissione fu la discussione sul federalismo. Ma su questo punto conviene fare qualche riflessione d'ordine generale.

XI
Una e indivisibile

Il federalismo non è necessariamente la migliore e la più virtuosa delle forme di governo possibili. Sostenere una tale tesi significa dimenticare che gli Stati unitari e centralizzatori furono spesso, nell'800, straordinari fattori di modernizzazione, di sviluppo economico e di progresso civile. Non è facile, in momenti di grande trasformazione economica e sociale, educare le masse, difendere le frontiere, costruire una moderna rete stradale e ferroviaria, creare le condizioni per lo sviluppo industriale senza poteri forti e fortemente accentrati. Stato unitario significa mercato nazionale, nazionalizzazione delle masse, conquista di mercati stranieri, protezione delle minoranze e del dissenso religioso. In molte circostanze lo Stato unitario può garantire maggiori diritti civili di quanti non ne garantisca una struttura statale fondata sul riconoscimento delle antiche autonomie.

Le virtù dell'accentramento

Persino negli Stati federali il potere centrale si rafforza generalmente a danno della periferia ogniqualvolta la situazione, nella percezione generale, richiede energici interventi economici e sociali. Così accadde negli Stati Uniti per la lotta contro la criminalità con la creazione del Federal Bureau of Investigation (1908). Così accadde dopo la « Grande

Depressione» negli anni del «New Deal» e più tardi quando il «governo» americano (presidente e Congresso) crearono nuove forme di *welfare state* e convivenza civile: *medicare*, *desegregation*, politica multiculturale, *affirmative action*. Sino alla fine degli anni '70, «federalismo», negli Stati Uniti, significa spesso resistenza alla modernità, alla solidarietà sociale, ai diritti civili. Sono federalisti, in questo senso, gli Stati del sud e i loro ambienti più retrivi.

In Italia il federalismo risorgimentale di Carlo Cattaneo parve subito utopistico e pericoloso. Per due ragioni. In primo luogo perché soltanto lo Stato centrale poteva fare le straordinarie riforme di cui abbiamo parlato all'inizio del libro. In secondo luogo perché avrebbe dato spazio e voce ai movimenti legittimisti e campanilisti nel sud, negli Stati della Chiesa, probabilmente nella stessa Toscana. Valgono per il federalismo di Cattaneo le considerazioni con cui Manzoni, nel saggio *Dell'indipendenza dell'Italia*, giudicò i progetti di Confederazione che circolavano in quegli anni: «(...) non avrebbe potuta esser mai altro, che una nova forma della nefasta divisione dell'Italia. Sarebbero state (...) tante porte rabbattute, non chiuse alle potenze straniere, che, nella rivalità di que' diversi Stati, avrebbero trovato il mezzo di esercitare il solito *divide et impera*».

Un nuovo federalismo

La prima constatazione da farsi, quindi, è che per molto tempo e in molti casi «centralismo» ha significato modernizzazione e progresso, mentre «federalismo» ha significato localismo, provincialismo, conservatorismo. Il giudizio si rovescia nel secondo dopoguerra. Appare in Europa, a partire dagli anni '70, un nuovo federalismo. Si manifesta generalmente là dove la periferia ha buoni argomenti per deplorare il modo in cui il centro esercita i suoi poteri o distribuisce le risorse della nazione. È visibile ogniqualvolta la periferia, a torto o a ragione, giunge alla conclusione che può ottenere, andandosene per la sua strada, migliori risultati. Ed è particolarmente forte allorché questi sentimenti si manifestano in una vecchia patria storica che lo Stato unitario ha assorbito, ma non interamente piegato. È il caso, in misura e con motivazioni diverse, della Catalogna, della Galizia spagnola, della Scozia, del Galles, della Corsica, di alcune repubbliche jugoslave, della Slovacchia. Spesso il fenomeno coincide con il declino dello Stato tradizionale e con il passaggio di alcune delle sue funzioni storiche – difesa, economia, moneta – a istituzioni supernazionali: la NATO, le Comunità europee, alcune agenzie dell'ONU, alcune organizzazioni regionali.

Il caso dell'Italia

In Italia i primi fenomeni autonomisti e separatisti risalgono al primo dopoguerra. Sembrò, per un certo periodo, che alcune regioni – la Sicilia, la Val d'Aosta, l'Alto Adige – fossero attratte dalla prospettiva della secessione o del congiungimento con altri paesi. Se l'Italia non si spaccò in quelle circostanze le ragioni furono due. In primo luogo le grandi potenze si sarebbero difficilmente accordate su un progetto di spartizione della penisola. Se qualcuno lo avesse proposto, lo smembramento dell'Italia avrebbe dato il via a una pericolosa «guerra di secessione italiana» che nessuno in quelle circostanze aveva interesse a fare. In secondo luogo la maggioranza degli italiani si dimostrò convinta dell'utilità di «stare insieme». Le quattro grandi crisi regionali alla periferia dello Stato – Val d'Aosta, Sicilia, Trentino Alto-Adige, Trieste e Istria – dimostrano che l'unità nazionale era ancora percepita come un bene comune. Quarant'anni dopo questa convinzione sembra essersi appannata. La nascita e l'ascesa della Lega fra gli anni '80 e '90 coincide con la crescente sensazione al nord che il sistema politico nazionale stia nuocendo allo sviluppo e al progresso delle regioni settentrionali. Negli anni '90 il divario morale, psicologico, economico e civile tra il nord e il sud è maggiore di quanto non fosse alla fine della prima guerra mondiale. E, paradossalmente, il sentimento di estraneità allo Stato nazionale sembra essere particolarmente forte in province tradizionalmente «patriottiche» come quelle del Veneto. Quando guarderanno con maggior distacco alle vicende della storia italiana negli ultimi vent'anni del secolo gli storici giungeranno probabilmente alla conclusione che a questo potenziale divorzio tra il nord e il sud della penisola non sono estranei gli sviluppi del processo d'integrazione europea. La creazione del mercato unico e il trattato di Maastricht hanno messo in evidenza che gli interessi del nord potevano divergere radicalmente in molte circostanze da quelli del sud. Il nord aveva bisogno del mercato europeo e chiedeva allo Stato migliori infrastrutture, migliori servizi, una maggiore autonomia e una minore pressione fiscale. Il sud chiedeva protezione, impieghi pubblici, sussidi. Il nord chiedeva meno Stato; il sud, se possibile, ne desiderava di più.

Potrebbe sostenersi, quindi che la Questione Settentrionale sia esplosa nel 1992, l'anno del trattato di Maastricht e delle elezioni politiche in cui la Lega ha conquistato il 10% dei voti. Ma non sarebbe esplosa se gli sforzi fatti nelle generazioni precedenti per unificare il paese avessero dato migliori risultati. Le diverse parti di uno Stato rimangono insieme finché l'unione soddisfa le esigenze di tutti e promette vantaggi superiori alla somma degli inconvenienti. Tendono a separarsi quando si accorgono che la sintesi degli interessi comuni diventa sempre più difficile.

Questo non significa che il paese, verso la fine degli anni '90, fosse alla vigilia della sua disintegrazione. La mancanza di un'attesa e di una speranza comuni non basta a rompere l'unità di uno Stato. Perché il divorzio si consumi occorre un evento risolutivo e traumatico, come accadde negli Stati dell'Europa comunista quando si sciolse il mastice dell'ideologia che aveva incollato l'una all'altra le sue regioni storiche. Il paese Italia restava unito perché nessuno era riuscito a programmare l'uscita dall'unità, perché nessuno era riuscito a calcolare i rischi, gli inconvenienti, i costi dell'operazione. La Lega non aveva mai dato una risposta convincente ai dubbi e alle paure che assalivano ogni persona ragionevole nel momento in cui cercava d'immaginare una «via slovacca» alla crisi italiana.

Poteva il federalismo, verso la fine degli anni '90, essere una risposta ai problemi dell'unità italiana? Vi erano due difficoltà. La prima era rappresentata dal rischio che la terapia federale accentuasse i mali del paese. Pur nelle sue diverse forme il federalismo comporta due inevitabili conseguenze. Prima conseguenza: ogni parte dello Stato federale trattiene per sé una quota maggiore del reddito prodotto localmente. Seconda conseguenza: ogni parte dello Stato federale affronta e risolve sul posto, con i propri strumenti e le proprie risorse umane, un maggior numero di problemi. Applicato uniformemente alla realtà italiana il federalismo avrebbe avuto l'effetto di rendere il nord più ricco e forse più efficiente, e il sud, perlomeno in una prima fase, più povero e inefficiente. Non tutte le regioni italiane, in altre parole, erano in grado di fare buon uso della stessa medicina. Le misure che avrebbero permesso al nord di emanciparsi da inutili tutele per procedere più speditamente sulla strada della concorrenza internazionale avrebbero messo in maggiore evidenza i vizi del sud, la sua incapacità di progettare, spendere, risanare l'ambiente civile. Forse il solo federalismo possibile, alla fine degli anni '90, era quello che avrebbe permesso ad alcune regioni del paese – il Veneto, la Lombardia – di assumere poteri e responsabilità comparabili a quelli della Catalogna nello Stato spagnolo.

Ma a questa prospettiva si opponeva la seconda difficoltà. L'Italia restava unita perché la sua classe politica, amministrativa e sindacale, la nomenklatura delle sue istituzioni e il settore pubblico della sua economia erano nazionali. Avevano perduto qualsiasi sentimento patriottico, ma erano legati all'«Italia» dal più solido dei vincoli: l'interesse personale. Il loro territorio di riferimento, bacino d'influenza, serbatoio di voti e fonte di legittimità era l'intera penisola, dalle Alpi alla Sicilia. È difficile immaginare, nel momento in cui queste pagine sono scritte, come l'Italia possa riuscire ad avere un sistema politico corrispondente alle sue necessità.

XII
Declino e morte dell'ideologia risorgimentale[1]

«IDEOLOGIA risorgimentale» non è sinonimo di Risorgimento. Essa è il «codice» etico-politico della classe dirigente nazionale dopo la costituzione dello Stato unitario, è il «credo» politico di coloro che si identificano con l'unità e hanno un evidente interesse ad assicurarne il buon funzionamento. Per comprendere come tale ideologia si sia concretamente formata non serve risalire alle radici storiche e culturali del Risorgimento e attribuire agli antenati ciò che fu spesso immaginato o inventato dai loro discendenti. Conviene coglierne la nascita nella fase formativa dello Stato, quando essa divenne indispensabile alla sua esistenza e gestione.

Il breve intervallo fra ordine vecchio e nuovo, durante il quale lo Stato italiano fece le scelte che ne avrebbero fissato i caratteri e segnato l'evoluzione, durò dal gennaio all'ottobre del 1861. Fedeli alla loro ideologia liberale e all'ispira-

[1] Riproduco qui in via di conclusione la sintesi di un saggio pubblicato da Vanni Scheiwiller con il titolo «Declino e morte dell'ideologia risorgimentale», in un libretto apparso nel 1994 (*Finis Italiae*, Milano, All'insegna del pesce d'oro). Il saggio sviluppa alcuni dei concetti contenuti nelle prime pagine di questo libro ed è la rielaborazione di altri scritti: un più lungo saggio sulla storia nazionale pubblicato dalla Banca d'Italia in occasione del suo centenario, una relazione presentata al Convegno «Il mito del Risorgimento nell'Italia unita» (Milano, 10-12 novembre 1993), una conferenza pronunciata all'Istituto storico germanico di Roma nel giugno 1994. Ho fatto soltanto alcune piccole correzioni.

zione inglese della loro cultura politica, gli uomini della Destra concepirono per le nuove province del regno un sistema politico-amministrativo che avrebbe rispettato e valorizzato le tradizioni locali, le identità regionali e i vecchi patriottismi municipali. Al governo centrale sarebbero rimaste alcune competenze unitarie: gli esteri, la difesa, i trasporti, le poste.

Ma il 9 ottobre Bettino Ricasoli, presidente del Consiglio dopo la morte di Cavour, estese per decreto a tutto il paese la legge con cui Urbano Rattazzi aveva applicato alla Lombardia, nell'ottobre del 1859, il regime amministrativo, fortemente centralizzato, delle province piemontesi. Fu istituito il prefetto, rappresentante del governo nelle province del regno, fu abbandonato il modello inglese e adottato, con una radicale inversione di fronte, il modello francese. Moriva, ancor prima di nascere, lo Stato decentrato che Minghetti aveva prefigurato nei decreti del marzo precedente, e nasceva al suo posto lo Stato napoleonico. Che cosa era accaduto fra il marzo e l'ottobre del 1861 perché il paese imboccasse improvvisamente una strada così radicalmente diversa da quella che il partito vincente aveva immaginato per il futuro?

Era morto Cavour, era scoppiata la guerra del brigantaggio, era emersa con evidenza la precarietà nazionale e internazionale dello Stato unitario. Dopo avere miracolosamente raggiunto traguardi che nessuno si era prefisso, il governo dovette improvvisamente misurarsi con l'ostilità del clero, l'indifferenza di una larga parte dell'opinione pubblica delle regioni annesse, la diffidenza di alcune grandi potenze, la distanza economica e civile fra il nord e il sud, le condizioni dell'ordine pubblico nelle province meridionali. La risposta del governo alle minacce che insidiavano il nuovo Stato fu il regime prefettizio; una scelta frettolosa e necessaria, imposta da problemi di cui nessuno, nei mesi precedenti, aveva immaginato la complessità e la grandezza. Il rapido susseguirsi di due strategie amministrative così profondamente diverse conferma che l'unità nazionale non fu il risultato di un disegno preordinato. Nessuno, se non le frange radicali del movimento garibaldino e mazziniano, aveva immaginato negli anni precedenti l'improvvisa scomparsa di tutti gli Stati italiani. E nessun ministro piemontese aveva nei propri cassetti, alla fine del 1860, un dossier politico-amministrativo sull'unificazione della penisola. Ci ritrovammo uniti fra il settembre e il novembre del 1860 perché gli Stati pre-unitari, e in particolare il regno delle Due Sicilie, si rivelarono infinitamente più fragili di quanto Torino avesse previsto. Quando fu chiaro che l'Austria non avrebbe potuto difenderli e che l'Inghilterra, fingendosi indifferente e neutrale, avrebbe perfidamente incoraggiato la loro morte, essi crollarono su se stessi. Il fattore decisivo non fu la pressione esterna degli « unitari », che furono complessivamente una piccola minoranza. Decisivi furono, in Sicilia, i vecchi rancori del patriottismo isolano contro la dominazione di Napoli e, altrove, il rapido dissolversi delle strutture amministrative, militari e sociali che avevano assicurato l'esistenza degli Stati preunitari. Decisivo, in altre parole, fu l'immediato voltafaccia di una parte delle classi dirigenti – funzionari dello Stato, militari, liberi professionisti – che corse a ingrossare le file del partito risorgimentale.

Come spiegare altrimenti i sì plebiscitari (1.312.366 contro 10.302 nelle province continentali, 432.053 contro 667 in Sicilia) con cui i sudditi di Francesco II chiesero di diventare sudditi di Vittorio Emanuele II? Persino in Toscana e in Emilia, dove il movimento nazionale poté contare sulla guida autorevole di Ricasoli e Farini, i referendum furono una manifestazione di feudale lealtà per i leader locali piuttosto che un atto di fede nella monarchia sabauda. Ecco come Ricasoli, in Toscana, organizzò la partecipazione popolare al referendum:

> « (...) gli intendenti agricoli a capo dei loro amministrati, il più influente proprietario rurale a capo degli uomini della sua parrocchia, il cittadino più autorevole

a capo degli abitanti di una strada, di un quartiere ecc. (...) ordineranno e condurranno gli eletti alle urne della Nazione in gruppi o in file più o meno numerose, ma sempre disciplinate e procedenti in buon ordine. In testa sarà la bandiera italiana; ciascuno deporrà nell'urna la propria scheda, poi si ritirerà e in un punto determinato il gruppo si scioglierà con quella calma e quella dignità che proviene dalla coscienza di aver compiuto un alto dovere».

Se questi furono i nuovi battaglioni dell'Italia unitaria, la nuova classe dirigente avrebbe dovuto rendere rispettoso omaggio, nel momento in cui assumeva la direzione del nuovo Stato, agli ostinati difensori borbonici di Messina, Civitella del Tronto, Gaeta, e avrebbe dovuto aggiungerne i nomi al «ruolo degli eroi» di cui venerare la memoria. Come gli svizzeri alle Tuileries nel 1792, quegli uomini si batterono perché avevano giurato fedeltà al loro re e non meritavano l'oblio a cui li ha condannati la leggenda risorgimentale.

Ma nessuno può permettersi il lusso di scrivere una storia che non tenga conto delle proprie esigenze e non favorisca la realizzazione dei propri obiettivi. Anziché raccontare l'unità come effetto di circostanze impreviste e di opportunistiche adesioni, la nuova classe dirigente nazionale fu costretta a raccontarla come il risultato di un grande sforzo unitario e di una forte volontà collettiva. Fu taciuto il ruolo delle navi inglesi davanti al porto di Marsala, furono taciuti l'opportunismo e il doppiogiochismo delle classi dirigenti locali, fu ignorato o dimenticato l'eroismo di coloro che tentarono un'ultima difesa contro i piemontesi e i garibaldini.

Proprio perché scaturito da circostanze impreviste, lo Stato unitario ebbe quindi immediatamente bisogno di una forte ideologia dominante. L'opera nata per caso finì per condizionare i suoi involontari creatori e per orientarne la strategia politica. Per consolidare il proprio potere e acquisire legittimità morale, la classe dirigente dovette credere fermamente nella necessità della propria esistenza e realizzare il mandato di cui si vide improvvisamente investita.

L'ideologia risorgimentale non è quindi l'antefatto ideale e morale dello Stato unitario. È la somma delle convinzioni, delle certezze, degli obiettivi e dei metodi con cui la classe dirigente conferisce a se stessa il diritto di governare. Improvvisamente proiettata al vertice di uno Stato imprevisto, essa deve proclamarne la necessità, il fondamento storico, la missione morale. Ma deve anche realizzare il più rapidamente possibile ciò che avrebbe dovuto, in buona logica, precedere l'unificazione e giustificarne l'avvento. Deve « fare gli italiani ».

Assistiamo così sin dall'inizio a una sorta di sdoppiamento dell'ideologia risorgimentale e alla nascita, in seno alla classe dirigente, di due partiti. Il primo pensa che gli italiani debbano farsi «col ferro e col fuoco», nel vivo dell'azione, nel crogiolo delle guerre e delle battaglie. Lo rafforza in questo convincimento il ricordo e lo spettacolo di altri Stati nazionali europei. Nulla ha giovato alla nascita di una nazione francese quanto le grandi guerre di espansione e conquista, da Luigi XIV a Napoleone. Nulla ha « fatto » la Germania quanto la grande insurrezione antifrancese del 1813 e le due guerre degli anni '60. Nulla ha « fatto » la Santa Madre Russia quanto Poltava e la « guerra patriottica » del 1812. Non v'è nazione in Europa che non abbia definito la propria identità e creato il proprio territorio senza lottare per la propria esistenza. La riscrittura romantica della storia italiana può servire a puntellare le pretese della classe dirigente, ma non può sostituire la storia vera. Lo voglia o no, l'Italia ha bisogno, per esistere, di guerre e di sangue.

Il secondo partito non nega l'utilità delle guerre, ma ne valuta più attentamente i costi e i pericoli. Sa che la guerra del 1859 è stata prevalentemente francese, che la spedizione di Garibaldi in Sicilia non basta da sola a provare le virtù guerriere del popolo italiano, che la guerra del 1866 è stata vinta in Boemia, non in Adriatico e nel Veneto. Sa soprattutto, per diretta esperienza, che le guerre costano molto denaro e pesano per molto tempo sul bilancio dello Stato. Per «fare gli italiani» occorre quindi tentare una strada diversa, più graduale, meno rischiosa. Occorre unificare il territorio e le istituzioni, promuovere l'educazione dei cittadini, creare fra essi i vincoli della convivenza economica e della comunità culturale.

Vorrei poter dire che queste due famiglie dell'ideologia risorgimentale corrispondono alle tradizionali denominazioni degli schieramenti politici, che la prima è di destra, la seconda di sinistra. Ma l'affermazione sarebbe del tutto infondata. Durante la prima generazione unitaria è vero, piuttosto, il contrario: la Sinistra è volontarista, aggressiva, nazionalista, mentre la Destra è cauta, poco incline ai colpi di testa e alle avventure militari. Più tardi la distinzione fra le due famiglie attraverserà in diagonale tutta la società politica italiana raggruppando in ciascuno dei due campi, fianco a fianco, progressisti e conservatori. Accadrà persino che gli stessi uomini politici – Crispi, Giolitti, Sonnino, persino Mussolini – passino da un campo all'altro perseguendo strategie diverse in momenti diversi della loro vita politica. Per semplificare dirò schematicamente che Crispi, Salandra, Sonnino e Mussolini cercarono di « fare gli italiani » con la guerra, mentre Spaventa, Sella, Minghetti, Depretis, Giolitti e altri leader minori cercarono di «fare gli italiani» con le riforme, le infrastrutture, la scuola, lo sviluppo economico. L'uomo che dette alla seconda famiglia la sua politica estera più efficace e coerente fu probabilmente Emilio Visconti di Venosta, sette volte ministro degli Esteri tra il 1863 e il 1901.

Accade spesso nella storia che le grandi strategie politiche siano fondate sull'esito, talora casuale, di un episodio. La sconfitta di Adua ebbe l'effetto di mettere fuori gioco per parecchi anni il partito del « ferro e del fuoco », ma la guerra di Libia, che Giolitti cercò inutilmente di declassare a « fatalità storica », ebbe quello di estendere la voglia di sangue e di cimenti che continuava ad agitare gli animi di una parte delle élite nazionali. Se è assurdo sostenere che la guerra italo-turca fu tra le cause della prima guerra mondiale, è certamente lecito sostenere che essa contribuì largamente a creare i quadri interventisti della primavera del 1915. Entrammo quindi in guerra, nel maggio di quell'anno, per «fare gli italiani».

Che questo fosse il principale «fine di guerra» dello Stato italiano è dimostrato dalla spregiudicata indifferenza con cui le élite nazionali presero in considerazione le due alleanze possibili. Il governo italiano era onnivoro, cioè pronto a espandersi sia verso il Mediterraneo orientale sia verso il Mediterraneo occidentale, perché la guerra era anzitutto un mezzo per «forgiare» l'unità nazionale. Per entrare in guerra, tuttavia, una delle due famiglie risorgimentali dovette sbarazzarsi dell'altra con un colpo di mano. Dopo essere stata una monarchia parlamentare, l'Italia divenne improvvisamente per qualche settimana, nella primavera del 1915, un Reich tedesco e Salandra una sorta di cancelliere. Ma non si trattò di colpo di Stato. Lo scontro fu tra le due famiglie dell'ideologia risorgimentale e il duello fu arbitrato dal re che buttò il peso della monarchia nel campo degli interventisti.

Mussolini si presentò al re, sin dalla sua prima udienza, il 30 ottobre 1922, come l'esponente più radicale e intransigente del volontarismo risorgimentale. Le parole «vi porto l'Italia di Vittorio Veneto», con cui dichiarò di essersi indirizzato a Vittorio Emanuele, indicavano che egli avrebbe, per l'appunto, «fatto» gli italiani col ferro e col fuoco. In realtà, come alcuni dei suoi predecessori, tentò strade diverse, a seconda delle circostanze, e non esitò a fare in alcuni momenti, sia pure con linguaggio sprezzante e tracotante, la politica guardinga della Destra storica. Ma il successo della guerra etiopica, l'ascesa di Hitler e la docilità con cui le democrazie accettarono tutti i colpi di mano del Führer, dall'occupazione della Ruhr alla spartizione della Cecoslovacchia, dovettero convincerlo che le sorti del paese erano a un bivio: buttarsi nella mischia per fare gli italiani o starsene fuori e rinunciare all'obiettivo. L'idea che l'Italia potesse restare neutrale non gli passò mai per la testa. Considerata nella logica del volontarismo risorgimentale l'ipotesi, del resto, era del tutto irrealistica. I tre maggiori esempi europei – Svizzera, Belgio, Svezia – dimostrano che la neutralità incute rispetto e produce i risultati desiderati soltanto quando è sostenuta alle spalle da coesione, fermezza, comunanza di valori e princìpi, un esercito forte e temuto, vale a dire tutto ciò che ancora faceva difetto all'«Italia di Vittorio Veneto». Furono queste in gran parte le ragioni per cui funzionò bene in Svizzera e Svezia, male in Belgio. Paradossalmente potrebbe dirsi che l'Italia avrebbe potuto essere neutrale soltanto il giorno in cui qualcuno, finalmente, avesse fatto gli italiani.

Sappiamo che cosa accadde fra il 1940 e il 1943 e sappiamo ormai, grazie al libro di Claudio Pavone, che anche la storiografia progressista ammette essersi combattuta in Italia dal 1943 al 1945 una guerra civile. L'espressione è particolarmente calzante. Più che di guerra tra fascisti e antifascisti si trattò infatti di uno scontro mortale tra le due famiglie dell'ideologia risorgimentale. Sino a quel momento si erano combattute in Parlamento, si erano scomunicate a vicenda e una di esse, il fascismo, aveva perseguitato l'altra con misure di polizia. Ma durante gli ultimi due anni della seconda guerra mondiale i nipoti del Risorgimento passarono alle armi e si uccisero. Fu questo l'aspetto più tragico di quella vicenda: il Risorgimento diviso in due campi contrapposti, un'Italia non ancora fatta e già lacerata da un insanabile contrasto fra due rami di una stessa famiglia. La vittima più illustre di questa lotta intestina fu l'uomo che ne comprese meglio di altri il carattere «familiare» e che fece il possibile per interporsi fra i combattenti. Giovanni Gentile fu certamente ucciso dai gappisti di Firenze davanti alla sua villa del Salviatino, ma avrebbe potuto cadere sotto i colpi del fascismo radicale. Così muore Antigone quando cerca di contrapporre le leggi della pietà a quelle della forza.

Vinse come sappiamo la «famiglia» risorgimentale che voleva fare gli italiani con l'educazione civile e con il progresso economico. Per le condizioni in cui si era combattuto – un paese sconfitto e diviso dopo una lunga dittatura, gli orrori di una guerra mondiale, una lotta spietata fra nemici «terminali» – la guerra fu necessariamente un fratricidio e amputò l'ideologia risorgimentale di un suo membro. Non basta. Quella del partito risorgimentale vincente fu una vittoria di Pirro perché il campo dei vincitori fu dominato durante la lotta da due forze – i comunisti e, in misura minore, i cattolici – che non appartenevano alla tradizione del Risorgimento e avevano altri ricordi, altri obiettivi. Si delinea così sin dall'inizio dello Stato repubblicano un contrasto tra coloro che vorrebbero tenere viva l'idea del Risorgimento e coloro che vorrebbero – esplicitamente i comunisti, implicitamente i cattolici – negarne il valore morale, svelarne le ipocrisie, sottolinearne i fallimenti e, infine, cancellarne il ricordo. Al centro del dibattito fu spesso la Resistenza che i «risorgimentisti» – Saragat, ad esempio – cercarono di accreditare come ultima «guerra d'indipendenza» e che i comunisti esaltarono invece come lotta di liberazione sociale, insurrezione di popolo, promessa di rivoluzione. A chi vorrà fare la storia dell'idea di Risorgimento durante la prima generazione dello Stato repubblicano propongo alcuni temi di ricerca: i manuali di storia nelle scuole, le celebrazioni per il centenario dell'unità, le discussioni provocate dal libro di Rosario Romeo su Risorgimento e capitalismo e da quello di Mack Smith sulla storia d'Italia, i discorsi presidenziali di Saragat, la graduale scomparsa del 20 settembre dagli annali delle feste nazionali e, infine, il dibattito sull'europeismo. L'europeismo fu infatti, negli anni immediatamente successivi alla seconda guerra mondiale, la preoccupazione dominante di coloro che erano maggiormente consapevoli della precarietà dell'ideologia risorgimentale. Einaudi fu tra i primi a rendersi conto che la guerra perduta colpiva a morte non soltanto il partito «del ferro e del fuoco», ma l'intero Stato nazionale. Sin dall'esilio in Svizzera giunse alla conclusione che l'Italia aveva bisogno per sopravvivere di una nuova ideologia e che soltanto l'« idea d'Europa », come Chabod intitolò in quei mesi le sue lezioni di Milano, poteva dare un senso all'esistenza del paese sconfitto. Fu questa la ragione per cui, contrariamente a Croce, accettò senza esitare la ratifica del trattato di pace: per liquidare un passato fallimentare ed evitare che il paese si attardasse inutilmente nella contemplazione delle proprie frustrazioni.

Credo che le ricerche degli storici futuri sul crepuscolo del Risorgimento dovranno concludersi con la fine degli anni '60. Da quel momento in poi lo studioso troverà probabilmente sulla sua strada temi più modesti: il socialismo tricolore, il culto garibaldino e i pellegrinaggi a Caprera di Bettino Craxi, la pietà risorgimentale di Giovanni Spadolini, le stanche discussioni provocate dalle invettive antirisorgimentali di Vittorio Messori e del cardinale Biffi. L'agonia dell'ideologia risorgimentale si protrae nel tempo, ma a chi esige, per periodizzare la storia degli italiani, una data di morte propongo il 1976. L'anno in cui il 73,1% degli italiani dà il proprio voto alla Democrazia cristiana e al partito comunista. Se si deducono dal resto i voti di Democrazia Proletaria, della Südtiroler Volkspartei e della Union valdôtaine, alle due vecchie famiglie dell'ideologia risorgimentale rimane il 24,9%, di cui il 6% al Movimento sociale italiano e il resto diviso fra socialisti (una conversione tardiva, tiepida e strumentale), socialdemocratici, liberali, repubblicani e radicali. Nell'anno in cui Giulio Andreotti diventa presidente del Consiglio, Amintore Fanfani presidente del Senato e Pietro Ingrao presidente della Camera, gli italiani risorgimentali sono ormai minoranza e vivono nel loro paese in una condizione intellettuale analoga a quella che caratterizzava gli orleanisti e i bonapartisti dopo l'avvento della Terza Repubblica.

Si potrebbe naturalmente sostenere che l'emergenza di forze nuove non comporta necessariamente la fine degli ideali risorgimentali. Perché non riconoscere che anche il partito comunista e la Democrazia cristiana hanno accettato il retaggio del Risorgimento e tentato di « fare gli italiani »?

Perché non riconoscere che i cattolici furono sin dall'inizio fervidamente europeisti e che i comunisti divennero tali nella prima metà degli anni '70? Non avevano gli stessi ricordi e le stesse tradizioni, ma si proposero di realizzare, con la solidarietà, la giustizia sociale e l'Europa, ciò che i partiti risorgimentali non erano riusciti a compiere nelle generazioni precedenti. La Cassa del Mezzogiorno e gli insediamenti industriali nelle province meridionali furono certamente un tentativo per unificare il paese dando agli italiani eguali possibilità di lavoro, di educazione e di promozione sociale. Ma lo sciagurato risultato di quella politica è sotto i nostri occhi. Il giudizio sulle responsabilità spetta agli storici del futuro, ma non è necessario attendere il loro responso per constatare che la prassi della democrazia consociativa – risorse contro consenso, favori contro voti – ha accentuato le differenze tra le diverse parti della penisola e che la strategia della Cassa del Mezzogiorno è complessivamente fallita. In un momento in cui una parte del territorio nazionale ancora sfugge al controllo giudiziario, poliziesco e fiscale dello Stato unitario, la distanza fra il sud e il nord è più forte, paradossalmente, di quanto non fosse all'epoca in cui l'Italia era, come scrisse Croce, « divisa in due ». Gli anni felici tra il 1850 e il 1860, quando gli intellettuali napoletani e siciliani lavoravano fraternamente a Torino con i loro amici piemontesi, liguri, lombardi e veneti per preparare un futuro comune, ci appaiono terribilmente lontani. Occorre risalire alla guerra contro il brigantaggio, ai moti di Palermo del settembre 1866 e ai fasci siciliani per ritrovare l'estraneità che caratterizza oggi i rapporti fra le due parti della penisola.

Questo fenomeno è andato accentuandosi col passare del tempo, ma può farsi risalire, simbolicamente, a due catastrofi naturali: il terremoto in Friuli del 1976 e quello delle province meridionali nel 1980. Se le elezioni nazionali del 1976 registrano il brusco declino delle forze politiche risorgimentali, i quattro anni che corrono fra i due terremoti segnano nella vicenda dell'Italia unitaria l'inizio del processo di scissione morale fra le due parti della penisola. Per la prima volta gli italiani videro « in diretta », grazie alla televisione, gli effetti in diverse regioni di uno stesso avvenimento naturale: al nord una regione ansiosa di riparare i guasti e ricominciare a lavorare, al sud la macchina perversa di un assistenzialismo senza progetti e prospettive. Non basta. Quei due avvenimenti produssero, sotto gli occhi degli italiani, conseguenze radicalmente diverse; in Friuli un processo modernizzatore che ne ha fatto in pochi anni una delle più intraprendenti regioni mitteleuropee; nelle province meridionali un processo di criminalizzazione che ha sottratto una larga parte della penisola all'impero della legge. Gli stessi denari che hanno permesso al Friuli di costruire nuove infrastrutture e nuove imprese hanno creato in Campania, nella migliore delle ipotesi, opere fittizie, nella peggiore una vasta rete di « intermediari » che ha barattato il denaro dello Stato contro i voti delle clientele elettorali.

Alla spaccatura orizzontale fra regioni settentrionali e meridionali si aggiunge un'altra spaccatura, non meno pericolosa. Il fallimento dell'ideologia risorgimentale nella sua duplice versione militare e civile ha trasformato l'Italia in uno Stato senza fondamenta etico-politiche. Questo non significa che la sua unità sia in forse: gli interessi comuni prevalgono sulle divergenze. Significa tuttavia che il paese è progressivamente divenuto nel corso di questi ultimi anni una costellazione di grandi corporazioni tribali o professionali, ciascuna delle quali è preoccupata, anzitutto, dalle proprie prerogative e dalla propria autotutela: i giudici, la Banca d'Italia, i giornalisti, le forze dell'ordine, la Commissione episcopale e le organizzazioni che ne dipendono, le forze armate, le nomenklature accademiche, gli apparati burocratici dei partiti e dei sindacati, le clientele della criminalità organizzata e giù giù sino alle corporazioni minori dei commercianti, dei farmacisti, degli edicolanti, dei tabaccai, dei tassisti. Non tutte le corporazioni hanno la stessa rilevanza. La loro compattezza e coesione dipende dal livello di partecipazione.

La corporazione è forte quando il socio si identifica totalmente con essa e trae grandi benefici dalla sua tutela. È debole quando l'identificazione dipende da occasionali interessi di categoria o il socio, per ragioni personali o familiari, divide la propria lealtà fra corporazioni diverse. Ma è la corporazione-tribù ormai la vera patria degli italiani, l'istituzione attraverso la quale essi trattano con lo Stato.

Non esistono più cerimonie pubbliche, in Italia, in cui la comunità nazionale celebra se stessa. Esistono cerimonie corporative in cui la corporazione celebra il diritto di autoelogiarsi e a cui lo Stato rende omaggio con la propria presenza. Si va all'Altare della patria il 4 novembre per compiacere la corporazione delle Forze Armate, si va all'inaugurazione dell'anno giudiziario per compiacere i magistrati, si mandano telegrammi ai meeting di Comunione e Liberazione per rendere omaggio a una particolare tribù della famiglia cattolica, si è votato il lunedì 28 marzo 1994 (e non soltanto domenica 27) per compiacere la nomenklatura dell'ebraismo italiano a cui non era permesso, in linea di principio, votare nel giorno di una propria festività religiosa.

La fine dell'ideologia non comporta necessariamente la fine dei riti risorgimentali. Gli uomini politici continueranno a salire gli scalini del monumento a Vittorio Emanuele, a deporre corone d'alloro, a visitare gli ossari della prima guerra mondiale e quello di El Alamein, a celebrare ricorrenze dimenticate, a commemorare martiri di cui nessuno ricorda più quando e perché siano morti. Così fece Giuliano l'Apostata negli anni in cui i suoi connazionali avevano già smesso di credere agli dei dell'Olimpo. L'establishment politico-amministrativo continuerà a parlare il linguaggio del Risorgimento anche per nascondere il vuoto ideologico della repubblica. Ma è difficile immaginare che il nuovo Stato italiano possa costituirsi sulla base di ideali così duramente provati dalla realtà storica e così fortemente minoritari. Nascerà, se i suoi cittadini non riusciranno a dargli un'anima nuova, sulla base di un pragmatico patto di convivenza fra popoli che parlano la stessa lingua, vedono la stessa televisione, partecipano allo stesso campionato di calcio e hanno un evidente interesse a non pregiudicare, con gesti avventati o decisioni emotive, le prospettive della loro comune prosperità. La storia dell'Italia risorgimentale si è conclusa. Quella degli anni '80 e della crisi presente appartiene a un libro nuovo che potremmo chiamare, per meglio marcare, la cesura col passato, dell'«Italia postrisorgimentale».

Cronologia

1861 *17 marzo* Proclamazione del regno d'Italia sotto Vittorio Emanuele II della casa di Savoia. Secondo un censimento, gli italiani sono 25 milioni, di cui 21.777.000 vivono nel regno. Gli altri sono principalmente nel Veneto, nelle province di Trento e di Trieste, a Roma.

6 giugno Morte di Camillo di Cavour che ha governato il Piemonte durante il decennio precedente. Il re incarica Bettino Ricasoli di sostituirlo.

1862 *28 febbraio* Ricasoli si dimette. Gli succede Urbano Rattazzi, capo della Sinistra moderata nel Parlamento piemontese. Malgrado un grave deficit del bilancio dello Stato (480 milioni di lire) e benché molto duramente impegnato nella lotta con il «brigantaggio» meridionale, Rattazzi incoraggia tacitamente Garibaldi a intraprendere la conquista di Roma. La reazione internazionale l'obbliga, tuttavia, a fermare la marcia della spedizione garibaldina.

29 agosto L'esercito italiano dà battaglia ai garibaldini nell'Aspromonte, in Calabria. Garibaldi è ferito, numerosi ufficiali dell'esercito nazionale che si erano uniti a lui vengono fucilati.

novembre Dopo questi avvenimenti, Rattazzi dà le dimissioni. È sostituito per un breve periodo da Luigi Carlo Farini che era stato dittatore dell'Emilia prima dell'unione di questa regione al regno, nel 1860.

1863 *marzo* Marco Minghetti, capo della Destra, sostituisce Farini e definisce con il governo francese la questione romana. La Francia s'impegna a richiamare le proprie truppe entro due anni purché l'Italia sposti la propria capitale a Firenze. La decisione è male accolta a Torino dove provoca tumulti. La lotta contro il «brigantaggio» continua a infierire nel sud.

1864 *28 settembre* Il re sostituisce Minghetti con il generale La Marmora. Il governo lascia Torino per Firenze.

1865 *marzo* Il governo firma un trattato di commercio con lo *Zollverein* tedesco. Il riavvicinamento economico fra Italia e Germania sarà presto completato da un'alleanza militare segreta volta contro l'Austria. Il governo prosegue nel frattempo una vasta campagna di lavori pubblici. La rete ferroviaria comprende 4.500 km contro i 1.829 del 1860.

1866 *19 giugno* Dichiarazione di guerra all'Austria. La Marmora diventa capo di Stato maggiore e Ricasoli gli succede alla presidenza del Consiglio.

24 giugno Malgrado la notevole superiorità dei suoi effettivi, l'esercito italiano è battuto a Custoza.

20 luglio La flotta italiana, sotto il comando dell'ammiraglio Persano, è battuta a Lissa dalla flotta austriaca. Persano sarà giudicato dal Senato, riunito in Alta Corte di giustizia.

21 luglio Garibaldi e i suoi volontari vincono una battaglia contro gli austriaci a Bezzecca nel Trentino.

12 agosto Armistizio di Cormons. Il re ferma Garibaldi che proseguiva la sua marcia verso Trento.

settembre Tumulti a Palermo e nel resto della Sicilia contro l'aumento dei prezzi.

3 ottobre Pace di Vienna. L'Austria, che è stata battuta dai tedeschi a Sadowa (3 luglio), cede il Veneto conservando tuttavia Trento e Trieste. Un plebiscito organizzato nella nuova regione dà 641.000 voti per l'unione all'Italia contro 69.

1867 *marzo* Elezioni politiche. Rattazzi succede ancora una volta a Ricasoli e incoraggia obiettivamente Garibaldi a organizzare una nuova spedizione per la presa di Roma.

ottobre Mentre i garibaldini avanzano verso Roma, un corpo di spedizione francese sbarca sulle coste del Lazio.

3 *novembre* I garibaldini sono sconfitti dalle truppe francesi a Mentana. Rattazzi si dimette ed è sostituito dal generale Menabrea.

1868 La lotta contro il «brigantaggio», finita verso il 1865, la guerra contro l'Austria e i grandi lavori pubblici iniziati subito dopo l'unità hanno dato luogo a gravi difficoltà finanziarie. Sotto la direzione di Quintino Sella, ministro delle Finanze, il governo persegue l'equilibrio con una severa politica di austerità. Introduce così un'imposta sul macinato che ha il vantaggio di essere facilmente percepibile, ma colpisce molto duramente le classi meno abbienti.

1869 *gennaio* La tassa sul macinato provoca tumulti, soprattutto in Emilia, che sono duramente repressi.

11 novembre Nasce a Napoli, da Umberto e da Margherita principi di Piemonte, Vittorio Emanuele principe di Napoli; diventerà re nel 1900.

dicembre Giovanni Lanza succede al generale Menabrea.

1870 *agosto* Richiamate in Francia dalla guerra contro la Prussia, dichiarata il 19 luglio, le truppe francesi abbandonano Roma.

20 settembre Approfittando della guerra franco-prussiana il governo italiano decide l'occupazione di Roma.

ottobre Plebiscito a Roma per l'unione della città all'Italia. Su una popolazione di 220.000 abitanti, 167.000 hanno diritto al voto. Vengono conteggiati 133.000 sì e 1.500 no.

1871 Il regno conta ormai 26.801.000 abitanti. Gli analfabeti rappresentano il 61,9% degli uomini e il 75,7% delle donne. Il debito pubblico è di 8 miliardi di lire (di cui 2 provengono dal debito pubblico degli Stati pre-unitari).

maggio Il Parlamento vota la legge delle guarentigie che assicura al papa la sovranità, l'extra-territorialità dei palazzi apostolici e un assegno annuale. Ma la Santa Sede rifiuta di riconoscere lo Stato italiano.

17 settembre Apertura della galleria del Fréjus e inaugurazione della linea ferroviaria del Moncenisio.

30 giugno Roma è proclamata capitale d'Italia.

1872 *10 marzo* Muore a Pisa, dove viveva sotto nome inglese, Giuseppe Mazzini.

1873 *luglio* Minghetti sostituisce Lanza e continua la sua politica di risanamento finanziario. Il governo adotta nuove leggi contro le proprietà ecclesiastiche.

settembre Vittorio Emanuele II visita ufficialmente Vienna e Berlino.

1874 *novembre* Elezioni politiche. I risultati segnano una certa svolta a sinistra provocata dalla politica finanziaria del governo. Il papa, nel frattempo (13 ottobre), con un documento noto sotto il nome di *non expedit*, ha proibito ai fedeli di partecipare alle elezioni sia come elettori sia come candidati. Numerose organizzazioni ecclesiastiche costituiscono l'Opera dei congressi che contesta la legittimità dello Stato italiano e chiede la restaurazione del potere temporale del papa.

1875 *5 aprile* L'imperatore Francesco Giuseppe ricambia a Vittorio Emanuele la visita che quest'ultimo gli aveva fatto nel 1873. L'incontro ha luogo non a Roma, dove provocherebbe vive reazioni del papa, ma a Venezia. Tuttavia, il fatto stesso che l'imperatore abbia accettato di recarsi nella sua ex provincia dà all'avvenimento il carattere di un riconoscimento storico.

18 ottobre L'imperatore Guglielmo I visita a sua volta l'Italia. L'incontro con il re ha luogo a Milano.

1876 *marzo* Elezioni politiche. I risultati accentuano la svolta a sinistra osservata nelle elezioni del 1874.

5 marzo Esce a Milano un nuovo quotidiano: il *Corriere della Sera*.

16 marzo Minghetti annuncia che il bilancio è finalmente in pareggio.

18 marzo Messo in minoranza dai voti convergenti della Destra e della Sinistra (alcuni deputati di Destra sono ostili alla politica di austerità del governo e alla sua intenzione di nazionalizzare le ferrovie), Minghetti dà le dimissioni ed è sostituito da Agostino Depretis, leader della Sinistra. Vengono giudicati a Bologna i capi « internazionalisti » di organizzazioni operaie e anarchiche. Fra gli accusati, Andrea Costa che sarà il primo deputato socialista al Parlamento italiano.

novembre Depretis propone al re lo scioglimento della Camera e nuove elezioni per consolidare il suo potere.

dicembre Il governo presenta al Parlamento la legge Coppino sulla scuola elementare obbligatoria.

1877 *aprile* Il ministro degli Interni scioglie le associazioni repubblicane ed internazionaliste.

1878 *9 gennaio* Morte di Vittorio Emanuele II; gli succede sul

trono il figlio Umberto che regnerà col nome di Umberto I, malgrado gli avi dello stesso nome, per sottolineare il carattere nuovo dello Stato unitario rispetto al Piemonte.
marzo Depretis dà le dimissioni e cede il posto a Cairoli.
13 giugno-13 luglio L'Italia partecipa al congresso di Berlino convocato dopo la guerra russo-turca e chiede senza successo la provincia di Trento. Il plenipotenziario italiano torna con le «mani nette».
novembre Durante un viaggio del nuovo re a Napoli, un giovane anarchico, Giovanni Passanante, attenta alla sua vita e ferisce il presidente del Consiglio.
dicembre Cairoli si dimette e forma un nuovo governo con Depretis agli Interni.

1879 Di fronte a una Sinistra che governa il paese nell'ambito delle istituzioni e senza compiere le riforme iscritte nel suo programma elettorale, alcuni deputati si uniscono in una «Lega della Democrazia» che costituisce il nucleo di una nuova opposizione parlamentare.

1880 *marzo* Fondazione del partito operaio nel corso di un congresso a Bologna.
maggio Elezioni politiche. La Destra ottiene 170 seggi circa, la Sinistra governativa 220 e l'estrema Sinistra un centinaio. Questo rapporto di forze indurrà Depretis a ricercare un'intesa con la Destra e a formare coalizioni secondo una formula che sarà chiamata «trasformismo».
luglio Abolizione dell'imposta sulla farina; la misura sarà applicata gradualmente.

1881 *aprile* Cairoli dà le dimissioni; è sostituito da Depretis che governerà senza interruzioni, malgrado qualche rimpasto, fino alla morte, nel 1887.
12 maggio La Francia, le cui truppe sono entrate in Tunisia il 24 aprile, firma con il bey di Tunisi il trattato del Bardo. L'avvenimento provoca vive reazioni sia in Italia sia in Tunisia, a causa di un'importante comunità italiana (da 20 a 30.000 persone), che gode di una situazione privilegiata.
13 luglio Gravi incidenti anticlericali disturbano il trasporto della salma di Pio IX da San Pietro a San Giovanni in Laterano.
ottobre Umberto I si reca a Vienna in visita ufficiale. La

delusione tunisina e l'isolamento diplomatico nel quale l'Italia si trova dopo il 1870 spingono la diplomazia italiana a cercare contatti con gli imperi centrali.
dicembre Censimento: l'Italia ha 28.400.000 abitanti. Il Parlamento approva l'abolizione del corso forzoso: la lira ridiventa convertibile.

1882 *22 gennaio* Il Parlamento italiano approva una nuova legge elettorale: il numero degli elettori passa da 500.000 a 2 milioni circa.
20 maggio L'Italia aderisce all'alleanza austro-tedesca che diventa così la Triplice Alleanza. Vienna e Berlino assicurano a Roma il loro appoggio in caso di aggressione francese. Nello stesso tempo il governo italiano declina l'invito del governo inglese per una spedizione comune in Egitto dove dal settembre 1881 infierisce un'insurrezione antieuropea condotta da Arabi Pascià.
29 giugno Morte di Garibaldi.
5 luglio L'Italia, che ha recentemente istituito l'Accademia navale di Livorno, stabilisce una colonia italiana sulla costa africana del mar Rosso. Si tratta della baia d'Assab, che il governo aveva comperato dall'armatore Rubattino con una convenzione firmata il 1° marzo dello stesso anno.
novembre Prime elezioni politiche dopo l'adozione della nuova legge. Fra gli eletti, Andrea Costa, primo deputato socialista italiano.
20 dicembre Guglielmo Oberdan, giovane triestino che aveva progettato l'assassinio di Francesco Giuseppe, è condannato a morte dalla magistratura austriaca. La sua impiccagione provoca vivaci moti fra gli irredentisti e imbarazza il governo che ha firmato da poco un trattato di alleanza con gli imperi centrali.

1883 *maggio* Rimpasto del governo Depretis.

1884 *marzo* Nuovo rimpasto del governo Depretis che si avvicina alla Destra per allargare la sua base parlamentare. La politica finanziaria della Sinistra, assai meno rigorosa di quella della Destra, riporta in deficit il bilancio dello Stato. Nello stesso tempo, il governo deve far fronte ad una grave epidemia di colera a Napoli che rivela il forte sottosviluppo delle regioni meridionali.

1885 *5 febbraio* Un corpo di spedizione italiano occupa Mas-

saua sul mar Rosso. Traendo occasione dal massacro dell'esploratore Bianchi e sollecitato dalla Gran Bretagna, il governo s'era deciso all'azione sin dal dicembre 1884.
giugno Nuovo rimpasto del governo Depretis.

1886 *maggio* Elezioni politiche. Depretis scioglie il partito operaio indipendente.

1887 *26 gennaio* Una colonna militare proveniente dalle colonie italiane sul mar Rosso si avventura all'interno del paese per portare soccorso agli assediati della città di Saati. Attaccata a Dogali dagli abissini di ras Alula, capo dell'Asinara, perde 430 uomini.
aprile Fortemente scosso dalla sconfitta di Dogali, Depretis deve procedere a un importante rimpasto. Dopo aver accettato le dimissioni del ministro degli Esteri e del ministro della Guerra, chiama al governo Francesco Crispi che è stato per molti anni, con l'eccezione di una parentesi ministeriale nel 1878, il leader della sinistra antigovernativa.
29 luglio Morte di Depretis. Gli succede Crispi che conserva gli Interni e gli Esteri.
1º ottobre Crispi visita Bismarck nella sua proprietà di Friedrichsruh.

1888 Crispi intraprende una serie di riforme istituzionali. Allarga il corpo elettorale per le elezioni amministrative, istituisce tribunali amministrativi per la protezione dei cittadini nei loro rapporti con la pubblica amministrazione, fa approvare un nuovo codice penale. Nello stesso tempo, dà alla politica estera un carattere molto più dinamico. Poco dopo l'incontro con Bismarck a Friedrichsruh, Umberto I riceve a Roma Guglielmo II, imperatore di Germania.
febbraio I negoziati per il rinnovo delle relazioni commerciali italo-francesi falliscono. Segue una lunga guerra commerciale fra i due paesi che coincide con l'inizio di una crisi economica, con gravi conseguenze per l'agricoltura del sud.

1889 *marzo* Crispi si dimette dopo un dibattito sulla politica finanziaria del governo e riprende il potere dopo un rimpasto.
2 maggio Dopo aver favorito l'ascesa di ras Menelik al trono d'Etiopia, il governo d'Italia firma con quest'ultimo

il trattato d'Uccialli che sembra riconoscere all'Italia non solo i suoi possedimenti sulla costa, ma anche un protettorato sullo Stato etiopico.

3 agosto Occupazione di Asmara sulla costa del mar Rosso; la città diverrà fra breve il capoluogo della colonia dell'Eritrea. Nel frattempo, l'Italia estende la sua influenza sulla costa somala, stabilendo un protettorato sui sultanati d'Obbia e Migiurtinia.

1890 *1° gennaio* Un decreto reale annuncia la costituzione della colonia dell'Eritrea.

maggio Diversi gruppi d'ispirazione radicale si riuniscono a Roma ed elaborano un programma comune conosciuto sotto il nome di «patto di Roma» per meglio organizzare la loro opposizione al governo autoritario di Crispi.

23 novembre Elezioni politiche. Per consolidare il potere e allargare la sua base elettorale, Crispi chiede al re lo scioglimento della Camera.

8 dicembre Giovanni Giolitti, ministro del Tesoro da diciotto mesi, si dimette per non rinunciare ai suoi criteri di austerità e di economia. In effetti si allontana da Crispi per meglio preparare la sua successione.

1891 *febbraio* Dopo un nuovo dibattito sulla politica finanziaria del governo, Crispi si dimette. Il re affida al marchese Antonio di Rudinì, capo della Destra, l'incarico di formare il governo.

15 marzo Leone XIII pubblica l'enciclica *Rerum novarum.*

24 aprile La Camera approva una legge che abolisce lo scrutinio di lista, introdotto nel 1882. L'Italia torna così allo scrutinio di maggioranza.

6 maggio L'Italia rinnova la Triplice Alleanza.

agosto Congresso a Milano del partito dei lavoratori italiani.

Pubblicazione a Milano della rivista socialista *Critica Sociale.*

1892 *maggio* Di Rudinì si dimette perché la sua politica finanziaria incontra opposizioni sia a destra sia a sinistra. Il re chiama Giolitti che dando le dimissioni nel 1890 si era identificato con una politica di risanamento finanziario.

14 agosto Durante un congresso a Genova, il partito dei

lavoratori diventa partito socialista italiano. Il congresso decreta l'espulsione degli anarchici.
ottobre-novembre Giolitti chiede al re lo scioglimento delle Camere e le elezioni anticipate.

1893 *18 agosto* Gravi incidenti scoppiano nelle saline di Aigues-Mortes, in Francia, fra operai italiani e francesi.
novembre Implicato nel grave scandalo della Banca Romana, Giolitti deve dare le dimissioni. Benché anch'egli implicato nello scandalo, Crispi lo sostituisce.
9 dicembre Tumulti a Partinico, in Sicilia. Un movimento le cui prime manifestazioni importanti risalgono alla primavera dello stesso anno – «i fasci siciliani» – incita le masse a battersi per una più grande giustizia sociale. Il suo programma d'ispirazione sociale, e talora anarchica, e la sua ingenua spiritualità gli valgono la simpatia e l'appoggio di larghi strati della popolazione. Durante gli ultimi mesi del suo governo Giolitti, convinto della necessità di una politica sociale più flessibile, si era astenuto dal prendere qualsiasi misura repressiva.

1894 *3 gennaio* Di fronte a un fenomeno che acquista proporzioni inquietanti, Crispi fa proclamare lo stato d'assedio e manda in Sicilia 40.000 soldati. La repressione provoca moti anarchici in Lunigiana dove Crispi proclama lo stato d'assedio.
16 giugno Un anarchico, Paolo Lega, spara un colpo di pistola contro Crispi senza colpirlo.
giugno Crispi, più debole sul piano parlamentare, dà le dimissioni e ritorna a dirigere il paese dopo un rimpasto.
17 luglio Il generale Baratieri occupa Kassala nel Sudan.

1895 *13 gennaio* Il partito socialista, sciolto da Crispi, è ricostituito durante un congresso segreto a Parma.
maggio Scioglimento della Camera ed elezioni. Crispi ottiene in apparenza un successo notevole, ma gli elettori mandano alla Camera – che non confermerà i risultati – tre fra i capi più rappresentativi dei fasci siciliani.

1896 *1º marzo* Battaglia di Adua. Dopo aver inutilmente tentato di imporre a Menelik la sua interpretazione del trattato di Uccialli, Crispi adotta una politica sempre più aggressiva. Sollecitato dai suoi ordini, il generale Baratieri, governatore dell'Eritrea, lancia una colonna verso l'interno del paese. Ne segue una battaglia fra 20.000 italiani e 80.000 etiopici che si conclude con una sanguinosa sconfitta dei primi. Crispi, bersagliato dall'opposizione di sinistra e di destra, si dimette ed è sostituito ancora una volta da di Rudinì.

28 settembre Italia e Francia compongono il contenzioso sulla Tunisia con la firma di tre convenzioni. Questo primo riavvicinamento fra i due paesi è seguito dalla firma di un accordo sulla marina mercantile (1° ottobre 1896).

24 ottobre Elena, principessa del Montenegro, sposa l'erede al trono, Vittorio Emanuele.

25 dicembre Pubblicazione a Milano del quotidiano socialista *Avanti!* diretto da Leonida Bissolati.

1897 *1° gennaio* Sidney Sonnino, che ha fatto parte dell'ultimo governo Crispi, pubblica un articolo – «Torniamo allo statuto» – nel quale critica il regime d'assemblea ed auspica un governo forte.

marzo Elezioni politiche.

22 aprile Attentato contro Umberto I: un giovane disoccupato, Pietro Acciarito, tenta di pugnalare il re.

25 dicembre Proseguendo la liquidazione della politica coloniale di Crispi, di Rudinì cede Kassala alla Gran Bretagna.

1898 *maggio* L'aumento del costo della vita provoca tumulti a Milano e in altre città italiane. Credendosi minacciato da un tentativo rivoluzionario, il governo di Rudinì prende misure estremamente severe: repressione delle manifestazioni, arresti, processi, scioglimento d'organizzazioni socialiste, cattoliche o semplicemente democratiche, proibizione di giornali.

giugno Gli avvenimenti provocano la caduta del governo di Rudinì. Il re chiama il generale Pelloux che gode fama d'essere liberale.

novembre Il riavvicinamento in corso fra l'Italia e la Francia segna un nuovo passo avanti con la firma di un trattato di commercio.

Una grande esposizione a Torino celebra il 50° anniversario della Costituzione e la prima guerra d'indipendenza.

1899 *4 febbraio* Pelloux presenta alla Camera una serie di decreti che mirano, fra l'altro, a regolare gli scioperi della pubblica amministrazione e a controllare la libertà di stampa.

maggio Pelloux dà le dimissioni dopo un dibattito sulla politica cinese del governo e si ripresenta alla Camera dopo un rimpasto.

18 maggio-29 luglio L'Italia partecipa alla prima conferenza della pace all'Aja e si oppone alla partecipazione del papa.

31 dicembre Proclamazione di un'amnistia per i delitti politici; ne traggono vantaggio i condannati del 1898.

1900 *maggio* Di fronte a un'opposizione crescente, Pelloux chiede al re lo scioglimento delle Camere.

giugno Elezioni politiche. I risultati segnano un notevole progresso dei socialisti (i cui deputati passano da 16 a 32) e dell'estrema sinistra (da 67 a 95). Constatando il fallimento della sua politica, Pelloux dà le dimissioni. Il re affida a un anziano senatore, Saracco, la costituzione del governo.

19 luglio Un corpo di spedizione italiano s'imbarca a Napoli per la Cina dove partecipa alla repressione dell'insurrezione dei Boxers.

29 luglio Umberto I muore assassinato, durante una cerimonia sportiva a Monza, da un anarchico, Gaetano Bresci, venuto dagli Stati Uniti.

8-11 settembre VI congresso del partito socialista a Roma.

dicembre In segno di protesta contro la chiusura della Camera del lavoro da parte del prefetto, gli operai del porto e dei cantieri di Genova proclamano lo sciopero generale. Saracco revoca la decisione del prefetto e deve sostenere un difficile dibattito alla Camera a causa del suo atteggiamento incerto e contradditorio.

14 dicembre Visconti Venosta, ministro degli Esteri, e Barrère, ambasciatore di Francia a Roma, procedono ad uno scambio di lettere che riconosce le aspirazioni italiane sulla Tripolitania.

1901 *febbraio* Dimissioni di Saracco. Vittorio Emanuele, re dal luglio 1900, si rivolge alla Sinistra e affida il governo a un vecchio liberale progressista, Zanardelli, che, a sua volta, richiama Giolitti affidandogli il ministero degli Interni.

aprile Importante dibattito parlamentare sulle organizzazioni sindacali contadine. Giolitti difende il diritto d'associazione.

1902 *28 giugno* Rinnovo della Triplice Alleanza.

6-9 settembre VII congresso del partito socialista a Imola. La corrente riformista diretta da Filippo Turati prevale sulla corrente rivoluzionaria. Esistono ormai le premesse per un rapporto diverso fra governo e opposizione.

settembre Zanardelli percorre la Lucania per informarsi personalmente sulle condizioni del Mezzogiorno e per dimostrare l'interesse del governo per la soluzione dei suoi problemi.

1º novembre Scambio di lettere fra il ministro degli Esteri Prinetti e l'ambasciatore di Francia Barrère. Italia e Francia precisano i loro impegni reciproci in materia di Tripolitania e Marocco.

1903 *giugno* Per meglio preparare la successione di Zanardelli, Giolitti si dimette.

20 luglio Morte di Leone XIII. Il conclave elegge Giuseppe Sarto, patriarca di Venezia, che prenderà il nome di Pio X.

14 ottobre Il re e la regina d'Italia si recano a Parigi in visita ufficiale. L'avvenimento sancisce il riavvicinamento fra i due paesi.

20 ottobre Zanardelli, gravemente malato, dà le dimissioni. Il re chiama Giolitti che conserverà il potere, con brevi parentesi, sino al 1914.

26 dicembre Morte di Zanardelli.

1904 *26 marzo* Guglielmo II e Vittorio Emanuele III si incontrano nel golfo di Napoli. Nel frattempo le relazioni italo-austriache, guastate da alcuni incidenti anti-italiani all'università di Innsbruck, migliorano.

24 *aprile* Il presidente Loubet visita ufficialmente Roma.

17 settembre Nascita a Racconigi di Umberto che regnerà per un mese nel 1946.

27 settembre Giolitti visita il cancelliere tedesco von Bülow per dissipare le preoccupazioni provocate a Berlino dal riavvicinamento franco-italiano.

settembre Sciopero generale. Giolitti rifiuta d'intervenire e il suo atteggiamento impedisce al movimento di acquistare una dimensione rivoluzionaria.

novembre Elezioni politiche. Traendo vantaggio dalla situazione favorevole, Giolitti chiede al re lo scioglimento delle Camere. I risultati gli sono favorevoli. Per la prima volta dall'unità numerosi cattolici votano con la tacita approvazione della Chiesa.

1905 *febbraio* Il governo presenta al Parlamento un progetto di legge per la nazionalizzazione delle ferrovie e l'interdizione dello sciopero dei ferrovieri, i quali rispondono proclamando uno «sciopero bianco».

4 marzo Constatando la sua impotenza, Giolitti dà le dimissioni. È sostituito da Alessandro Fortis.

aprile Il nuovo governo ottiene dal Parlamento l'approvazione della legge sulla nazionalizzazione delle ferrovie.

8 settembre Un terremoto in Calabria attira l'attenzione del paese sulle condizioni del Mezzogiorno.

dicembre Duramente criticato per una convenzione con la Spagna che danneggia l'agricoltura del Mezzogiorno, Fortis dà le dimissioni. Il re gli affida la formazione di un nuovo gabinetto.

1906 *30 gennaio* Fortis si ripresenta alle Camere dopo un rimpasto, ma deve dimettersi due giorni dopo. Il re chiama Sidney Sonnino, capo della Destra, che si presenta al Parlamento con un programma in gran parte dedicato al Mezzogiorno.

maggio Sonnino, privo di appoggio parlamentare, deve dare le dimissioni. Il re chiama ancora una volta Giolitti.

7-9 ottobre IX congresso socialista a Roma.

1907 *8 settembre* Con l'enciclica *Pascendi dominici gregis* il papa conferma la condanna del modernismo.

1908 *28 dicembre* Un terremoto distrugge le città di Messina e di Reggio Calabria. Le vittime, il cui numero non sarà mai conosciuto con esattezza, sarebbero più di 100.000.

dicembre Dibattito alla Camera sui rapporti italo-austriaci dopo l'annessione della Bosnia e dell'Erzegovina. L'espansione della potenza austriaca in una zona così vicina all'Italia è considerata da una vasta corrente dell'opinione pubblica come un'umiliazione simile all'instaurazione del protettorato francese sulla Tunisia.

1909 *23 ottobre* Lo zar rende visita a Vittorio Emanuele. L'incontro ha luogo a Racconigi, in Piemonte, per preservare l'ospite dalle reazioni ostili dei socialisti italiani. In questa occasione i due ministri degli Esteri, Tittoni e Izvolskij, firmano un accordo col quale s'impegnano a considerare con benevolenza i loro reciproci interessi in Tripolitania e sugli stretti.

dicembre Giolitti dà le dimissioni ed è sostituito da Sonnino.

1910 *marzo* Sonnino si dimette. Il re chiama Luigi Luzzatti che si presenta alla Camera in aprile.

luglio La Camera approva una legge per il trasferimento dai comuni allo Stato dell'istruzione elementare obbligatoria. Sarà approvata dal Senato nell'aprile 1911 e diverrà esecutiva il 4 luglio dello stesso anno.

dicembre Il governo presenta alla Camera un progetto di legge per allargare il suffragio e rendere il voto obbligatorio. Il progetto provoca, per ragioni diverse, l'opposizione della Sinistra e della Destra.

3 dicembre Il primo congresso nazionalista italiano si riunisce a Firenze.

1911 *marzo* Luzzatti dà le dimissioni e Giolitti ritorna al governo. Su domanda di Giolitti il re consulta per la prima volta un deputato socialista, Leonida Bissolati. Benché quest'ultimo rifiuti un portafoglio nel nuovo gabinetto, il fatto provoca vivaci polemiche in seno al partito socialista.

1° marzo I nazionalisti pubblicano un settimanale, *L'idea nazionale*, e scelgono come data di partenza il 1° marzo, anniversario della battaglia di Adua.

marzo-aprile L'Italia celebra il 50° anniversario dell'unità con una serie di esposizioni a Roma, Firenze, Torino.

4 giugno Il re inaugura il monumento a Vittorio Emanuele II sul Campidoglio, presenti tutti i sindaci della nazione e i reduci delle guerre del Risorgimento. Il paese ha 17.000 km di strade ferrate ed è collegato agli Stati vicini da tre grandi trafori attraverso le Alpi: quello del Fréjus (12.233 m), quello del San Gottardo (14.984 m) e quello del Sempione (19.729 m).

29 settembre Dopo una vivace campagna nazionalista, e per non rinunciare alle sue aspirazioni sulla Tripolitania, l'Italia dichiara guerra alla Turchia.

5 ottobre La flotta bombarda Tripoli e manda a terra un distaccamento della marina.

20 ottobre Occupazione di Bengasi. Nel frattempo le truppe italiane sono sbarcate in altri punti della costa.

23 ottobre I turchi e gli arabi attaccano le posizioni italiane nell'oasi di Tripoli mentre una parte della popolazione insorge dietro le linee e nella città. Un reggimento di bersaglieri subisce gravi perdite.

5 novembre L'Italia proclama la sua sovranità sulla Tripolitania e sulla Cirenaica.

1912 *gennaio* La flotta italiana ferma due navi francesi – il *Carthage* e il *Manouba* – che navigano verso la Tunisia, con a bordo un aereo e una missione della Mezzaluna verde ottomana. Ne segue un incidente diplomatico che Giolitti risolve sottoponendosi al giudizio della corte dell'Aja.

24 febbraio La flotta italiana distrugge due navi turche nel porto di Beirut e bombarda la città.

14 marzo Un muratore anarchico, Antonio D'Alba, spara un colpo di pistola, senza colpirlo, contro Vittorio Emanuele mentre quest'ultimo si reca al Pantheon per una messa funebre in memoria del padre. Tre deputati socialisti – Bissolati, Cabrini e Bonomi – si rallegrano con il re per lo scampato pericolo.

aprile-maggio La flotta sbarca un corpo di spedizione in dodici isole del mar Egeo, il Dodecaneso.

7-10 luglio XIII congresso socialista a Reggio Emilia. Benito Mussolini attacca vivamente i deputati che si sono rallegrati con il re. Il congresso decide la loro espulsione.

15-18 ottobre L'Italia e la Turchia firmano a Ouchy una convenzione preliminare ed il trattato di pace.

1º dicembre Mussolini prende la direzione dell'*Avanti!*

5 dicembre Rinnovo della Triplice Alleanza.

1913 *ottobre-novembre* Elezioni politiche. Dopo la nuova legge il numero degli elettori è di poco inferiore ai 9 milioni. Giolitti conclude un accordo con l'Unione Cattolica che l'assicura del suo appoggio; 33 deputati cattolici fanno il loro ingresso alla Camera.

1914 *marzo* Abbandonato dai radicali, Giolitti dà le dimissioni. È sostituito dal conservatore Salandra.

26-29 aprile XIV congresso del partito socialista ad Ancona. Mussolini, direttore dell'*Avanti!*, vi ottiene un notevole successo.

giugno Durante una manifestazione ad Ancona contro le punizioni inflitte a due militari, gruppi anarchici e repubblicani si scontrano con le forze dell'ordine. Il partito socialista e la confederazione generale del lavoro proclamano lo sciopero generale. Le agitazioni che seguono prendono ad Ancona un carattere insurrezionale («Settimana rossa»).

3 agosto La guerra scoppia il 2 agosto. L'Austria non ha consultato l'Italia e il governo italiano, considerandosi libero da qualsiasi impegno, dichiara la propria neutralità.

agosto Morte di Pio X, elezione di Benedetto XV. La Santa Sede invita l'Italia a conservare la neutralità.

16 ottobre Morte del ministro degli Esteri San Giuliano.

19-20 ottobre Riunione della direzione del partito socialista. Mussolini si oppone alla formula della neutralità assoluta; messo in minoranza, abbandona la direzione dell'*Avanti!*

15 novembre Mussolini fonda un nuovo quotidiano, *Il Popolo d'Italia*, e fa campagna per la guerra.

novembre Rimpasto. Salandra affida gli Esteri a Sonnino.

1915 *26 aprile* Dopo aver negoziato su due fronti, il governo firma a Londra, con l'Inghilterra, la Francia e la Russia, un patto segreto con il quale s'impegna ad entrare in guerra. Nel frattempo si sviluppa nel paese una vasta campagna interventista condotta dai nazionalisti, da Mussolini e da altri gruppi.

4 maggio L'Italia denuncia la Triplice Alleanza.

5 maggio D'Annunzio commemora a Quarto, vicino a Genova, l'anniversario della spedizione di Garibaldi in Sicilia e reclama la guerra.

13-16 maggio Dopo un ultimo tentativo di Giolitti per impedire la guerra, Salandra si dimette. Il re lo richiama al governo.

24 maggio L'Italia dichiara guerra all'Austria.

21 agosto L'Italia dichiara guerra alla Turchia.

19 ottobre L'Italia dichiara guerra alla Bulgaria.

1916 *giugno* Dopo un'offensiva austriaca sferrata nel mese di maggio, Salandra si dimette. È sostituito da Paolo Boselli, un anziano parlamentare di settantotto anni, decano della Camera.

agosto Le truppe italiane riprendono l'offensiva ed occupano Gorizia.

28 agosto Sollecitata dagli alleati e per rafforzare la sua posizione in occasione dei negoziati sulla spartizione dell'impero ottomano, l'Italia dichiara guerra alla Germania.

1917 *18-22 agosto* Italia, Francia e Inghilterra firmano gli accordi di San Giovanni di Moriana sullo smembramento dell'impero ottomano.

agosto Gravi tumulti operai hanno luogo a Torino contro il carovita e la guerra. La polizia e l'esercito intervengono.

24 ottobre Gli austriaci e i tedeschi attaccano violentemente il fronte italiano a Caporetto. Le truppe italiane si ritirano, ma riescono a fermarsi sulla linea Grappa-Montello-Piave. Gli avvenimenti coincidono con la caduta del governo Boselli al quale succede Vittorio Emanuele Orlando.

8 novembre Durante una riunione interalleata a Peschiera, Vittorio Emanuele III si oppone al ritiro delle forze italiane su una nuova linea. Inizia un grande sforzo per riorganizzare l'esercito e mobilitare la nazione.

1918 *giugno* Gli austriaci attaccano sul Piave ma sono respinti.

9 agosto Con una squadriglia di otto aerei D'Annunzio sorvola Vienna e lancia volantini.

24 ottobre Le truppe italiane sferrano un'offensiva che obbliga gli austriaci a indietreggiare su tutti i fronti.

3 novembre L'Austria chiede un armistizio, firmato il giorno seguente.

1919 *gennaio* Un prete siciliano, don Luigi Sturzo, fonda un partito cattolico, il partito popolare italiano, che si dichiara non confessionale.

23 marzo Mussolini costituisce a Milano i fasci italiani di combattimento.

24 aprile Il presidente del Consiglio italiano Orlando abbandona la conferenza della pace e rientra a Roma con la sua delegazione. Egli protesta così contro l'atteggiamento degli alleati che rifiutano di riconoscere le aspirazioni italiane su Fiume.

giugno Indebolito dalle sue sconfitte diplomatiche, Or-

lando cade su una questione di procedura. Lo sostituisce Francesco Saverio Nitti.
28 giugno Una nuova delegazione italiana parte per riprendere il proprio posto ai negoziati di Parigi. È autorizzata a firmare il trattato di pace con la Germania.
10 settembre Firma del trattato di Saint-Germain. L'Austria cede all'Italia la provincia di Trento, la Venezia Giulia e l'Alto Adige (Tirolo del sud).
11-12 settembre Gabriele D'Annunzio occupa Fiume alla testa di una colonna composta di reduci e militari in servizio. Proclama l'annessione della città all'Italia.
ottobre Congresso del partito socialista a Bologna. L'ala massimalista, che si ispira al modello sovietico, è nettamente in maggioranza.
novembre Scioglimento della Camera. Le elezioni si svolgono per la prima volta col suffragio universale e col sistema proporzionale. I socialisti e i «popolari» (cattolici) ottengono un notevole successo: 156 deputati i primi, 100 i secondi. Mussolini, candidato a Milano, ottiene soltanto 1.064 voti. Nel frattempo il paese è scosso da una ondata di scioperi.

1920 *8-12 aprile* In occasione del suo secondo congresso, a Napoli, il partito popolare, sotto l'influenza degli elementi più moderati, ritira il suo appoggio al governo Nitti.
agosto-settembre Dopo una serie di agitazioni sindacali, gli operai occupano le fabbriche e procedono all'elezione di «consigli di fabbrica». Fedele al suo atteggiamento tradizionale, Giolitti si astiene dall'ordinare l'intervento delle forze dell'ordine e attende che il movimento si esaurisca. I rappresentanti degli operai firmano a Roma un documento che riconosce il principio del controllo operaio, ma che rimarrà lettera morta.
ottobre-novembre Elezioni amministrative. I socialisti conquistano 2.000 comuni.
12 novembre Trattato di Rapallo fra l'Italia e la Jugoslavia. L'Italia rinuncia alla Dalmazia, ma ottiene una frontiera orientale più favorevole di quella proposta da Wilson.
novembre-dicembre L'assassinio di un consigliere municipale fascista a Bologna provoca sanguinosi scontri tra fascisti e socialisti. A Ferrara, il 20 dicembre, i fascisti

emiliani, riuniti nella città, organizzano violente rappresaglie. Credendo di potere eliminare un estremismo servendosi dell'altro, Giolitti raccomanda agli organi dello Stato un atteggiamento neutrale che favorisce obiettivamente i fascisti.

1921 *15-21 gennaio* Congresso del partito socialista. Dopo la sconfitta subita dal movimento operaio durante l'estate 1920, i comunisti, la cui mozione ha ottenuto 58.783 voti contro i 115.000 voti circa delle altre correnti, abbandonano il partito.

aprile-maggio Giolitti ottiene dal re lo scioglimento della Camera per allargare la base parlamentare del suo governo. Le elezioni (15 maggio) rafforzano i cattolici (107 deputati invece di 100) e sanciscono il declino del partito socialista (122 deputati invece di 156). I comunisti mandano alla Camera 16 deputati, i fascisti 35.

24 giugno Di fronte a una Camera più ingovernabile della precedente, Giolitti si dimette.

4 luglio Ivanoe Bonomi, espulso dal partito socialista nel 1912 per il suo atteggiamento moderato, forma un governo moderato con la partecipazione dei popolari.

30 agosto Fascisti e socialisti firmano un patto di pace, ma l'ala più intransigente del partito fascista si oppone alla sua esecuzione.

1922 *22 gennaio* Morte di Benedetto XV.

2 febbraio Dopo un grave scandalo bancario, Bonomi dà le dimissioni. I popolari si oppongono al ritorno di Giolitti. Il re affida la formazione del governo a Facta.

6 febbraio Elezione di Pio XI.

4-6 giugno Primo congresso del movimento sindacale fascista (Milano).

31 luglio Sciopero generale. Il partito fascista minaccia di sostituirsi al governo là dove i pubblici poteri si dimostrino incapaci di reprimere l'agitazione. Lo sciopero fallisce.

14 ottobre Congresso del partito socialista (Roma). L'ala massimalista espelle l'ala riformista che forma il partito socialista unitario.

24 ottobre Grande raduno del partito fascista a Napoli. I fascisti chiedono il potere.

28 ottobre Le organizzazioni paramilitari fasciste si radunano per occupare Roma e le principali città del paese. Il re rifiuta di proclamare lo stato d'assedio e affida a Mussolini la formazione del governo.

31 ottobre Mussolini costituisce il suo primo governo di coalizione con l'appoggio dei popolari e di altri gruppi « costituzionali ».

1923 *13 gennaio* Istituzione della Milizia Volontaria per la Sicurezza Nazionale e del Gran Consiglio.

12-13 aprile Congresso del partito popolare a Torino. Il congresso adotta un atteggiamento nettamente antifascista: i ministri popolari si dimettono dal governo.

23 luglio La Camera approva una nuova legge elettorale.

27 agosto I membri di una missione militare italiana, incaricati di definire la frontiera fra l'Albania e la Grecia, vengono uccisi vicino a Janina. Dopo aver chiesto umilianti riparazioni al governo greco, Mussolini ordina il bombardamento e l'occupazione di Corfù, ma cede alle pressioni inglesi e della Società delle Nazioni, accettando una formula di compromesso.

13 novembre Il Senato approva la legge elettorale.

10 dicembre Il re chiude la sessione parlamentare.

1924 *25 gennaio* Scioglimento della Camera.

6 aprile Elezioni politiche. La lista fascista ottiene circa 4,5 milioni di voti contro 2,5 milioni circa delle altre. Grazie alla nuova legge elettorale, i fascisti mandano alla Camera 355 deputati contro 176 appartenenti agli altri partiti.

10 giugno Il deputato socialista Matteotti è sequestrato a Roma da un gruppo fascista. Il suo corpo sarà ritrovato nella macchia della Quartarella il 16 agosto, a 20 km dalla città.

27 giugno In segno di protesta i deputati dell'opposizione, ad eccezione dei comunisti, abbandonano la Camera e si ritirano sull'Aventino.

10 luglio Un decreto legge introduce nuove limitazioni alla libertà di stampa.

1925 *3 gennaio* Sollecitato dalla corrente più intransigente del partito fascista, Mussolini indirizza alla Camera un discorso minaccioso che annuncia la fine del regime rappresentativo.

6 ottobre Firma del trattato di Locarno.

1926 *16 gennaio* I deputati popolari tentano di ritornare alla Camera ma ne sono cacciati dai fascisti.

3 aprile Una legge proibisce il ricorso allo sciopero e alla serrata; le organizzazioni dei lavoratori e dei datori di lavoro diventano organi indiretti della pubblica amministrazione.

18 agosto La lira subisce una forte caduta sui mercati internazionali. Mussolini, in un discorso a Pesaro, annuncia la sua intenzione di difenderne il valore. Segue una politica deflazionista che si conclude con la fissazione di una nuova parità con la sterlina – «quota 90» – e con il dollaro (4 dicembre 1927).

1927 *21 aprile* Promulgazione della Carta del lavoro sui rapporti fra lavoratori e datori di lavoro.

1928 *17 maggio* Una legge istituisce l'Azienda Autonoma Statale delle Strade, incaricata della costruzione delle autostrade.

2 settembre Nuova riforma elettorale. Il Gran Consiglio del fascismo sceglie i candidati fra quelli designati dai sindacati e dalle associazioni nazionali. Gli elettori sono chiamati a pronunciarsi sulla lista del Gran Consiglio senza poter apportare ad essa alcuna modifica.

Condanna di 37 dirigenti comunisti fra i quali Gramsci (20 anni) e Terracini (22 anni).

24 dicembre Una legge sulle bonifiche prevede i lavori necessari e stanzia notevoli somme per la loro esecuzione.

1929 *11 febbraio* Mussolini e il segretario di Stato della Santa Sede, cardinale Gasparri, firmano gli accordi del Laterano che mettono fine alla controversia fra Stato e Chiesa, e ne regolano i rapporti nell'ambito di un concordato.

24 marzo Elezioni politiche. La lista del Gran Consiglio è approvata con 8.506.576 «sì» contro 136.198 «no». Il tasso di partecipazione è dell'89,63%.

ottobre Carlo Rosselli fonda a Parigi il movimento «Giustizia e Libertà».

1930 *20 marzo* Istituzione del Consiglio Nazionale delle Corporazioni e di sette corporazioni (industria, agricoltura, commercio, banca, professioni e arti, trasporti marittimi, trasporti terrestri).

19-20 luglio Congresso, a Parigi, del partito socialista.

Le due ali nate dalla scissione dell'ottobre 1922 si riuniscono.

1931 *13 novembre* Dopo una serie di interventi tendenti a combattere gli effetti della grande recessione, il regime istituisce l'IMI (Istituto mobiliare italiano) per sovvenire alle industrie in difficoltà.

1932 *3 novembre* Per le celebrazioni del x anniversario della presa del potere, viene inaugurato a Roma il foro Mussolini, un complesso di strutture sportive destinate a coprire una zona di 850.000 m^2.

18 dicembre Mussolini inaugura la nuova città di Littoria, nel Lazio, costruita in una zona paludosa recentemente bonificata.

1933 *7 giugno* Firma a Roma di un patto fra Italia, Francia, Gran Bretagna e Germania. Le quattro potenze s'impegnano a collaborare per la preservazione della pace.

1934 *25 luglio* I nazisti austriaci attaccano la cancelleria e uccidono il cancelliere Dollfuss. Mussolini manda due divisioni alla frontiera per prevenire un colpo di mano tedesco in Austria.

5-6 dicembre Incidente fra le truppe italiane ed etiopiche alla frontiera dell'Eritrea.

1935 *4 gennaio* Riavvicinamento franco-italiano. Laval visita Roma e firma con Mussolini accordi relativi allo statuto degli italiani in Tunisia, alle frontiere coloniali e all'indipendenza dell'Austria (7 febbraio).

11 aprile Conferenza di Stresa. Italia, Francia e Gran Bretagna si accordano sulle grandi linee di una politica antitedesca. Mussolini crede di avere le mani libere per la conquista dell'Etiopia.

3 ottobre L'esercito italiano invade l'Etiopia.

18 novembre La Società delle Nazioni applica all'Italia una serie di sanzioni economiche.

1936 *5 maggio* Le truppe italiane entrano in Addis Abeba.

9 maggio Mussolini proclama la costituzione dell'impero italiano d'Etiopia.

20-24 ottobre Durante una serie d'incontri a Berlino e a Berchtesgaden, Hitler e Ciano gettano le basi di un'alleanza che Mussolini, in un discorso a Milano (1° novembre), definisce l'«asse Berlino-Roma».

1937 *28-29 marzo* I comunisti italiani si riuniscono in congresso a Lione.
26 luglio Il partito comunista e il partito socialista firmano un patto d'unità d'azione per meglio condurre la lotta contro il fascismo.
1938 *29-30 settembre* Conferenza di Monaco. Mussolini dà il suo appoggio a Hitler, ma spera di poter preservare per qualche tempo ancora l'equilibrio europeo.
1939 *7 aprile* Traendo occasione dall'occupazione della Cecoslovacchia, Mussolini decide di occupare l'Albania.
22 maggio L'Italia e la Germania firmano a Berlino il «patto d'acciaio».
1940 *10 giugno* L'Italia dichiara guerra alla Francia e alla Gran Bretagna.
28 ottobre L'Italia dichiara guerra alla Grecia.
novembre-dicembre Le forze italiane subiscono una serie di sconfitte in Grecia. Nel frattempo gli inglesi sferrano una controffensiva in Libia.
1941 *2 marzo* Mussolini si reca in Albania nella prospettiva di una nuova offensiva italiana che fallisce.
aprile Le truppe italiane in Africa orientale, sotto il comando del duca d'Aosta, si arrendono agli inglesi.
luglio Un corpo di spedizione italiano di 60.000 uomini, sotto il comando del generale Messe, si unisce ai tedeschi per le operazioni contro l'URSS.
11 dicembre Sollecitata dal Giappone, alla quale è legata da un trattato, l'Italia dichiara guerra agli Stati Uniti.
1942 *luglio* Un nuovo corpo di spedizione italiano di 200.000 uomini arriva sul fronte russo.
novembre Le forze tedesche e italiane in Libia si ritirano di fronte all'offensiva britannica.
1943 *2 marzo* Scoppiano scioperi a Genova, Milano, Torino.
10 luglio L'VIII armata britannica e la VII armata americana sbarcano in Sicilia.
25 luglio Riunione del Gran Consiglio del fascismo. Dino Grandi chiede che il re prenda il comando delle forze armate e che i poteri istituzionali ritornino alla corona, al Gran Consiglio, al Parlamento, alle corporazioni. La sua mozione ottiene 19 voti contro 7.
26 luglio Durante un'udienza, il re chiede a Mussolini di

dare le dimissioni. Alla fine dell'udienza Mussolini è arrestato da un colonnello dei carabinieri e trasportato all'isola di Ponza. Il re incarica il maresciallo Badoglio di formare un governo.

19 agosto Gli operai delle fabbriche dell'Italia del nord proclamano lo sciopero.

agosto Il governo italiano prende contatto con gli alleati a Lisbona (metà agosto) e prosegue i negoziati in Sicilia e in Tunisia per la conclusione di un armistizio.

3 settembre Il generale Castellano firma in Sicilia un armistizio militare (Short Military Armistice).

8 settembre Gli alleati annunciano la firma dell'armistizio.

9 settembre Gli alleati sbarcano a Salerno. Colto di sorpresa dallo sbarco e dalla decisione alleata di annunciare l'armistizio, il re abbandona Roma per l'Italia meridionale e sbarca a Brindisi il 10 settembre.

12 settembre Un gruppo di paracadutisti tedeschi comandati da Otto Skorzeny libera Mussolini che, nel frattempo, era stato portato dall'isola di Ponza al Gran Sasso, in Abruzzo. Nei giorni seguenti, Mussolini riprende la direzione del partito fascista, ora battezzato «partito fascista repubblicano».

23 settembre Mussolini forma il governo della «Repubblica sociale» e si stabilisce a Salò, sul lago di Garda.

25 settembre Badoglio firma con gli alleati, a Malta, un armistizio più particolareggiato.

13 ottobre Il governo Badoglio dichiara che l'Italia è in stato di guerra con la Germania.

17-19 ottobre Primi scontri tra le forze tedesche e gruppi partigiani nella zona di Lecco, in Lombardia.

15 novembre Congresso del partito fascista repubblicano a Verona. Il partito dichiara di ritornare alle sue origini socializzanti e anticapitaliste. La socializzazione dei mezzi di produzione diventa l'obiettivo principale della «Repubblica sociale italiana».

novembre-dicembre Nuovi scioperi a Milano e a Torino.

1944 *22 gennaio* Le truppe alleate sbarcano a Nettuno e ad Anzio, a 55 km da Roma.

28-29 gennaio Congresso nazionale a Napoli dei Comitati

di liberazione di tutte le province italiane occupate dai tedeschi, con la partecipazione degli esiliati antifascisti.

1º marzo Uno sciopero spontaneo a Milano si estende rapidamente a tutta l'Italia del nord.

14 marzo L'URSS stabilisce rapporti diplomatici con il governo Badoglio.

23 marzo Un attentato a Roma (via Rasella) provoca la morte di 32 soldati tedeschi. In segno di rappresaglia i tedeschi fucilano alle Fosse Ardeatine, nei dintorni di Roma, 335 prigionieri.

27 marzo Palmiro Togliatti, segretario del partito comunista italiano, arriva in Italia dall'Unione Sovietica.

12 aprile Il re, sotto la pressione degli alleati e dei partiti antifascisti, annuncia di volersi ritirare dalla vita pubblica nominando il figlio Umberto luogotenente del regno.

24 aprile Badoglio forma un nuovo governo con la partecipazione, fra gli altri, di Benedetto Croce, Palmiro Togliatti, Carlo Sforza.

4 giugno Le truppe alleate entrano a Roma.

9 giugno Istituzione del comando generale del Corpo Volontari della Libertà, organo militare e politico delle formazioni partigiane sotto la direzione di Ferruccio Parri, Luigi Longo e, dal mese d'agosto, del generale Cadorna.

10 giugno Badoglio dà le dimissioni: Ivanoe Bonomi forma un governo di cui fanno parte, segnatamente, Gronchi, Croce, De Gasperi, Togliatti, Saragat.

4-5 agosto Le truppe alleate entrano a Firenze dove i partigiani combattono da qualche giorno contro le truppe tedesche.

26 settembre In una dichiarazione comune, Roosevelt e Churchill assicurano che trasferiranno progressivamente alle autorità italiane l'amministrazione dei territori liberati, e invitano il governo italiano a nominare i suoi rappresentanti a Londra e a Washington.

settembre-ottobre Una zona liberata dai partigiani in Piemonte resiste fino al 22 ottobre. Nel frattempo la guerra partigiana nell'Italia del nord diventa sempre più estesa ed efficace. Nel corso di rappresaglie nel villaggio di Marzabotto, in Emilia, i tedeschi uccidono 1.500 civili e 300 partigiani.

13 novembre Il generale Alexander, che comanda le operazioni nel Mediterraneo, esorta i partigiani ad astenersi da operazioni militari di grande ampiezza durante l'inverno.

novembre-dicembre I partiti di sinistra fanno campagna per conferire una più grande autorità politica e istituzionale ai Comitati di liberazione; la monarchia gode tuttavia dell'appoggio degli alleati. Dopo aver dato le dimissioni il 26 novembre, Bonomi forma un nuovo governo.

7 dicembre Una delegazione del Comitato di liberazione per l'Italia del nord firma a Roma un documento con il quale il Comitato s'impegna a coordinare la propria azione con quella degli alleati e a seguirne le istruzioni.

1945 *28 marzo* Sciopero operaio a Milano e a Torino.

18 aprile Nuovo sciopero operaio di Torino. Nel frattempo gli alleati hanno lanciato una nuova offensiva.

20-21-22 aprile Bologna, Modena e Reggio Emilia sono evacuate dalle forze tedesche: i partigiani insorgono e prendono il potere prima dell'arrivo delle truppe alleate.

24 aprile Insurrezione di Genova.

25 aprile Insurrezione di Milano.

27-28 aprile Arrestato a Dongo da una formazione partigiana il 27, mentre tenta di passare in Svizzera, Mussolini è fucilato a Giulino di Mezzegra il giorno seguente.

maggio-giugno Sotto la pressione della nuova situazione politica, Bonomi si dimette. È sostituito da Ferruccio Parri (partito d'Azione) che ha diretto la resistenza nell'Italia del nord. Fanno parte del governo, fra gli altri, Nenni, De Gasperi, Togliatti, Gronchi, La Malfa (19 giugno).

novembre Il partito liberale fa campagna per la caduta del governo di Parri e l'obbliga a dare le dimissioni (24 novembre).

10 dicembre Dopo lunghi negoziati, Alcide De Gasperi forma un governo con la partecipazione, fra gli altri, di Nenni, Togliatti, Scelba, Gronchi, La Malfa.

29 dicembre-8 gennaio Congresso del partito comunista a Roma. Il partito dichiara di voler assumere l'eredità del Risorgimento e la difesa dei valori nazionali.

1946 *19 gennaio* La Confederazione degli industriali e la Confederazione generale italiana del lavoro (CGIL) firmano un accordo che mette fine progressivamente al blocco dei licenziamenti.

4-8 febbraio Congresso del partito d'Azione a Roma. Dopo inizi promettenti e nonostante il ruolo importante che ha svolto durante la Resistenza, il partito, fortemente diviso fra correnti opposte, si scioglie.

9 marzo Approvazione di un decreto che stabilisce per il 2 giugno il referendum istituzionale e l'elezione dell'Assemblea costituente.

11-17 aprile Congresso del partito socialista a Firenze. Pur affermando la volontà di collaborare con i comunisti, il partito rivela importanti correnti autonomiste e riformiste.

23-29 aprile Congresso del partito democristiano a Roma. Il partito evita di prender posizione sulla questione istituzionale.

9 maggio Per rafforzare le sorti della monarchia Vittorio Emanuele firma un atto di abdicazione e parte per l'Egitto lasciando il trono al figlio, Umberto II.

2 giugno Referendum istituzionale ed elezioni per l'Assemblea costituente. Gli italiani scelgono la repubblica con 12 milioni di voti contro 10 per la monarchia.

15 giugno Umberto II lascia l'Italia per il Portogallo.

25 giugno Apertura dell'Assemblea costituente.

28 giugno Enrico De Nicola è eletto capo provvisorio dello Stato.

giugno-luglio Dopo aver dato le dimissioni, De Gasperi forma un nuovo gabinetto di cui fanno parte, segnatamente, Nenni, Segni, Scelba. Benché il partito comunista continui ad assicurare la propria partecipazione, Togliatti preferisce non avere portafoglio ministeriale per godere di una maggiore libertà d'azione e di critica.

5 settembre L'Italia e l'Austria firmano un accordo che assicura all'Italia il possesso dell'Alto Adige.

26 ottobre Il partito socialista e il partito comunista rinnovano il loro patto d'unità d'azione.

1947 *11 gennaio* Congresso del partito socialista a Roma. L'ala riformista diretta da Giuseppe Saragat si oppone alla collaborazione con i comunisti e forma un nuovo partito (partito socialista dei lavoratori italiani). Su 116 deputati socialisti, 40 passano nella nuova formazione.

20 gennaio Nenni si dimette dal governo per dedicarsi

alla vita del partito e De Gasperi presenta a sua volta le dimissioni dal governo. È incaricato di formare il nuovo gabinetto.

31 gennaio De Gasperi annuncia la formazione di un nuovo ministero con la partecipazione dei socialisti e dei comunisti.

10 febbraio Pur deplorando le condizioni imposte dagli alleati, il governo italiano firma il trattato di pace.

25 marzo I comunisti accettano che gli accordi del Laterano siano esplicitamente menzionati nella Costituzione.

maggio-giugno Traendo occasione da qualche divergenza con i socialisti e i comunisti sulla politica finanziaria del governo, De Gasperi si dimette e costituisce un gabinetto minoritario composto di democristiani e di esperti. La formula gli permette di estromettere i comunisti. Il nuovo governo ottiene la fiducia con 274 voti contro 231 (21 giugno).

22 dicembre L'Assemblea costituente approva la Costituzione con 453 voti contro 62.

1948 *5-10 gennaio* VI congresso del partito comunista (Milano).

10 marzo Dichiarazione tripartita (Francia, Gran Bretagna, Stati Uniti) sul problema di Trieste. Le tre potenze chiedono che il Territorio Libero sia restituito all'Italia.

18 aprile Elezioni politiche. La Democrazia cristiana, con il 48,5% dei voti, ottiene il 53,1% dei seggi alla Camera. Il partito socialista e il partito comunista, uniti nel Fronte democratico popolare, ottengono solo il 31% dei voti.

aprile-maggio De Gasperi costituisce il suo quinto governo con la partecipazione dei socialdemocratici (PSLI), dei liberali e dei repubblicani.

maggio Luigi Einaudi è eletto presidente della Repubblica.

giugno Congresso straordinario del partito socialista (Genova).

29 giugno L'Italia aderisce al piano Marshall.

14 luglio Un attentato contro Palmiro Togliatti provoca importanti manifestazioni in tutto il paese.

luglio Il governo abolisce il razionamento della carne e del latte.

1949 *11 marzo* Il Consiglio dei ministri decide l'adesione dell'Italia al patto Atlantico. Alla fine di un lungo dibattito (l'ultima parte del quale si svolge senza interruzioni dal pomeriggio del 14 alla sera del 16), la Camera ratifica la decisione del governo con 342 voti contro 170.

4 aprile Firma del patto Atlantico a Washington.

15 luglio Pubblicazione del decreto con il quale il Vaticano scomunica i comunisti e i loro alleati.

1º agosto Il governo abolisce il razionamento del pane e delle paste alimentari.

30 ottobre Dopo l'occupazione di terre appartenenti a latifondisti violente manifestazioni scoppiano in Calabria. Altre manifestazioni sanguinose scoppieranno in novembre e in dicembre.

7 novembre Il partito socialdemocratico abbandona la coalizione: De Gasperi procede ad un rimpasto ministeriale.

dicembre Il governo presenta al Parlamento la prima di una serie di leggi per lo smembramento dei latifondi e la riforma agraria.

1950 *9 gennaio* Durante una manifestazione a Modena contro la chiusura di un'impresa, 6 lavoratori sono uccisi dalla polizia.

11-27 gennaio De Gasperi dà le dimissioni sotto la pressione della Sinistra democristiana e ricostituisce un governo di coalizione con socialdemocratici e repubblicani.

17 gennaio L'ONU incarica l'Italia di amministrare la Somalia fino al 1960.

agosto Costituzione della Cassa per il Mezzogiorno per lo sviluppo economico del sud.

1951 Censimento: gli italiani sono 46.737.700 (erano 42.024.600 nel 1936) con una densità di 155 abitanti per km^2.

5 aprile Per le dimissioni di alcuni ministri socialdemocratici De Gasperi rimpasta il governo.

luglio Dopo le dimissioni del ministro del Bilancio e del Tesoro, De Gasperi costituisce un nuovo governo (il settimo) con la partecipazione dei repubblicani.

settembre Viaggio ufficiale di De Gasperi negli Stati Uniti.

12-18 settembre Costituzione a Parigi della Comunità europea del carbone e dell'acciaio (CECA) con la partecipazione di Belgio, Francia, Repubblica Federale Tedesca, Lussemburgo, Paesi Bassi, Italia.

1952 *gennaio* I congresso del partito socialdemocratico (Bologna).

27 maggio L'Italia firma a Parigi, con Francia, Belgio, Paesi Bassi, Repubblica Federale Tedesca e Lussemburgo, il trattato che istituisce la Comunità europea di difesa (CED).

novembre Congresso della Democrazia cristiana (Roma). De Gasperi presenta al partito il progetto di una legge elettorale maggioritaria.

1953 *marzo* Il Parlamento approva la nuova legge elettorale malgrado la forte opposizione dei socialisti e dei comunisti: il partito o i partiti apparentati che otterranno la maggioranza dei voti avranno il 60% dei seggi.

7 giugno Elezioni politiche. La DC e i suoi alleati ottengono il 48,9% dei voti e non possono trarre vantaggio dalla legge maggioritaria. Il partito comunista e il partito socialista si presentano separatamente e ottengono rispettivamente il 22,6% e il 12,7% dei voti.

luglio De Gasperi costituisce il suo ottavo governo, ma si dimette dopo un voto sfavorevole del Parlamento. Dopo molteplici tentativi e rifiuti (Piccioni, Gonella, Fanfani), Giuseppe Pella costituisce un governo democristiano omogeneo (17 agosto).

13 settembre In un discorso in Campidoglio, Pella, presidente del Consiglio, propone un plebiscito in tutto il Territorio Libero di Trieste (TLT) per conoscere la volontà degli abitanti.

8 ottobre Con una dichiarazione comune, inglesi e americani affermano voler restituire agli italiani l'amministrazione della zona A del TLT.

4-6 novembre Trieste è teatro di sanguinose manifestazioni, duramente represse dalla polizia anglo-americana.

1954 Inizio delle trasmissioni televisive.

gennaio Pella dà le dimissioni. Fanfani forma un governo omogeneo democristiano, ma non ottiene la fiducia.

marzo Mario Scelba costituisce un governo di coalizione con la partecipazione dei socialdemocratici, dei liberali e dei repubblicani.

giugno Congresso della DC. Amintore Fanfani diventa segretario del partito.

18 agosto Morte di Alcide De Gasperi a Sella di Valsugana (Trento).

30 agosto Il Parlamento francese si oppone alla ratifica del trattato che istituisce la Comunità Europea di Difesa.

5 ottobre Italia e Jugoslavia raggiungono un accordo sulla partizione del Territorio Libero di Trieste e firmano a Londra un «memorandum d'intesa».

20-25 ottobre Costituzione dell'Unione dell'Europa Occidentale con la partecipazione di Gran Bretagna, Francia, Repubblica Federale Tedesca, Belgio, Paesi Bassi, Lussemburgo e Italia.

23 dicembre Il Parlamento italiano ratifica il trattato dell'UEO.

1955 *marzo* XXXI congresso del partito socialista (Milano). La corrente che desidera una più grande autonomia del partito rispetto al PC risulta maggioritaria.

aprile Elezione di Giovanni Gronchi alla presidenza della Repubblica. Gronchi, che appartiene alla sinistra della DC, è eletto con l'appoggio dei partiti di sinistra.

22 giugno A causa di divergenze con i partiti di coalizione, Scelba si dimette. È sostituito da Antonio Segni che forma un governo di coalizione con la partecipazione dei socialdemocratici e dei liberali.

14 dicembre L'Italia è ammessa all'ONU.

15 dicembre La Corte costituzionale si riunisce per la prima volta sotto la presidenza di Enrico De Nicola, già capo provvisorio dello Stato.

1956 *27 febbraio-4 marzo* Il presidente della Repubblica Gronchi si reca negli Stati Uniti in visita ufficiale.

maggio Elezioni amministrative. I due partiti socialisti rafforzano le loro posizioni.

27 agosto I leader dei due partiti socialisti (Nenni e Saragat) s'incontrano a Pralognan, in Val d'Aosta, e gettano le basi d'una intesa.

6 ottobre Su richiesta dei socialisti il patto d'unità d'azione socialcomunista è sostituito da un patto di consultazione.

1957 *6-10 febbraio* XXXII congresso del partito socialista (Venezia). Nenni prosegue la sua battaglia per l'autonomia del partito in seno alla Sinistra.

25 marzo La Repubblica Federale Tedesca, il Belgio, la Francia, il Lussemburgo, i Paesi Bassi e l'Italia, firmano a Roma i trattati che istituiscono la Comunità Economica Europea (CEE) e l'Euratom.

maggio Privato dell'appoggio dei socialdemocratici, il governo diretto da Antonio Segni si dimette. Gli succede Adone Zoli (19 maggio) con un governo democristiano omogeneo.

giugno Avendo ottenuto la fiducia della Camera grazie all'appoggio determinante dei voti neofascisti, Zoli si dimette. Dopo altri inutili tentativi Gronchi lo rimanda alla Camera.

30 luglio Il Parlamento ratifica il trattato che istituisce la Comunità Economica Europea.

1958 *25 maggio* Elezioni politiche. La Democrazia cristiana ottiene il 42,4% dei voti, il partito comunista il 22,7%, il partito socialista il 14,2%.

giugno-luglio Amintore Fanfani, segretario della DC, forma il suo secondo governo con la partecipazione dei socialdemocratici.

9 ottobre Morte di Pio XII. Il conclave elegge Angelo Giuseppe Roncalli (Giovanni XXIII).

1959 *15-19 gennaio* XXXIII congresso del partito socialista (Napoli). La corrente «autonomista» di Nenni è maggioritaria.

23 gennaio Il governo Fanfani si dimette. È sostituito da Antonio Segni che forma un governo democristiano omogeneo.

31 gennaio Fanfani abbandona il posto di segretario del partito.

24-28 ottobre Congresso della Democrazia cristiana (Firenze): prevale la corrente di Aldo Moro.

1960 *6-11 febbraio* Viaggio ufficiale del presidente della Repubblica Gronchi in URSS.

febbraio Privato dell'appoggio del partito liberale, che vorrebbe obbligare la Democrazia cristiana ad una scelta nettamente centrista, Antonio Segni si dimette. È sostitui-

to da Fernando Tambroni che costituisce un governo democristiano omogeneo.
aprile Avendo ottenuto la fiducia con l'appoggio determinante dei voti neofascisti, Tambroni dà le dimissioni. Fanfani fallisce nel tentativo di costituire un governo di centro-sinistra e il presidente della Repubblica rimanda Tambroni alla Camera.
30 giugno Il Movimento sociale italiano, di tendenza neofascista, convoca il congresso nazionale a Genova, per l'inizio di luglio: la Confederazione generale italiana del lavoro, di tendenza socialista e comunista, proclama uno sciopero generale nella città. Il MSI rinuncia alla convocazione del congresso; ciò non impedisce una nuova manifestazione a Genova, il 2 luglio, che dà luogo a violenti scontri con la polizia. Seguono altre manifestazioni, la principale delle quali – a Roma, il 6 luglio – è dispersa da una carica di carabinieri a cavallo.
1º luglio Ha termine l'amministrazione italiana della Somalia: il territorio diventa indipendente.
19 luglio Dopo violente manifestazioni a Reggio Emilia, Palermo e Catania, Tambroni dà le dimissioni. È sostituito da Fanfani che forma il suo terzo governo con l'appoggio dei repubblicani e dei socialdemocratici. I socialisti si astengono.

1961 Censimento: l'Italia conta 49.903.878 abitanti con una densità di 168 abitanti per km^2. In confronto al censimento del 1951, la popolazione di Roma, Milano, Torino è aumentata rispettivamente del 24%, del 30% e del 36%.
14 luglio Pubblicazione dell'enciclica *Mater et magistra* sull'insegnamento sociale della Chiesa.

1962 *27-31 gennaio* Congresso della Democrazia cristiana (Napoli). Il congresso adotta una politica di apertura a sinistra.
febbraio Dopo il congresso democristiano, Fanfani forma un nuovo governo con la partecipazione dei socialdemocratici e dei repubblicani e con l'astensione dei socialisti.
6 maggio Antonio Segni è eletto presidente della Repubblica.
novembre La Camera approva la nazionalizzazione dell'energia elettrica richiesta dal partito socialista.

29 novembre Il Parlamento nomina una commissione d'inchiesta sulla mafia.

1963 *12 aprile* Pubblicazione dell'enciclica *Pacem in terris*.

28 aprile Elezioni politiche. La DC registra una notevole perdita rispetto al 1958 (38,3% invece di 42,4%), mentre il partito comunista passa dal 22,7% al 25,3%. Il partito socialista ottiene il 13,8% dei voti.

3 giugno Morte di Giovanni XXIII. Il Conclave elegge Giovanni Battista Montini, arcivescovo di Milano, che prende il nome di Paolo VI (21 giugno).

giugno Fanfani si dimette. Chiamato a formare un governo con la partecipazione dei socialisti, Aldo Moro rinuncia a causa dei dissensi che si manifestano in seno al comitato centrale del PSI. È sostituito da Giovanni Leone, che assicura la transizione grazie a un governo democristiano omogeneo.

dicembre Leone dà le dimissioni per permettere ad Aldo Moro di formare un governo di centro-sinistra con la partecipazione dei socialisti. Pietro Nenni diventa vicepresidente del Consiglio.

1964 *gennaio* Disapprovando la linea della direzione, l'ala sinistra del partito socialista forma il partito socialista d'unità proletaria (PSIUP).

26 giugno Prime manifestazioni di disaccordo fra socialisti e democristiani. Dopo il voto contrario della Camera sul bilancio della Pubblica Istruzione, Moro dà le dimissioni e costituisce il suo secondo governo di centro-sinistra dopo una crisi difficile, turbata da voci sulla minaccia di un colpo di Stato.

7 agosto Il presidente della Repubblica, Antonio Segni, si ammala gravemente. Il presidente del Senato esercita le funzioni di capo dello Stato *ad interim*.

21 agosto Morte di Palmiro Togliatti a Jalta (Crimea).

28 dicembre Dopo le dimissioni di Antonio Segni, gravemente ammalato, Giuseppe Saragat è eletto presidente della Repubblica.

1965 *3 marzo* Moro rimpasta il governo dopo l'elezione di Giuseppe Saragat: Fanfani diventa ministro degli Esteri.

16 luglio Il presidente Saragat e il generale De Gaulle assistono all'apertura del traforo del monte Bianco.

novembre XXXVI congresso del partito socialista. La maggioranza accetta la riunificazione con il partito socialdemocratico.

1966 *gennaio* XI congresso del partito comunista.

Battuto alla Camera in occasione di un voto sulla scuola elementare, Moro si dimette e forma il suo terzo governo di centro-sinistra.

4 maggio La FIAT conclude un importante accordo per la costruzione di una fabbrica a Togliattigrad, in URSS.

1967 *28 marzo* Pubblicazione dell'enciclica *Populorum progressio*.

settembre Il presidente Saragat si reca in visita ufficiale negli Stati Uniti, in Canada e in Australia.

1968 *19 maggio* Elezioni politiche. La DC ottiene il 39,1% dei voti; il partito comunista il 26,9%; il partito socialista unificato il 14,5%.

5 giugno Fanfani è eletto alla presidenza del Senato.

giugno Moro dà le dimissioni. Mariano Rumor, incaricato della formazione di un nuovo governo di centro-sinistra, rinuncia ed è sostituito da Giovanni Leone, che assicura ancora una volta la transizione con un governo d'« attesa ».

29 luglio Pubblicazione dell'enciclica *Humanae vitae* sul controllo delle nascite.

20-21 agosto Le truppe sovietiche invadono la Cecoslovacchia; il partito comunista italiano manifesta la propria disapprovazione.

dicembre Leone dà le dimissioni per permettere a Mariano Rumor di formare un governo di centro-sinistra.

1969 *5 luglio* Scissione del partito socialista unificato. I socialdemocratici costituiscono il partito socialista unitario.

luglio Rumor dà le dimissioni a causa della scissione socialista e costituisce un governo democristiano omogeneo.

settembre Prime manifestazioni di una grande azione sindacale unitaria (« autunno caldo »).

26 novembre Il comitato centrale del partito comunista decide l'espulsione del gruppo del « Manifesto ».

28 novembre La Camera approva la legge sul divorzio.

novembre Il ministro degli Esteri italiano Moro e il ministro degli Esteri austriaco Waldheim s'incontrano a Copenaghen per mettere a punto una serie di intese destinate a regolare la questione dell'Alto Adige.

4-5 dicembre Il Parlamento approva una serie di leggi per dare esecuzione all'accordo italo-austriaco sull'Alto Adige.

12 dicembre Un attentato alla sede della Banca dell'Agricoltura a Milano fa numerose vittime.

1970 *28 gennaio* La Camera approva la riforma regionale.

7 febbraio Rumor si dimette per favorire la formazione di un governo di centro-sinistra. Vi riesce dopo una lunga crisi (27 marzo).

14 maggio Il Parlamento approva lo «statuto dei lavoratori».

7 giugno Prime elezioni regionali: Democrazia cristiana, 37,9%; partito comunista, 27,9%; partito socialista, 10,4%.

6 luglio Rumor dà le dimissioni alla vigilia di uno sciopero generale. È sostituito da Emilio Colombo che forma a sua volta un governo di centro-sinistra.

luglio Scoppiano tumulti a Reggio Calabria perché la legge conferisce a Catanzaro i privilegi di capoluogo regionale.

9 ottobre Il Senato approva la legge sul divorzio.

1971 *febbraio* Nuovi tumulti scoppiano a Reggio Calabria.

13 giugno Elezioni amministrative. Il partito neofascista registra progressi importanti.

23 dicembre Elezioni presidenziali. Giovanni Leone è eletto presidente della Repubblica.

1972 *15 gennaio* I repubblicani passano all'opposizione e il governo Colombo dà le dimissioni. È sostituito da Giulio Andreotti che forma un governo democristiano omogeneo.

26 febbraio Il governo Andreotti non ottiene la fiducia del Senato. Il presidente della Repubblica scioglie le Camere e il governo Andreotti assicura l'ordinaria amministrazione.

marzo XIII congresso del partito comunista (Milano). Luigi Longo e Enrico Berlinguer divengono rispettivamente presidente e segretario del partito.

7 maggio Elezioni politiche. La DC ottiene il 38,8% dei

voti, il partito comunista il 27,2%, il partito socialista il 9,6%.

giugno Andreotti forma il suo secondo governo con la partecipazione dei liberali e dei socialdemocratici.

24 luglio Le tre principali centrali sindacali (CGIL, CISL, UIL) costituiscono una federazione.

1973 *6-10 giugno* Congresso della Democrazia cristiana. Amintore Fanfani è eletto segretario del partito al posto di Arnaldo Forlani.

luglio Il congresso democristiano decide il ritorno al centro-sinistra. Andreotti dà le dimissioni ed è sostituito da Mariano Rumor che forma il suo quarto governo di centro-sinistra.

11 settembre Colpo di Stato militare in Cile. In una serie di articoli pubblicati dalla rivista ideologica del partito comunista – *Rinascita* – Berlinguer propone alla Democrazia cristiana un « compromesso storico ».

6 ottobre Guerra del Kippur. La crisi dell'energia che ne consegue avrà gravi ripercussioni sull'economia italiana.

1974 *2 marzo* A causa di divergenze fra repubblicani e socialisti sulla politica economica del governo, Rumor dà le dimissioni e forma il suo quinto governo di centro-sinistra con la partecipazione dei due partiti socialisti e l'appoggio dei repubblicani.

12 maggio Referendum sul divorzio. Con il 59,1% contro il 40,9% il paese rifiuta di abrogare la legge.

28 maggio Durante una manifestazione antifascista a Brescia una bomba causa la morte di 8 persone e ne ferisce 95. La responsabilità dell'attentato risale, secondo l'inchiesta, a gruppi di estrema destra.

5 agosto L'esplosione di una bomba sull'espresso Roma-Monaco uccide 12 persone e ne ferisce 48. Una organizzazione di estrema destra rivendica l'attentato.

ottobre-novembre Il governo Rumor dà le dimissioni. È sostituito da una coalizione di democristiani e repubblicani con l'appoggio esterno dei socialisti e dei socialdemocratici sotto la direzione di Aldo Moro.

1975 *21 maggio* A causa di una crescente ondata di criminalità politica, il Parlamento approva una legge che rafforza i poteri della magistratura e della polizia.

15-16 giugno Elezioni regionali, provinciali e municipali. Il PCI ottiene il 33,4% dei voti (27,9% nel 1970) e la Democrazia cristiana il 35,3% (37,9% nel 1970).

26 luglio Il consiglio nazionale della Democrazia cristiana sostituisce Amintore Fanfani con Benigno Zaccagnini nell'incarico di segretario del partito.

1976 *20 giugno* Elezioni politiche. La DC ottiene il 38,7% dei voti, il PCI il 34,4%, il PSI il 9,6%.

luglio-agosto Il presidente della Repubblica incarica Giulio Andreotti di formare il governo (13 luglio). Dopo avere costituito un governo democristiano omogeneo (29 luglio), Andreotti chiede al Parlamento la «non sfiducia». Grazie al voto dei democristiani e all'astensione dei partiti dell'«arco costituzionale» (comunisti, socialisti, socialdemocratici, repubblicani e liberali), il governo ottiene l'investitura del Senato (6 agosto) e della Camera (11 agosto).

1977 *29 giugno* Dopo negoziati protrattisi per alcune settimane i partiti dell'«arco costituzionale» approvano un «documento programmatico» per superare la crisi. Gli stessi partiti presenteranno nei giorni seguenti una mozione alla Camera e al Senato per sancire il loro accordo.

1978 *16 marzo* Aldo Moro, presidente della Democrazia cristiana, viene rapito dalle Brigate rosse.

9 maggio Aldo Moro viene assassinato dalle Brigate rosse.

18 maggio Il Senato approva una legge liberale sull'aborto.

15 giugno Il presidente della Repubblica Giovanni Leone, bersaglio di una campagna di stampa che mette in discussione la sua integrità, rassegna le dimissioni.

8 luglio Viene eletto presidente della Repubblica il socialista Sandro Pertini.

1979 *31 gennaio* Andreotti è costretto a dimettersi perché il partito comunista ritira il suo appoggio al governo.

31 marzo Dopo il fallimento del repubblicano Ugo La Malfa, Andreotti forma un nuovo governo.

31 marzo Non avendo ottenuto la fiducia al Senato, Andreotti rassegna le dimissioni.

1º aprile Di fronte all'assenza di una maggioranza parlamentare, il presidente della Repubblica scioglie le Camere.

7 aprile La lotta contro il terrorismo si estende agli ambienti universitari e intellettuali. La polizia arresta venticinque docenti e uomini di cultura, compreso Toni Negri, professore di filosofia all'università di Padova.

3-4 aprile Elezioni politiche. La DC ottiene il 38,3% dei voti, il PCI il 30,4%, il PSI il 9,8%.

22 giugno Il governo Andreotti, che aveva provveduto alla gestione degli affari correnti durante il periodo elettorale, presenta le dimissioni. I comunisti rifiutano di appoggiare un governo nel quale non siano compresi ministri in loro rappresentanza.

5 agosto Il democristiano Francesco Cossiga, ministro degli Interni all'epoca del rapimento Moro, forma un governo al quale partecipano, fra l'altro, anche i liberali.

1980 *15-21 febbraio* Congresso della Democrazia cristiana: la maggioranza si oppone alla partecipazione dei comunisti al governo.

19 marzo I socialisti ritirano il loro appoggio al governo, costringendo Cossiga a dare le dimissioni.

4 aprile Ottenuta l'adesione dei socialisti, Cossiga forma un nuovo governo.

2 agosto L'esplosione di una bomba collocata nella stazione ferroviaria di Bologna da terroristi di estrema destra provoca 76 morti e 203 feriti.

27 agosto Cossiga si dimette.

19 ottobre Il democristiano Arnaldo Forlani forma un governo di coalizione con la partecipazione dei liberali.

1981 *17-18 maggio* Referendum popolare abrogativo sulla legge che disciplina l'aborto: la maggioranza degli elettori si oppone all'abrogazione.

26 maggio Forlani rassegna la dimissioni.

28 giugno Il repubblicano Giovanni Spadolini sostituisce Forlani a capo di un governo di coalizione che comprende democristiani, socialisti, socialdemocratici, repubblicani e liberali. È la prima volta dal 1945 che la Democrazia cristiana cede il timone del governo a un altro partito.

1982 *7 agosto* Privato dell'appoggio dei socialisti, Spadolini si dimette.

23 agosto Spadolini forma un nuovo governo grazie all'adesione dei socialisti.

13 novembre La coalizione si scioglie a causa delle divergenze fra democristiani e socialisti, costringendo Spadolini alle dimissioni.

11 dicembre Il democristiano Amintore Fanfani, presidente del Senato, forma un governo di coalizione con la partecipazione dei repubblicani.

1983 *aprile-maggio* La coalizione presieduta da Fanfani continua a subire i contraccolpi dei contrasti fra democristiani e socialisti. In seguito alle dimissioni del governo, il presidente della Repubblica incarica Fanfani di assicurare la gestione degli affari correnti dopo lo scioglimento delle Camere.

26-27 giugno Elezioni politiche. La DC ottiene il 32,9% dei voti, il PCI il 29,9%, il PSI l'11,4%.

4 agosto Bettino Craxi, leader del partito socialista, forma un governo con la partecipazione dei democristiani, dei repubblicani, dei socialdemocratici e dei liberali.

21 settembre La Camera dei deputati è invitata a pronunciarsi sull'immunità al professor Toni Negri, appena eletto nelle liste del partito radicale. Negri dovrebbe essere giudicato nel processo per atti di terrorismo che avrà inizio il 26 settembre. Viene privato dell'immunità parlamentare, ma si rifugia in Francia.

1984 *18 febbraio* Craxi e il segretario di Stato del Vaticano, Agostino Casaroli, firmano un Concordato fra lo Stato e la Chiesa, destinato a sostituire quello siglato da Mussolini nel febbraio 1929.

8 giugno Il Parlamento approva un decreto del governo che si propone di ridurre l'inflazione attraverso la modifica del meccanismo della scala mobile.

11 giugno Muore Enrico Berlinguer; Alessandro Natta diventa segretario generale del partito comunista.

12 luglio Accusato di essere iscritto alla loggia massonica P2, Pietro Longo, ministro del Bilancio e leader del partito socialdemocratico, rassegna le dimissioni dal governo.

1985 *9-10 giugno* Referendum, promosso dal PCI, sulla legge che modifica la scala mobile; la maggioranza si oppone alla sua abrogazione.

3 luglio Alla fine del settennato presidenziale di Sandro Pertini, viene eletto presidente della Repubblica Francesco Cossiga.

7 ottobre Un commando palestinese si impadronisce della nave italiana *Achille Lauro* durante la navigazione da Alessandria a Porto Said, assassinando un passeggero americano. Dopo la liberazione della nave, un aereo egiziano che trasporta alcuni palestinesi viene intercettato dall'aviazione americana e costretto ad atterrare in Sicilia, ma le autorità italiane rifiutano di consegnare agli americani i suoi passeggeri.

1986 *10 febbraio* Inizio a Palermo di un processo contro la mafia, in cui gli imputati sono 473.

marzo I partiti della coalizione di governo raggiungono un'intesa sul principio di alternanza fra socialisti e democristiani alla guida del governo fino alle elezioni, previste per il 1988.

27 giugno Craxi, messo in minoranza alla Camera, si dimette, ma solo per dare vita, il 1° agosto, a un nuovo gabinetto formato dagli stessi partiti.

1987 *16 gennaio* La Corte costituzionale approva tre referendum, di cui due riguardano in particolare l'utilizzazione dell'energia nucleare e lo statuto dei giudici.

3 marzo Craxi si dimette. Andreotti, incaricato il 9 marzo di formare un nuovo governo, rinuncia al mandato il 25 dello stesso mese.

18 aprile Dopo altri tentativi, Fanfani, presidente del Senato, forma un governo composto da democristiani e indipendenti.

28 aprile Scioglimento delle Camere.

14-15 giugno Elezioni politiche. La DC ottiene il 34,3% dei voti, il PCI il 26,6% e il PSI il 14,3%.

29 luglio Il democristiano Giovanni Goria forma un governo di coalizione con la partecipazione di socialisti, repubblicani, socialdemocratici, liberali.

8 novembre Referendum sulla politica nucleare. In seguito allo scalpore suscitato dal disastro di Černobyl, nell'Unione Sovietica, la maggioranza vota per l'abrogazione delle norme che autorizzano il governo a perseguire una politica nucleare.

16 dicembre Il maxiprocesso di Palermo contro la mafia si conclude con la condanna di 342 imputati.

1988 *11 marzo* Il governo si dimette in seguito a divergenze con il partito socialista sull'esito del referendum sull'energia nucleare. Il democristiano Ciriaco De Mita, incaricato di costituire un nuovo governo con la partecipazione degli stessi partiti, ottiene la fiducia delle Camere il 21 e 23 aprile.

13 giugno Alessandro Natta, segretario del partito comunista italiano, si dimette; è sostituito da Achille Occhetto.

13 ottobre La Camera riduce notevolmente il numero dei casi in cui il voto è segreto. La misura tende a eliminare il fenomeno dei cosiddetti «franchi tiratori».

1989 *17-22 febbraio* Si tiene il XVIII congresso della Democrazia cristiana. Arnaldo Forlani sostituisce Ciriaco De Mita alla segreteria del partito, mentre De Mita ne diventa presidente (16 marzo).

17-22 marzo Si svolge il XVIII congresso del partito comunista italiano. Occhetto ottiene il mandato per attuare il rinnovamento del partito.

13-19 maggio Si tiene il XLV congresso del partito socialista. Bettino Craxi attacca la Democrazia cristiana e soprattutto Ciriaco De Mita, che si dimette (19 maggio).

18 giugno Elezioni per il Parlamento europeo. In confronto alle elezioni nazionali, il PCI ottiene l'1% in più, la DC perde l'1,4%, il PSI guadagna lo 0,5%. La Lega lombarda-Alleanza Nord (un movimento regionale apparso sulla scena politica all'inizio degli anni '80) conquista due seggi.

9 luglio Dopo il fallimento di altri tentativi, il presidente della Repubblica affida a Giulio Andreotti il compito di formare un nuovo governo. Il nuovo gabinetto, composto dai cinque partiti che avevano dato vita alle coalizioni precedenti («pentapartito»), ottiene la fiducia delle Camere (27 e 30 luglio).

12 novembre Occhetto, segretario del PCI, propone di cambiare nome e statuto del partito. Il Comitato centrale approva la sua proposta e decide di convocare un congresso straordinario.

1990 *25 gennaio* L'industriale Silvio Berlusconi viene eletto presidente della casa editrice Mondadori, di cui ha acquisito il controllo in competizione con l'industriale Carlo De Benedetti. La contesa proseguirà nelle aule giudiziarie.

7-11 marzo Si tiene il XIX congresso del PCI. La proposta del segretario, che mira alla creazione di un nuovo partito «progressista e riformatore», ottiene la maggioranza.

6 maggio Elezioni locali. In confronto alle precedenti elezioni, il PCI perde il 6%, il PSI guadagna il 2%, la DC resta sulle sue posizioni.

26 luglio I rappresentanti della sinistra democristiana abbandonano il governo, in disaccordo su un progetto di legge relativo alla spartizione degli spazi fra televisione pubblica e privata. Vengono sostituiti da altri esponenti della Democrazia cristiana.

14 agosto Il governo decide di inviare una squadra nel Golfo, per sostenere l'embargo deciso dall'ONU contro l'Iraq in seguito all'occupazione del Kuwait.

10 ottobre Il segretario del PCI Occhetto annuncia che il nuovo partito si chiamerà «Partito democratico della sinistra».

23 ottobre Un'inchiesta giudiziaria rivela l'esistenza di Gladio, un'organizzazione segreta creata molti anni prima per fronteggiare l'eventualità di un'invasione sovietica.

1991 *3 aprile* Si svolge il XX congresso del PCI, da cui nasce il partito democratico della sinistra; Occhetto viene eletto segretario generale. Una scissione darà luogo alla formazione di un nuovo partito, Rifondazione comunista.

marzo-aprile In seguito a un rimpasto ministeriale, il governo Andreotti perde l'appoggio dei repubblicani.

9 giugno Referendum sulla riduzione del numero delle preferenze da indicare nelle elezioni nazionali. Promosso dal movimento di Mario Segni, il referendum mira a ridurre la possibilità di manipolazione dei voti da parte degli apparati locali.

1992 *2 febbraio* A conclusione di un dibattito politico particolarmente acceso, il presidente della Repubblica decide di sciogliere il Parlamento.

17 febbraio La procura di Milano decide l'arresto di Mario Chiesa, presidente socialista di un importante ente di beneficenza, il Pio Albergo Trivulzio.

12 marzo A Palermo viene assassinato Salvo Lima, deputato democristiano nel Parlamento europeo e principale alleato di Giulio Andreotti in Sicilia.

5 aprile Elezioni legislative. La DC perde il 4,8%, i partiti della maggioranza scendono al 49% e la Lega ottiene l'8% dei suffragi.

28 aprile Il presidente della Repubblica, Francesco Cossiga, si dimette prima della scadenza del suo mandato.

23 maggio Viene assassinato presso Palermo il giudice istruttore Giovanni Falcone, responsabile di importanti inchieste contro la mafia.

25 maggio Viene eletto alla presidenza della Repubblica il democristiano Oscar Luigi Scalfaro.

18 giugno Il capo dello Stato affida al socialista Giuliano Amato l'incarico di fondare il governo. Il nuovo gabinetto, composto da rappresentanti della DC, del PSI, del partito liberale e del partito socialdemocratico, ottiene la fiducia delle Camere.

19 luglio Viene assassinato Paolo Borsellino, giudice istruttore della Procura di Palermo.

17 settembre In seguito a una crisi monetaria di portata mondiale, la lira esce dal Sistema monetario europeo.

12 ottobre Mino Martinazzoli sostituisce Arnaldo Forlani alla guida della Democrazia cristiana.

1993 *15 gennaio* Arresto di Totò Riina, capo di Cosa nostra.

10 febbraio Il ministro di Grazia e Giustizia, il socialista Claudio Martelli, si dimette in seguito a un'inchiesta giudiziaria che lo riguarda.

11 febbraio Colpito da numerose inchieste giudiziarie, Bettino Craxi lascia la carica di segretario del partito socialista; è sostituito dal sindacalista Giorgio Benvenuto.

18 febbraio Il ministro della Sanità, Francesco De Lorenzo, e il ministro delle Finanze, Giovanni Goria, si dimettono a seguito di inchieste giudiziarie.

25 febbraio Giorgio La Malfa, segretario del partito repubblicano, presenta le dimissioni a seguito di un'inchiesta giudiziaria.

16 marzo Renato Altissimo, segretario del partito liberale, si dimette a seguito di un'inchiesta giudiziaria.

21 marzo Gianni Fontana, ministro democristiano dell'Agricoltura, si dimette a seguito di un'inchiesta giudiziaria.

27 marzo Giulio Andreotti è oggetto di un'inchiesta giudiziaria sui suoi presunti rapporti con la mafia siciliana.
30 marzo Franco Reviglio, ministro delle Finanze socialista, si dimette a seguito di un'inchiesta giudiziaria.
18 aprile Referendum sulla legge elettorale per il Senato. Grazie a una forte maggioranza (pari all'87,2%), il corpo elettorale rafforza il carattere maggioritario della legge.
22 aprile Dopo il referendum, il governo Amato presenta le dimissioni. Il presidente della Repubblica affida l'incarico di formare il nuovo governo a Carlo Azeglio Ciampi, governatore della Banca d'Italia (26 aprile). La coalizione si compone di rappresentanti della DC, del PSI, del PSDI, del PLI, del PRI, dei Verdi e del PDS; ma gli esponenti del PDS si dimettono per protesta contro il rifiuto della Camera di autorizzare il rinvio a giudizio di Bettino Craxi per alcuni dei reati di cui è stato incriminato. Saranno sostituiti da tecnici. Il governo otterrà la fiducia il 7 e il 12 maggio.
20 maggio Si dimette Giorgio Benvenuto, segretario del partito socialista, rimpiazzato da un altro sindacalista, Ottaviano Del Turco.
27 maggio Un'auto-bomba esplode a Firenze nei pressi del Museo degli Uffizi, provocando cinque vittime e ingenti danni.
6-20 giugno Elezioni locali in milleduecento città, in base a una nuova legge che permette l'elezione popolare del sindaco. A Milano, trionfo del candidato della Lega, a Torino vittoria del candidato di un fronte progressista sostenuto dal PDS.
20 luglio Suicidio in una prigione milanese di Gabriele Cagliari, presidente dell'ENI (Ente nazionale idrocarburi), arrestato il 9 marzo sotto l'accusa di corruzione.
22 luglio L'Assemblea costituente della Democrazia cristiana affida pieni poteri al segretario del partito, Mino Martinazzoli, per la creazione di una nuova formazione politica che si chiamerà partito popolare.
23 luglio Raul Gardini, ex presidente del gruppo Ferruzzi, si suicida nel suo appartamento milanese in seguito alle rivelazioni fatte da Giuseppe Garofano, ex presidente

della Montedison, sui reati di cui sarebbero responsabili i dirigenti delle società del gruppo.

27 luglio Un'auto-bomba esplode a Milano nei pressi del Museo d'arte moderna, causando cinque vittime e ingenti danni.

28 luglio Due auto-bomba esplodono a Roma presso le chiese di San Giovanni in Laterano e San Giorgio in Velabro, provocando il ferimento di cinque persone e gravi danni.

21 novembre-5 dicembre Elezioni locali in numerose grandi città, fra le quali Trieste, Venezia, Genova, Roma, Napoli, Palermo. Successo dei partiti di sinistra e di destra: i candidati delle coalizioni sostenute dal PDS vincono le elezioni nelle città più importanti.

23 novembre L'industriale Silvio Berlusconi annuncia la sua intenzione di presentarsi alle elezioni politiche alla testa di un nuovo movimento, se i moderati non troveranno il modo di riorganizzarsi.

25 novembre Costituzione dell'Associazione Nazionale «Club Forza Italia», il movimento politico di Silvio Berlusconi.

11 dicembre Il Movimento sociale italiano approva la proposta avanzata dal segretario per la formazione di un organismo politico più ampio, chiamato Alleanza nazionale.

18 dicembre Il governo completa le procedure per una nuova legge elettorale: i tre quarti delle Camere saranno eletti con il sistema maggioritario.

1994 *13 gennaio* Il presidente della Repubblica scioglie le Camere. Le elezioni si svolgeranno nei giorni 27 e 28 marzo.

27-28 marzo Dopo una campagna elettorale molto accesa, tre formazioni si disputano i voti degli elettori: un fronte di destra composto da Forza Italia, Lega Nord e Alleanza nazionale; un cartello delle sinistre guidato dal partito democratico della sinistra, al quale aderiscono numerosi gruppi politici; un blocco di centro, formato dal partito popolare italiano e dal movimento di Mario Segni. Le destre ottengono la maggioranza assoluta alla Camera, con 366 seggi, e quella relativa al Senato, con 155 seggi.

28 aprile Il presidente della Repubblica affida a Silvio Berlusconi l'incarico di formare il governo.

10 maggio Formazione del governo Berlusconi, che otterrà la fiducia il 18 e 20 maggio.
12 giugno Elezioni europee. Il movimento di Silvio Berlusconi, Forza Italia, consolida la sua posizione in seno alla maggioranza, conquistando 27 degli 87 seggi riservati all'Italia. Le altre principali forze politiche subiscono delle perdite.
13 giugno Achille Occhetto si dimette dalla segreteria del PDS (partito democratico della sinistra). Verrà sostituito il 1° luglio da Massimo D'Alema.
13 luglio Il ministro della Giustizia Alfredo Biondi emana un decreto che limita il numero dei reati per i quali è prevista la custodia cautelare dell'indagato. Fortemente criticato in Parlamento e nel paese, il decreto viene ritirato e sostituito con un disegno di legge, ma provoca, nel periodo della sua validità, la liberazione di numerosi detenuti.
12 novembre I sindacati organizzano una grande manifestazione sindacale a Roma contro la riforma del sistema pensionistico predisposta dal governo.
21 novembre Berlusconi riceve un mandato di comparizione della Procura di Milano mentre presiede a Napoli una conferenza internazionale patrocinata dalle Nazioni Unite.
22 dicembre Minacciato dalla defezione della Lega e da una mozione di sfiducia, Berlusconi si dimette.

1995 *13 gennaio* Il presidente della Repubblica affida a Lamberto Dini la formazione di un nuovo governo.
17 gennaio Dini forma un governo di tecnici. Nei giorni seguenti ottiene la fiducia del PDS, del partito popolare italiano, del Patto Segni e della Lega Nord. Forza Italia, Alleanza nazionale e il Centro cristiano democratico si astengono.
2 febbraio Romano Prodi costituisce un movimento politico (L'Ulivo) e si candida alla guida del centro-sinistra.
11 marzo Il partito popolare si divide fra un'ala moderata, guidata da Rocco Buttiglione, e un'ala progressista guidata da Gerardo Bianco. Buttiglione fonderà il CDU (Cristiani democratici uniti).
23 aprile e 7 maggio Elezioni amministrative in 75 province, 5119 comuni e 15 regioni. Prevale, complessivamente, il centro-sinistra.

4 agosto Il Parlamento approva una nuova riforma del sistema pensionistico.

26 settembre Comincia a Palermo un processo per concorso in associazione mafiosa contro Giulio Andreotti, ex presidente del Consiglio.

1996 *11 gennaio* Il governo Dini si dimette.

14 febbraio Incaricato della formazione di un governo destinato a permettere l'adozione di alcune importanti riforme costituzionali, Antonio Maccanico rinuncia. Il giorno seguente il presidente della Repubblica scioglie le Camere.

febbraio Lamberto Dini fonda un movimento politico (Rinnovamento italiano).

21 aprile Elezioni politiche. L'Ulivo conquista 157 seggi al Senato (su 310) e 284 deputati alla Camera (su 630). Grazie all'appoggio dei 35 deputati di Rifondazione comunista ha la maggioranza.

17 maggio Incaricato dal capo dello Stato, Romano Prodi costituisce un governo composto da rappresentanti del PDS, del PPI, di Rinnovamento italiano, dei Verdi e di altre formazioni minori.

agosto Il Parlamento approva la costituzione di una Commissione bicamerale per la riforma della seconda parte della Costituzione.

14 novembre Antonio Di Pietro si dimette dalla carica di ministro dei Lavori pubblici.

19 novembre Per facilitare l'adesione dell'Italia all'Unione monetaria il governo introduce una « tassa per l'Europa ».

1997 *15 aprile* Sotto la direzione dell'Italia s'installa in Albania una missione militare composta da dieci paesi e 6.500 uomini.

27 aprile e 10 maggio Elezioni amministrative in alcuni comuni. Il Polo delle Libertà vince a Milano, l'Ulivo a Torino e a Catania.

30 giugno Si concludono i lavori della Commissione bicamerale.

9 ottobre A causa di un dissenso con Rifondazione comunista sulla legge finanziaria, Prodi si dimette. Ma il presidente della Repubblica lo rinvia alle Camere. Nei giorni seguenti la crisi si conclude con un compromesso.

1998 Sconfitto alla Camera dopo un dibattito sulla fiducia, il governo Prodi rassegna le dimissioni. L'incarico viene conferito a Massimo D'Alema che assume l'incarico il 21 ottobre.

1999 *1º gennaio* Vengono fissate le parità fra l'euro e undici monete europee, fra cui la lira. Le monete nazionali saranno d'ora in poi suddivisioni dell'euro.

23 marzo Comincia la «Guerra del Kosovo». L'Italia concede agli Stati Uniti l'uso delle basi in territorio nazionale e partecipa con i propri aerei.

13 maggio Carlo Azeglio Ciampi, ministro del Tesoro nel governo D'Alema, viene eletto alla presidenza della Repubblica.

20 maggio Massimo D'Antona, professore universitario di Diritto del lavoro e consulente del ministro del Lavoro Antonio Bassolino, viene ucciso a Roma dalle nuove Brigate Rosse.

2000 *16 aprile* Elezioni regionali. Il centro-destra conquista la maggioranza delle regioni. Il presidente del Consiglio Massimo D'Alema si dimette.

25 aprile Giuliano Amato forma un governo di centro-sinistra.

2001 *8 marzo* Per conferire allo Stato italiano caratteri federali, il Parlamento approva la riforma del Titolo V della Costituzione.

13 maggio Successo del centro-destra alle elezioni politiche. Silvio Berlusconi viene incaricato della formazione del governo.

10 giugno Berlusconi forma un governo composto da rappresentanti di Forza Italia, Alleanza nazionale, Lega Nord, Udc e da cinque tecnici.

7 ottobre Un referendum confermativo (il primo nella storia della Repubblica) approva la riforma del Titolo V della Costituzione.

7 novembre Il Parlamento approva la partecipazione italiana alle operazioni militari in Afghanistan. Verranno inviati circa 1.000 alpini.

2002 *5 gennaio* Per dissensi con la politica europea della coalizione e in particolare della Lega Nord, il ministro degli Esteri Renato Ruggiero si dimette. L'interim del ministero degli Esteri viene assunto dal presidente del Consiglio.

19 marzo Marco Biagi, professore universitario di Diritto del lavoro, consulente del ministro del Welfare e autore di un progetto per la riforma del mercato del lavoro, viene ucciso a Bologna dalle nuove Brigate Rosse.

14 novembre Franco Frattini diventa ministro degli Esteri del governo Berlusconi.

2003 *Aprile* Il Parlamento approva l'invio di una missione militare in Iraq. Il corpo comprenderà circa 3.000 uomini e sarà stanziato a Nassiriya.

2 maggio A dieci anni dall'inizio del procedimento contro l'ex presidente del Consiglio Giulio Andreotti, la Corte d'Appello di Palermo dichiara estinto per prescrizione il reato di associazione a delinquere fino alla primavera del 1982 e assolve l'imputato per le altre imputazioni.

12 novembre Un'esplosione nella base dei carabinieri italiani a Nassiriya provoca la morte di sedici militari e civili.

2004 *12-13 giugno* Elezioni europee. Mentre gli altri partiti della coalizione di governo ottengono risultati soddisfacenti, Forza Italia registra una significativa perdita di consensi.

3 luglio Criticato per la sua politica da alcuni membri della coalizione, il ministro dell'Economia Giulio Tremonti si dimette. Dopo un breve interim del presidente del Consiglio l'incarico viene dato al direttore generale del Tesoro Domenico Siniscalco.

Notizie biografiche

Abruzzi (Luigi Amedeo di Savoia-Aosta, duca degli, 1873-1933): Ammiraglio, esploratore. Figlio di Amedeo, duca d'Aosta e re di Spagna, intraprese numerose spedizioni nelle regioni artiche e in Africa. Comandò le siluranti durante la guerra italo-turca (1911-1912) e le forze navali italiane durante la prima guerra mondiale. Nel 1919 fondò una colonia agricola in Somalia dove visse sino alla morte.

Albertini (Luigi, 1871-1941): Giornalista, senatore. Dopo un tirocinio londinese fu assunto dal *Corriere della Sera* di cui divenne direttore amministrativo (1896), direttore (1900) e, infine, proprietario. Nominato senatore, prese posizione contro il fascismo e fu obbligato a cedere la proprietà del giornale. Scrisse un'importante opera sulle origini della prima guerra mondiale e una cronaca degli avvenimenti politici italiani di cui era stato testimone.

Alfieri (Vittorio, 1749-1803): Con le sue evocazioni del mondo antico, con il suo amore della libertà e con il suo odio per il despotismo, ispirò nelle generazioni successive sentimenti che prepararono il Risorgimento.

Amato (Giuliano, 1938-...): Uomo politico. Docente di Diritto costituzionale italiano e comparato all'università di Roma, nel 1983 è stato eletto alla Camera ed è diventato sottosegretario alla presidenza del Consiglio nel governo Craxi (1983-87). Vicepresidente del Consiglio nel governo Goria e ministro del Tesoro nel governo De Mita. Nel 1989 è diventato vicesegretario del partito socialista e, nel 1992, presidente del Consiglio. Si è dimesso dopo il referendum dell'aprile 1993. È stato presidente dell'Autorità garante della concorrenza e del mercato (1994-1997), ministro delle Riforme istituzionali e successivamente del Tesoro nel governo D'Alema (1998-2000). Dopo le dimissioni di Massimo D'Alema ha formato un governo di centro-sinistra che è rimasto in carica sino alle elezioni politiche del 2001. Al vertice europeo di Laeken del dicembre 2001 è stato scelto per una delle due vicepresidenze della Convenzione europea, (l'« assemblea costituente » incaricata di scrivere il testo del Trattato costituzionale dell'Unione).

Amendola (Giorgio, 1907-1980): Figlio di Giovanni, aderì al partito comunista nel 1929 e lasciò l'Italia, dopo numerosi arresti e condanne, nel 1937. Dopo lunghi soggiorni in Francia e in Tunisia, rientrò in Italia nel 1943 e fu membro del Comitato di liberazione nazionale di Roma. Nominato sottosegretario alla presidenza dei Consiglio nel governo Parri e nel primo governo De Gasperi, fu deputato dalla prima legislatura repubblicana e membro dell'ufficio politico del partito.

Amendola (Giovanni, 1882-1926): Giornalista, filosofo, uomo politico. Eletto al Parlamento nel 1919, fu successivamente sottosegretario alle Finanze nel governo Nitti (1920) e ministro delle Colonie nel governo Facta (1922). Dopo la vittoria del fascismo, animò l'opposizione antifascista e capeggiò i deputati che lasciarono il Parlamento dopo l'assassinio di Matteotti. Vittima di un'aggressione fra Montecatini e Pistoia, partì esule per la Francia, dove morì per le ferite ricevute.

Andreotti (Giulio, 1919-...): Deputato della Democrazia cristiana, ha partecipato a quasi tutti i ministeri dal 1953 al 1972, anno in cui ha formato il primo dei suoi numerosi governi. Costretto a dare le dimissioni nel 1973, è stato di nuovo presidente del Consiglio dopo le elezioni politiche del 1976. Presentando il suo ministero al Parlamento chiede ai partiti dell'« arco costituzionale » la « non sfiducia ». È stato presidente del Consiglio dal 1989 al 1992. È senatore a vita dal giugno 1991.

Azeglio (Massimo d', 1798-1866): Dopo un viaggio nell'Italia centrale nel 1845, fu tra coloro che convinsero il re di Sardegna a prendere la direzione del movimento nazionale italiano. Dopo aver partecipato alla guerra del 1848, formò il governo piemontese del 1849 e difese le libertà costituzionali contro le pressioni austriache. Sostituito da Cavour nel 1852, ebbe un ruolo politico limitato negli avvenimenti del 1859 e fu ostile all'annessione di Napoli. Scrisse numerosi romanzi d'argomento storico e le *Memorie*, pubblicate dopo la morte.

Badoglio (Pietro, 1871-1956): Capo di Stato maggiore dell'esercito dal 1919 al 1924, divenne capo di Stato maggiore generale nel 1925 dopo essere stato ambasciatore in Brasile. Nominato governatore della Libia nel 1929, diresse le operazioni militari per la riconquista della colonia e, dal 1935 al 1936, quelle per la conquista dell'Etiopia. Lasciate le funzioni di capo di Stato maggiore generale dopo la sconfitta subita nella guerra di Grecia (dicembre 1940), fu chiamato dal re a dirigere il governo dopo la caduta di Mussolini nel luglio 1943. Diede le dimissioni dopo la liberazione di Roma per far posto a una più larga coalizione antifascista.

Baratieri (Oreste, 1841-1901): Generale, deputato. Dopo essere stato volontario nelle formazioni garibaldine, entrò nell'esercito regolare. Nominato governatore dell'Eritrea nel 1892, vinse due battaglie contro gli etiopici ma subì una grave sconfitta ad Adua. Giudicato dal tribunale militare, fu assolto.

Baretti (Giuseppe, 1719-1789): Erudito, polemista, critico letterario. Visse a lungo a Londra dove frequentò Samuel Johnson, il pittore Reynolds, l'attore Garrick.

Barzini (Luigi, 1874-1947): Inviato speciale del *Corriere della Sera*, fu corrispondente di guerra durante il conflitto russo-giapponese (1905), a Tripoli (1911) e durante la prima guerra mondiale.

Bastogi (conte Pietro, 1808-1899): Finanziere, uomo politico. Eletto al Parlamento italiano, fu ministro delle Finanze (1861-62) e si dedicò poi alla Società ferroviaria meridionale. Fondò la Banca Toscana di Credito.

Bava Beccaris (Fiorenzo, 1831-1924): Generale. Nominato commissario straordinario dal governo di Rudinì durante i tumulti del

1898, diresse la repressione a Milano con energia e brutalità.

Berlinguer (Enrico, 1922-1984): Membro del partito comunista dal 1943, partecipò alla Resistenza e fu segretario della Federazione dei giovani comunisti (1949-59). Eletto al Parlamento nel 1968, divenne successivamente vicesegretario (1969) e segretario del partito.

Berlusconi (Silvio, 1936-...): Industriale, uomo politico. Imprenditore immobiliare, ha costruito, nel 1969, Milano 2, una zona residenziale per diecimila abitanti, a sud-est di Milano. Entrato nella proprietà di numerosi quotidiani e settimanali, nel 1978 ha creato una rete televisiva (Canale 5) la cui diffusione, attraverso l'acquisto di altre televisioni private, si è estesa a tutto il territorio nazionale. Presidente del gruppo finanziario Fininvest, si è dimesso dalla carica quando ha deciso di presentarsi con il suo movimento politico (Forza Italia) alle elezioni del 1994. È stato presidente del Consiglio dal maggio 1994 al gennaio 1995. Capo dell'opposizione dal 1996 al 2001, è divenuto presidente del Consiglio dopo le elezioni del maggio 2001.

Bertinotti (Fausto, 1940-...): Sindacalista e uomo politico. Dal 1985 al giugno del 1994 è stato segretario confederale della CGIL (Confederazione generale italiana del lavoro). Nel 1993 si è iscritto a Rifondazione comunista (il partito nato dalla scissione del PCI nell'aprile del 1991) e un anno dopo ne è divenuto segretario. È deputato dal 1994 e deputato europeo dal giugno dello stesso anno.

Bossi (Umberto, 1941-...): Uomo politico. Fondatore e segretario del movimento regionale Lega lombarda-Nord (1984), è divenuto in seguito segretario nazionale della Lega Nord. Eletto senatore alle elezioni del 1987 e consigliere comunale di Milano nel 1990, è stato eletto alla Camera nelle elezioni del 1992 ed è stato rieletto nel 1996. È stato ministro senza portafoglio per le Riforme istituzionali e la devoluzione nel governo costituito dopo le elezioni del 2001. Dopo un grave attacco cardiaco si è dimesso nel luglio del 2004 e ha deciso di lasciare il Parlamento italiano per il Parlamento europeo.

Bottai (Giuseppe, 1895-1959): Fu tra i fondatori del movimento fascista (1919) ed ebbe parte attiva nell'organizzazione della marcia su Roma. Consacrò la maggior parte della sua attività politica alla riforma corporativa e a quella dell'istruzione pubblica. Membro del Gran Consiglio del fascismo, firmò l'ordine del giorno Grandi contro Mussolini nel luglio 1943. Condannato a morte da un tribunale fascista e all'ergastolo dall'Alta Corte di giustizia dopo la fine della guerra (1945), si arruolò sotto falso nome nella Legione straniera. Ritornò in Italia dopo l'amnistia.

Bresci (Gaetano, 1869-1901): Emigrato negli Stati Uniti, fu incaricato da un gruppo di anarchici italiani del New Jersey di vendicare la repressione del 1898 «giustiziando» Umberto I. Fu condannato all'ergastolo e si suicidò un anno dopo in prigione.

Carli (Guido, 1914-1993): Ministro del Commercio estero (1957-58) nel governo Zoli, fu nominato governatore della Banca d'Italia (1960). Dimessosi nel 1975, sostituì Gianni Agnelli alla presidenza della Confindustria. Fu ministro del Tesoro nel governo Andreotti dal 1989 al 1992.

Caserio (Sante Ieronimo, 1873-1894): Anarchico. Uccise il presidente della Repubblica francese, Sadi Carnot, con un colpo di pugnale a Lione nel giugno 1894. Fu condannato alla pena capitale.

Cattaneo (Carlo, 1801-1869): Dopo essersi dedicato agli studi storici e sociali, ebbe una parte importante durante l'insurrezione milanese del 1848. Da quel momento sviluppò le sue tesi sul federalismo italiano e fece campagna contro la politica centralizzatrice di Torino. Fu eletto al Parlamento, ma non partecipò mai alle sue sedute.

Cavour (Camillo Benso, conte di, 1810-1861): Dopo un'educazione militare si dedicò agli studi economici con ricerche e viaggi di cui applicherà i risultati nell'amministrazione delle sue proprietà agricole. Eletto al Parlamento nel 1848, dopo le riforme costituzionali piemontesi, fu ministro dell'Agricoltura (1850), delle Finanze (1851) e infine presidente del Consiglio (1852). Per assicurare condizioni internazionali favorevoli all'espansione piemontese nella penisola, partecipò alla guerra di Crimea (1855-

56). Nel luglio 1858, a Plombières, nel corso di un incontro con Napoleone III, ottenne l'aiuto della Francia contro l'Austria. Salvo una breve parentesi, diresse la politica del suo paese durante gli avvenimenti del 1859 e del 1860.

Cialdini (Enrico, 1811-1892): Generale, diplomatico. Prese parte alle agitazioni rivoluzionarie del 1831 e partì esule per la Francia. Dopo aver combattuto in Portogallo contro Don Miguel (1833) e in Spagna contro i carlisti (1835), entrò nell'esercito pontificio nel 1848 e in quello piemontese nel 1849. Partecipò alle operazioni di Crimea (1855), alla guerra del 1859 e vinse una battaglia contro le truppe pontificie a Castelfidardo (1860). Dal novembre 1860 al febbraio 1861 diresse l'assedio di Gaeta, ultimo bastione della resistenza dei Borbone. Deputato dal 1861, organizzò la lotta contro il «brigantaggio» nelle province meridionali e comandò l'esercito italiano durante la guerra del 1866, dopo la sconfitta di Custoza. Fu ambasciatore a Madrid (1870) e a Parigi (1876).

Ciampi (Carlo Azeglio, 1920-...): Banchiere centrale, uomo politico. Allievo della Scuola Normale Superiore di Pisa, entrò nella Banca d'Italia nel 1946, diventandone governatore nel 1979. Incaricato nell'aprile 1993 di formare il governo, nell'attesa di una nuova legge elettorale che permettesse lo scioglimento del Parlamento, fu alla testa di un esecutivo tecnico. È tornato al governo nel 1996 come ministro del Tesoro e del Bilancio del gabinetto Prodi. È rimasto al ministero del Tesoro nel governo D'Alema. È stato eletto alla presidenza della Repubblica il 13 maggio 1999.

Cipriani (Amilcare, 1844-1918): Partecipò a numerose spedizioni garibaldine – fra cui quella di Digione nel 1871 – e combatté con i repubblicani in Grecia nel 1866. Ferito a Parigi nel 1871 durante la difesa della Comune, fu condannato a morte, ma successivamente deportato in Nuova Caledonia dove passò otto anni. Rientrato in Europa, partecipò alle lotte politiche europee con i socialisti di tendenza libertaria. Volontario in Grecia nel 1897, fu ferito alla battaglia di Domokos. Condannato a morte dalla magistratura italiana, fu eletto deputato nel 1913, ma rifiutò di prestare giuramento allo Statuto. Nel 1915, fece campagna per l'intervento dell'Italia in guerra.

Colombo (Emilio, 1920-...): Deputato della Democrazia cristiana, dal 1946, è stato più volte ministro del Tesoro. Nominato presidente del Consiglio nel 1970, ha diretto un governo di centro-sinistra fino al 1972. È stato successivamente ministro degli Esteri nel governo Spadolini (1980-82), Fanfani (1982-83) e Amato (1992-93). È senatore a vita dal gennaio 2003.

Corradini (Enrico, 1865-1931): Giornalista, scrittore, uomo politico. Fu il principale ispiratore del movimento nazionalista italiano (1910) e fece campagna per l'occupazione della Tripolitania. Dopo aver promosso la fusione tra il partito fascista e il partito nazionalista, fu nominato senatore (1923) e ministro delle Colonie (1928).

Cossiga (Francesco, 1928-...): Uomo politico. Militante della Democrazia cristiana, è stato eletto alla Camera nel 1958 e al Senato nel 1983. Entrato a far parte di numerosi governi, è stato ministro degli Interni all'epoca del rapimento di Aldo Moro (1978). Dimissionario in seguito all'assassinio di questi, è ritornato al governo nel 1979 come presidente del Consiglio. Eletto presidente del Senato nel 1983, è diventato presidente della Repubblica nel 1985. Ha rassegnato le dimissioni nel 1992. Nel 1998 ha costituito un nuovo movimento politico (UDR, Unione dei democratici per la repubblica).

Craxi (Bettino, 1934-2000): Uomo politico. Entrato nel PSI all'età di diciotto anni, nel 1968 fu eletto alla Camera, e nel 1976 divenne segretario del partito. Presidente del Consiglio dal 1983 al 1987, dal dicembre del 1989 fu rappresentante personale del segretario generale dell'ONU per l'indebitamento dei paesi del Terzo Mondo. Nel febbraio del 1993, in seguito a un'inchiesta giudiziaria, la sua carriera politica fu bruscamente interrotta.

Crispi (Francesco, 1818-1901): Dopo aver preso parte attiva all'insurrezione di Palermo nel 1848, fu esule a Torino, Malta, Londra e Parigi, dove fece campagna per le idee mazziniane. Rientrato in Italia nel 1859, partecipò alla spedizione dei Mille in Sicilia e fu in quei mesi il principale collaboratore di Garibaldi. Eletto deputato nella prima legislatura nazionale, aderì alla monarchia (donde una vigorosa polemica con Mazzini) e animò l'opposizione di sinistra criticando, dopo il 1876, il «trasformismo» di Depretis. Dopo una prima esperienza ministeriale nel 1877, fu presidente del Consiglio due volte (1887-91 e 1893-96) e si dimise dopo la sconfitta di Adua. Fu implicato in un grave scandalo bancario.

Croce (Benedetto, 1866-1952): Pur avendo consacrato tutta la vita agli studi, ebbe in alcune occasioni una parte politica importante. Fu ministro della Pubblica istruzione nell'ultimo governo Giolitti (1920-21), criticò vigorosamente il governo fascista al Senato, fu maestro di molti intellettuali antifascisti sotto il regime, fu membro dei governi Badoglio e Bonomi nel 1944, presiedette il partito liberale dalla sua ricostituzione, dopo la seconda guerra mondiale, fino al 1948.

D'Alema (Massimo, 1949-...): Uomo politico. Segretario generale della Federazione giovanile comunista dal 1975, è stato chiamato a far parte della direzione del Pci nel 1983. Eletto alla Camera nelle elezioni del 1987, è diventato segretario generale del Pds (partito democratico della sinistra) nel 1994. Nel febbraio del 1997 è stato eletto alla presidenza della Commissione bicamerale per le riforme istituzionali. Il 21 ottobre 1998, dopo le dimissioni di Romano Prodi, ha assunto la presidenza del Consiglio in un governo formato da esponenti dei Ds (Democratici di sinistra), del Partito popolare, del Partito dei comunisti italiani, dell'Udr e dei Verdi. Si è dimesso nell'aprile del 2000 dopo l'insuccesso del centro-sinistra nelle elezioni regionali.

D'Annunzio (Gabriele, 1863-1938): Dopo un brillante esordio letterario presentò la propria candidatura alle elezioni del 1897 e prese posto a destra, ma passò clamorosamente a sinistra nel corso di un dibattito parlamentare nel 1900. Celebrò la guerra di Libia con una serie di poesie e fece campagna per l'intervento dell'Italia nel 1915. Partecipò alla guerra con azioni spettacolari e nel 1919 occupò Fiume – che il governo italiano aveva inutilmente reclamato durante i negoziati per il trattato di pace – alla testa di una colonna di «legionari». Costretto a lasciare la città un anno dopo da un corpo di spedizione italiano, accarezzò per qualche tempo la speranza di un destino nazionale, ma fu rapidamente scavalcato dagli avvenimenti e dall'abilità politica di Mussolini.

De Ambris (Alceste, 1874-1934): Uomo politico, sindacalista. Lasciò l'Italia dopo aver diretto il lungo sciopero del 1908 nella provincia di Parma. Eletto deputato nel 1913, fece campagna per l'intervento nel 1915 e raggiunse D'Annunzio a Fiume nel 1919, ma abbandonò nuovamente l'Italia dopo la vittoria fascista del 1922.

De Amicis (Edmondo, 1846-1908): Dopo una breve carriera militare, si dedicò alla letteratura. Fu interprete di una sensibilità popolare e sociale che assicurò a molti suoi libri grande successo. Aderì al socialismo nel 1891.

De Gasperi (Alcide, 1881-1954): Originario della provincia di Trento, rappresentò alla Dieta di Vienna l'Unione politica popolare, di ispirazione cattolica, prima della guerra mondiale. Avendo preso posizione per l'annessione del Trentino all'Italia, fu eletto al Parlamento italiano nel 1921 nelle liste del partito popolare e votò per il primo governo Mussolini; ma passò successivamente all'opposizione e subì un processo per aver tentato di fuggire all'estero con documenti falsi. Liberato dopo sedici mesi di prigione, divenne bibliotecario della Città del Vaticano. Rappresentò la Democrazia cristiana nel Comitato di liberazione nazionale e presiedette il governo dal dicembre 1945 all'agosto 1953.

De Mita (Ciriaco, 1928-...): Uomo politico. Militante della Democrazia cristiana, è stato eletto alla Camera nel 1963 ed è diventato vicesegretario politico del suo partito nel 1969. Dopo essere stato ministro in vari governi, è diventato segretario nazionale della Democrazia cristiana nel 1982 e presidente del Consiglio nel 1988. È stato presidente del Consiglio nazionale del suo partito tra il 1989 e il 1992 e presidente della Commissione bilaterale per le riforme istituzionali tra il 1992 e il 1993.

Depretis (Agostino, 1812-1887): Eletto al Parlamento piemontese nel 1848, fu molto vicino a Mazzini, ma se ne allontanò dopo il fallimento dell'insurrezione milanese del 1853. Nominato governatore di Brescia dopo la liberazione della città nel 1859, fu inviato presso Garibaldi in Sicilia per assicurare i collegamenti con Torino. Dopo aver avuto due incarichi ministeriali (1862 e 1866), diresse l'opposizione di sinistra fino alla vittoria elettorale del 1876. Fu presidente del Consiglio, salvo brevi parentesi, fino alla morte.

De Sanctis (Francesco, 1817-1883): Critico letterario e uomo politico. Lavorò lungamente a una storia della letteratura italiana (pubblicata dopo il 1870) che è allo stesso tempo una storia della cultura nazionale dal Medioevo all'800. Condannato al carcere dalla magistratura napoletana per la sua partecipazione all'insurrezione del 1848, partì esule nel 1853. A Zurigo, dove fu lettore di italiano, lavorò a una sintesi originale del pensiero di Hegel e di Vico. Dopo l'unità fu tre volte (1861-62, 1878, e 1879-81) ministro della Pubblica istruzione.

Dini (Lamberto, 1931-...): Economista, uomo politico. Dopo una lunga carriera al Fondo monetario internazionale (1959-79), è divenuto direttore generale della Banca d'Italia e ha rappresentato la Banca in numerose organizzazioni finanziarie internazionali. È stato ministro del Tesoro nel governo Berlusconi (maggio 1994-gennaio 1995) e presidente del Consiglio dal gennaio 1995 al maggio 1996. Nel corso della sua presidenza è stato altresì per alcuni mesi ministro del Tesoro e, per un breve periodo, ministro della Giustizia. Nel febbraio del 1996 ha fondato un movimento politico (Rinnovamento italiano) ed è stato eletto alla Camera nelle elezioni politiche dell'aprile 1996. Nel governo Prodi è divenuto ministro degli Esteri.

Di Pietro (Antonio, 1950-...): Magistrato e uomo politico. Dopo diverse esperienze nell'industria e nella pubblica amministrazione, è divenuto magistrato. Trasferito alla Procura di Milano, si è specializzato nell'applicazione dell'informatica alle procedure giudiziarie e ha avuto una parte determinante nelle inchieste su «Tangentopoli». Dopo le sue dimissioni dalla magistratura (dicembre 1994), ha insegnato Economia istituzionale al Libero Istituto Universitario Carlo Cattaneo ed è divenuto ministro dei Lavori pubblici del governo Prodi (giugno 1996). Si è dimesso dall'incarico per difendersi da accuse che gli erano state mosse per le sue amicizie negli anni in cui era sostituto procuratore a Milano. Nell'estate del 1997 è stato eletto al Senato per il partito democratico della sinistra. Ha partecipato alle elezioni politiche del 2001 con un suo movimento: Italia dei valori.

Dossetti (Giuseppe, 1913-1996): Deputato della Democrazia cristiana e rappresentante dell'ala sinistra del partito, diede un contributo importante al lavoro ideologico della sua corrente e ai dibattiti dell'Assemblea costituente. Lasciò la vita politica per il sacerdozio e fu ordinato prete nel 1959.

Fanfani (Amintore, 1908-1999): Deputato e successivamente senatore della Democrazia cristiana dal 1946, occupò numerosi incarichi ministeriali fino al 1954, allorché fu nominato presidente del Consiglio ed eletto segretario del partito. Non avendo ottenuto la fiducia del Parlamento, conservò le sue funzioni in seno al partito e preparò il ritorno al governo che ebbe luogo nel 1958. Presidente del Consiglio e ministro degli Esteri dal luglio 1958 al febbraio 1959, ridivenne presidente del Consiglio dal luglio 1960 al giugno 1963. Dopo essere stato ministro degli Esteri nel governo Moro (1965-1968), fu successivamente presidente del Senato (1968-73) e segretario della Democrazia cristiana (1973-75). Costretto a dimettersi dopo le elezioni amministrative del 1975, fu rieletto presidente del Senato dopo le elezioni politiche del 1976. Fu presidente di due governi di transizione nel 1982 e nel 1987.

Farini (Luigi Carlo, 1812-1866): Dopo una breve carriera politica negli Stati pontifici, nei mesi successivi all'elezione di Pio IX ottenne la nazionalità piemontese e fu eletto al Parlamento di Torino, diventando poi ministro dell'Istruzione nel governo d'Azeglio. Come dittatore dell'Emilia nel 1859, preparò l'unione della regione, di cui era originario, al regno d'Italia. Fu successivamente ministro degli Interni (1860), luogotenente del re a Napoli e presidente del Consiglio (1862-63).

Federzoni (Luigi, 1878-1967): Giornalista, scrittore, uomo politico. Partecipò alla fondazione del movimento nazionalista, fu eletto deputato nel 1913 e fece campagna per la guerra nel 1915. Durante il fascismo occupò incarichi ministeriali (Interni, Colonie), fu presidente del Senato (1929-34), presidente dell'Accademia d'Italia (1938-1943), presidente dell'Istituto dell'enciclopedia italiana (1938-1943). Firmò l'ordine del giorno Grandi contro Mussolini il 24 luglio 1943 e fu condannato a morte da un tribunale fascista. Processato e condannato all'ergastolo dall'Alta

Corte di giustizia dopo la fine della guerra, rientrò in Italia dal Portogallo, dove s'era rifugiato, grazie all'amnistia (1951).

Fini (Gianfranco, 1952-...): Uomo politico. Dopo aver esordito come giornalista nel quotidiano del Movimento sociale italiano, nel 1983 è stato eletto alla Camera. Succeduto a Giorgio Almirante alla segreteria del partito nel 1987, nel corso dello stesso anno è stato costretto a dimettersi per divergenze con l'ala destra del movimento. Rieletto segretario nel 1991, nel 1993 ha fondato il movimento di destra Alleanza nazionale. È divenuto vicepresidente del Consiglio nel governo costituito dopo le elezioni del 2001.

Garibaldi (Giuseppe, 1807-1882): Dopo aver partecipato a un tentativo rivoluzionario a Genova (1834), partì per l'America Latina dove prese parte alla difesa dello Stato di Rio Grande do Sul contro il Brasile. Fondò la Legione italiana e la comandò contro il dittatore argentino de Rosas per la difesa dell'Uruguay. Rientrato in Italia nel 1848, partecipò con i suoi volontari a tutte le operazioni militari che si conclusero con l'unificazione e organizzò la spedizione dei Mille in Sicilia, nel maggio 1860. Dopo aver inutilmente tentato di occupare Roma (1862 e 1867), offrì il proprio aiuto alla Repubblica francese dopo Sedan, vinse una battaglia a Digione e fu eletto all'assemblea di Bordeaux. Scrisse le sue *Memorie*, tre romanzi e numerose poesie, alcune delle quali in francese.

Garibaldi (Menotti, 1840-1903): Figlio primogenito di Garibaldi, partecipò con il padre a numerose campagne e fu eletto deputato nel 1876 e nel 1900.

Gentile (Giovanni, 1875-1944): Filosofo d'ispirazione hegeliana, si avvicinò al fascismo e gli conferì, grazie ai suoi studi, un certo spessore ideologico. Fu chiamato da Mussolini a dirigere il ministero della Pubblica istruzione (1922) e fece approvare una riforma dell'educazione che porta il suo nome. Lanciò nel 1925 un manifesto degli intellettuali fascisti al quale Croce e altri intellettuali liberali risposero con un altro manifesto, e diresse dal 1926 al 1944 l'Istituto dell'enciclopedia italiana. Membro del Gran Consiglio del fascismo (1923-24 e 1925-29), presidente del Consiglio superiore della Pubblica istruzione e direttore della Scuola Normale Superiore di Pisa, aderì alla Repubblica sociale dopo il ritorno al potere di Mussolini, nell'autunno 1943, e accettò di presiedere l'Accademia d'Italia. Fu ucciso da un commando di partigiani a Firenze il 15 aprile 1944.

Gentiloni (conte, Vincenzo Ottorino, 1865-1916): Come presidente dell'Unione elettorale cattolica, favorì la partecipazione dei cattolici alla vita politica italiana. Nel 1913 concluse con Giolitti un Patto che assicurava il voto cattolico ai candidati liberali purché essi s'impegnassero a non perseguire una politica anticlericale.

Giolitti (Giovanni, 1841-1928): Dopo una carriera nella pubblica amministrazione, fu eletto deputato nel 1882. Ministro del Tesoro con Crispi, diede le dimissioni perché ostile alla politica finanziaria del presidente del Consiglio. Diventato a sua volta presidente del Consiglio (1892-1893), fu obbligato a dimettersi a causa di un grave scandalo bancario. Ritornato al governo come ministro degli Interni con Zanardelli (1901), gli succedette nel 1903 come presidente del Consiglio e governò il paese, salvo brevi interruzioni, fino alla vigilia della prima guerra mondiale (1914). Fu presidente del Consiglio un'ultima volta dopo la guerra (1920-21).

Gobetti (Piero, 1901-1926): Scrittore, editore, uomo politico. Con la sua rivista *Il Risorgimento liberale* e con la sua casa editrice, condusse una battaglia politica e intellettuale contro il fascismo. Vittima d'una aggressione, partì esule per la Francia, dove morì poco dopo.

Gorani (Giuseppe, 1740-1819): Soldato e «filosofo», partecipò alla guerra dei sette anni e adottò un atteggiamento favorevole alla Rivoluzione francese, ma se ne staccò quando gli parve che la rivoluzione avesse tradito i principi dei fisiocrati ai quali egli aveva aderito. Al suo periodo «rivoluzionario» appartengono le *Mémoires secrètes et critiques des Cours, des Gouvernements et des Moeurs d'Italie*, pubblicate a Parigi nel 1793.

Gramsci (Antonio, 1891-1937): Membro del partito socialista, lanciò con Umberto Terracini a Torino il settimanale *Ordine Nuo-*

vo (1919). Fu tra i fondatori del partito comunista e, in Parlamento, uno dei maggiori oppositori del governo fascista. Dopo essersi segnalato in seno al partito per la sua opposizione alla strategia «settaria» di Bordiga, fu arrestato e condannato a vent'anni di reclusione (1928). Morì in una clinica romana dopo aver confidato ai suoi *Quaderni del carcere* una riflessione ideologica e culturale che costituisce un contributo importante al pensiero marxista.

Grandi (Dino, 1895-1988): Membro dalle origini del movimento fascista, occupò numerosi incarichi ministeriali. In quanto sottosegretario di Stato agli Esteri (1925-29), ministro degli Esteri (1929-1932) e ambasciatore a Londra (1932-1939), ebbe una notevole parte nella politica estera del regime, ma non riuscì a far prevalere i propri orientamenti anglofili. Rientrato in Italia prima della seconda guerra mondiale, presentò un ordine del giorno contro Mussolini durante una seduta del Gran Consiglio del fascismo il 24 luglio 1943. Condannato a morte da un tribunale fascista, fuggì in Portogallo.

Gronchi (Giovanni, 1888-1978): Fu tra i fondatori del partito popolare e fece parte del primo governo Mussolini come sottosegretario di Stato all'Industria e al Commercio. Passò tuttavia all'opposizione nell'aprile 1923 e diresse il gruppo parlamentare del suo partito durante la secessione dell'Aventino (1925). Partecipò alla Resistenza e fu eletto nelle liste della Democrazia cristiana all'Assemblea costituente. Presidente della Camera dal 1948, succedette a Luigi Einaudi alla presidenza della Repubblica (1955).

Labriola (Antonio, 1843-1904): Filosofo. Consacratosi allo studio del marxismo, ne diffuse la conoscenza negli ambienti universitari e politici italiani. Intrattenne un'interessante corrispondenza con Croce e con Engels.

Labriola (Arturo, 1873-1959): Economista, uomo politico. Avendo partecipato alle lotte politiche del 1898, partì esule per la Svizzera, da dove ritornò per dirigere l'ala radicale del partito socialista. Eletto deputato nel 1913, fu favorevole all'intervento dell'Italia nel 1915 e fu nominato ministro del Lavoro nell'ultimo governo Giolitti (1920-21). Abbandonò l'Italia dopo l'avvento del fascismo e vi ritornò nel 1937, ma riprese la sua attività universitaria solo nel 1945. Partecipò ai lavori dell'Assemblea costituente e divenne senatore nella prima legislatura repubblicana.

La Marmora (Alfonso, 1804-1878): Generale, uomo politico. Dopo la guerra del 1848, ebbe alternativamente funzioni politiche e militari. Comandante del corpo di spedizione piemontese durante la guerra di Crimea, sostituì Cavour alla testa del governo nel 1859, per diventare subito dopo governatore di Milano (1860) e di Napoli (1861). Presidente del Consiglio nel 1865, diede le dimissioni all'inizio della guerra contro l'Austria (1866) per dirigere le operazioni.

La Pira (Giorgio, 1904-1977): Deputato della Democrazia cristiana e sottosegretario al Lavoro nel quinto governo De Gasperi (1950), fu sindaco di Firenze dal 1951 al 1957 e dal 1961 al 1965. Particolarmente sensibile ai problemi del Terzo mondo, prese numerose iniziative per rafforzare i legami fra la cultura europea e i popoli del Vicino e Medio Oriente. Sconfitto alle elezioni municipali del 1965, fu rieletto a quelle politiche del 1976.

Leone XIII (Vincenzo Gioacchino Pecci, 1810-1903): Eletto al pontificato dopo la morte di Pio IX (1878), ne confermò gli orientamenti antiunitari, ma conferì alla Chiesa una maggiore sensibilità per i problemi sociali. Il suo nome è legato all'enciclica *Rerum novarum* e alle sue aperture nel campo della ricerca scientifica.

Leone (Giovanni, 1908-2001): Giurista, uomo politico. Deputato della Democrazia cristiana dal 1948, succedette a Giovanni Gronchi alla presidenza della Camera. Presidente del Consiglio durante due brevi periodi di transizione (1962 e 1968), fu eletto alla presidenza della Repubblica nel 1971. Si dimise, sulla scia di uno scandalo per forniture aeronautiche, nel 1978.

Manzoni (Alessandro, 1785-1873): Dominò la scena letteraria italiana fino alla morte ed ebbe una parte essenziale nella formazione della coscienza nazionale. Fu nominato senatore del regno d'Italia.

Martini (Ferdinando, 1841-1928): Scrittore, uomo politico. Fu ministro della Pubblica istruzione (1892-93), commissario civile dell'Eritrea (1897-1900) e ministro delle Colonie (1915-16).

Matteotti (Giacomo, 1885-1924): Deputato socialista dal 1919, appartenne alla corrente riformista di Filippo Turati. Avendo vivamente denunciato le frodi e le violenze elettorali fasciste nelle elezioni del 1924, fu sequestrato e ucciso il 10 giugno dello stesso anno.

Mazzini (Giuseppe, 1805-1872): Dopo aver fatto il suo apprendistato politico in una società segreta (la Carboneria), fu arrestato dalla polizia piemontese e partì esule per Marsiglia dove fondò un'associazione politica, la Giovine Italia. Espulso dalla Francia nel 1832, cominciò una lunga serie di peregrinazioni attraverso l'Europa durante le quali non cessò di sviluppare le sue teorie politiche e di progettare movimenti insurrezionali nella penisola. Fece parte del triumvirato che governò la Repubblica romana nel 1849, ma ebbe una parte marginale negli avvenimenti del 1859-1860. Nettamente ostile all'egemonia piemontese negli affari italiani, condusse anche una lunga battaglia ideologica contro le tendenze anarchiche della I Internazionale e deplorò la Comune. Benché costretto all'esilio, visse a Pisa sotto il nome di dottor Brown per qualche mese, fino alla morte.

Minghetti (Marco, 1818-1886): Uomo politico. Dopo aver fatto parte dell'amministrazione degli Stati pontifici durante il periodo liberale (1847-48), si stabilì a Torino, dove divenne segretario generale del ministero degli Interni (1859). Eletto al Parlamento – dove prese posto a destra –, occupò numerosi incarichi ministeriali e fu nominato presidente del Consiglio nel 1863. Ritornato al potere nel 1873, condusse una severa politica finanziaria per il pareggio del bilancio.

Moro (Aldo, 1916-1978): Deputato della Democrazia cristiana dal 1946, occupò numerose cariche ministeriali fino al 1959, allorché divenne segretario del partito. Favorì l'alleanza fra la Democrazia cristiana e il partito socialista e diresse le prime coalizioni di centro-sinistra (1963-1968). Ministro degli Esteri nei governi Rumor, Colombo e Andreotti (1969-70, 1970-72, 1973-74), ritornò alla presidenza del Consiglio nel 1974. Dimessosi dopo le elezioni del giugno 1976, fu nominato presidente della Democrazia cristiana. Rapito dalle Brigate rosse il 16 marzo 1978, fu ucciso il 9 maggio.

Murri (Romolo, 1870-1944): Ordinato prete nel 1893, si adoperò per raggruppare i cattolici italiani in un movimento politico. Sconfessato dalla Santa Sede, fu sospeso *a divinis* nel 1907. Eletto al Parlamento nel 1909, fu vicino al partito radicale e, dopo la guerra, al fascismo. Ritornò alla Chiesa nel 1943.

Mussolini (Benito, 1883-1945): Maestro elementare disoccupato, emigrò in Svizzera dove stabilì i primi contatti con l'emigrazione socialista. Rientrato in Italia, fu successivamente maestro, giornalista e segretario della Camera del lavoro di Trento. Espulso dalle autorità austriache, divenne segretario della federazione socialista di Forlì e direttore del settimanale *La Lotta di Classe*. Fece campagna nel suo partito contro l'ala riformista e ottenne nel 1912 la direzione dell'*Avanti!* Fortemente ostile alla guerra, mutò indirizzo alla fine del 1914 e pubblicò a partire dal 15 novembre il suo giornale, *Il Popolo d'Italia*. Espulso dal partito socialista, fondò nel marzo 1919 il movimento fascista. Chiamato dal re a formare il governo, presiedette un ministero di coalizione (1922), ma si sbarazzò dei suoi alleati politici dopo l'assassinio di Matteotti. Messo in minoranza nel luglio 1943 dal Gran Consiglio del fascismo, fu arrestato per ordine del re, poi liberato da un commando tedesco. Ritornato in Italia, fondò la Repubblica sociale italiana. Arrestato dai partigiani mentre tentava di riparare in Svizzera, fu fucilato a Giulino di Mezzegra il 28 aprile 1945.

Nenni (Pietro, 1891-1980): Dopo aver partecipato attivamente alle agitazioni politiche in Emilia prima del 1915, aderì al partito socialista (1921) e assunse la direzione dell'*Avanti!* (1923). Costretto a partire esule per la Francia, fu segretario generale della concentrazione antifascista e partecipò alla guerra di Spagna come commissario delle Brigate internazionali. Dopo la seconda guerra mondiale, fu favorevole all'alleanza con il partito comunista, ma se ne staccò progressivamente negli anni '50, preparando così la coalizione fra la Democrazia cristiana e il partito socialista (centro-sinistra). Fu vicepresidente del Consiglio immediatamente dopo la guerra (1945-1946) e nei governi Moro (1963-68). Fu due volte ministro degli Esteri (1946-47 e 1968-69).

Nigra (Costantino, 1828-1907): Diplomatico. Dopo aver partecipato alla guerra del 1848, preparò a Parigi, come rappresentante di Torino, l'alleanza franco-piemontese del 1859. Fu successivamente ambasciatore d'Italia a Parigi, Pietroburgo, Londra e Vienna.

Nitti (Francesco Saverio, 1868-1953): Professore universitario, economista, uomo politico. Deputato d'ispirazione radicale, a partire dal 1904 si avvicinò a Giolitti e partecipò come ministro dell'Agricoltura, dell'Industria e del Commercio al suo penultimo governo (1911-14). Ritornato al potere come ministro delle Finanze dopo Caporetto nel governo Orlando (1917), gli succedette nel 1919. Fortemente attaccato dai fascisti, si rifugiò in Svizzera e successivamente in Francia. Arrestato dai tedeschi nell'agosto 1943, rientrò in Italia alla fine della guerra ed ebbe una parte attiva nella vita politica del paese fino alla morte.

Occhetto (Achille, 1936-...): Uomo politico. Segretario della Federazione giovanile comunista tra il 1963 e il 1966, segretario del partito in Sicilia dal 1969 al 1977, è stato eletto alla Camera nel 1976. Ha sostituito Alessandro Natta alla testa del PCI nel 1988 e ne ha guidato il rinnovamento dopo gli avvenimenti del 1989. È diventato quindi segretario del partito democratico della sinistra quando quest'ultimo è stato fondato. Si è dimesso nel giugno 1994, dopo le elezioni europee.

Orlando (Vittorio Emanuele, 1860-1952): Dopo una carriera universitaria, fu eletto al Parlamento nel 1897 ed esordì al governo come ministro della Pubblica istruzione nel governo Giolitti (1903). Nel 1916, dopo la caduta del governo Salandra, divenne ministro degli Interni nel governo presieduto da Boselli, al quale succedette dopo Caporetto. Dimessosi nel 1919, appoggiò il fascismo e prese posizione contro Mussolini solo dopo il discorso del 3 gennaio 1925. Nel secondo dopoguerra partecipò alla vita politica sino alla morte.

Orsini (Felice, 1819-1858): Condannato all'ergastolo per la sua attività rivoluzionaria negli Stati pontifici, fu amnistiato da Pio IX. Dopo aver partecipato agli avvenimenti romani del 1849, tentò di organizzare un'insurrezione in Lombardia (1853-54), ma fu arrestato dagli austriaci e imprigionato a Mantova, da dove evase nel 1856. Arrivato in Francia, fu autore di un sanguinoso attentato contro Napoleone III il 14 gennaio 1858. Condannato alla pena capitale, fu ghigliottinato il 1° marzo 1858, ma le sue lettere a Napoleone e a Cavour diffusero nell'opinione pubblica interesse e simpatia per i problemi italiani, favorendo l'intesa tra la Francia e il Piemonte contro l'Austria.

Parri (Ferruccio, 1890-1981): Organizzò la fuga di Filippo Turati (1926) e fu giudicato a Savona con Carlo Rosselli. Ebbe una parte attiva nella lotta antifascista e comandò con il generale Cadorna e Luigi Longo il Corpo dei Volontari per la Libertà. Fondatore del partito d'Azione, presiedette il Consiglio dei ministri dal giugno al novembre 1945. Deputato e poi senatore, prese posizione contro i governi di centro-sinistra e durante la campagna elettorale del 1968 lanciò un appello per l'unità delle sinistre.

Pelloux (Luigi Girolamo, 1859-1924): Generale e uomo politico. Partecipò a tutte le campagne del Risorgimento e fu più volte ministro della Guerra. Chiamato dal re a dirigere il governo dopo la caduta di di Rudinì (1898), abbozzò una riforma costituzionale in senso autoritario, ma dovette dare le dimissioni dopo i risultati elettorali del 1900.

Pio IX (Giovanni Maria Mastai Ferretti, 1792-1878): La sua elezione al papato nel 1846 e la fama di riformista di cui egli godeva in quel tempo accesero grandi speranze nei patrioti italiani. Confermò questa attesa mandando un corpo di truppe pontificie a combattere con i piemontesi nel 1848, durante la guerra contro l'Austria-Ungheria. Spaventato dalla piega degli eventi, mise bruscamente fine alla sua politica nazionale e lasciò Roma per cercare rifugio presso i Borbone di Napoli. Rientrato nella sua città dopo la caduta della Repubblica romana, confermò i suoi nuovi orientamenti conservatori e autoritari con il proclama del dogma dell'infallibilità papale (1870). Morì otto anni dopo l'occupazione di Roma da parte delle truppe italiane.

Pisacane (Carlo, 1816-1857): Ufficiale nell'esercito dei Borbone di Napoli, fuggì in Francia nel 1847 per uno scandalo amoroso. Convertito ai principi socialisti nell'atmosfera che precedette la rivoluzione di febbraio, passò qualche mese in Algeria con la Legione straniera prima di raggiungere i volontari lombardi per le operazioni del 1848 e Mazzini per la difesa della Repubblica romana nel 1849. Costretto all'esilio, raccontò in una prospettiva socialista gli avvenimenti di cui era stato testimone. Nel 1857 organizzò una spedizione nel sud, ma i suoi compagni furono massacrati dai contadini che egli aveva sperato sollevare. Lui stesso, ferito, si diede la morte.

Prodi (Romano, 1939-...): Economista, uomo politico. Nel 1971 è divenuto professore di Economia e politica industriale all'università di Bologna. Nel 1974 ha fondato con altri una società di previsioni e analisi economiche (Prometeia) e più tardi (1981) ha creato un istituto di ricerche economiche (Nomisma). Dopo essere stato ministro dell'Industria dal novembre 1978 al marzo del 1979, ha assunto per due volte la presidenza dell'IRI (Istituto per la ricostruzione industriale): dal 1982 al 1989 e dal 1993 al 1994. Ha fondato un movimento politico (L'Ulivo) ed è stato eletto alla Camera nelle elezioni dell'aprile del 1996. È divenuto presidente del Consiglio nel maggio dello stesso anno. È stato presidente della Commissione europea dal 1999 al 2004. Nell'ultima fase della presidenza ha preparato il suo ritorno alla politica italiana come leader dell'opposizione.

Ricasoli (barone Bettino, 1809-1880): Dopo aver consacrato numerosi anni alla gestione razionale delle sue terre e all'educazione dei contadini, fu in contatto con Cavour e persuase i moderati toscani ad accettare la prospettiva unitaria del governo piemontese. Assicurò la dittatura della Toscana nei mesi che precedettero l'unione al regno d'Italia e divenne presidente del Consiglio dopo la morte di Cavour (1861-62). Ritornò al potere cinque anni dopo (1866-67).

Rosselli (Carlo, 1899-1937): Scrittore, uomo politico. Dopo aver organizzato la partenza di Turati per la Francia, fu processato a Savona nel 1927, ma evase dall'isola di Lipari (1929) e si stabilì a Parigi. Diede un notevole contributo all'antifascismo con la fondazione del movimento «Giustizia e Libertà» e prese parte alla guerra civile in Spagna. Convalescente in Francia a causa di una ferita, fu assassinato da un gruppo di *cagoulards* che agivano d'intesa con i servizi fascisti.

Rosselli (Nello, 1900-1937): Storico. Pubblicò numerosi lavori storici su Mazzini, Bakunin e Pisacane. Fu ucciso con il fratello Carlo.

Rudinì (Antonio Starabba, marchese di, 1839-1908): Partecipò ai movimenti rivoluzionari siciliani che precedettero lo sbarco di Garibaldi nel maggio 1860 e divenne sindaco (1864) e poi prefetto (1866) di Palermo. Eletto al Parlamento, prese posto a destra e raccolse due volte (1891 e 1896) la successione di Crispi a capo del governo. Dovette dare le dimissioni nel 1898 dopo aver represso duramente le agitazioni politiche e sindacali di quell'anno.

Ruggiero (Renato, 1930-...): Diplomatico. Ministro del Commercio estero dal 1987 al 1991, è stato successivamente vicepresidente della Fiat, direttore generale dell'Organizzazione mondiale per il commercio e vicepresidente del gruppo finanziario City Group. Ministro degli Esteri nel governo Berlusconi (giugno 2001) si è dimesso nel gennaio dell'anno seguente soprattutto per divergenze con la politica europea della Lega Nord.

Rumor (Mariano, 1915-1990): Dopo aver rappresentato la Democrazia cristiana nel Comitato di liberazione nazionale del Veneto, occupò numerosi incarichi ministeriali e fu segretario del suo partito dal 1963 al 1968. Nominato presidente del Consiglio nel dicembre 1968, diede le dimissioni nel 1970 per tornare al governo come ministro degli Interni (1972). Ridivenne presidente del Consiglio dal luglio 1973 all'ottobre 1974 e fu ministro degli Esteri dal dicembre 1974 alle elezioni del 1976.

Salandra (Antonio, 1853-1931): Professore universitario, uomo politico. Deputato al Parlamento dal 1886, prese posto a destra ed ebbe numerosi incarichi ministeriali nei governi conservatori di Pelloux e di Sonnino. Dopo il 1910 tentò di raggruppare intorno alla sua persona le forze moderate e conservatrici. Presidente del Consiglio dal 1914 al 1916, negoziò con gli alleati l'intervento dell'Italia al loro fianco. Fece parte della delegazione italiana alla conferenza della pace e rappresentò l'Italia alla Società delle Nazioni. Fino all'assassinio di Matteotti appoggiò apertamente il fascismo.

Salvemini (Gaetano, 1873-1957): Storico, polemista, uomo politico. Partecipò attivamente alla vita pubblica italiana, conducendo una serie di campagne di ispirazione democratica e socialista: contro i metodi polizieschi dei governi Giolitti, contro la guerra di Tripolitania, per le aspirazioni nazionali dei popoli della monarchia austro-ungarica. Eletto al Parlamento nel 1919, si oppose al fascismo e dovette lasciare l'Italia nel 1925. Da Parigi e dagli Stati Uniti, dove si stabilì dopo il 1933, continuò la lotta per la democrazia italiana. Riprese il suo posto all'università di Firenze nel 1950.

San Giuliano (Antonino Paternò-Castello, marchese di, 1852-1914): Sindaco di Catania all'età di ventisette anni e deputato al Parlamento dal 1882, ebbe numerosi incarichi ministeriali, ma si fece notare soprattutto come ministro degli Esteri (1905-1906 e 1910-1914) e come ambasciatore (a Londra dal 1906 al 1909 e a Parigi dal 1909 al 1910). Pur restando fedele alla Triplice Alleanza, riuscì ad allargare il margine di manovra della diplomazia italiana.

Saracco (Giuseppe, 1821-1907): Deputato di centro-sinistra nel Parlamento piemontese dal 1851 al 1857, divenne senatore e fu in due occasioni ministro dei Lavori pubblici (1887-89 e 1893-96). Presidente del Senato fino al 1900, sostituì il generale Pelloux alla testa del governo, ma diede le dimissioni dopo lo sciopero di Genova per tornare alla presidenza del Senato.

Saragat (Giuseppe, 1898-1988): Membro del partito socialista, lasciò l'Italia nel 1926. Rientrato dalla Francia nel 1943, prese parte alla Resistenza e fu arrestato dai tedeschi, ma riuscì a evadere. Partecipò ai primi governi antifascisti, fu ambasciatore a Parigi (1945-46) e presidente dell'Assemblea costituente. Al congresso socialista del 1947 lasciò il partito con l'ala socialdemocratica e costituì una nuova formazione di cui divenne segretario. Appena il partito comunista passò all'opposizione, ebbe una parte notevole in tutti i governi successivi fino alla sua elezione alla presidenza della Repubblica (1964). Nel frattempo si era avvicinato al partito socialista favorendo la formula detta di centro-sinistra e occupando egli stesso un incarico importante (ministro degli Esteri) nelle prime coalizioni fra democristiani e socialisti.

Scalfaro (Oscar Luigi, 1918-...): Magistrato, uomo politico. Membro dell'Assemblea costituente nel 1946, è stato parlamentare della Democrazia cristiana dal 1948. Sottosegretario in diversi governi, è divenuto ministro dei Trasporti nel 1968 ed è stato successivamente ministro della Pubblica istruzione, ministro degli Interni, vicepresidente e, per un breve periodo, presidente della Camera. È stato eletto alla presidenza della Repubblica nel maggio del 1992.

Segni (Mario, 1939-...): Uomo politico. Figlio di Antonio Segni, è stato eletto deputato nel 1976. Nel 1990 ha creato un comitato per i referendum istituzionali e ha avuto un ruolo chiave nei referendum del 1991 e del 1993. Ha promosso altresì un referendum per l'abolizione della quota proporzionale nella legge elettorale del 1993.

Sforza (Carlo, 1872-1952): Diplomatico, uomo politico. Dopo aver rappresentato l'Italia a Pechino (1911-15) presso il governo serbo (1915-18) e in Turchia (1919), fu sottosegretario di Stato e successivamente ministro degli Esteri nei governi Nitti e Giolitti. Come ministro negoziò con la Jugoslavia il trattato di Rapallo che regolava il contenzioso territoriale italo-jugoslavo. Nominato ambasciatore a Parigi (1922), diede le dimissioni appena il fascismo conquistò il potere e scelse l'esilio. Rientrato in Italia dopo la caduta del regime, fece parte dei primi governi democratici e fu ministro degli Esteri dal 1947 al 1951. Favorì l'adesione dell'Italia al patto Atlantico e l'unità europea.

Sonnino (Giorgio Sidney, 1847-1922): Dopo aver iniziato la carriera diplomatica, riprese gli studi giuridici ed economici conducendo fra l'altro due importanti inchieste sociali in Toscana e in Sicilia. Eletto alla Camera nel 1880, ebbe numerosi incarichi ministeriali e fu due volte presidente del Consiglio (1906 e 1909-1910). Fondò il *Giornale d'Italia* (1901), diresse l'opposizione di centro-destra e fu ministro degli Esteri durante tutta la prima guerra mondiale.

Spirito (Ugo, 1896-1979): Filosofo, giurista. Fu discepolo di Giovanni Gentile e firmò il manifesto «fascista» del suo maestro.

Tambroni (Fernando, 1901-1963): Deputato della Democrazia cristiana dal 1948, ebbe numerosi incarichi ministeriali dal 1953 al 1960, anno in cui fu chiamato dal presidente della Repubblica Gronchi a dirigere un governo minoritario appoggiato dalla destra che provocò una viva reazione popolare. Le sue dimissioni nel luglio 1960 aprirono la via alle esperienze di centro-sinistra.

Tibaldi (Paolo, 1825-1901): Partecipò alla difesa della Repubblica romana con Garibaldi nel 1849. In esilio in Francia, attentò alla vita di Napoleone III e fu condannato all'ergastolo. Liberato alla caduta dell'impero, partecipò alla Comune.

Tittoni (Tommaso, 1855-1931): Uomo politico. Deputato dal 1886, fu prefetto di Perugia (1898), poi di Napoli (1900). Nominato senatore da Giolitti nel 1902, fece parte del suo governo come ministro degli Esteri dal 1903 al 1905. Occupò le stesse funzioni dal 1906 al 1909, dopo essere stato ambasciatore a Londra, e ancora una volta nel 1919 dopo essere stato ambasciatore a Parigi dal 1910 al 1916. Capo della delegazione italiana al trattato di pace, presiedette il Senato dal 1920 al 1929.

Togliatti (Palmiro, 1893-1964): Membro del partito socialista dal 1914, fu tra i fondatori del partito comunista nel 1921. Abbandonata l'Italia nel 1926, organizzò il partito all'estero, fece parte del segretariato del Komintern e coordinò il lavoro politico dei comunisti in Spagna durante la guerra civile dal luglio 1937 al marzo 1939. Rientrato in Italia il 27 marzo 1944, partecipò ai governi di coalizione democratica fino al 1947. Fu segretario del partito e deputato fino alla morte che ebbe luogo a Jalta, dove egli scrisse, in vista di un incontro con i dirigenti sovietici, un memoriale che tratteggiava le grandi linee di una politica nazionale e autonoma dei comunisti italiani.

Tosti (Luigi, 1811-1897): Monaco benedettino, storico. Dopo un'attività liberale che gli valse i rimproveri delle autorità religiose, si ritirò a Montecassino dove proseguì i suoi studi storici. Più tardi credette di poter dare un contributo personale al regolamento della questione romana e stabilì un contatto con Crispi a tal fine. Ma fu sconfessato dalla Santa Sede.

Tremonti (Giulio, 1947-...): Professore universitario, avvocato, uomo politico. È stato ministro delle Finanze nel primo governo Berlusconi (1994-1995) e ministro dell'Economia e delle Finanze dopo le elezioni del 2001. Criticato per la sua politica finanziaria da alcuni partiti della coalizione di governo, si è dimesso il 3 luglio 2004.

Turati (Filippo, 1857-1932): Animatore del partito socialista italiano dalla sua fondazione (1892), fu eletto deputato nel 1896 e condannato a dodici anni di reclusione per la sua pretesa partecipazione alle manifestazioni milanesi del 1898. Pur rifiutando di partecipare ai governi di Giolitti, ne comprese e ne favorì gli sforzi riformatori. Ma la prima guerra mondiale e la rivoluzione d'Ottobre ridussero notevolmente la sua autorità e l'importanza della sua corrente. Dopo la vittoria del fascismo, fuggì in Francia dove lavorò per l'unità di tutte le correnti del socialismo italiano.

Visconti-Venosta (Emilio, 1829-1914): Partecipò all'insurrezione milanese del 1848, seguì Garibaldi durante le operazioni militari dello stesso anno e si avvicinò a Mazzini durante il suo esilio in Svizzera, ma se ne allontanò durante i tentativi insurrezionali del 1853. Dopo aver assunto incarichi amministrativi e diplomatici durante gli avvenimenti del 1859-60, fu più volte ministro degli Esteri. Nel 1864 negoziò con il governo francese la convenzione di settembre per il regolamento della questione romana e nel 1896, dopo la sconfitta di Adua, si adoperò per il riavvicinamento franco-italiano.

Volpe (Gioacchino, 1876-1971): Storico. Dopo lavori di grandissima qualità sulla storia del Medioevo, si consacrò agli avvenimenti dell'Italia contemporanea in una prospettiva nazionalista. Deputato dal 1924 al 1929, fu membro dell'Accademia d'Italia.

Zanardelli (Giuseppe, 1826-1903): Uomo politico. Partecipò a tentativi insurrezionali nella sua città natale (Brescia) nel 1848, nel 1849, nel 1859 e fu eletto deputato nel 1860. Dopo la vittoria elettorale della Sinistra nel 1876, ebbe numerose cariche ministeriali e fu in particolare guardasigilli (1881-83, 1887-91, 1897), presidente della Camera (1892 e 1898-99) e presidente del Consiglio (1901-1903). È ricordato per la riforma del codice penale.

Bibliografia

Questa bibliografia non riflette lo stato degli studi sulla storia dell'Italia unitaria e non è un breviario per chi voglia intraprenderli. Essa è semplicemente, con molte omissioni e qualche omaggio a testi indispensabili, un elenco di alcuni fra gli incontri più utili e provocatori che l'autore ha fatto nelle sue letture. È quindi limitata, incompleta e probabilmente parziale. Di altre fonti bibliografiche il lettore troverà traccia nelle note.

F. Alberoni, *Italia in trasformazione*, Il Mulino, Bologna, 1976.

A. Albertini, *Vita di Luigi Albertini*, Mondadori, Milano, 1945.

L. Albertini, *Venti anni di vita politica italiana*, Zanichelli, Bologna, 1950.

G. Amendola, *Lettere a Milano*, Editori Riuniti, Roma, 1976.

G. Amendola, *Intervista sull'antifascismo* (a cura di P. Melograni), Laterza, Bari, 1976.

G. Andreotti, *Intervista su De Gasperi* (a cura di A. Gambino), Laterza, Bari, 1977.

G. Arfé, *Storia del socialismo italiano (1892-1926)*, Einaudi, Torino, 1965.

A. Asor Rosa, *La cultura* in *Storia d'Italia*, vol. 4, *Dall'unità a oggi*, t. II, Einaudi, Torino, 1975.

P. Barbèra, *Quaderni di memorie*, G. Barbèra editore, Firenze, 1920.
S. Barzilai, *Luci e ombre del passato*, Treves, Milano, 1937.
R. Battaglia, *La prima guerra d'Africa*, Einaudi, Torino, 1958.
R. Battaglia, *Storia della resistenza italiana*, Einaudi, Torino, 1953.
G. Bibes, *Le Système politique Italien*, Presses Universitaires de France, Parigi, 1974; ed. it., *Il sistema politico italiano*, Guaraldi, Rimini, 1975.
G. Bocca, *Storia dell'Italia partigiana*, Laterza, Bari, 1966.
H. Bolton King, *Storia dell'unità d'Italia*, Editori Riuniti, Roma, 1960.
I. Bonomi, *La politica italiana da Porta Pia a Vittorio Veneto*, Einaudi, Torino, 1966.
G. Candeloro, *Storia dell'Italia moderna*, Feltrinelli, Milano, 1956-1986.
L. Capello, *Caporetto, perché?*, Einaudi, Torino, 1967.
G. Carocci, *Giolitti e l'età giolittiana*, Einaudi, Torino, 1961.
G. Carocci, *La politica estera del fascismo dal 1925 al 1928*, Laterza, Bari, 1969.
G. Carocci, *Storia d'Italia dall'unità ad oggi*, Feltrinelli, Milano, 1975.
V. Castronovo, *La storia economica*, in *Storia d'Italia*, vol. 4, *Dall'unità a oggi*, t. I, Einaudi, Torino, 1975.
F. Catalano, *L'Italia dalla dittatura alla democrazia, 1919-1948*, Feltrinelli, Milano, 1970.
L. Cavalli (a cura di), *Il fascismo nell'analisi sociologica*, Il Mulino, Bologna, 1975.
L. Cavalli, *Sociologia della storia d'Italia, 1861-1974*, Il Mulino, Bologna, 1974.
L. Ceva, *La condotta italiana della guerra. Cavallero e il Comando supremo, 1941-1942*, Feltrinelli, Milano, 1975.
F. Chabod, *L'Italia contemporanea, 1918-1948*, Einaudi, Torino, 1961.
F. Chabod, *Storia della politica estera italiana dal 1870 al 1896*, I, *Le premesse*, Laterza, Bari, 1951.

P. Ciocca e G. Toniolo (a cura di), *L'economia italiana nel periodo fascista*, Il Mulino, Bologna, 1976.

C.M. Cipolla, *Le avventure della lira*, Il Mulino, Bologna, 1975 (Universale Paperbacks, 28).

B.S. Clough, *The Economic History of Modern Italy*, Columbia University Press, New York-Londra, 1964; ed. it., *Storia dell'economia italiana dal 1861 ad oggi*, Cappelli, Bologna, 1961.

L. Cortesi, Il *socialismo italiano tra riforme e rivoluzione, 1892-1921*, Laterza, Bari, 1969.

P. Craveri, *Sindacato e istituzioni nel dopoguerra,* Il Mulino, Bologna, 1977.

B. Croce, *Storia della storiografia italiana nel secolo XIX*, Laterza, Bari, 1921.

B. Croce, *Storia d'Italia dal 1870 al 1915*, Laterza, Bari, 1928.

E. Croce, *Silvio Spaventa*, Adelphi, Milano, 1969.

R. de Cesare, *Roma e lo Stato del Papa. Dal ritorno di Pio* IX *al* XX *settembre, 1850-1870*, 1906.

E. Decleva, *Da Adua a Saraievo, La politica estera italiana e la Francia, 1896-1914*, Laterza, Bari, 1971.

R. De Felice, *Intervista sul fascismo* (a cura di Michael A. Ledeen), Laterza, Bari, 1975.

R. De Felice, *Le interpretazioni del fascismo*, Laterza, Bari, 1969.

R. De Felice, *Mussolini il rivoluzionario, 1880-1920*, Einaudi, Torino, 1965; *Mussolini il fascista*, vol. I, *La conquista del potere, 1921-1925*, Einaudi, Torino, 1960; vol. II, *L'organizzazione dello Stato fascista, 1925-1929*, Einaudi, Torino, 1961; *Mussolini il duce*, Einaudi, Torino, 1974.

R. De Felice, *Storia degli ebrei italiani sotto il fascismo*, Einaudi, Torino, 1961; ult. ed., Mondadori, Milano, 1977.

W. de la Rive, *Le comte de Cavour. Récits et souvenirs*, Librairie A. Jullien éditeur, Genève, 1911.

T. De Mauro, *Storia linguistica dell'Italia unita*, Laterza, Bari, 1963.

J.P. Diggins, *Mussolini and Fascism. The View from America*, Princeton University Press, 1972; ed. it., *L'America, Mussolini e il fascismo*, Laterza, Bari, 1972.

V. Falzone, F. Palermo, F. Cosentino (a cura di), *La Costituzione della repubblica italiana*, 1948; ult. ed. aggiornata, Mondadori, Milano, 1976.

G. Ferrero, *La reazione. Studio su Francesco Crispi*, Olivetti, Torino, 1894.

G. Fortunato, *Il Mezzogiorno e lo Stato italiano*, Laterza, Bari, 1911.

G. Fortunato, *Questione meridionale e riforma tributaria*, La Voce, Roma, 1920.

G. Fuà (a cura di), *Lo sviluppo economico dell'Italia*, Franco Angeli, Milano, 1969.

A. Galante Garrone, *I radicali in Italia, 1849-1925*, Garzanti, Milano, 1973.

L. Galeotti, *La prima legislatura del Regno d'Italia*, seconda ed., Le Monnier, Firenze, 1866.

L. Ganopini, *Nazionalismo cattolico*, Laterza, Bari, 1970.

C. Ghisalberti, *Storia costituzionale d'Italia, 1848-1948*, Laterza, Bari, 1974.

P. Ginsborg, *L'Italia del tempo presente*, Einaudi, Torino, 1998.

A. Giovannini, *Il rifiuto dell'Aventino*, Il Mulino, Bologna, 1966.

A. Gramsci, *Il Risorgimento*, Einaudi, Torino, 1949.

U. Alfassio Grimaldi, *Il re «buono»*, Feltrinelli, Milano, 1970.

G.B. Guerri, *Giuseppe Bottai, un fascista critico*, Feltrinelli, Milano, 1976.

S. Jacini, *Un conservatore rurale della nuova Italia*, Giuseppe Laterza & Figli, Bari, 1926, voll. 1-2.

A.C. Jemolo, *Chiesa e Stato in Italia negli ultimi cento anni*, Einaudi, Torino, 1965.

A.C. Jemolo, *Crispi*, Vallecchi, Firenze, 1912; ult. ed., Le Monnier, Firenze, 1970.

N. Kogan, A *Political History of Post War, Italy*, New

York, Washington, 1966; ed. it., *L'Italia del dopoguerra. Storia politica dal 1945 al 1966*, Laterza, Bari, 1968.

S. La Francesca, *La politica economica del fascismo*, Laterza, Bari, 1972.

E. Lussu, *Marcia su Roma e dintorni*, Einaudi, Torino, 1957.

E. Lussu, *Un anno sull'altipiano*, Edizioni Italiane di Cultura, Parigi, 1938 ed Einaudi, Torino, 1945; ult. ed., Mondadori, Milano, 1970.

G. Luzzatto, *L'economia italiana dal 1861 al 1894*, Milano, 1963; ult. ed., Einaudi, Torino, 1974.

G. Luzzatto, *L'economia italiana dal 1861 al 1894*, Einaudi, Torino, 1974 (Reprints Einaudi, 42; I ed. 1968).

D. Mack Smith, *Cavour and Garibaldi, 1860*, Cambridge University Press, 1954; ed. it., *Cavour e Garibaldi nel 1860*, Einaudi, Torino, 1958.

D. Mack Smith, *Il Risorgimento italiano. Storia e testi*, Laterza, Bari, 1968.

D. Mack Smith, *Italy, a Modern History*, Michigan University Press, Ann Arbor, 1959; ed. it., *Storia d'Italia 1861-1869*, Laterza, Bari, 1961.

F. Malgeri, *La guerra libica, 1911-1912*, Storia e letteratura, Roma, 1970.

P. Melograni, *Storia politica della grande guerra*, Laterza, Bari, 1962.

M. Minghetti, *La convenzione di settembre. (Un capitolo dei miei ricordi)*, Zanichelli, Bologna, 1899.

I. Montanelli e M. Cervi, *L'Italia di Berlusconi*, Rizzoli, Milano, 1995.

I. Montanelli e M. Cervi, *L'Italia dell'Ulivo*, Rizzoli, Milano, 1997.

C. Morandi, *I partiti politici nella storia d'Italia*, Firenze, 1945; ult. ed. aggiornata, Le Monnier, Firenze, 1972.

C. Morandi, *La politica estera dell'Italia da Porta Pia all'età giolittiana*, Le Monnier, Firenze, 1967.

C. Morandi, *Problemi storici italiani ed europei dal XVIII al XIX secolo*, ISPI, Milano, 1937.

R. Morandi, *Storia della grande industria italiana*, Einaudi, Torino, 1977 (PBE, 82; I ed. 1959).
G. Mori, *Il capitalismo industriale in Italia*, Editori Riuniti, Roma, 1977.
R. Murri, *Dalla Democrazia Cristiana al partito popolare italiano*, La Nuova Italia, Venezia, 1928.
S. Negro, *Seconda Roma*, Hoepli, Milano, 1943; ult. ed., Neri Pozza, Vicenza, 1966.
F.S. Nitti, *La ricchezza dell'Italia*, Roux e Viarengo, Torino-Roma, 1905.
G. Perticone, *L'Italia contemporanea dal 1871 al 1948*, Mondadori, Milano, 1948.
P. Pieri, *L'Italia e la prima guerra mondiale*, Einaudi, Torino, 1965.
G. Procacci, *Storia degli Italiani*, Laterza, Bari, 1968.
E. Ragionieri, *La storia politica e sociale*, in *Storia d'Italia*, vol. 4, *Dall'unità a oggi*, t. III, Einaudi, Torino, 1976.
E. Ragionieri, *Politica e amministrazione nella storia dell'Italia unita*, Laterza, Bari, 1967.
R. Romanelli, *L'Italia liberale (1861-1900)*, (« Storia d'Italia dall'Unità alla Repubblica, 2 »), Il Mulino, Bologna, 1979, tomo II (Universale Paperbacks, 87/II).
R. Romeo, *Breve storia della grande industria in Italia*, Cappelli, Bologna, 1967.
R. Romeo, *Cavour e il suo tempo*, Laterza, Bari, t. I, 1969; t. II, 1977.
R. Romeo, *Risorgimento e capitalismo*, Laterza, Bari, 1970.
A. Ronchey, *Accadde in Italia, 1968-1977*, Garzanti, Milano, 1977.
C. Rosselli. *Oggi in Spagna domani in Italia*, Giustizia e Libertà, Parigi, 1938.
N. Rosselli, *Mazzini e Bakunin. Dodici anni di movimento operaio in Italia*, Einaudi, Torino, 1967.
L. Salvatorelli e G. Mira, *Storia d'Italia nel periodo fascista*, Einaudi, Torino, 1956.
G. Salvemini, *La politica estera di Francesco Crispi*, La Voce, Roma, 1919.

G. Salvemini, *Le origini del fascismo in Italia*, Feltrinelli, Milano, 1961.

G. Salvemini, *Memorie di un fuoriuscito*, Feltrinelli, Milano, 1960.

C. Seton Watson, *Italy from Liberalism to Fascism, 1870-1925*, Methuen, Londra, 1967; ed. it., *Storia d'Italia dal 1870 al 1925*, Laterza, Bari, 1967.

C. Sforza, *L'Italia dal 1914 al 1944 quale io la vidi*, Mondadori, Roma, 1944.

G. Spadolini, *Giolitti e i cattolici*, Firenze, 1959; ult. ed., Mondadori, Milano, 1974.

G. Spadolini, *Il mondo di Giolitti*, Le Monnier, Firenze, 1969.

P. Spriano, *Storia del partito comunista*, Einaudi, Torino, 1971-1977.

H.-A. Taine, *Voyage en Italie*, Librairie Hachette, Parigi, 1901-1902, voll. 1-2.

A. Tasca (A. Rossi), *Naissance du fascisme*, Parigi, 1938; ed. it., *Nascita e avvento del fascismo*, Laterza, Bari, 1974.

P. Togliatti, *Lezioni sul fascismo*, Editori Riuniti, Roma, 1970.

N. Tranfaglia, *Dallo Stato liberale al regime fascista*, Feltrinelli, Milano, 1973.

N. Valeri, *Giolitti*, UTET, Torino, 1971.

N. Valeri, *La lotta politica in Italia dall'unità al 1925*, Le Monnier, Firenze, 1965.

B. Vigezzi, *Da Giolitti a Salandra*, Vallecchi, Firenze, 1969.

G. Volpe, *Francesco Crispi*, La Nuova Italia, Venezia, 1928.

G. Volpe, *Il popolo italiano tra la pace e la guerra 1914-1915*, ISPI, Milano, 1940.

G. Volpe, *L'Italia in cammino*, Treves, Milano, 1927.

R.A. Webster, *L'imperialismo industriale italiano. Studio sul prefascismo, 1908-1915*, Einaudi, Torino, 1974.

R. Zangrandi, *Il lungo viaggio attraverso il fascismo*, Einaudi, Torino, 1947; ed. ampliata, Feltrinelli, Milano, 1962.

Indice analitico

Aberdeen, George Hamilton Gordon, Lord, 42
Abissinia (conquista dell'), 275
About, E., 137
Abruzzi, Luigi Amedeo di Savoia-Aosta, duca degli, 199
Aci (principe), 42
Action française, 187
Adua (battaglia di), 135, 182, 200, 217, 282-284, 383
Agadir (conferenza di), 190
Aigues-Mortes (eccidio di), 144
Albania (occupazione dell'), 285, 287
Albany, Luisa, principessa di Stolberg, contessa d', 13
Alberoni, Francesco, 316-317
Albertini, Luigi, 151, 154-156, 160, 163-164, 199
Alexander, Alfred, 128
Alfassio Grimaldi, Ugoberto, 159
Alfieri, Dino, 261
Alfieri di Sostegno, Giuseppina, 32
Alfieri, Vittorio, 13, 69-70
Allende, Salvador, 320
Amato, Giuliano, 351-353
Amedeo di Savoia v. Abruzzi, Luigi Amedeo di Savoia-Aosta
Amendola, Giorgio, 273-274, 322
Amendola, Giovanni, 273
Andreotti, Giulio, 319, 349-350, 387
Angioletti (generale), 41
Ansaldo (cantieri), 221
Ansaldo, Giovanni, 57
Aquarone, Alberto, 189
Artom, Isacco, 31
Artusi, Pellegrino, 197, 202
Asor Rosa, Alberto, 185, 272
Aspromonte (battaglia di), 89
Assemblea costituente, 295, 366
Avanti!, 197-198, 209
Aventino (ritiro sull'), 128, 274
Azeglio Taparelli, Massimo d', 39-40, 54-55, 69, 86, 116

Badoglio, Pietro, 280
Bakunin, Michail Aleksandrovič, 20
Balbo, Italo, 280
Balzac, Honoré de, 198
Banca Commerciale, 213, 221
Banca d'Italia, 243, 258, 332, 353, 360, 389
Banca Toscana di Credito, 68
Banco di Roma, 189, 213

Baratieri, Oreste, 149
Bardo (trattato del), 76, 126
Baretti, Giuseppe, 12-13,
Barrili, Anton Giulio, 92
Bartolini, U., 74
Barzini, Luigi, 199
Bastogi, Pietro, 61, 66, 83-84
Bava Beccaris, Fiorenzo, 154
Beirut (bombardamento di), 76
beni ecclesiastici (esproprio dei), 63, 102-104
Berlinguer, Enrico, 320, 327, 344
Berlusconi, Silvio, 354-363, 367-368, 370
Bettini, Francesco, 201
Bibes, G., 308
Biffi, Giacomo, 387
Bismarck-Schönhausen, Otto, principe di, 132, 171
Bissolati, Leonida, 155
Bixio, Nino, 28, 35, 89-90
Blakiston, Noël, 95
Blanqui, Louis-Auguste, 209
Bocca, Giorgio, 291
Boeri (guerra dei), 183
Bollati, G., 86
Bonaparte, Giuseppe, 103
Borbone (dinastia), 50, 54-55, 80, 87,102, 290
Borjés, José, 50-52
Bossi, Umberto, 348, 359
Bottai, Giuseppe, 250
Breda (acciaierie), 132
Bresci, Gaetano, 159, 403
brigantaggio (guerra contro il), 47-48, 52-55, 59, 65, 82, 102, 341, 379, 388
Broglio, Emilio, 73
Bruno, Giordano, 170, 174
Cadorna, Luigi, 225
Cairoli, Benedetto, 182
Campana di San Martino (*La*), 52
Cantù, Cesare, 70
Capdeville (signor), 50
Caporetto (rotta di), 217, 225
Caracciolo Forino, Enrichetta, 42-43
Carducci, Giosuè, 71-72
Carli, Guido, 332
Carlo Alberto, re di Sardegna, 17, 86
Carnot, Sadi, 145
Carocci, Giampiero, 191, 245, 283, 295
Casanova, Giacomo, 13
Casati, Gabrio, 72
Caserio, Sante, 145
Cassa del Mezzogiorno, 305, 388
Cassese, Sabino, 62
Castronovo, Valerio, 196, 219, 238, 240, 244, 257-258, 262
Cattaneo, Carlo, 21, 373
Cavalli, Luciano, 182, 226, 260
Cavour, Camillo Benso, conte di, 14-15, 17-22, 25, 28-41, 45, 47, 55-59, 61, 66, 71-72, 85, 87, 95, 115-116, 119, 125, 169, 192, 379
CECA (Comunità Europea del Carbone e dell'Acciaio), 358
CEE (Comunità Economica Europea), 309
« centro-sinistra », 299, 306-307, 309-310, 312-313, 316, 319, 321, 327, 334, 360-361
Ceva-Grimaldi, Francesco, 44
Chabod, Federico, 21, 124, 387
Chateaubriand, François-René de, 18

Chruščëv, Nikita Sergeevič, 307
Cialdini, Enrico, 89-90
Ciampi, Carlo Azeglio, 353, 364-365
Cipriani, Amilcare, 145
Civiltà Cattolica (*La*), 64, 176
Civitavecchia (sbarco dei francesi a), 92
Colbert, Jean-Baptiste, 41
Colombo, Cristoforo, 69
Colombo, Emilio, 69, 319, 327
Colombo, Furio, 328
Comune di Parigi, 145, 210
Congresso di Berlino, 123, 125
« connubio », 116, 119
Constant, Benjamin, 18
Corfù (incidente di), 277-278
Corradini, Enrico, 147, 187-188
Corriere della Sera, 154, 163, 197-200
Cosentino, F., 296
Cosenz, Enrico, 89-90
Cossiga, Francesco, 350, 366
Costa, Andrea, 127, 155
Costituzione, 295-296, 306, 312, 318, 325, 342, 350, 367
Craxi, Bettino (Benedetto), 344, 346, 349, 367, 387
Credaro, Luigi, 200
Credito Italiano, 221
Critica (*La*), 272
Crispi, Francesco, 22, 35, 128-130, 132-137, 147-149, 152-153, 155, 157-158, 160, 166, 171, 173, 175, 177, 182-183, 187, 192, 194, 249, 324, 383
Critica Sociale, 165
Crocco, Carmine, 48-49, 51
Croce, Benedetto, 165, 184-185, 272-273, 387-388
Churchill, Winston L. Spencer, 253
Custoza (battaglia di), 38, 89-93, 200

Daily News, 46
D'Alema, Massimo, 361-362, 367, 370
D'Annunzio, Gabriele, 23, 88, 187, 221, 225, 228, 232, 250
Dalla Chiesa, Carlo Alberto, 341
Daneo, Edoardo, 200
Davies, Jefferson, 30
De Ambris, Alceste, 147
De Amicis, Edmondo, 146
De Felice, Renzo, 227, 279, 284
De Gasperi, Alcide, 152, 294-295, 297-299, 325-326, 364
De Mauro, Tullio, 68, 100
De Mita, Ciriaco, 346, 349
De Nicola, Enrico, 419
De Sanctis, Francesco, 60, 78, 120-121
Del Balzo, Vincenzo, 42
Del Lungo, Isidoro, 71-72
Della Rocca, v. Morozzo della Rocca
Depretis, Agostino, 41, 114-117, 119-121, 123, 128-130, 132, 134-135, 153, 167, 181-182, 324, 329, 383
Di Pietro, Antonio, 350, 369
Dini, Lamberto, 359-362
Doren, Charles van, 140
Dossetti, Giuseppe, 328, 362
Dreyfus (affare), 183
Dumas, Alexandre, 25

Einaudi, Luigi, 364, 386
Elisabetta di Wittelsbach, impera-

trice d'Austria e regina d'Ungheria, 43
Engels, Friedrich, 20, 185
ENI (Ente Nazionale Idrocarburi), 305
Eritrea (colonia), 134
Etiopia (conquista dell'), 182, 277, 280, 282-285, 287
Eugenia Bonaparte di Montijo, imperatrice dei Francesi, 95

Facta, Luigi, 238
Faguet, Émile, 184
Falcone, Giovanni, 351
Falzone, Vittorio, 296
Fanfani, Amintore, 299, 307, 325-326, 328, 334, 387
Fanti, Manfredo 34, 35, 45
Farini, Luigi Carlo, 34, 45, 85, 380
«Fasci di combattimento», 223
«Fasci siciliani», 388
Fauriel, Claude, 70
Federzoni, Luigi, 147
Ferdinando II Borbone, re delle Due Sicilie, 41-43
Ferrero, Guglielmo, 190
FIAT (Fabbrica Italiana Automobili Torino), 219, 221, 331
Fichte, Johann Gottlieb, 12
Fini, Gianfranco, 354
Fiume (occupazione e stato libero di), 23, 221, 225, 228-229, 231, 276
Flaubert, Gustave, 70
Fournier, Hugues-Marie-Henri, 91
Francesco II Borbone, re delle Due Sicilie, 38-39, 44, 47, 50-51, 380
Francesco Ferdinando, arciduca d'Austria, 212
Francesco Giuseppe I d'Asburgo, imperatore d'Austria e re d'Ungheria, 128
Franchetti, Leopoldo, 104-105
Franchini (maggiore), 51
Franco, Francisco, 289
Fuà, Giorgio, 240

Galeotti, Leopoldo, 66-67
Galilei, Galileo, 174
Garibaldi, Giuseppe, 21-22, 25, 30, 33-37, 39-40, 44-47, 49, 55, 59, 77, 88-89, 92-93, 115, 120, 127, 145-146, 228, 288, 382
Garibaldi, Menotti, 145,
Garrone, Eugenio, 217
Garrone Giuseppe, 217
Garruccio, L., 260
Gemelli, Agostino, 272
Gentile, Giovanni, 250-251, 263-265, 271, 385
Gentiloni, Vincenzo Ottorino, 174
Giacomo (padre), *vedi* Poirino, Giacomo da
Giolitti, Giovanni, 22, 128, 158-165, 167-168, 173-177, 182-185, 190-192, 194, 203, 207, 212-213, 221-222, 226, 228-229, 231-233, 294, 298, 324, 327, 329, 383
Giordano, Cosimo, 49
Gioventù Italiana del Littorio, 249
Gioventù Universitaria Fascista, 249
Giuliano l'Apostata (Giuliano Flavio Claudio), 390
«Giustizia e Libertà», 288, 293
Gladstone, William, 42-43
Gobetti, Piero, 273

Goldoni, Carlo, 13
Gorani, Giuseppe, 13
Goria, Giovanni, 346, 349
Gottardo (galleria del), 127
Gramsci, Antonio, 14, 15, 91, 105, 118
Gran Consiglio del fascismo, 248
Grandi, Dino, 281
Grecia (guerra per l'indipendenza della), 210, 277, 289, 298
Gregorovius, Ferdinand, 97
Grimm, Hermann, 96
Gronchi, Giovanni, 152, 299, 306, 310, 325-326, 328, 334
Grossi, Tommaso, 70
Guadalajara (battaglia di), 288
Guerrazzi, Francesco Domenico, 70
Guevara de la Serna, Ernesto detto Che, 51
Guizot, François-Guillaume, 18

Halévy, Daniel, 184
Hearst, William Randolph, 355
Hegel, Georg Wilhelm Friedrich, 147, 187, 286
Henderson, Arthur B., 281
Hitler, Adolf, 263, 384
Horan, J.D., 140
Hugo, Victor, 72

Ianni, Frances A.I., 140
Ideville, Henri d', 31
Illustration (*L'*), 144
IMI (Istituto Mobiliare Italiano), 258
Impero (*L'*), 242
Ingrao, Pietro, 387
Insolera, Italo, 82, 96, 98
IRI (Istituto per la Ricostruzione Industriale), 258, 305, 361

Jacini, Stefano, 60-61
Jacomuzzi, Stefano, 197
Jemolo, Arturo Carlo, 103
Johnson, Samuel, 145, 443
Jouvenel, Robert de, 184

Kennedy, John Fitzgerald, 307
Kipling, Rudyard B., 78, 208
Kippur (guerra del), 320
Kogan, Norman, 304-305
Kuliscioff, Anna, 155

La Candet (signor), 50
La Francesca, S., 284
La Marmora, Alfonso Ferrero di, 35, 41, 55, 64, 72, 89-90
La Pira, Giorgio, 328, 334
La Torre, Pio, 341
Labriola, Antonio, 185-186
Labriola, Arturo, 147, 186
Lagrange (colonnello), 50
Langleis, Augustin-Marie-Olivier de, 51
Laval, Pierre, 283
Lazzari, Costantino, 155
Ledeen, Michael A., 227
Leone XIII (Vincenzo Gioacchino Pecci), papa, 152, 170, 172-173
Leone, Giovanni, 313, 340
Leopardi, Giacomo, 70-71
Levra, Umberto, 153
Lewis, William Arthur, 240
Liberatore, Matteo, 64
Libia (colonia), 179, 213, 383
Lima, Salvo, 351
Lincoln, Abraham, 30

Lissa (battaglia di), 39, 41, 89, 92, 123, 288
Livorno (congresso socialista di), 232
Lloyd George, David, 222
Lombroso, Cesare, 49
Luciolli, M., 261
Luigi XIV, re di Francia, 382
Lussu, Emilio, 217
Luzzatto, Gino, 60

Maastricht (trattato di), 359, 375
Maccanico, Antonio, 361-362
Machiavelli, Niccolò, 14, 37
macinato (tassa sul), 108, 121
Mack Smith, Denis, 117, 119, 386
Malagodi, Olindo, 193
Manzoni, Alessandro, 26-27, 70, 73-74, 77, 373
Marchesi, Concetto, 295
Maria Sofia di Baviera, regina delle Due Sicilie, 43
Maria Teresa d'Asburgo-Lorena (matrigna di Francesco II), 44
Mario, Alberto, 44-46
Martini, Ferdinando, 116, 121-123
Marx, Karl, 20, 147
Massari, Giuseppe, 95
Matin (*Le*), 229
Mattarella, Piersanti, 341
Matteotti, Giacomo, 241-242, 248, 256
Mattino (*Il*), 145
Maurras, Charles, 147, 250
Mazzarino, Giulio Raimondo, 41
Mazzini, Giuseppe, 16, 20-21, 25, 46, 86, 124, 126, 129, 334
Medici, Giacomo, 89-90
Melograni, Piero, 273
Menabrea, Luigi Federico, 40-41
Mentana (battaglia di), 93
Mercato Comune, 309
Messaggero (*Il*), 197
Messori, Vittorio, 387
Metastasio (*pseudonimo di* Pietro Trapassi, detto), 70
Michelet, Jules, 12
Migliorini, Bruno, 74
Migone, G. Giacomo, 245
Milizia Volontaria per la Sicurezza Nazionale, 237, 249, 261
Minghetti, Marco, 41, 56-58, 61, 86, 114, 379, 383
Missiroli, Mario, 118, 175
Missori, Giuseppe, 45
Modena (manifestazione operaia di), 32, 38, 43
Monaco (conferenza e patto di), 287
Moncenisio (ferrovia del), 28
Monnier, Marc, 48
Monti, Vincenzo, 72
Moquin, Wayne, 140
Moro, Aldo, 307, 312-313, 321, 327, 334, 340, 346
Morozzo della Rocca, Enrico, 89
Moscati, Sabatino, 42
Mundy, George Rodney, Sir, 39, 59
Murat, Gioacchino, 103
Murri, Romolo, 172-173
Mussolini, Alessandra, 354
Mussolini, Benito, 23, 88, 119, 130, 147, 152, 171, 192, 209, 223-225, 228, 234, 236-246, 248-254, 256, 260-261, 266-267, 275, 277-283, 285-286, 288, 291, 293-294, 324, 329-331, 383-384
Nanco, Ninco, 49

Napoleone I, imperatore dei Francesi, 15, 149, 382
Napoleone III, imperatore dei Francesi, 25, 87, 95, 126
Nathan, Ernesto, 80, 82, 150, 203, 207
NATO (North Atlantic Treaty Organization), 181, 298, 310, 333-334, 374
Negro, Silvio, 96
Nenni, Pietro, 226, 273, 306-307, 313, 319, 334
Neppi Modona, Guido, 202
Niccolini, Gian Battista, 70
Nietzsche, Friedrich Wilhelm, 147, 187, 250
Nievo, Ippolito, 77-78
Nievo, Stanislao, 77
Nigra, Costantino, 31
Nitti, Francesco Saverio, 24, 221-222, 228-229, 231, 237, 273
Noël, visconte de, 50
Non expedit, 128, 170, 174
Nunziante, Alessandro, 38

Oberdan, Guglielmo, 128
Olivetti, Angelo, 147
Omnibus (periodico borbonico), 80
ONU (Organizzazione delle Nazioni Unite), 374
Opera dei congressi (associazione cattolica), 171
Opera Nazionale Balilla, 249
Opera Nazionale Maternità e Infanzia, 249
Orlando, Vittorio Emanuele, 221-222
Orsini, Felice, 95, 145

Paese (*Il*) (periodico borbonico), 80
Paléologue, Georges-Maurice, 95
Palermo, F., 296
Pallavicini, Emilio, 52, 55
Paolo VI (Giovanni Battista Montini), papa, 340
Pareto, Vilfredo, 184
Parigi-Pechino (raid), 199
Paris, Robert, 137, 144-145
Parkerson, William, 140
Parri, Ferruccio, 294
Patti Lateranensi, 295
Patto anti-Komintern, 285
Patto Atlantico, 297
Pavone, Claudio, 385
Pelloux, Luciano, 152, 155-159, 161, 182
Pepys, Samuel, 40
Persano, Carlo Pellion di, 39-41, 90
Pertini, Sandro (Alessandro), 340
Pesci, Ugo, 99
Petit Marseillais (*Le*), 144
Pianell, Giuseppe Salvatore, 38, 48, 89-90
Pieri, Piero, 91
Pietro I il Grande, zar di Russia, 41
Pinelli, Ferdinando, 48, 52
Pinzani, Carlo, 304, 326
Pio IX (Giovanni Maria Mastai Ferretti), papa, 17, 31, 93, 169-170, 174, 222
Pio X (Giuseppe Melchiorre Sarto), papa, 57-58, 174
Pisacane, Carlo, 16
Poirino, Giacomo da, 31-32
Poli de St. Tronquet, Oscar, 52
Pollio, Alberto, 89
Popolo d'Italia (*Il*), 209, 223, 242

Porta Pia (breccia di), 93
Preziosi G., 215
Prezzolini, Giuseppe, 184
Prima Repubblica, 346, 349-350, 356-357, 367
Prodi, Romano, 361-365, 369
Proudhon, Pierre Joseph, 185, 209
Puškin, Aleksandr Sergeevič, 70

« Quota 90 » (stabilizzazione della lira a), 243, 246, 259

Rapallo (trattato di), 221, 232
Rattazzi, Urbano, 379
Referendum (sul divorzio), 321, 325
Regno (*Il*), 187
Renan, Ernest, 72
Rerum novarum (enciclica), 152, 172
Resistenza, 54, 237, 274, 289-290, 293, 336, 386
Resto del Carlino (*Il*), 197
Revue des Deux Mondes, 72
Ricasoli, Bettino, 15, 34-35, 41, 56-58, 85, 379-380
Ricci, Giovanni, 41
Ricci, R., 254
Ricuperati, Giuseppe, 201, 265
Rinascita, 320
Rochat, Giorgio, 203, 280
Roma (marcia su), 23, 223
Romano, Sergio, 25
Romeo, Rosario, 18, 105, 107, 131, 386
Rosa, Pietro, 97
Rosselli, Carlo, 288
Rosselli, Nello, 288
Rossoni, Edmondo, 244
Rotschild (famiglia), 83-84
Rudinì, Antonio Starabba conte di, 153-154, 158, 173, 182, 199
Rumor, Mariano, 313, 316, 319, 327
Rygier, Maria, 210

Salandra, Antonio, 211, 383-384
Salvemini, Gaetano, 167, 273
San Giuliano, Antonino Paternò-Castello, marchese di, 190, 211
San Martino (battaglia di), 52, 288
Santarosa, Pietro di, 18
Saracco, Giuseppe, 159-161
Saragat, Giuseppe, 273, 306, 334, 386
Savoia (dinastia), 17, 22, 44, 72, 85, 118, 159, 212
Scalfaro, Oscar Luigi, 352, 360
Scarfoglio, Edoardo, 145
Schiavone (brigante), 49
Schumacher (colonnello), 59
Scoglio (brigante), 54
Scott, Walter, Sir, 70
Secolo (*Il*), 198
Secolo XIX (*Il*), 197
Segni, Mario, 348-349, 352-353, 366
Sella, Quintino, 61, 64, 383
Sempione (galleria del), 196
Sereni, Emilio, 103-104
Serra, Enrico, 222, 231
Settembrini, Luigi, 42-43
Sforza, Carlo, 221-222, 273, 364
Sharp, Samuel, 12-13
Società delle nazioni, 285
Sole (*Il*), 214
Solferino (battaglia di), 288
Sonnino, Sidney, 104-105, 152,

157, 160, 164, 211-212, 221, 249, 324, 383
Sorel, Georges, 147, 165, 184-185, 187, 209-210, 224, 250
Sori, E., 257
Spadolini, Giovanni, 154, 173, 387
Spagna (guerra di), 210, 273, 275, 285, 287-289, 292
Spaventa, Silvio, 383
Spirito, Ugo, 250
Spriano, Paolo, 198, 217
La Stampa (*La*), 162, 200
Stendhal (*pseudonimo di* Henri Beyle), 70
Stresa (conferenza di), 283
Sturzo, don Luigi, 273
Sylos Labini, Paolo, 166, 311

Tagliavini, Carlo, 74
Tambroni, Fernando, 152, 325
Tasca, Angelo, 234
Taviani (Paolo e Vittorio), 16
III Internazionale, 274
Tibaldi, Paolo, 145
Times (*The*), 144, 153, 199
Tittoni, Romolo, 189
Togliatti, Palmiro, 250, 294-295, 320
Tolstoj, Lev Nikolaevič, 58, 198
Torresani, Carlo, 15
Tosti, Luigi, 171
«trasformismo», 113, 116-119, 128-130, 135, 160, 329-330
Trazegnies, marchese de, 50
Trevelyan, George Macauley, 46-47
Triplice Alleanza, 126-127, 132, 170, 181, 183, 333
Tripoli (bombardamento e occupazione di), 189, 192, 207
Tripolitania, 22, 76, 188-189, 191
Tunisia (contenzioso italo-francese per la), 125-126, 189, 209
Turati, Filippo, 155, 164, 225, 273, 327

Umberto I, re d'Italia, 159-160
Università Cattolica, 272
Università commerciale Bocconi, 196

Valeri, Nino, 168, 226, 228
Valiani, Leo, 242
Vanvitelli, Luigi, 45
Verdi, Giuseppe, 11
Verga, Giovanni, 104
Versailles (trattato di), 276, 285
Visco, Vincenzo, 364
Visconti Venosta, Emilio, 15, 85, 383
Visconti Venosta, Giovanni, 25-26
Vita-Finzi, Paolo, 184
Vittorini, Elio, 288
Vittorio Emanuele II, re d'Italia, 17, 22, 25-26, 32, 46-47, 92, 100, 115, 127, 169, 380, 384, 390
Vittorio Emanuele III, re d'Italia, 23
Vittorio Veneto (battaglia di), 217, 384-385
Volpe, Gioacchino, 95, 157, 165, 172, 210, 213, 216, 250
Volpi, Giuseppe, 243

Washington, George, 22
Webster, Richard A., 189
Welles, Orson, 355
White, Jessie, 46-47

Wickham Steed, H., 153-154
Wilson, Woodrow, 276

Zamagni, A., 239, 245
Zampolli, A., 74
Zanardelli, Giuseppe, 160, 162, 174
Zevi, Bruno, 100
Zola, Émile, 74
Zugli, G., 254

Indice generale

Nota dell'autore 7

1. Le intenzioni e il caso – 1848-1876 9

I. Due storie 11

Due correnti 12
L'arrivo dei francesi 13
L'economia 15
Quale unità? 16
Cavour 17
Mazzini 20
Garibaldi 21

II. La nascita dello Stato 24

Dopo l'Unità l'unione 26
La morte di Cavour 28
Il primo lutto nazionale 32
Nasce l'esercito italiano 33
Nasce la marina 38
La conquista del sud 41
L'incontro di Teano 45
Il brigantaggio 47

III. La forma dello Stato 56

Tutto il potere al centro 57
Strade e treni 59

La grande privatizzazione 61
Il bilancio dello Stato e l'unificazione monetaria 66
«Italia una»: la lingua 68
Guerra di stili 74
Una lingua più grande dello Stato 75
Il declino della vita letteraria 76

IV. Ferrovie e capitalismo 79

Una dozzina di microcosmi 79
I nuovi finanzieri 83

V. Completare l'unità 85

La Destra al potere 85
Fermezza e brutalità 86
Un paese «incompiuto» 88
Custoza 89
Il successo, nonostante gli scacchi 90

VI. Città nuove per uno Stato nuovo 94

Le prime delusioni 95
Roma e il potere 98

VII. Le prime scelte economiche 102

I beni ecclesiastici 102
La questione meridionale 104
Accumulazione capitalista o integrazione sociale 106
Uno Stato pagato dalla terra 106

2. Allargare la società – 1876-1910 111

I. Il «trasformismo» 113

La pedagogia della Destra 113
Depretis 115
Una strategia necessaria 116
La borghesia meridionale 119
Governare alla giornata 121

II. La politica estera: desiderio di esistere e timore di scomparire 123

L'eredità romana 124
La questione tunisina 125
La Triplice Alleanza 126

III. Crispi: un nuovo modo di fare l'Italia 129

La riforma dello Stato e la crisi economica 131
La guerra doganale 133
Il rovesciamento delle priorità 134

IV. L'emigrazione: l'Italia fuori d'Italia 137

L'emigrazione dopo l'unità 137
Crumiri e sovversivi 139
New Orleans 140
Aigues-Mortes 144
L'Italia scopre gli emigranti 146

V. Un paese che cambia 148

Gli errori di Crispi 148
Il paese in cifre 149
Il «terrore bianco» 153
Il ricorso all'autorità 155
L'opposizione borghese 157

VI. Il tentativo di Giolitti 159

La morte del re 159
La ricerca del consenso 161
Un laissez faire *sociale* 162
Il rapporto con i socialisti 164
Il «ministro della malavita» 166

VII. Lo Stato e i cattolici 169

Una società incrinata? 169
Un tentativo di conciliazione 171

La lunga marcia verso lo Stato 171
La borghesia cattolica 173
Le aperture di Giolitti 174
Risultati limitati 176

3. Dalla guerra di Libia al fascismo – 1911-1935 179

I. Politica estera: dal razionale all'irrazionale 181

La «promessa» 182
Il rifiuto della pace 183
Un progetto incompiuto 184
L'esempio giapponese 186
Gli antenati del nazionalismo 187
L'ora di Tripoli 189
Le ragioni d'una scelta 190

II. Il decollo industriale: una nuova società 194

Le ragioni dell'espansione 194
Nord e sud 195
Le città e i costumi 196
La stampa 197
L'istruzione 200
Le priorità 202

III. Una guerra, quale che sia 208

Quale guerra? 209
Il volontarismo 210
Il governo 211
Gli industriali 213
Le carenze della borghesia 215
La tragedia dell'emigrazione 216
Gli italiani e la guerra 217

IV. Sviluppo e crisi 219

I profitti di guerra 219
La servitù della vittoria 220

L'impotenza della borghesia 222
Le classi emergenti 223
I socialisti e la guerra 225
Le incognite della crisi 227

V. Due tentativi: Nitti e Giolitti – 1919-1921 229
L'esperienza democratica 229
Il ritorno di Giolitti 231
Un'occasione mancata 232

VI. La vittoria del fascismo 236
Una politica a breve termine 237
I pretoriani e gli altri 237
Una nuova gerarchia sociale 239
I primi passi verso il regime 241
Un mediatore autoritario 243
Le conseguenze 245

VII. Una filosofia della recessione 248
Lo Stato e il partito 249
La «mistica» fascista 250
Il rifiuto della felicità 251
Le «battaglie» sociali 253

VIII. Il regime: economia e società 256
La grande crisi 256
La trasformazione delle strutture... 257
... e le trasformazioni sociali 262
Uno strumento privilegiato: la scuola 263
Il consenso 266

4. Dall'antifascismo alla democrazia – 1935-1998 269
I. L'antifascismo 271
Gli intellettuali 271
Gli errori provvidenziali 272
Due guerre 275

II. La politica estera: un posto al sole 276

Gli stati d'animo 276
Un imperialismo prudente 277
L'Internazionale nera 279
Gli anacronismi del fascismo 279
Una forza apparente 281
Il peso delle battaglie perdute 282
Presenti, a qualsiasi prezzo 285

III. La caduta 287

Un risultato precario 287
L'antifascismo in Spagna 288
Un paese tagliato in due 290
Un paese salvato dai nemici 292
Un nuovo compromesso 293

IV. Il dopoguerra – Sviluppo economico e crisi politica 297

Il compromesso interrotto 297
Cambiare le istituzioni 299
Un decollo difficile 304
Il centro-sinistra 306
Il miracolo 309
La reazione del paese 310

V. Le crisi importate 314

Gli studenti 314
Le lotte sindacali 315
La contestazione e lo Stato 316
L'inflazione 318
I partiti politici 319
DC e PCI 321
«Gli italiani non sono mai stati tanto liberi» 321

VI. Chiavi di lettura 323

La creazione d'una società nazionale 323
Due modi di governare 323
La formula istituzionale 325
Le ragioni dell'insuccesso 326
La formula conflittuale 327
Le ambiguità della Democrazia cristiana 328
Un nuovo «trasformismo» 329
Il capitalismo e lo Stato 330
La NATO e l'Europa 333

VII. Una società da inventare 335

Il melting pot *italiano* 335
Le società parallele 336
L'incertezza dei rapporti personali 337
Istituzioni e movimenti 338

VIII. Dopo il 1977 340

Un nuovo stadio 344

IX. Declino e caduta della Prima Repubblica 346

X. La trasformazione incompiuta 357

Le quattro crisi e le scadenze europee 357
Il governo Dini 360
La vittoria dell'Ulivo 362
L'Europa 363
La riforma della Costituzione 366
La «questione giustizia» 368

XI. Una e indivisibile 372

Le virtù dell'accentramento 372
Un nuovo federalismo 373
Il caso dell'Italia 374

XII. Declino e morte dell'ideologia risorgimentale 378

Cronologia 393
Notizie biografiche 443
Bibliografia 469
Indice analitico 393

Finito di stampare nel mese di maggio 2009
per conto della TEA S.p.A.
dal Nuovo Istituto Italiano d'Arti Grafiche - Bergamo
Printed in Italy